本报告由国家自然科学基金面上项目“多中心群网化中国城市新体系的决定机制研究”（项目批准号：71774170）、中国社会科学院国情调研重大项目“房地产调控政策及其效果”（GQZD2020010）、哲学社会科学创新工程项目“‘十四五’及未来十五年中国城市化与房地产发展趋势”支持。

年度报告
Annual Report

ANNUAL REPORT ON CHINA'S URBAN COMPETITIVENESS (No. 18)

中国城市竞争力报告 No. 18

劲草迎疾风：中国的城市与楼市

主　　编：倪鹏飞
副 主 编：侯庆虎　徐海东　郭金红
特邀主编：沈建法　林祖嘉　刘成昆

中国社会科学出版社

图书在版编目（CIP）数据

中国城市竞争力报告．No. 18，劲草迎疾风：中国的城市与楼市／倪鹏飞主编．—北京：中国社会科学出版社，2020. 10

（中社智库年度报告）

ISBN 978 - 7 - 5203 - 7388 - 3

Ⅰ．①中…　Ⅱ．①倪…　Ⅲ．①城市—竞争力—研究报告—中国　Ⅳ．①F299. 2

中国版本图书馆 CIP 数据核字（2020）第 191000 号

出 版 人　赵剑英
策划编辑　周　佳
责任编辑　刘凯琳
责任校对　杨　林
责任印制　王　超

出　　版　中国社会科学出版社
社　　址　北京鼓楼西大街甲 158 号
邮　　编　100720
网　　址　http://www. csspw. cn
发 行 部　010 - 84083685
门 市 部　010 - 84029450
经　　销　新华书店及其他书店

印　　刷　北京明恒达印务有限公司
装　　订　廊坊市广阳区广增装订厂
版　　次　2020 年 10 月第 1 版
印　　次　2020 年 10 月第 1 次印刷

开　　本　710 × 1000　1/16
印　　张　33
字　　数　532 千字
定　　价　188. 00 元

凡购买中国社会科学出版社图书，如有质量问题请与本社营销中心联系调换
电话：010 - 84083683

《中国城市竞争力报告 No. 18》
编 委 会

中国社会科学院财经战略研究院简介

中国社会科学院财经战略研究院（National Academy of Economic Strategy, CASS）简称“财经院”，成立于1978年6月。其前身为中国社会科学院经济研究所财政金融研究组和商业研究组。初称“中国社会科学院财贸物资经济研究所”。1994年，更名为“中国社会科学院财贸经济研究所”。2003年，更名为“中国社会科学院财政与贸易经济研究所”。2011年12月29日，作为中国社会科学院实施哲学社会科学创新工程的一个重大举措，也是在创新工程后成立的首批跨学科、综合性、创新型学术思想库和新型研究机构，以财政与贸易经济研究所为基础，组建综合性、创新型国家财经战略研究机构——财经战略研究院，并从此改用现名。

著名经济学家刘明夫、张卓元、杨圣明、刘溶沧、江小涓、裴长洪、高培勇先后担任所长，现任院长是何德旭教授，党委书记为闫坤教授。

作为中国社会科学院直属的研究机构，自成立以来，财经院与祖国的改革开放事业共同成长，始终以天下为己任，奋进在时代前列。几代财经院人，不辱使命，几乎在中国经济社会发展进程中的每一个环节，都留下了自己的印记。经过40多年的努力，今天的财经院，已经发展成为拥有财政经济、贸易经济和服务经济等主干学科板块，覆盖多个经济学科领域的中国财经科学的学术重镇。

中国社会科学院城市与竞争力研究中心简介

中国社会科学院城市与竞争力研究中心（以下简称“中心”）是2010年4月26日成立的一个有关城市与竞争力的院级非实体研究中心。中国社科院财经战略研究院研究员倪鹏飞任中心主任。中心主要由中国社会科学院财经战略研究院城市与房地产经济研究室和城市竞争力课题组的研究人员组成，同时邀请国内外专家学者以不同的形式参与研究。

近年来，中国社会科学院的这支研究团队在城市与竞争力方面做了许多创新探索，关于中国城市竞争力的研究获得了孙冶方经济科学奖，关于中国住房发展的研究获国家重大社科基金支持，多项要报成果得到中央领导批示，获中国社会科学院对策信息特等奖和一等奖。《中国城市竞争力报告》等已经成为中国社会科学院重要的学术品牌，在国内外产生十分广泛的影响，进一步确立了中国社会科学院在这些领域的全国领先地位，也为中央及地方政府的相关决策提供了参考。中心还组织和联合全世界的城市竞争力研究专家，成立全球城市竞争力项目组，与联合国人类住区规划署、世界银行集团及世界著名城市学者开展相关领域的高端合作，发布《全球城市竞争力报告》，举办城市竞争力国际论坛，扩大了中国社会科学院在这些国际学术领域的话语权和影响力。

中心的主要任务是组织国内外各界相关研究人员，开展城市经济、城市管理、城市化、城市竞争力、房地产经济、房地产金融相关的学术研究，发表城市与房地产相关的研究论文、出版专著和研究报告；开展国内外学术交流，组织中心学者进行国际学术访问；组织国内外相关领域专家、城市市长等各界人士召开城市竞争力国际论坛以及相关学术会议；与相关单位开展合作研究、社会实践、专项调研等活动；接受国内外政府、企业、非政府组织等委托，开展相关的政策和战略咨询研究；举办高级研修班等多种形式的培训，培养学以致用的学术和城市管理人才。

中国社会科学院竞争力模拟实验室简介

中国社会科学院竞争力模拟实验室成立于2012年，是中国社会科学院城市与竞争力研究中心成员经过对城市与竞争力十余年的跟踪研究，建立的涵盖国家竞争力、城市竞争力、城市联系度、教育竞争力、人才竞争力、商务环境、住房发展等多个方面的大型综合模拟实验室。实验室主任是倪鹏飞研究员。实验室的数据库目前已经拥有数百项指标的数据，样本包括世界主要国家和地区1000余个城市（含中国291个城市），是全球有关城市与竞争力的最重要数据库之一。实验室联合国内外专家悉心总结，综合中国社会科学院城市与竞争力研究中心多部著作及十余年的调研成果，制作了包含数百个经典案例的城市与竞争力案例库。

为保证数据权威性与准确性，模拟实验室将数据来源、数据处理方法和指数合成方法等附在数据之中，便于数据库的使用者随时查阅。

主要编撰者简介

倪鹏飞 男，南开大学经济学博士。中国社会科学院城市与竞争力研究中心主任，中国社会科学院财经战略研究院院长助理、二级研究员、博士生导师。曾获第十一届孙冶方经济科学奖。主要研究领域：国家竞争力、城市竞争力、城市经济学与房地产经济学。

侯庆虎 男，南开大学数学博士，天津大学应用数学中心教授、博士生导师。主要研究领域：机械证明、城市竞争力计量。

沈建法 男，伦敦经济学院地理学博士，香港中文大学香港亚太研究所教授，亚太城市与区域发展研究计划主任。主要研究领域：城市竞争力与中国城市化。

林祖嘉 男，加州大学洛杉矶分校经济学博士，台湾政治大学经济学教授。主要研究领域：城市竞争力与房地产经济。

刘成昆 男，南开大学经济学博士，澳门科技大学可持续发展研究所所长，商学院教授。主要研究领域：城市和区域经济、澳门经济。

蔡书凯 男，安徽工程大学经济管理学院教授，中国社会科学院财经战略研究院博士后，管理学博士，主要研究领域：城乡经济发展。

刘　凯 男，中南财经政法大学、英国拉夫堡大学联合培养博士，中南财经政法大学工商管理学院硕士研究生导师，主要研究领域：区域经济。

郭　晗 男，西北大学经济管理学院副教授，经济学博士，主要研究领域：城市与经济增长。

魏　婕　女，西北大学经济管理学院副教授，经济学博士，主要研究领域：经济增长与创新。

李　冕　男，毕业于中国社会科学院研究生院，经济学博士，现供职于中国人民银行西安分行，主要研究领域：货币政策、金融市场、城市与房地产金融。

曹清峰　男，天津财经大学现代经济管理研究院讲师，经济学博士，主要研究领域：区域经济学。

马洪福　男，天津财经大学现代经济管理研究院讲师，经济学博士，主要研究领域：区域经济学。

李　博　男，天津理工大学副教授，经济学博士，主要研究领域：城市与区域经济。

程　栋　男，哈尔滨商业大学经济学院讲师，经济学博士，主要研究领域：区域经济合作与区域治理。

张安全　男，经济学博士，西南财经大学经济学院副研究员，主要研究领域：房地产经济。

周晓波　男，经济学博士，中国光大银行博士后，主要研究领域：城市与房地产金融。

龚维进　男，暨南大学经济学博士，首都经济贸易大学讲师。主要研究领域：城市与房地产经济学。

王雨飞　女，北京邮电大学经济管理学院副教授，主要研究领域：区域经济学。

张洋子　男，经济学博士，中国光大银行博士后，主要研究领域：城市与房地产金融。

刘尚超　男，中国社会科学院研究生院金融学博士，现就职于中国指数研究院，任研究项目副总监，主要研究领域：城市基础设施与房地产企业。

杨　杰　男，金融学博士，2015 年毕业于中国社会科学院研究生院，曾于国土资源部（现自然资源部）信息中心和建信信托研究部从事研究工作，现就职于中邮人寿保险股份有限公司规划建设部，从事战略研究分析。

沈　立　男，金融学博士，中国城市与竞争力研究中心特约研究员，主要研究领域：城市与房地产金融。

刘笑男 女，毕业于中国社会科学院研究生院，主要研究领域：城市与房地产金融。

徐海东 男，现就职于中国社会科学院财经战略研究院，主要研究领域：城市与房地产金融。

郭 靖 男，中国社会科学院大学金融学博士研究生，主要研究领域：城市与房地产金融。

郭金红 女，南开大学经济学院博士研究生，主要研究领域：区域经济学。

马琦伟 男，曾就职于中国城市规划设计研究院，现为北京大学国土空间规划设计院副院长，从事地理信息技术、时空大数据挖掘、城乡规划等方面的研究。

黄 进 男，现就职于中国社会科学院城市与竞争力研究中心，主要研究领域：城市经济学。

解慧珍 女，现就职于中国社会科学院城市与竞争力研究中心，科研秘书。

王 佩 女，现就职于中国社会科学院城市与竞争力研究中心，科研秘书。

彭旭辉 男，中国社会科学院财经战略研究院博士后，研究方向：城市与区域经济。

摘　要

《中国城市竞争力报告 No. 18》延续了去年从城市看中国这一研究视角，提出了迈向“十四五”及未来15年的城市化中国。新的发现和突破如下：一是新理论与新假设：四要素耦合与轮动决定城市化中国走向；二是新动力与新红利：四大引擎驱动城市化中国发展；三是新格局和新趋势：四大要素绘制城市化中国新美景；四是新问题与新挑战：四个软肋威胁城市化中国；五是新对策与新建议：四大支柱支撑城市化中国。

本报告今年以全新的指标体系，在原有理论框架的基础上重新构建了综合经济竞争力和解释性指标体系、可持续竞争力和解释性指标体系，并运用大数据技术采集关键数据，突出强调了关键性指标在城市竞争力中的重要作用。

本报告的主题为“劲草迎疾风：中国的城市与楼市”，主要报告分为两部分：第一部分是“城市与楼市：四次外部冲击的比较”，包括“全球经验：典型外部冲击下的城市与楼市”“四次冲击的特征事实描述”“四次冲击下的楼市反应机制比较”三大部分，详尽研究了四次冲击对中国城市和楼市的影响；第二部分是“外部冲击：产业链调整与中国城市格局”，从未来产业链的发展新趋势、中国城市发展空间格局的演变趋势角度分析外部冲击对产业链和城市格局的影响，并判断其在未来的总体走向，为稳定我国宏观经济运行提供建议。

在分项报告和区域报告中，本次报告主要对各城市的经济竞争力及分项指标、可持续竞争力及分项指标进行详细研究，对全国城市的基本现状、格局、变化、现象与规律着重进行分析。

Abstract

The "Report on China's Urban Competitiveness No. 18" continues the research perspective of looking at China from the city last year, and proposes to move towards the "14th Five-Year Plan" and the urbanization of China in the next 15 years. New discoveries and breakthroughs are as follows: the first is new theories and new assumptions: the coupling of four elements determines the direction of urbanization in China; the second is new power and new dividends: the four engines drive urbanization in China; the third is new pattern and new trends: the four new scenes outline the future of urbanization in China; The fourth is new problems and new challenges: the four weaknesses threaten urbanized China; the fifth is new countermeasures and new proposals: the four pillars support urbanized China.

This report uses a brand-new indicator system this year and reconstructs the comprehensive economic competitiveness and explanatory indicator system, sustainable competitiveness and explanatory indicator system on the basis of the original theoretical framework, and uses big data technology to collect key data to highlight The important role of key indicators in urban competitiveness is emphasized.

The theme report of this report is divided into two parts: one part is "Cities and the real estate market: a comparison of four external shocks", including "Global Experience: Cities and the Real Estate Market under Typical External Shocks", "Fact Description of the Characteristics of the Four Impacts", and "Comparison of the Response Mechanism of the Property Market under the Four Shocks", this part has thoroughly studied the impact of the four shocks on cities and the property market; the other part is "External Shocks: Industrial Chain Adjustment and China City pattern", from the perspective of new development trends in the future industrial chain and the evolution of the spatial pattern of China's urban development, it analyzes the impact of external shocks on the industrial chain and urban pattern, and judges its overall trend in the future, which provides for the stability of China's macroeconomic operation. Suggest.

In the sub-reports and regional reports, this report mainly conducts detailed research on the economic competitiveness and sub-indices, sustainable competitiveness and sub-indices of cities, and analyzes the basic status quo, pattern, changes, phenomena and The law focuses on analysis.

目　　录

第一部分　总体报告

第二部分　主题报告

第三部分　城市竞争力分项报告

第四部分　区域报告

Contents

第一部分

总体报告

第一章

中国城市竞争力2020年度排名

一　2020年中国291个城市综合经济竞争力

表1－1　　2020年中国291个城市综合经济竞争力

	综合经济竞争力		经济密度竞争力		经济增量竞争力	
	指数	排名	指数	排名	指数	排名
深圳	1.000	1	0.852	2	0.790	3
香港	0.982	2	1.000	1	0.479	11
上海	0.975	3	0.705	5	1.000	1
北京	0.894	4	0.619	16	0.968	2
广州	0.825	5	0.685	6	0.690	4
苏州	0.749	6	0.649	8	0.581	9
台北	0.743	7	0.832	3	0.234	48
南京	0.708	8	0.634	11	0.515	10
武汉	0.704	9	0.587	21	0.590	7
无锡	0.700	10	0.666	7	0.437	16
杭州	0.685	11	0.566	26	0.585	8
成都	0.670	12	0.528	35	0.617	6
宁波	0.661	13	0.597	19	0.471	12
佛山	0.646	14	0.630	12	0.378	22
澳门	0.643	15	0.798	4	0.065	251
长沙	0.639	16	0.577	24	0.457	14
青岛	0.629	17	0.600	18	0.393	21

续表

	综合经济竞争力		经济密度竞争力		经济增量竞争力	
	指数	排名	指数	排名	指数	排名
常州	0.626	18	0.620	15	0.350	25
东莞	0.613	19	0.595	20	0.366	24
郑州	0.604	20	0.532	31	0.459	13
合肥	0.600	21	0.531	32	0.452	15
厦门	0.596	22	0.621	14	0.280	35
高雄	0.585	23	0.642	9	0.216	59
珠海	0.581	24	0.636	10	0.217	58
南通	0.579	25	0.531	33	0.404	19
福州	0.576	26	0.530	34	0.397	20
泉州	0.570	27	0.519	38	0.405	18
西安	0.561	28	0.500	41	0.418	17
济南	0.559	29	0.520	37	0.377	23
重庆	0.558	30	0.349	104	0.686	5
台中	0.552	31	0.621	13	0.177	94
扬州	0.552	32	0.548	28	0.309	27
烟台	0.544	33	0.557	27	0.275	37
泰州	0.541	34	0.539	30	0.300	29
镇江	0.538	35	0.580	22	0.219	56
中山	0.531	36	0.577	23	0.207	66
新竹	0.523	37	0.615	17	0.120	176
嘉兴	0.518	38	0.516	39	0.291	32
徐州	0.495	39	0.467	48	0.326	26
南昌	0.495	40	0.484	46	0.295	31
台南	0.493	41	0.566	25	0.142	139
绍兴	0.485	42	0.490	42	0.261	40
台州	0.472	43	0.465	49	0.277	36
芜湖	0.468	44	0.490	44	0.222	55
太原	0.453	45	0.455	50	0.249	43
天津	0.443	46	0.543	29	0.068	248
舟山	0.442	47	0.513	40	0.121	174

续表

	综合经济竞争力		经济密度竞争力		经济增量竞争力	
	指数	排名	指数	排名	指数	排名
东营	0.437	48	0.526	36	0.083	220
盐城	0.432	49	0.402	63	0.299	30
贵阳	0.429	50	0.416	60	0.265	39
惠州	0.428	51	0.426	57	0.246	44
廊坊	0.425	52	0.440	52	0.213	62
威海	0.422	53	0.472	47	0.148	132
济宁	0.421	54	0.439	53	0.204	69
唐山	0.420	55	0.424	59	0.232	50
淄博	0.419	56	0.490	43	0.109	194
潍坊	0.417	57	0.389	73	0.288	34
昆明	0.415	58	0.384	75	0.291	33
湖州	0.414	59	0.429	55	0.208	65
长春	0.411	60	0.426	56	0.206	68
莆田	0.409	61	0.435	54	0.184	87
温州	0.408	62	0.366	88	0.307	28
大连	0.402	63	0.486	45	0.076	228
洛阳	0.395	64	0.376	81	0.260	41
宜昌	0.395	65	0.389	72	0.235	47
淮安	0.393	66	0.385	74	0.240	46
鄂州	0.391	67	0.454	51	0.109	192
襄阳	0.388	68	0.368	87	0.257	42
乌鲁木齐	0.387	69	0.401	65	0.197	75
岳阳	0.386	70	0.394	67	0.207	67
漳州	0.382	71	0.356	95	0.267	38
常德	0.381	72	0.381	76	0.218	57
许昌	0.378	73	0.390	71	0.196	76
日照	0.377	74	0.425	58	0.128	162
金华	0.371	75	0.364	89	0.226	53
马鞍山	0.370	76	0.400	66	0.158	118
连云港	0.366	77	0.374	84	0.198	74

续表

	综合经济竞争力		经济密度竞争力		经济增量竞争力	
	指数	排名	指数	排名	指数	排名
汕头	0.366	78	0.376	80	0.191	80
江门	0.365	79	0.376	82	0.192	79
海口	0.363	80	0.402	64	0.139	141
焦作	0.359	81	0.381	77	0.168	103
株洲	0.358	82	0.378	79	0.172	98
湘潭	0.358	83	0.379	78	0.170	101
临沂	0.355	84	0.346	108	0.222	54
黄石	0.355	85	0.394	68	0.136	147
南宁	0.355	86	0.341	110	0.230	51
沈阳	0.353	87	0.412	61	0.096	207
石家庄	0.351	88	0.361	91	0.186	84
兰州	0.349	89	0.353	99	0.198	73
榆林	0.345	90	0.330	121	0.229	52
宿迁	0.343	91	0.342	109	0.201	71
三明	0.341	92	0.348	106	0.185	86
枣庄	0.340	93	0.361	92	0.161	111
克拉玛依	0.338	94	0.403	62	0.081	223
铜陵	0.337	95	0.375	83	0.129	157
衡阳	0.337	96	0.339	112	0.194	77
遵义	0.337	97	0.317	127	0.233	49
德州	0.335	98	0.355	97	0.161	112
鹰潭	0.334	99	0.392	70	0.091	212
龙岩	0.334	100	0.339	113	0.187	82
呼和浩特	0.332	101	0.363	90	0.139	143
德阳	0.331	102	0.340	111	0.178	93
盘锦	0.331	103	0.393	69	0.081	221
咸阳	0.330	104	0.348	105	0.160	114
濮阳	0.329	105	0.357	94	0.143	137
银川	0.329	106	0.349	103	0.157	121
茂名	0.325	107	0.320	125	0.201	70

续表

	综合经济竞争力		经济密度竞争力		经济增量竞争力	
	指数	排名	指数	排名	指数	排名
宁德	0. 324	108	0. 338	116	0. 164	105
柳州	0. 320	109	0. 308	136	0. 209	63
荆门	0. 319	110	0. 336	117	0. 158	117
滨州	0. 318	111	0. 351	102	0. 129	156
漯河	0. 316	112	0. 354	98	0. 117	183
揭阳	0. 315	113	0. 331	120	0. 157	120
北海	0. 314	114	0. 347	107	0. 126	167
聊城	0. 312	115	0. 308	135	0. 191	81
安阳	0. 310	116	0. 316	129	0. 171	99
新余	0. 309	117	0. 370	86	0. 074	237
郴州	0. 309	118	0. 315	130	0. 171	100
自贡	0. 308	119	0. 338	114	0. 127	164
淮北	0. 307	120	0. 352	101	0. 102	205
六盘水	0. 303	121	0. 322	124	0. 147	133
衢州	0. 303	122	0. 332	118	0. 129	155
鹤壁	0. 303	123	0. 352	100	0. 091	213
营口	0. 302	124	0. 356	96	0. 081	222
平顶山	0. 301	125	0. 314	131	0. 155	123
三亚	0. 299	126	0. 358	93	0. 071	243
秦皇岛	0. 297	127	0. 320	126	0. 137	146
宝鸡	0. 297	128	0. 300	141	0. 173	97
乌海	0. 295	129	0. 372	85	0. 037	275
宜宾	0. 293	130	0. 299	142	0. 164	106
菏泽	0. 291	131	0. 270	160	0. 214	60
西宁	0. 291	132	0. 324	123	0. 115	186
肇庆	0. 289	133	0. 306	137	0. 144	135
沧州	0. 287	134	0. 280	151	0. 186	85
绵阳	0. 286	135	0. 281	150	0. 181	90
玉溪	0. 285	136	0. 309	134	0. 128	159
蚌埠	0. 284	137	0. 292	146	0. 158	119

续表

	综合经济竞争力		经济密度竞争力		经济增量竞争力	
	指数	排名	指数	排名	指数	排名
泰安	0.282	138	0.332	119	0.080	224
九江	0.278	139	0.256	170	0.208	64
新乡	0.277	140	0.271	159	0.179	92
哈尔滨	0.277	141	0.293	145	0.139	142
荆州	0.275	142	0.273	157	0.170	102
开封	0.275	143	0.278	153	0.160	113
衡水	0.273	144	0.290	147	0.136	148
攀枝花	0.273	145	0.317	128	0.086	218
赣州	0.271	146	0.227	204	0.245	45
阳江	0.269	147	0.295	143	0.118	181
益阳	0.269	148	0.275	156	0.153	128
泸州	0.269	149	0.279	152	0.146	134
潮州	0.269	150	0.302	139	0.103	201
湛江	0.268	151	0.248	179	0.200	72
黄冈	0.267	152	0.265	164	0.165	104
十堰	0.266	153	0.270	161	0.156	122
包头	0.266	154	0.312	132	0.079	225
晋城	0.263	155	0.287	148	0.119	179
乐山	0.263	156	0.276	155	0.138	144
三门峡	0.263	157	0.283	149	0.125	169
萍乡	0.263	158	0.311	133	0.074	236
周口	0.262	159	0.244	184	0.192	78
南阳	0.262	160	0.232	199	0.213	61
咸宁	0.261	161	0.277	154	0.132	150
嘉峪关	0.260	162	0.338	115	0.018	287
上饶	0.260	163	0.245	181	0.187	83
石嘴山	0.256	164	0.305	138	0.067	249
大庆	0.255	165	0.328	122	0.025	283
眉山	0.253	166	0.273	158	0.120	177
丽水	0.252	167	0.268	162	0.127	165

续表

	综合经济竞争力		经济密度竞争力		经济增量竞争力	
	指数	排名	指数	排名	指数	排名
驻马店	0.251	168	0.237	193	0.182	89
宿州	0.250	169	0.247	180	0.162	107
信阳	0.250	170	0.236	196	0.180	91
阳泉	0.249	171	0.293	144	0.074	234
邯郸	0.248	172	0.244	183	0.162	108
鄂尔多斯	0.246	173	0.263	168	0.122	172
保定	0.246	174	0.245	182	0.154	125
孝感	0.242	175	0.237	194	0.161	109
长治	0.241	176	0.253	173	0.128	160
南充	0.240	177	0.226	205	0.176	96
鞍山	0.238	178	0.300	140	0.038	273
遂宁	0.238	179	0.251	177	0.125	168
广安	0.238	180	0.253	174	0.121	173
汕尾	0.235	181	0.264	166	0.095	210
商丘	0.234	182	0.215	212	0.182	88
渭南	0.234	183	0.237	192	0.142	138
南平	0.234	184	0.228	202	0.158	116
钦州	0.234	185	0.243	185	0.131	152
邢台	0.233	186	0.228	203	0.155	124
滁州	0.232	187	0.224	206	0.161	110
韶关	0.230	188	0.242	186	0.124	171
淮南	0.227	189	0.241	187	0.118	180
锦州	0.226	190	0.263	169	0.076	230
梧州	0.226	191	0.265	165	0.072	241
防城港	0.226	192	0.266	163	0.069	244
玉林	0.225	193	0.239	190	0.118	182
娄底	0.225	194	0.231	201	0.132	149
邵阳	0.225	195	0.218	210	0.154	126
内江	0.223	196	0.240	188	0.111	191
安庆	0.223	197	0.219	209	0.148	131

续表

	综合经济竞争力		经济密度竞争力		经济增量竞争力	
	指数	排名	指数	排名	指数	排名
延安	0. 222	198	0. 234	198	0. 120	175
景德镇	0. 222	199	0. 254	172	0. 083	219
大同	0. 221	200	0. 236	195	0. 113	188
宜春	0. 221	201	0. 201	220	0. 176	95
清远	0. 220	202	0. 224	207	0. 132	151
朔州	0. 220	203	0. 248	178	0. 088	214
宣城	0. 219	204	0. 218	211	0. 141	140
永州	0. 218	205	0. 210	215	0. 154	127
汉中	0. 215	206	0. 212	214	0. 143	136
抚顺	0. 214	207	0. 255	171	0. 062	253
桂林	0. 213	208	0. 220	208	0. 124	170
吉林	0. 212	209	0. 252	176	0. 064	252
吉安	0. 212	210	0. 204	219	0. 152	129
辽阳	0. 210	211	0. 252	175	0. 058	257
黄山	0. 208	212	0. 239	189	0. 076	229
资阳	0. 207	213	0. 263	167	0. 031	280
运城	0. 205	214	0. 208	217	0. 127	166
池州	0. 204	215	0. 234	197	0. 077	227
阜阳	0. 202	216	0. 187	228	0. 158	115
随州	0. 200	217	0. 213	213	0. 107	196
晋中	0. 196	218	0. 195	224	0. 130	154
安顺	0. 195	219	0. 209	216	0. 103	202
本溪	0. 191	220	0. 238	191	0. 040	270
百色	0. 187	221	0. 197	222	0. 107	195
亳州	0. 187	222	0. 185	229	0. 128	161
辽源	0. 187	223	0. 231	200	0. 043	267
梅州	0. 186	224	0. 196	223	0. 106	197
达州	0. 183	225	0. 174	235	0. 138	145
贵港	0. 181	226	0. 182	231	0. 119	178
张家口	0. 181	227	0. 183	230	0. 117	184

续表

	综合经济竞争力		经济密度竞争力		经济增量竞争力	
	指数	排名	指数	排名	指数	排名
怀化	0.180	228	0.174	234	0.130	153
抚州	0.178	229	0.173	236	0.129	158
崇左	0.174	230	0.201	221	0.068	246
承德	0.173	231	0.176	233	0.113	190
曲靖	0.168	232	0.150	247	0.149	130
云浮	0.166	233	0.179	232	0.091	211
松原	0.166	234	0.207	218	0.038	272
佳木斯	0.165	235	0.172	237	0.101	206
安康	0.164	236	0.156	244	0.128	163
六安	0.162	237	0.161	240	0.114	187
吕梁	0.162	238	0.160	241	0.116	185
广元	0.162	239	0.167	238	0.102	204
临汾	0.159	240	0.157	242	0.113	189
白山	0.156	241	0.187	227	0.053	260
齐齐哈尔	0.150	242	0.152	246	0.102	203
铜川	0.146	243	0.192	226	0.021	285
河源	0.145	244	0.144	250	0.105	199
牡丹江	0.144	245	0.144	251	0.104	200
金昌	0.142	246	0.195	225	0.006	290
张家界	0.139	247	0.157	243	0.068	247
雅安	0.139	248	0.153	245	0.074	233
通化	0.134	249	0.164	239	0.043	268
来宾	0.133	250	0.147	249	0.073	238
葫芦岛	0.131	251	0.143	252	0.075	231
绥化	0.129	252	0.121	264	0.109	193
贺州	0.128	253	0.142	253	0.069	245
昭通	0.126	254	0.126	259	0.095	209
天水	0.124	255	0.136	256	0.072	240
商洛	0.123	256	0.122	263	0.095	208
吴忠	0.119	257	0.135	257	0.062	254

续表

	综合经济竞争力		经济密度竞争力		经济增量竞争力	
	指数	排名	指数	排名	指数	排名
忻州	0. 119	258	0. 111	268	0. 106	198
河池	0. 118	259	0. 119	265	0. 088	215
丹东	0. 117	260	0. 138	255	0. 051	261
朝阳	0. 116	261	0. 131	258	0. 060	255
保山	0. 113	262	0. 113	267	0. 087	216
赤峰	0. 110	263	0. 111	269	0. 086	217
铁岭	0. 109	264	0. 140	254	0. 029	281
七台河	0. 103	265	0. 148	248	0. 000	291
中卫	0. 102	266	0. 125	261	0. 041	269
普洱	0. 101	267	0. 104	272	0. 078	226
临沧	0. 100	268	0. 104	271	0. 074	235
通辽	0. 098	269	0. 116	266	0. 049	263
丽江	0. 098	270	0. 125	260	0. 032	279
四平	0. 091	271	0. 122	262	0. 019	286
庆阳	0. 088	272	0. 090	276	0. 072	242
巴中	0. 088	273	0. 088	277	0. 075	232
巴彦淖尔	0. 086	274	0. 090	275	0. 066	250
阜新	0. 083	275	0. 108	270	0. 027	282
平凉	0. 082	276	0. 102	273	0. 035	277
白城	0. 077	277	0. 095	274	0. 036	276
乌兰察布	0. 076	278	0. 082	279	0. 059	256
白银	0. 071	279	0. 080	280	0. 050	262
固原	0. 065	280	0. 088	278	0. 023	284
双鸭山	0. 062	281	0. 073	281	0. 044	266
呼伦贝尔	0. 061	282	0. 056	285	0. 073	239
武威	0. 054	283	0. 060	282	0. 048	264
鸡西	0. 051	284	0. 057	284	0. 046	265
张掖	0. 045	285	0. 054	286	0. 038	271
黑河	0. 038	286	0. 038	287	0. 053	259
鹤岗	0. 036	287	0. 059	283	0. 009	288

续表

	综合经济竞争力		经济密度竞争力		经济增量竞争力	
	指数	排名	指数	排名	指数	排名
定西	0.029	288	0.037	288	0.032	278
陇南	0.026	289	0.030	289	0.038	274
酒泉	0.009	290	0.000	291	0.054	258
伊春	0.000	291	0.013	290	0.008	289

二　2020年中国291个城市可持续竞争力

表1－2　　2020年中国291个城市可持续竞争力

	可持续竞争力		人才增量竞争力		人才密度竞争力	
	指数	排名	指数	排名	指数	排名
香港	1.000	1	1.000	1	1.000	1
深圳	0.901	2	0.874	2	0.945	2
台北	0.815	3	0.802	5	0.863	3
上海	0.765	4	0.819	4	0.765	5
北京	0.727	5	0.845	3	0.677	7
广州	0.685	6	0.734	7	0.705	6
苏州	0.656	7	0.739	6	0.653	12
南京	0.630	8	0.676	11	0.664	9
青岛	0.619	9	0.692	8	0.632	17
武汉	0.601	10	0.655	12	0.634	16
无锡	0.597	11	0.616	18	0.661	10
台中	0.586	12	0.622	15	0.638	14
天津	0.583	13	0.680	10	0.581	22
厦门	0.578	14	0.572	24	0.668	8
东莞	0.577	15	0.580	23	0.660	11
佛山	0.574	16	0.604	19	0.634	15
杭州	0.568	17	0.686	9	0.551	25
高雄	0.556	18	0.590	20	0.616	19
澳门	0.553	19	0.314	154	0.854	4

续表

	可持续竞争力		人才增量竞争力		人才密度竞争力	
	指数	排名	指数	排名	指数	排名
成都	0.540	20	0.646	13	0.539	30
宁波	0.533	21	0.622	16	0.550	26
合肥	0.532	22	0.621	17	0.548	28
中山	0.523	23	0.491	40	0.647	13
常州	0.518	24	0.539	27	0.598	20
郑州	0.513	25	0.584	22	0.549	27
长沙	0.513	26	0.586	21	0.546	29
台南	0.504	27	0.516	31	0.594	21
珠海	0.481	28	0.431	60	0.629	18
大连	0.480	29	0.563	25	0.512	32
西安	0.478	30	0.562	26	0.509	33
南通	0.451	31	0.515	32	0.506	35
济南	0.448	32	0.529	28	0.489	39
镇江	0.447	33	0.452	53	0.554	24
嘉兴	0.443	34	0.483	44	0.521	31
福州	0.436	35	0.523	30	0.472	43
重庆	0.435	36	0.634	14	0.374	86
南昌	0.429	37	0.491	38	0.489	38
淄博	0.424	38	0.472	50	0.497	37
绍兴	0.424	39	0.489	42	0.482	41
扬州	0.420	40	0.456	52	0.506	34
泉州	0.419	41	0.506	36	0.460	45
沈阳	0.419	42	0.514	33	0.452	49
烟台	0.418	43	0.507	35	0.456	47
长春	0.411	44	0.525	29	0.429	55
太原	0.408	45	0.475	48	0.468	44
徐州	0.403	46	0.483	45	0.454	48
泰州	0.392	47	0.427	61	0.484	40
威海	0.389	48	0.423	63	0.482	42
温州	0.387	49	0.491	39	0.418	59

续表

	可持续竞争力		人才增量竞争力		人才密度竞争力	
	指数	排名	指数	排名	指数	排名
新竹	0.381	50	0.321	145	0.559	23
唐山	0.379	51	0.476	47	0.419	58
惠州	0.374	52	0.484	43	0.404	64
乌鲁木齐	0.374	53	0.490	41	0.398	68
贵阳	0.367	54	0.440	56	0.431	54
石家庄	0.366	55	0.475	49	0.398	67
台州	0.365	56	0.451	54	0.417	60
东营	0.363	57	0.416	66	0.446	51
潍坊	0.360	58	0.471	51	0.392	70
昆明	0.355	59	0.478	46	0.377	81
金华	0.346	60	0.443	55	0.392	71
汕头	0.346	61	0.379	94	0.449	50
海口	0.343	62	0.365	104	0.457	46
盐城	0.338	63	0.436	58	0.385	76
湖州	0.337	64	0.387	85	0.427	56
焦作	0.337	65	0.379	92	0.433	52
舟山	0.336	66	0.298	185	0.504	36
洛阳	0.333	67	0.436	57	0.376	82
廊坊	0.330	68	0.400	74	0.403	65
泰安	0.329	69	0.403	73	0.399	66
哈尔滨	0.325	70	0.500	37	0.307	135
兰州	0.325	71	0.426	62	0.372	87
湘潭	0.322	72	0.366	103	0.421	57
济宁	0.321	73	0.417	65	0.374	85
淮安	0.317	74	0.393	79	0.388	75
许昌	0.315	75	0.366	102	0.408	63
漳州	0.313	76	0.408	69	0.367	88
芜湖	0.311	77	0.354	110	0.412	62
莆田	0.305	78	0.341	123	0.414	61
连云港	0.305	79	0.369	98	0.388	74

续表

	可持续竞争力		人才增量竞争力		人才密度竞争力	
	指数	排名	指数	排名	指数	排名
江门	0.302	80	0.390	81	0.365	89
南宁	0.302	81	0.432	59	0.328	120
呼和浩特	0.301	82	0.416	67	0.341	109
宜昌	0.300	83	0.412	68	0.343	108
银川	0.300	84	0.398	75	0.355	96
日照	0.298	85	0.349	116	0.395	69
聊城	0.296	86	0.384	90	0.361	92
安阳	0.294	87	0.361	105	0.378	79
株洲	0.294	88	0.389	84	0.353	100
襄阳	0.294	89	0.406	70	0.337	112
德州	0.292	90	0.385	89	0.353	98
临沂	0.289	91	0.406	71	0.329	117
咸阳	0.286	92	0.373	96	0.354	97
岳阳	0.286	93	0.398	76	0.332	115
德阳	0.283	94	0.340	124	0.377	80
新乡	0.282	95	0.370	97	0.349	102
沧州	0.279	96	0.391	80	0.325	123
南阳	0.278	97	0.419	64	0.300	140
开封	0.275	98	0.348	117	0.358	95
邯郸	0.275	99	0.386	88	0.323	124
滨州	0.274	100	0.356	107	0.349	104
茂名	0.273	101	0.378	95	0.327	121
常德	0.272	102	0.386	86	0.318	128
盘锦	0.272	103	0.305	167	0.389	73
大庆	0.271	104	0.389	83	0.314	130
湛江	0.270	105	0.386	87	0.315	129
锦州	0.269	106	0.351	113	0.344	107
柳州	0.267	107	0.384	91	0.313	132
宿迁	0.267	108	0.343	121	0.348	106
桂林	0.267	109	0.405	72	0.293	146

续表

	可持续竞争力		人才增量竞争力		人才密度竞争力	
	指数	排名	指数	排名	指数	排名
黄石	0.266	110	0.310	161	0.375	84
枣庄	0.266	111	0.292	193	0.391	72
马鞍山	0.264	112	0.306	166	0.375	83
衡阳	0.263	113	0.379	93	0.309	133
秦皇岛	0.260	114	0.339	126	0.340	110
吉林	0.258	115	0.390	82	0.292	147
濮阳	0.256	116	0.316	151	0.353	99
鞍山	0.254	117	0.341	122	0.328	119
景德镇	0.252	118	0.302	175	0.359	94
鄂尔多斯	0.252	119	0.508	34	0.177	255
蚌埠	0.251	120	0.311	160	0.349	103
漯河	0.250	121	0.294	188	0.363	90
揭阳	0.250	122	0.332	133	0.328	118
包头	0.248	123	0.394	77	0.270	182
平顶山	0.247	124	0.331	135	0.325	122
新余	0.245	125	0.266	223	0.379	77
九江	0.244	126	0.368	99	0.288	156
北海	0.244	127	0.285	203	0.360	93
西宁	0.244	128	0.329	138	0.322	125
菏泽	0.243	129	0.353	112	0.300	141
三亚	0.241	130	0.257	227	0.379	78
肇庆	0.240	131	0.358	106	0.290	153
榆林	0.236	132	0.394	78	0.252	204
宝鸡	0.235	133	0.354	111	0.285	162
自贡	0.233	134	0.276	210	0.350	101
潮州	0.233	135	0.289	198	0.338	111
宁德	0.232	136	0.324	143	0.305	136
鹤壁	0.231	137	0.259	226	0.362	91
绵阳	0.231	138	0.344	120	0.287	157
保定	0.231	139	0.367	100	0.266	188

续表

	可持续竞争力		人才增量竞争力		人才密度竞争力	
	指数	排名	指数	排名	指数	排名
龙岩	0. 230	140	0. 337	127	0. 290	152
淮北	0. 228	141	0. 269	222	0. 349	105
安庆	0. 228	142	0. 340	125	0. 285	161
韶关	0. 226	143	0. 344	119	0. 278	171
鄂州	0. 225	144	0. 167	283	0. 433	53
郴州	0. 225	145	0. 350	114	0. 271	180
荆门	0. 223	146	0. 317	150	0. 297	143
衢州	0. 223	147	0. 298	184	0. 313	131
丽水	0. 222	148	0. 326	140	0. 288	155
孝感	0. 222	149	0. 314	153	0. 298	142
四平	0. 222	150	0. 332	134	0. 283	163
萍乡	0. 222	151	0. 274	213	0. 333	114
泸州	0. 220	152	0. 330	137	0. 281	167
遵义	0. 220	153	0. 356	108	0. 258	197
攀枝花	0. 216	154	0. 280	206	0. 318	126
汉中	0. 216	155	0. 349	115	0. 257	198
三明	0. 215	156	0. 335	129	0. 268	185
荆州	0. 215	157	0. 321	146	0. 280	168
商丘	0. 215	158	0. 313	155	0. 287	159
阳江	0. 213	159	0. 302	173	0. 293	144
三门峡	0. 213	160	0. 303	170	0. 292	149
咸宁	0. 212	161	0. 291	195	0. 301	139
十堰	0. 212	162	0. 337	128	0. 261	194
周口	0. 211	163	0. 313	156	0. 281	166
晋城	0. 211	164	0. 300	179	0. 292	148
资阳	0. 210	165	0. 269	221	0. 318	127
信阳	0. 209	166	0. 329	139	0. 263	192
娄底	0. 208	167	0. 298	183	0. 289	154
六盘水	0. 208	168	0. 300	180	0. 287	158
宜宾	0. 207	169	0. 304	169	0. 282	164

续表

	可持续竞争力		人才增量竞争力		人才密度竞争力	
	指数	排名	指数	排名	指数	排名
邢台	0.207	170	0.325	142	0.264	191
长治	0.207	171	0.318	148	0.268	186
鹰潭	0.206	172	0.246	239	0.331	116
滁州	0.206	173	0.312	158	0.273	176
南充	0.206	174	0.313	157	0.271	178
益阳	0.205	175	0.312	159	0.272	177
宜春	0.205	176	0.333	132	0.252	202
玉溪	0.205	177	0.319	147	0.264	190
赣州	0.204	178	0.367	101	0.221	223
衡水	0.203	179	0.302	174	0.277	174
遂宁	0.203	180	0.272	218	0.302	137
延安	0.201	181	0.355	109	0.226	220
驻马店	0.200	182	0.309	163	0.265	189
乐山	0.199	183	0.303	172	0.269	184
渭南	0.193	184	0.307	165	0.256	200
上饶	0.193	185	0.334	130	0.232	215
辽阳	0.192	186	0.252	233	0.302	138
本溪	0.192	187	0.278	208	0.279	169
清远	0.190	188	0.325	141	0.235	214
钦州	0.189	189	0.294	189	0.261	193
南平	0.189	190	0.316	152	0.241	207
承德	0.189	191	0.345	118	0.215	228
晋中	0.187	192	0.308	164	0.245	205
黄山	0.186	193	0.264	224	0.282	165
汕尾	0.185	194	0.274	215	0.271	179
抚顺	0.185	195	0.275	212	0.270	183
朔州	0.183	196	0.288	201	0.256	199
眉山	0.183	197	0.245	240	0.293	145
宿州	0.182	198	0.288	202	0.254	201
佳木斯	0.181	199	0.331	136	0.215	227

续表

	可持续竞争力		人才增量竞争力		人才密度竞争力	
	指数	排名	指数	排名	指数	排名
大同	0. 180	200	0. 300	177	0. 240	209
宣城	0. 180	201	0. 278	207	0. 259	196
阳泉	0. 180	202	0. 241	243	0. 291	150
克拉玛依	0. 179	203	0. 256	229	0. 278	173
黄冈	0. 179	204	0. 296	186	0. 242	206
淮南	0. 177	205	0. 255	232	0. 275	175
广安	0. 176	206	0. 241	244	0. 286	160
铜陵	0. 176	207	0. 185	279	0. 334	113
曲靖	0. 174	208	0. 322	144	0. 211	233
吉安	0. 174	209	0. 318	149	0. 214	229
松原	0. 171	210	0. 300	176	0. 224	221
运城	0. 171	211	0. 294	190	0. 230	216
阜阳	0. 171	212	0. 282	205	0. 240	208
营口	0. 169	213	0. 222	265	0. 290	151
临汾	0. 168	214	0. 303	171	0. 216	226
玉林	0. 168	215	0. 289	197	0. 228	218
达州	0. 167	216	0. 288	200	0. 229	217
吕梁	0. 162	217	0. 299	181	0. 210	234
抚州	0. 161	218	0. 294	191	0. 213	230
永州	0. 160	219	0. 292	192	0. 213	231
邵阳	0. 159	220	0. 295	187	0. 209	235
通化	0. 159	221	0. 273	216	0. 228	219
亳州	0. 158	222	0. 262	225	0. 237	213
内江	0. 157	223	0. 222	264	0. 271	181
随州	0. 157	224	0. 242	242	0. 252	203
石嘴山	0. 157	225	0. 212	271	0. 278	172
六安	0. 156	226	0. 276	209	0. 221	224
云浮	0. 156	227	0. 255	231	0. 239	210
贵港	0. 155	228	0. 270	220	0. 224	222
河源	0. 154	229	0. 291	196	0. 204	240

续表

	可持续竞争力		人才增量竞争力		人才密度竞争力	
	指数	排名	指数	排名	指数	排名
防城港	0.154	230	0.227	255	0.260	195
安顺	0.151	231	0.248	236	0.237	212
张家口	0.149	232	0.305	168	0.184	250
怀化	0.147	233	0.291	194	0.191	246
辽源	0.145	234	0.203	274	0.267	187
池州	0.144	235	0.233	247	0.239	211
牡丹江	0.143	236	0.300	178	0.178	254
梅州	0.142	237	0.274	214	0.199	243
安康	0.142	238	0.275	211	0.197	244
梧州	0.140	239	0.256	230	0.212	232
嘉峪关	0.139	240	0.177	281	0.279	170
葫芦岛	0.139	241	0.247	238	0.217	225
通辽	0.134	242	0.310	162	0.155	266
丹东	0.132	243	0.252	234	0.201	242
忻州	0.131	244	0.272	217	0.183	253
白山	0.131	245	0.243	241	0.208	237
绥化	0.130	246	0.289	199	0.165	260
保山	0.125	247	0.257	228	0.185	248
齐齐哈尔	0.123	248	0.282	204	0.159	263
商洛	0.119	249	0.247	237	0.184	251
阜新	0.119	250	0.223	262	0.205	239
百色	0.116	251	0.272	219	0.157	264
雅安	0.116	252	0.228	253	0.195	245
张家界	0.115	253	0.214	269	0.207	238
赤峰	0.111	254	0.299	182	0.125	279
贺州	0.108	255	0.220	266	0.189	247
来宾	0.107	256	0.224	260	0.185	249
铁岭	0.107	257	0.233	246	0.176	257
崇左	0.103	258	0.228	254	0.173	258
广元	0.101	259	0.214	267	0.183	252

续表

	可持续竞争力		人才增量竞争力		人才密度竞争力	
	指数	排名	指数	排名	指数	排名
天水	0.096	260	0.223	261	0.167	259
朝阳	0.094	261	0.226	256	0.160	262
庆阳	0.093	262	0.229	251	0.156	265
巴中	0.089	263	0.213	270	0.164	261
呼伦贝尔	0.088	264	0.334	131	0.056	290
白城	0.087	265	0.228	252	0.147	267
金昌	0.086	266	0.157	289	0.208	236
昭通	0.084	267	0.235	245	0.136	274
吴忠	0.084	268	0.226	257	0.143	271
临沧	0.079	269	0.222	263	0.138	273
双鸭山	0.078	270	0.214	268	0.144	269
鸡西	0.078	271	0.211	272	0.146	268
河池	0.073	272	0.224	259	0.127	277
巴彦淖尔	0.072	273	0.249	235	0.104	284
白银	0.072	274	0.205	273	0.142	272
七台河	0.070	275	0.162	285	0.177	256
铜川	0.068	276	0.129	290	0.203	241
乌兰察布	0.065	277	0.231	248	0.108	281
乌海	0.064	278	0.000	291	0.309	134
平凉	0.063	279	0.185	280	0.144	270
普洱	0.061	280	0.225	258	0.106	283
中卫	0.059	281	0.189	277	0.135	275
黑河	0.052	282	0.230	249	0.087	287
武威	0.048	283	0.199	275	0.108	282
丽江	0.048	284	0.187	278	0.117	280
张掖	0.045	285	0.198	276	0.102	285
固原	0.043	286	0.158	288	0.135	276
鹤岗	0.039	287	0.160	287	0.126	278
定西	0.024	288	0.166	284	0.096	286
陇南	0.020	289	0.173	282	0.084	288

续表

	可持续竞争力		人才增量竞争力		人才密度竞争力	
	指数	排名	指数	排名	指数	排名
伊春	0.013	290	0.160	286	0.082	289
酒泉	0.000	291	0.229	250	0.000	291

第 二 章

中国城市竞争力2020年度综述

——迈向“十四五”及未来15年的城市化中国

倪鹏飞　徐海东　马琦伟

第一节　新理论与新假设:四要素耦合与轮动决定城市化中国走向

一　城市化的决定因素

人类发展就是人类在一定空间下交互作用而实现净正创造的过程。人类最大化需求、人类体力和智力禀赋、规模报酬递增率以及资源的存在空间和移动成本，决定人类发展是人口、交互、空间和产出四要素结合与循环的过程。按照以上四个方面的结合和循环的不同特征，可以进行不同的阶段划分。从聚散和动静角度看，人类发展已经经历了：流动而分散的游牧时代、固定而分散的农业时代、固定而聚集的城市时代，还将迈向流动而聚集的智能时代。

城市化是农业时代向城市时代的过渡状态，是人口从分散固定生活和分散农业生产转向人口集中固定聚集从事非农活动的过程。具体也表现为四个转化：人口转化即从农民变市民。从分散、封闭的自然人到聚集、开放的社会人，从原来的农业生活资料结合到新的非农生活资料结合，从主要的体力、极少智力付出到主要的体力、多一些智力付出，从分散聚集的生活居住到集中聚集的生活居住。交互转化即从农业变非农。从自给自足到分工交换，从农业生产要素结合到非农要素结合。空间转化即从农村变城市。从稀疏的开发空间到密集的开发空间，从土地作为直接交互要素到间接交互要素。产出转化即从农业产出转向非农产出。从农业为主的最终产品转向非农为主的最终产品，从农业为主简单工具和技术转向非农为主复杂工具和技术，从简单、狭隘的公共产品体系到复杂、广泛的公共产品体系。从自给自足的制度规则到分工合作的制度规则，从乡村家族治理到城市社会治理。

根据上述理论框架，城市化发生和发展的一般动力机制是：首先产出层面的农业技术进步使得农产品相对需求出现剩余，而需求层面永恒的扩张导致非农需求，进而决定在一定制度规则下的非农交互活动受规模报酬递增和运输成本影响，加上土地不是非农活动的直接生产要素，从而导致人口在空间上聚集并进行非农交互，从而城市化不可避免地发生并将不断发展直到完成为止。

二　经典城市化的一般表现

在上述体系封闭、空间同质、市场制度的假定下，需求永动和技术进步决定着城市化总体状态。而经典城市化的一般表现有以下几点。

第一，职住同步转移：从一般的规律来看，国外的情况或一般的情况没有职住分异的情况，他们的职住就是一体的。在农村工作，农村就业，农村居住，一转就到城市里了。像刘易斯拐点农村劳动力转移模型，它就是假设两者没有区别，没有分离。

第二，公共产品同步：在农业社会，由于自给自足，基础设施和公共服务等产品比较小。在城市社会，由于分工合作，基础设施和公共服务等公共产品比较多。经典城市化：公共产品随人口转移自然迁徙并从少到多、从弱到强。

第三，要素自由交换：在农业社会，土地是职的直接生产要素，是住的直接空间要素，人与地直接结合。在城市社会，土地是职住的间接空间要素，土地与生产和生活单位直接结合，人与地间接结合。经典城市化：人与地要通过市场或者政府的方法，经历从先分离到再结合的过程。

第四，社会重建同步：在农业社会，由于自给自足，主要是亲缘和地缘关系，需要地方治理。在城市社会，由于分工合作，主要是地缘和业缘关系，需要社会治理。经典城市化：从地缘和亲缘关系直接转变成业缘和地缘关系。

第五，基本发展规律：人口从农村转向城市从小城镇转向大都市。城市空间由单中心向多中心逐步扩大。城市职业更加多样化、高级化和复杂化。城市化的动力或目标从重视工作（职）转向重视生活（住）。城市化在速度上经历缓慢、加速和放缓的过程。

三 中国城市化的个性条件

第一，大国特征：人口规模巨大，地域辽阔，层次多样。这决定中国城市化是在更大区域范围内的平衡，而在更小范围的失衡，进而决定中国城市化的多样性和差异性，中国城市化程度区域间方差较大。

第二，开放背景：伴随着中国城市化的加速过程的是中国从封闭向开放转变。与此同时，全球市场、要素和产业一体化在迅速扩展，而未来中国的对外开放及国际环境在深刻变化。一方面，产业链从一国内部分工到全球各国分工再到全球城市分工；另一方面，全球化出现的曲折也将导致影响产业链的布局和调整。这决定着中国城市化的影响因素和相关关系不仅是内部因素更有外部因素，从而与经典的城市化表现有所不同。

第三，制度转型：伴随着中国城市化的加速过程的是中国从计划向市场转型。具体在涉及城镇化的土地方面，农村集体耕地制度从承包制到三权分置，城市国有土地从有偿出让到招拍挂；在涉及城镇化的人口方面，人口制度、人口的权益的分割。20 世纪 80 年代“允许农民自带干粮进城”，但不予落户；1990—2000 年通过购房办理落户。这些不断改革的制度因素决定着中国城市化的与众不同和不断变化。

第四，技术进步：中国城镇化处在第一、第二、第三次技术革命之后，第四次技术革命正在发生的过程中，不仅前三次的技术广泛影响中国城市化，使之与其他先发国家和地区的城市化有相似之处，还因为第四次技术革命的影响而有所不同，集中体现在空间上呈现更大的聚集和更大的扩散。

以上四大因素共同作用，使得城市化的四大表现及其相互关系发生重要变化并具有中国特色。

四　中国上半程城市化的成就巨大

过去40年中国经历了人类历史上最大规模的城市化加速过程，使中国真正发生了翻天覆地的变化，从一个贫穷落后的乡土中国迅速嬗变为富裕现代的城市中国。

第一，40年的城镇化使得中国城市从星星之火变成燎原之势。1978年全国的城市和小城镇仅193个和2000个，到2018年分别达到660多个和20000多个，与此同时，都市圈、城市群、城市带、巨型城市化地区正在快速出现和发展。

第二，40年的城镇化使得中国的城镇人口惊人聚集且生活巨变。1978—2018年，中国城镇人口从1.72亿增长到8.31亿。与此同时，城镇居民的人均可支配收入由1978年的343元提高至2018年的39251元，人均寿命由1978年的68岁提高至2017年的76.5岁，人均受教育年限从1982年的7.57年上升至2016年的8.5年。

第三，40年的城镇化使得中国的城镇经济总量持续高速增长。40年间，城镇经济年均增速超过了10%；1988年，城镇国民生产总值占全国的50%左右，到2016年超过了80%；1978年，全部城镇公共财政收入只有584亿元，到2016年，地级以上城市公共财政收入达53364亿元；城镇居民家庭恩格尔系数从1978年的57.5%下降到2015年的29.7%。

第四，40年的城镇化使得城镇空间快速扩张和城镇环境日新月异。1978—2016年，中国城镇空间即建成区面积与城镇建设用地分别增长了7.44倍和7.88倍。与此同时，全国城镇公园绿地面积从1981年的2.2万公顷到2016年年末达到65.4万公顷。轨道交通线路总长度从1978年年末的23.6公里到2017年年末达4484公里，水电煤气的公用基础设施在城市普及，现代化的通信与信息基础设施形成覆盖城乡的网络体系。

总之，中国城市化既拥有影响城市化的一般因素，也存在影响城市化的特殊条件，从而决定中国城镇化既遵循一般规律又有自己的特色，既决定上半程城市化速度快、成就大和变异多，也决定下半程城市化的新趋势、新红利和新挑战。

第二节 新动力与新红利：四大引擎驱动城市化中国发展

在常住人口城市化率跨过60%，城市化进入中后期后，下半程城市化动力发生重要变化。由于上半程城市化遗留下不少问题，下半程的“十四五”及未来15年城市化依然强劲。

一 新需求力量：生活与居住是未来城市化中国牵引力

美好生活是下半程人口城市化需求的主导力量。最终消费需求及其升级是人类一切发展包括城市化最初始的牵引力力量。亚里士多德说：“人们来到城市，是为了生活。人们居住在城市，是为了生活得更好。”这正好揭示中国人口城市化需求和目的变化的过程。上半程城市化是来到城市工作以维持城乡的生活。就业是上半程人口城市化的主导需求。下半程城市化是来到城市居住并过上更美好的生活。在稳定就业的基础上，居住和生活是下半程城市化的主导需求。这包括衣食住行、生老病死、安育乐业的私人和公共服务及设施，尤其是优质的住房、教育、康养、文化、娱乐等。

居住是下半程人口城市化需求的决定性力量。首先，住在城市是人口城市化的重要需求内容，是人口城市化的重要动力，也是人口城市化的真正标志。其次，住在城市决定人口城市化的其他需求动力、其他生活需求质量及其实现程度。由于多项公共服务和基础设施都与居住粘连在一起，分享城市高质量的服务和环境必须住在城市。城里购房才能结婚，驱动农村适龄青年城市化。城市购房分享城市的优质教育，驱动已婚家庭城市化。城市购房分享城市的医疗和养老环境，驱动老年人口城市化。最后，住城不易是人口城市化需求的隐形阻力。虽然绝大多数城市已经或将要彻底取消落户限制，但由于房价高和保障面窄，因为没有住房进而没有诸多公共服务，人口城市化需求动力无法释放。

二 新交互力量：新四化引致的分工交互是未来城市化中国经济驱动力

非农交互活动的规模报酬是递增的，这决定非农交互规模、数量、类型自我强化。不仅与上半程不同，“十四五”及未来15年新型的不断扩大的规模和形式将推动经济城市化持续发展，全国化、多样化、服务化和智能化的分工交互经济城市化。

市场一体化带来全国化分工与交互力量：在城市化上半程，劳动力资源富集与对外开放，使得中国城市经济率先参与全球化交互，而资源禀赋相同决定地区的恶性竞争和国内市场的分割。在城市化下半程，一方面国际环境不确定性增加，全球化遇到暂时曲折；另一方面地区之间在竞争和发展中形成差异，将有利于全国市场一体化，促进实现全国化交互，从而带动城市化经济发展。

城市大型化带来多样化分工与交互力量：在城市化上半程，中小城市主导使得当地人口和市场的规模有限，市场主体交互多样化程度低使得城市专业化和复杂度有限。在城市化下半程的“十四五”及未来15年，大城市、都市圈和城市群所形成的巨大人口和市场规模，使得人口有可能也有必要产生多样化交互，从而带动城市化发展。

产业高级化带来服务化分工与交互力量：在城市化上半程，交互活动主要是工业制造，工业化交互活动驱动经济城市化快速发展。在城市化下半程，交互活动主要是服务，服务化的交互将驱动经济城市化发展和升级。

科技产业化带来智能化分工与交互力量：科技创新持续突飞猛进，在中国城市化的上半程，信息技术支撑整个社会发展，信息化的交互创造了城市化经济。在城市化下半程的“十四五”及未来15年，智能技术将支撑整个社会的发展，智能化的交互将创造城市化经济。

三　新空间力量：高端聚集和低端分散是未来城市化中国空间内生力量

纵观全球各国空间演化的表层现象和内在规律，聚集与分散是决定经济活动空间形态的两大力量。在规模收益和距离成本的作用下，空间聚集具有必然性且随技术进步不断加强，但在一定技术条件下，当聚集成本大于收益，扩散将必然发生。从空间视角看，城市化是城乡之间、城市之间和城市内部空间的竞争过程，其背后是聚集与扩散两种力量的博弈。

在城市化上半程，几乎在所有空间尺度和层面上的规模经济所产生的聚集力远大于拥挤和运输成本所产生的分散力，从而导致分散聚集和集中聚集，聚集极大地支撑和驱动中国经济的增长。在城市化下半程的“十四五”及未来15年，聚集仍然是中国经济增长的驱动力量。与此同时，由于规模收益与拥挤成本、运输成本的相对变化，分散力与聚集力的博弈将复杂化。在城乡、区域、城市及城市内部都将呈现高端要素的聚集力主导和低端要素的分散力主导的组合、大尺度聚集力主导和小尺度分散力主导的组合。事实上，这力量及组合在2013年前后已经开始发生变化，相信未来将进一步发展。

四　新产出力量：人力资本、技术与制度创新是城市化中国的新红利

在产出层面，产出是下一次生产的投入，在城市化上半程，劳动力、资金、土地依次与制度创新主导推动着城市化奇迹的发生。在城市化下半程的“十四五”及未来15年，人力资本、技术资本、软件环境将依次与制度创新主导推动深度城市化。

在人口红利逐渐减弱的同时，逐步积累起来的巨大人力资本红利将逐步释放。40年发展为中国转型积累了坚实基础，尤其是人力资本的积累。2020年预计全国人才资源总量将达到2.25亿人左右，未来若按照每年净增500万人，2035年人才总量将达到3亿人。

在外向学习红利逐步减弱的同时，逐步积累的技术基础将促进自主创新，从内生和外生两方面而产生的信息化、网络化和智能化将不仅推动人口、交互和空间城市化规模扩大、层级提升，而且还将深刻改变人口、交互和空间城市化的内涵和形态。

在上一轮土地城市化数量与规模的红利结束后，下一轮土地城市化的质量和效率红利将开启，土地要素优化配置和高效利用、城市空间生态质量和社会质量提升将不断提升城市的密度和产出率。

有鉴于市场化制度在资源配置上具有更大的优势，中国市场制度的改革还没有完成，与此同时，有关城市社会的交往规则还没有完全建立。因此，如果说上半程的制度改革和治理建构是上半程的重要动力的话。下半程制度变革和城市治理完善，可以更进一步扩大城市化的规模、提升城市化的质量。

第三节　新格局和新趋势：四大要素绘制城市化中国新美景

中国城市化的条件和环境决定中国城市化上半程既遵循规律又与众不同，进一步决定中国城市化下半程的新趋势和新格局。

一　聪明的城市化人口

第一，长寿化和知识化与人口城市化同步。基于目前的水平和增速进行趋势预测：按每年提升0.7个百分点，2035年人口城镇化率将达到70.5%。按每年增长0.3岁，未来15年人口平均寿命将增加4.5岁左右，60岁及以上人口数量将接近4亿人。若按照每年净增500万人，2035年人才总量将达到3亿人。

第二，大学生与农民工分别是增量和存量城市化的主体。在经历打工就业主导、征地拆迁主导城市化之后，升学就业以及享受生活正在成为主体。据估算：未来在每个年龄1000万左右的城市化人口中，有500万及以上是农村籍大中专毕业生；相应的通过配偶随迁、子女随迁、父母随迁导致人口在从农村向城市以及城市之间的随迁形成随迁人口城市化。生活人口城市化即为享受城市生活环境的迁往城市的数量也将不断增加；征地拆迁人口城市化增量失地城市化人口正在继续减少。1994年最高值为800万人，而2015—2018年平均为224.6万人；农民工将成为存量深度城市化的主体。从2011年开始外出农民工中进城呈逐年回落趋势，2016年、2017年、2018年、2019年分别为1.38亿人、1.36亿人、1.37亿人、1.35亿人。

第三，大学生和农民工在区域间双向梯度转移和流动。一方面，年轻的大学生从乡村、非都市圈城市群的小城市、中西部城市向东部城市、中心城市、都市圈城市群流动。另一方面，年长的农民工从东部城市、中心城市向中西部城市、中小城市的家乡返回。农民工跨省流动2016—2019年分别下降1.5%、1%、1.1%、1.1%。

第四，城市化人口的职、住与公共服务趋向一体化聚合。在中国城镇化经历了初始的“职城住乡，职住分离”，即在城市打工，在农村建房居住；到当前的“职城住城，职住分离”，即在外地城市打工，在家乡城镇置业；到未来的“职城住城，职住一体”，即职住同在一日通勤圈的城市里；以及更远的未来“职住城乡，职住一体”，即职住同在一日通勤圈的区域里。人口与权利走向一体。在中国城镇化经历了初始的“人口与权利完全分离”，即转移人口在城市，但是包括公共服务的所有权利在户籍所在地的农村和城市；到之后的“人口与权利部分分离”，即转移人口在城市，其部分公共服务在谋生的城市；到未来“人口与权利完全一体”，即转移人口的权利与人一体，随人而动。

二 数字的城市化产业

需求升级、技术创新、产业链新趋势和国际环境变化决定：“十四五”及未来15年，作为交互活动主要内容的产业发展将呈现新的趋势和格局。

第一，从制造业转向服务业。大规模的住房和基础设施城市化结束，制造业成本上升导致国际产业转移，进而导致制造业的快速下降。而生活城市化导致多样化的服务业增长，城市产业将从生产制造转向生活服务。但是制造业占比下降并不意味着规模下降，在外部环境不确定和科技创新的背景下，无论传统产业、中端制造业，还是新兴产业、高低端制造业都将得到充分的发展。

第二，产业数字化日益广泛。数字化将使城市社会从有形的物质生产、消费、交换主导，转向无形的物质即知识信息数据的生产、消费和交换为主导，将深刻改变城市的制造和服务产业体系，新冠肺炎疫情将加快产业体系重塑进程。数字技术不仅改变传统产业，而且将淘汰一些产业。借助数据和智能技术，新型智能制造和智能服务将广泛兴起和繁荣。数据技术还将深刻改变产业业态和工作场景。

第三，经济全国化不断加强。在以内循环为主体和逆全球化的背景下，在作为全球产业链一部的产业体系，在遭遇局部断裂而降级或损坏后，一方面，国内完整产业链将逐步重建，另一方面全球产业链的部分嵌入或将升级。分工将从全球为主转向全国为主。全国城市区域将从整体上的全球工厂转向分别的国家创新中心、制造中心、加工基地、资源基地、消费中心、服务中心。全球城市、世界都市圈和城市群将提升为国家或世界的创新、管理、服务和消费中心。国家重要中心城市、都市圈和城市群将成为国家和区域的创新、制造、管理、服务和消费中心。一些区域中心和中小城市将成为资源开采、产品加工和专业功能基地。

第四，经济空间形态多层嵌套化。在城市集群和产业链集群的双重趋势的作用下，未来产业链的主体空间形态将趋向都市圈和城市群化。与此同时，基于人口、区位条件、公共产品布局，以及非农产业发展趋势，在多层嵌套的城市体系空间上，将形成多层嵌套的产业和产业链体系。

第五，产业经济双层流动和变化。经济发展和外部环境都决定产业链将重新布局。一方面，中低端制造业向中西部、大都市周边、中小城市迁移，中西部尤其中部、大都市周边和区域中心城市的产业将崛起；另一方面，中高端创新产业向东部、中心城市、都市圈城市群的核心区布局和转移，东部中心城市、中西部中心城市的产业将依次升级。

三　智慧的城市化更新

第一，从规模扩展转向密度提升。在2012年城市建成区面积增长达到2161.48平方公里的峰值后开始逐步放缓，2011年为5.0%，2015年为3.1%，比2011年下降近2个百分点。而在人口城镇化和土地城镇化的弹性系数方面，2010年首次大于1，2015年和2016年分别为1.2、1.3。与发达国家相比，目前我国城市密度相对较低，未来15年以优化结构、盘活存量为主导，人口密度和经济密度都将不断提升。

第二，从开发建设转向智慧化更新改造。在经历30多年城镇住房及基础设施飞速发展，城市进入住房及基础设施基本饱和状态。2019年城镇人均住房面积达到39平方米左右，居住在钢筋混凝土或砖混材料结构住房的户比重为93.5%，住宅外道路为水泥或柏油路面的户比重为93.4%，有管道供水入户的户比重为97.7%。下半程城市化将转向住房及基础设施的改造和升级。与此同时，信息化、网络化和智能化技术不仅催生了新型基础设施，而且将对传统基础设施进行新改造。未来15年城市将实现智慧化改造。

第三，从基础设施建设到公共服务的供给。在城市化的上半程，从1992年到2013年中国基础设施投资呈两位数高速增长，但是公共服务尤其是优质公共服务还比较缺乏。在城市化的下半程，教育、医疗、文化、体育、休闲、养老等公共服务尤其是优质公共服务及其相关的基础设施将成为发展的重点。

四 星云的城市化空间

在“十四五”及未来15年中国经济活动的区域将在聚集和分化中实现形态重塑。一方面，在各个空间尺度上，一些中心地区将扩张和崛起，另一些边缘地区将收缩和衰退；另一方面，在大尺度聚集的地区，同时存在小尺度扩散。尽管中国地域辽阔、各地情况复杂，各地情况有所差别，但总体上呈现以下特点。

第一，中心村将逐步城镇化，边远村将进一步萎缩。农村非城市化人口在空间上将进一步聚集，农业规模化经营将进一步扩展。市场主导加政府引导，一些区位等条件较好的中心村和居民点将逐步扩张升级为小城镇，成为农村居民主要栖居地和农业生产指挥中心。另一些区位条件较差的边缘村和居民点将持续萎缩和消亡。

第二，中心镇逐步城市化，边缘镇将部分衰落和消亡。在农村城镇化过程中，发达地区的中心镇、重点镇、人口稠密地区的城关镇将逐步形成发展为城市。落后地区的小城镇、边缘地区的小城镇大多在萎缩中维持，边远落后区域的小城镇有可能消亡。

第三，中心城市将大型化，边缘城市将收缩、降级或消亡。受经济利益引导，一些经济发达、人口稠密、基础设施和公共服务较好的地级和县级市将大型化。而一些经济落后、人口稀少、基础设施和公共服务较弱的地级和县级市将继续收缩和降级。根据《中国城市建设统计年鉴》的数据显示：2014—2018年，507个城市保持了城区人口正增长，有122个城市出现了城区常住人口减少。这一趋势将在未来15年持续。根据课题组模拟和预测全国最优的体系为：未来将发展到1474个城市和城区。

第四，大中心城市将大都市圈化，大中心城市依次升级。在强二线城市崛起之后，弱二线城市以及部分强三线城市将依次崛起，与此同时，这些中心城市将从单中心大城市转向多中心的都市圈。根据课题组模拟和预测：未来大城市将发展到103个左右的都市圈，1474个城市和城区，以及近2万个镇的多层次嵌套结构。

第五，大都市圈呈现大城市群化，城市群走向巨型城市地区化。城市群在“十五”期间开始萌芽发展，“建立以中心城市引领城市群发展、城市群带动区域发展新模式”。将使得城市群走向巨型城市化地区化。长三角、粤港澳、京津冀、成渝等巨型城市化地区将逐渐一体化。这些区域将是以城市为本底的城乡一体的城市化地区，形成城市群、都市圈、城市、小城镇多层嵌套，大中小城镇协调发展和城乡融合的地区。根据课题组模拟和预测：未来将有17个城市群。

有关巨型城市化地区源自美国经济学家理查德·弗罗里达提出的全球巨型城市区概念，目前全球和各国的经济空间活动的层级中，超级经济区成为重要的单元。根据城市群形成和分布预测，未来中国巨型城市化地区将达到17个左右。

第六，中心区域将扩大化和网络化发展。2013年后，随着东部中心经济要素的扩散以及现代交通网络体系建设带来的显著时空压缩影响，东部地区及其近邻的中部地区构成的中心区域加速城市化和崛起。北至京呼线、东南临海、西抵东经110°经线附近山区绵延带的网络状城市体系，聚合成“一网”的趋势愈发明显。东中部地区已经成为中国人口的主要承载地，2019年人口占全国人口的比重已经达到了65.11%（见图2－1），而根据本报告的研究结果，2020年中部地级以上城市的综合经济竞争力相对于2015年平均上升15.5个名次。

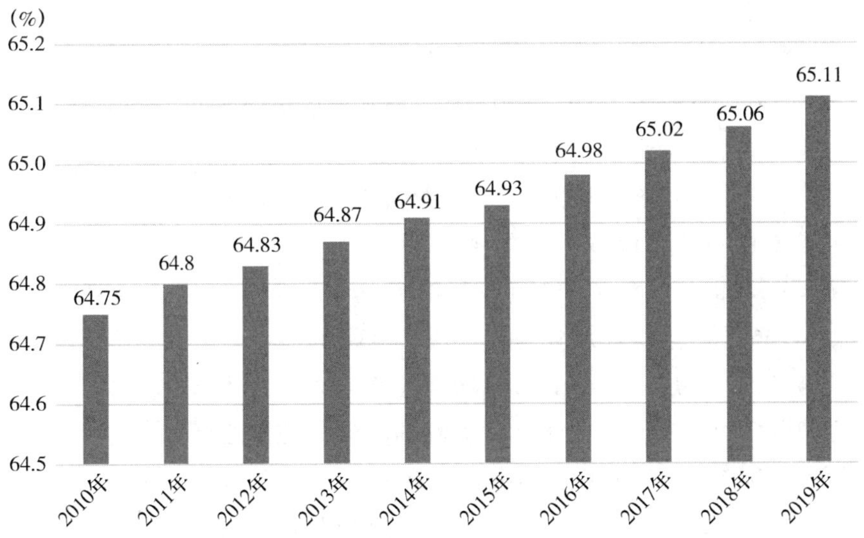

图2－1　东部和中部2010—2019年人口占全国比重

总体上，全国国土空间体系将走向城市化和一体化。在人口城市化率超过50%后，人口的空间集聚从以乡村体系为主体转向以城市体系为主体。“十四五”及未来15年中国城市体系将逐步演化为：城市群、大都市圈、城市、城区、小城镇等多层嵌套的城镇体系，根据课题组模拟和预测，全国最优的体系为：17个城市群，103个都市圈，1474个城市和城区，以及近2万个镇的多层次嵌套结构。在此基础上，城乡基础设施一体化和公共服务均等化。以城市为本底城乡一体的国土空间将基本形成。到2035年，市政基础设施和社会基础设施全国城乡全覆盖，教育质量、办学水平全国城乡将显著缩小，居民医保制度全国城乡统一基本实现，居民基本养老保险全国城乡基本均等。

第四节 新问题与新挑战：四个软肋威胁城市化中国

上半程城市化取得巨大成功的同时也积累不少问题，加上不确定的外部环境，下半程城市化即“十四五”期间及未来15年，中国将面临不少问题和挑战，主要表现在四个增加。

一 分化加剧

按照一般经济规律，无论在区域之间还是在区域内部，不平等与发展水平存在着库兹涅茨的“倒U形”关系，在城市化步入下半程，中国经济的诸多差距应该呈现收敛的趋势，但是数据显示：

第一，全国层面区域的人口增减伴随着人均收入分化。南北方人口差距从2010年的21135万增加到2019年的23525万，人口差距扩大了2390万；南北方人均收入差距从2013年的平均723.13元扩大到2019年的2501.56元，平均收入差距扩大1778.43元。

第二，省级层面城市的人口增减伴随着人均收入分化。中心城市与边缘城市之间在人口存在流入和流出的同时，城市之间收入差距也在不断扩大。从2010年到2018年中心城市常住人口增加了10.26%，而非中心城市常住人口仅增加了3.00%；中心城市与非中心城市城镇收入差距从2010年的5864.97元扩大到2019年的13177元，收入差距增加了

7312.81 元。

第三，城市群层面城市的人口增减伴随着人均收入分化。城市群城市与边缘城市之间人口存在流入和流出的同时，城市之间收入差距也在不断扩大。从 2010 年到 2018 年，城市群人口增加了 5.18%，非城市群人口增加了 3.31%，城市群和非城市群人口差距从 2010 年的 52979.42 万扩大到 2018 年的 56428.53 万；城市群和非城市群的城镇可支配收入差距从 2010 年的 2012.92 元扩大到 2018 年的 3057.48 元，城镇可支配收入差距扩大了 1044.56 元。

第四，都市圈层面城市的人口增减伴随着人均收入分化。都市圈城市与边缘城市之间人口存在流入和流出的同时，城市之间收入差距也在不断扩大。从 2010 年到 2018 年，都市圈人口增加了 5.92%，非都市圈人口增加了 2.54%，都市圈城市和非都市圈城市人口差距从 2010 年的 27901.15 万扩大到 2018 年的 31192.3 万；都市圈城市和非都市圈城镇可支配收入差距从 2010 年的 3459.72 元扩大到 2019 年的 7389.35 元，城镇可支配收入差距扩大了 3929.63 元。

第五，都市圈层面城区的人口增减伴随着人均收入分化。中心城市与都市圈从 2013 年到 2018 年，中心城市城区人口从 2013 年的 14801.52 万增加到 2018 年的 17187.19 万，中心城市城区人口增加了 19.10%，中心城市非城区人口从 2013 年的 14417.84 万减少到 2018 年的 13337.09 万，非城区人口降低了 5.42%；相应的中心城市的城镇人均可支配收入与农村人均可支配收入差距从 2013 年的 17719.77 元扩大到 2018 年的 25587.94 元，收入差距扩大了 7868.17 元。

在经济空间从分散聚集走向集中聚集再向聚集扩散过程中，城市与区域之间的一定程度的分化是必要和合理的。但由行政不当干预与市场失灵所导致的马太效式的分化，即在地区人口分化同时出现的人均收入（包括可支配收入和公共服务）的分化：少数区域和少数人群高度富裕，多数区域和多数人群相对贫困。如果持续下去，不仅不利于社会公平而且严重威胁着经济效率。

二　错配加深

“十四五”期间及未来 15 年，人口城镇化、职住一体化、人口流动性聚集将使得已存在的资源空间错配进一步加深。

第一，转移人口与住房分布的空间错配加剧。按照国家统计局公布的2018年农村居民人均住房建筑面积为47.3平方米，常住人口人均居住面积已达66.6平方米。按照有关部门测算：当前一线、二线、三四线城市人均住房建筑面积分别为25.6平方米、32.9平方米、34.3平方米，套户比分别为0.99、1.06、1.12。从都市圈城市群看，2003—2018年，城市新增人口的92.22%都在城市群和都市圈里（见表2－1），2002—2017年房地产的销售仅69.62%在都市圈和城市群（见表2－2）。未来随着人口从农村、小城镇、非都市圈向大城市、都市圈和城市群的梯度转移，较低层级的乡村、小城镇、非都市圈、非城市群已空置的住房将进一步增加。

表2－1　　中国都市圈总人口增长（2003—2018年）　　（单位：万人，%）

	都市圈人口	非都市圈人口	总人口
2003年	68382.23	49085.70	117467.90
2004年	68574.55	48745.26	117319.80
2005年	70091.01	47716.01	117807.00
2006年	71245.73	48523.64	119769.40
2007年	72306.69	47847.94	120154.60
2008年	73302.81	48264.38	121567.20
2009年	73980.88	48627.44	122608.30
2010年	75336.08	48084.98	123421.10
2011年	76301.22	47958.41	124259.60
2012年	76884.68	48089.14	124973.80
2013年	77260.87	48330.02	125590.90
2014年	77875.78	48528.04	126403.80
2015年	78393.01	48540.05	126933.10
2016年	78968.06	48781.71	127749.80
2017年	79934.56	49083.73	129018.30
2018年	86280.59	50595.36	136876.00
2003—2018年人口增量	17898.36	1509.66	19408.10
占比	92.2211	7.7785	100

表 2-2　　都市圈房地产销售面积变化（2002—2017 年）

（单位：万平方米,%）

	都市圈房地产销售面积	非都市圈房地产销售面积	总体房地产销售面积	都市圈房地产销售面积占比	非都市圈房地产销售面积占比
2002 年	21493.16	5345.96	26839.12	80.0815	19.9185
2003 年	27097.52	6403.37	33500.89	80.8860	19.1140
2004 年	30306.50	6908.52	37215.03	81.4362	18.5638
2005 年	43345.18	10596.75	53941.93	80.3553	19.6447
2006 年	47192.83	12739.33	59932.16	78.7437	21.2563
2007 年	58379.76	16389.02	74768.78	78.0804	21.9196
2008 年	46986.68	15569.01	62555.69	75.1118	24.8882
2009 年	70671.30	21171.57	91842.87	76.9481	23.0519
2010 年	75420.46	25560.66	100981.10	74.6877	25.3123
2011 年	76847.43	28166.66	105014.10	73.1782	26.8218
2012 年	79350.91	27631.08	106982.00	74.1722	25.8278
2013 年	91937.74	33182.41	125120.20	73.4795	26.5204
2014 年	82583.37	30820.45	113403.80	72.8224	27.1776
2015 年	88649.21	31598.90	120248.10	73.7219	26.2781
2016 年	109898.20	38618.64	148516.80	73.9972	26.0029
2017 年	115409.90	46335.22	161745.10	71.3529	28.6471
2002—2017 年房地产销售面积增量	93916.74	40989.26	134906.00		
占比	69.6164	30.3836	100		

第二，转移人口与基本公共产品的错配加剧。最新统计显示：目前农村的固定资产为 3.1 万亿元，其中 2/3 是用于教育、科技、文化、卫生等公共服务的非经营性固定资产。由于公共服务附着在住房上，前期住在农村和住在家乡城市导致品质不高的涉及生活保障的教育、医疗、养老等公共产品，且广泛布局在农村和中小城镇，而未来随着大量人口职住一体向中心城市、都市圈和城市群，这些乡村和中小城镇的公共产品将日益空置。

第三，转移人口与土地资源的空间错配加剧。转移人口职住城市化使农村转移人口的宅基地和建设用地将大量空置。由于土地没有通过市场变现，不仅加剧土地资源的错配，而且降低了土地利用效率；转移人口职住一体化使得人口向大城市、都市圈和城市群聚集，但是城市建设用地行政审批制以及用地指标平均分配制度，将导致凸显人口流出地区城市土地的过剩和人口流入地区的用地紧张。2010—2018 年，城市群建设用地面积增加了 52.49%，城市群人均建设用地面积增加了 44.98%，非城市群建设用地面积增加了 43.61%，非城市群人均建设用地面积增加了 39.15%；都市圈建设用地面积增加了 54.28%，都市圈人均建设用地面积增加了 45.65%，非都市圈建设用地面积增加了 36.77%，非都市圈人均建设用地面积增加了 33.37%。所以未来这一趋势势必加剧。

第四，集体建设用地与优质公共服务的错配。由于高质量的公共产品取决于行政权力和财政实力，因此城乡之间和城市之间的优质公共产品的分布明显倾向于行政级别高、经济实力强的中心城市，但是城市建设用地是行政审批和平均分配，从而导致土地与优质公共服务的错配并带来许多问题。随着人口的流动，2010—2018 年，中心城市建设用地面积增加了 71.19%，非中心城市人均建设用地面积增加了 38.14%，中心城市人均建设用地面积增加了 55.27%，非中心城市建设用地面积则增加了 34.12%；中心城市人均教育支出增加了 44.38%，非中心城市人均教育支出增加了 47.92%。所以未来这一趋势势必加剧。

三 负担加重

与乡村相比，城市的公共产品即公共服务和基础设施将经历不可同日而语的扩大，城市化几乎意味着公共服务和基础设施的指数增长，在“十四五”及未来 15 年中高质量的公共服务将给城市政府带来巨大财政负担。

第一，存量城镇化人口欠账偿还。上半程城镇化速度惊人，但由于职住分离和半城镇化使得 2.9 亿存量转移人口的城镇公共服务，尤其是初始固定投资没有解决。将 2.9 亿存量人口在乡村初级简单的公共服务转换成城市公共服务，不仅需要持续的流量投入而且需要巨额初始固定投入。

第二，新增城市化人口规模巨大。未来 15 年至少将有 1.5 亿农村人口迁往城市，与此同时还将有 1.5 亿人口从中小城市迁往大都市区，这些新增人口的公共服务转换，将与存量城市人口的公共服务的初始固定和流动公共支出大致相当。

第三，城市化加剧了人口高龄化。计划生育使得中国上半程城市化享受了双重人口红利，但也加快了中国高龄化时代的到来，城市美好生活环境进一步提升高龄化程度，按照现行的定义、标准和制度，高龄化将使下半程城镇化的公共服务负担雪上加霜。根据国务院印发的《国家人口发展规划（2016—2030 年）》，我国 60 岁及以上人口占比将从 2015 年的 16.1% 增加到 2030 年的 25% 左右，其养老、医疗和社保的公共服务支出将需要较大的增加。

第四，公共服务标准在不断提升。在迈入高质量发展的新时代，满足城镇居民高质量的生活需求，重要内容是优质公共服务均等化和普惠化的提供，这也是下半程城市化的最大动力。如果都按照省会城市公共服务的标准，城镇 2/3 人口的公共服务都将进行不同的改善，由此需要巨额的公共财政支出。

在上半程城镇化中，土地财政为城市公共产品供给做出了巨大贡献，并且超前透支了后期财政收入，造成了巨额的债务负担，“十四五”及未来 15 年，占财政总收入 30% 的土地财政日益萎缩行将结束，从而使财政收入的渠道大幅变窄。

四　风险加大

城镇化也是一把双刃剑，即农业人口向城市职住迁移及其聚集与流动，在创造巨大红利的同时，也一定潜伏着巨大的风险。加上前期问题的积累，在进入城市化的下半程的“十四五”及未来 15 年，人口城市化聚集与流动使风险进一步加大。

第一，人口聚集和流动触发的自然灾害。人口的大规模和高密度聚集即大城市和城市群使得自然灾害风险更高。联合国的数据显示：2018 年在人口 50 万及以上的全球 1146 个城市中，有 59% 即 679 个城市的 14 亿人口面临着遭受飓风、洪水、干旱、地震、山体滑坡和火山爆发等六种自然灾害中至少一种灾害的高风险。189 个沿海城市面临着两种及以上自然灾害高风险。26 个特大城市面临着三种及以上自然灾害高风险。大城市和欠发达地区的灾害风险最高；数据同时显示：人口规模大、密集度高的城市群自然灾害风险更大，这包括：美国西海岸城市群、东北部城市群、中南美洲的太平洋和大西洋沿岸城市群，中东、印度、东亚及东南亚地区的日本、菲律宾的城市群自然灾害的级别最高，中国多数城市群都处在较高自然灾害风险的行列。利用美国航空航天局全球发展的资源和能源威胁数据库，提取到的全球1006个人口超过50万以上城市的数据发现：美国东北部城市群、中亚地区尤其是中国城市群能源与资源威胁的程度是较高或很高的。

第二，人口聚集和流动带来的社会风险。一方面，与乡村相比，城市以及城市群面临着更加广泛、密集、多元、变化的交互关系，任何个体、团体、区域、行业的恶意行为如果没有得到有效控制，都会引发局部和整体安全。另一方面，与乡村相比，城市以及城市群面临更加广泛、密集、多元和变化的公共事务，参与各方任何失职、渎职和恶意行为，都可能导致公共危机以及应对不力。从中国城市化实践看，在从职住分离到职住一体的转型过程中，农村转移人口作为临时工的业缘关系的非正规性，作为外地人的地缘关系的暂时性，作为新市民的社缘关系的二重性，增加了管理的难度，也加大了社会风险。

第三，农业人口职业转换面临失业风险。在城市化的下半程，从需求层面看，就业岗位在减少或调整。一方面，产业升级将使得过去大量劳动密集型的传统产业、竞争性产业、低技术产业员工的就业岗位消失。另一方面，智能化以及机器代替人将从制造和服务两个领域大大消减传统的就业岗位。从供给层面看，2.9亿农民工不仅难以适应新的变化，而且再也回不到农业劳动的就业海绵里。0.8亿的征地拆迁城市化人口就业一直堪忧。

第四，房地产与城市建设过度发展风险。在房地产方面，一些城市面临着价格泡沫破灭的风险，课题组测算：全国城市房价收入比在2019年平均高达1∶9.1。另一些城市面临数量泡沫即大量空置的风险。西南财经大学课题组测算：全国城市空置率2017年高达21.4%。在财政风险方面，课题组采用2010—2017年数据评估结果表明，中国狭义刚性支出缺口为305138亿元，广义刚性支出缺口为590496亿元，潜在财政风险已经形成。随着占总收入30%的财政收入逐步下降，在税收收入保持不变增长态势的情况未来财政风险也将大幅提升。而在地方债方面，按照IMF

测算，中国 2018 年年末地方政府隐性债务规模达 30.9 万亿元，增速显著放缓，但规模庞大。2019 年 31 个省（市、自治区）的发行城投有息债务率超过 130% 的达 24 个，不仅落后地区达到 725%，而且发达地区也达到 622%，发达的江苏镇江和浙江湖州已分别达 1057% 和 1054%。

第五节　新对策与新建议：四大支柱支撑城市化中国

释放新红利，把握新趋势，应对新挑战，需要全面和系统战略规划、制度政策和管理服务，基于汇聚多方共识的考虑，应下决心在以下四方面实施突破。

一　以教育为核心，建立城市化中国的产业保障体系

不管基于哪个方面，发展终身的、公平的、高质量的教育都是关键的关键，特别有利的是政府、家庭、社会等各方都有较高的积极主动性。

第一，延长义务教育。将义务教育的时间从目前的 9 年制先提高至 12 年制，再提高至 15 年制，让幼儿园和高中阶段最后都逐步纳入义务教育体系。有鉴于人力资本的广泛的公共性以及人口的不断流动。逐步提升义务教育统筹层级，力争从目前的县域城乡一体逐步扩大到省域统筹并最终实现全国统筹，将每个学生义务教育投入直接与学籍挂钩并随学籍迁移而迁移。利用在线教育，实现优质教育资源的广泛共享。

第二，普及大学教育。继续快速提高高等教育毛入学率，力争从 2018 年的 51.6% 上升到 2035 年的 75%，逐步实现愿上即上。打开职业教育上升通道，增强职业教育深度和广度。改变职业教育最高只达高职的制度，建立职业教育的硕士和博士系列。打通职业教育与普通高等教育相互之间上升的通道，让职业教育学生与普通高教学生，通过公平的考试制度，按照兴趣和意愿实现自由的学历升迁，从而培养数以亿计的高素质劳动者、技术技能人才、科研创新人才等。

第三，建立终身教育。适应智能化时代对劳动的智力密集度要求，以及技术日新月异的需求，所有劳动人口都应不断投入人力资本，以求不断提升和更新其智力和技术水平。要增加劳动人口尤其是高龄人口的

教育公共投入，并将其作为引导投入，刺激家庭、企业持续增加教育投入，不断更新和改善劳动人口的知识和技能。与此同时，要给新市民进行就业培训，把它纳入城市中小企业服务体系中，有就业的培训、信贷的担保、信息的服务等一揽子计划。

第四，改革教育方式。通过大数据、互联网、人工智能的应用，可以发现每个人的个性特征，真正实现因材施教。可以更好地激发好奇心，真正实现自愿学习。通过在线教育，打破知识和学习资源的时空限制，通过“干中学”“用中学”“研中学”“玩中学”，终身处在学习状态。

与此同时，适应智能化时代的条件变化以及机遇与挑战：加快建立差别化的延长工作年龄的制度，建立根据年龄、体力、智力和技术变化，动态调整劳动人口职业和就业岗位的制度。改革工作制度，可以减少劳动人口的劳动时间，为劳动人口腾出大量时间进行娱乐、休闲和学习创造条件。改革社会保障制度，一方面，减轻完善社会保险的政府、单位和个人的分摊机制；另一方面，提高居民社会保险均衡水平。提升农村人口和非正规就业人口的社会保险标准，将居民保险最低标准与最低生活保障标准接轨，逐步实行社会保险的区域调剂和全国统筹。

二　以居住为抓手，补齐城市化中国的公共产品体系

住是城市化的最终落脚点，是解决公共服务和过上城市美好生活的保障。与此同时，住也是转移人口、城市政府以及相关市场主体都有积极主动性，单纯地解决转移人口的公共服务，很多政府就不情愿。以“住”为抓手，以都市圈为主体，将住房与建设用地指标、公共产品供给绑定在一起予以机制化的共同解决，实施“住有宜居”和“新市民安居工程”，有效化解未来城市化的挑战。

第一，围绕住房构建以都市圈为主体的中国经济发展空间体系。顺应中国经济发展空间演化和人口分布及流动的规律与趋势，通过国土空间规划和“十四五”规划的引导，构建以住房为中心、以公共产品作配套的、以城市本底、以多层嵌套的城市体系为骨架、以都市圈为主体、城乡一体化的空间体系。

第二，构建以都市圈为单元和主体的全国住房空间体系。大都市圈是地方化住房市场的基本单元。根据都市圈的人口、产业、土地资源以

及现在的存量在空间分布，确定各个都市圈住房的增量及都市圈内部的空间分布，促进都市圈为单元的住房市场一体和保障统筹，改变过去在城市和全国层面新旧、租售、商品房和保障房分割的局面。一是启动新市民安居工程：在外来人口流入集中的数十个大城市和都市圈，通过新建、改旧、购旧的住房，并设置门槛条件（一定时间内的稳定就业、连续社保缴付和个人所得税缴付等）。重点在当日通勤的都市圈内的中心城市郊区和周边城市建立保障性住房和普通商品房，从而解决低成本新市民的自有居住，同时确保其以都市圈为空间单元的职住一体。二是启动中上收入的乐居工程：重点在都市圈内的中心城市郊区和周边城乡，通过新建、购旧、改造普通和高档商品房，供给中心城区的需要，使高收入和年长者转移到郊区和周边城市，进而优化都市圈的空间资源配置。为此，应开放都市圈规划区内的农村住房市场，让农村住房在不改变土地所有权和资格权的前提下，实现住房财产权和使用权的自有转让。

第三，围绕住房构建以都市圈为主体的中国公共产品空间体系。首先，建立与住房绑定的都市圈内基础设施建设一体化和公共服务均等化体系。将住房供给与公共产品的供给挂钩。一方面，给予租购住房家庭在都市圈落户及都市圈内市民均等待遇，同时将公共服务及其设施相对均衡地在都市圈范围内布局，尤其是将中心城区的优质公共服务向周边转移和辐射；另一方面，根据职住空间布局，完善都市圈基础设施网络，加密中心城市郊区和周边城市的网线和节点，尤其是都市圈范围内的快速交通系统。建立人口流动与住房保障等公共服务挂钩制度，提升公共服务的统筹层次。其次，构建与住房绑定的以都市圈为单元和主体的全国基础设施和公共服务体系。提升全国性公共服务及设施的质量，增添全国公共服务与基础设施崭新内容，改变以省域或城市为单元的做法，同时调整全国性公共服务及设施的空间布局，将全国性功能的重大公共服务与基础设施布局与在全国人口和住房的都市圈的聚集格局相挂钩和匹配，重点分布在若干大都市圈，以更加有效地向都市圈及其周边区域和全国的人口提供公共服务和基础设施，具体包括科技、教育、文化、医疗、交通、信息、能源等重大的公共服务和基础设施。

第四，围绕住房构建以都市圈为主体配置城乡建设用地。首先，建立都市圈内住房与土地指标相挂钩制度。根据中心城市郊区和周边城市提供住房的接纳人口和供给住房的规模，配给相应的增量土地指标。设立和提高集体建设用地使用权出让税并提高税率，地方政府通过集体建设用地使用权出让税，为公共服务支出提供财政收入来源。创新农村宅基地的转让方式和途径，宅基地通过有偿退回拥有土地所有权的集体组织，集体组织可以更大范围地向市场出售使用权（包括城乡居民和企业单位）。其次，建立以都市圈为单元的住房、公共服务与土地指标相挂钩制度。根据各都市圈内接纳人口和提供地方公共服务规模，配给相应的土地指标。在土地监管和调控方面，建立都市圈一体化的存销比与土地供给的联动机制。

第五，签订都市圈的住房、公共服务和土地一体化相关协议。都市圈里边涉及拥有相对独立的财政和经济利益的各个城市，应尊重市场主体的最优空间配置选择，按照公平交换的市场原则，就土地资源环境供给、基础设施与公共服务供给以及税收分享等方面以市场经济为主进行最优配置。

三 以城市体系为支撑，重塑城市化中国的空间体系

步入城市社会，国家经济发展的空间体系已经从乡村体系主导转向城市体系主导。在城市化下半程的“十四五”及未来 15 年，应建立多层嵌套城市体系主导的中国经济空间体系。为此，要做到以下几点。

第一，以多层嵌套的城市体系为支撑重塑中国的新经济地理。将城市体系作为主体、枢纽和骨干，做好系统性经济空间布局和国土空间规划，坚持重点和全面相结合，重视城市体系兼顾乡村体系，重视城市群、都市圈、中心城区兼顾非城市群都市圈的中小城市，建立一个经济竞争力、社会凝聚力、环境永续力强大的现代化城市中国。

第二，以齐普夫法则为参考布局多层嵌套的全国城市新体系。人口是城市群、都市圈、城市和城区发展的核心，其人口规模位序分布都大致遵循齐普夫法则和合理区间。未来编制包含城市体系的国土空间规划，应以齐普夫法则为参考基准再结合各地实际，确定全国城市群的数量及人口规模、各城市群内城镇的数量及人口规模、各城市群内的都市圈内的中心区数量及其人口规模，构建多形态嵌套的城市体系。让城市群包含着大都市圈、大中小城市、小城镇，既让不同形态的城市保持合理规

模，又让多种形态城市协调发展。让中小城市、小城镇既分享又化解大城市正负外部性。让所有城市分享多形态嵌套和多城市聚集的规模报酬递增红利。

第三，以最优规模为基准参考确定各形态、各功能城市的合理规模。随着技术的进步全世界的城市总体大型化是大势所趋，但在一定技术条件城市大型化是有限度而不是无限度。因此，规划必须首先确定首位城区、首位城市圈、首位城市群的合理规模，然后参考齐普夫法则确定随后的各形态规模，而不能竞相扩大。

第四，遵循人口及经济规律构建全国产业和经济发展的空间体系。结合人口、公共产品、软硬件环境的布局，以及非农产业发展、升级、分工和空间布局及转移趋势，构建城市空间为载体的多层嵌套的产业和产业链体系。与此同时，其他绝大多数国土空间，根据自然禀赋和公共功能要求，建立相应的农产品主产区、生态功能区或者国防等公共功能区。

第五，以合理城乡人口体系为基础构建全国一体的公共产品体系。基于全国城市群、都市圈和城市以及城镇乡村的人口和产业的空间分布趋势，布局服务尺度不同、聚集密度不同的基础设施、公共服务以及公共治理体系。既要告别按照行政级别布局公共产品的做法，又要防止在已经不合理公共产品布局的基础上，人口与公共服务简单挂钩，导致公共服务与人口“面多加水，水多加面”的作用，还更要防止一方面不合理布局公共产品，另一方面利用行政手段限制人口流动和迁徙。

四　以治理为保障，建设城市化中国的社会秩序

随着国家从自给自足、封闭、狭小、静止、熟悉、分割的乡村小社会转入分工交互、开放、陌生、多元、流动、联系的城市大社会。社会公共事务从狭小到广大、从单一到多样、从简单到复杂。顺应趋势、应对挑战、释放红利，建立以城市为本底的公共治理体系。

第一，构建服务城市社会的行政管理体制。制定城乡一体的、以城市为本底的全国国土空间规划。按照城市社会的政府公共职能，调整和完善从中央到地方政府的机构设置和职能分工。结合中国经济发展的空间结构变化趋势，建议借鉴发达国家的行政区划，调整行政区划尤其是

省级行政区划。

第二，构建城市区域协调的治理架构。制定以中心城市、都市圈和城市群为核心的次区域空间规划。基于都市圈形成和发展趋势，调整市县区行政规划，通过城市合并、撤县设区、区县划转等，将同一都市圈的空间，尽量纳入同一的城市之内。基于区域一体化的形成和发展趋势，以及无法通过行政区划调整实现包括在同一行政区的一体化区域，建立跨行政区的空间治理体系。包括设立一体化的治理组织，制定一体化的制度规则，构建一体化发展的共赢机制等。

第三，建立中国特色的城市治理体系。发挥人大和政协的作用，现代城市是人口、资本、物质、信息高度聚集和流动的复杂系统，城市事务尤其公共事务需要全体居民、企业和社会组织共建、共治和共享。研究发现：城市的人大与政协从性质定位、组织体系、工作内容等诸多方面，都可以成为党委领导下的城市治理架构的重要组成部分。在坚持和完善党的统一领导和政府管理城市的基础上，完善“密切人大代表同人民群众的联系，健全代表联络机制”等，既可以完善城市治理体系，也可以“更好发挥人大代表作用”。完善一些公共事务在政协的协商和落实机制，既可以完善城市治理体系，也可以更好地发挥政协的作用。

第四，完善中国特色的社区治理体系。在健全基层党组织领导的基层群众自治机制的基础上，建立政府与企业、非政府组织、私人机构甚至个人的多种多样的协作关系，通过相互之间的协商与合作，来共同决定和处理社区公共事务的治理制度体系，调动社区所有主体的力量，共同促进社区的经济繁荣、社会和谐和环境优化。

第二部分

主题报告

第三章

城市与楼市：四次外部冲击的比较

倪鹏飞　彭旭辉

正当我们满怀信心迎接脱贫攻坚和全面小康社会目标，开启基本现代化之旅时，一场突如其来的疫情从天而降，并且在全球蔓延开来，新冠肺炎疫情给我国城市的发展带来严重影响和冲击，同时也对正在调整中的楼市产生了重大影响。进入21世纪以来，中国经济遭遇的外部冲击不止一次，1997—2020年中国大体发生了四起外部冲击事件，包括东亚金融危机、非典疫情、国际金融危机和新冠肺炎疫情等。1997—2020年中国经济环境发生了重要的变化，住房改革及加入WTO融入全球经济使中国经济保持十多年的高速增长，国际金融危机后逐步转向中低速增长，内外部经济环境发生深刻变化。1997—2020年中国房地产市场经历了从开启到快速发展再到成熟的过程，自1998年全面启动住房体制改革以来，房地产市场需求获得极大的释放，住房市场体系也在不断完善。1997—2020年的20多年里，中国经济政策体系也在逐步完善，宏观经济逆周期调控、宏观审慎调控、精准调节的能力在强化。与此同时，这20多年里中国的城镇化也在快速推进，大型城市以及城市群不断崛起，城市格局随之演变。

过去20多年里发生的历次冲击都给中国经济带来一定的影响，但每次危机我们都安然度过，有必要对几次典型冲击进行系统回顾和梳理。因此，回顾1997—2020年中国经济所经历的四次外部冲击是非常有意义的工作。在历次冲击中，作为中国经济中心的城市和经济支柱的楼市也经历着不同程度的冲击，通过系统比较和分析这四次冲击及其影响，总结其发展规律，梳理政策应对特点，获取经验启示，这些具有重要的现实意义和理论价值。

第一节 全球经验：典型外部冲击下的城市与楼市

一 疫情与城市

人类历史上发生的各种瘟疫不计其数，现代城市形成前人类就经历过古希腊瘟疫、罗马帝国鼠疫、欧洲鼠疫、美洲鼠疫等，它们给人类社会造成巨大灾难。进入 21 世纪以来，尽管科学技术及医疗技术日新月异，人类的传染病却没有绝迹，而且暴发频次似乎更多、传播范围更广，如非典型性肺炎、禽流感、埃博拉、新冠肺炎等流行病都表现出类似特点，并且对经济社会带来严重冲击。纵观有史以来的典型传染病及其对城市与楼市的影响，有如下启示。

第一，新冠肺炎有可能成为长期性传染病。历史上存在数次持续时间长、影响范围广的传染病，如鼠疫和霍乱等。黑死病从 14 世纪暴发一直延续到 18 世纪初，横扫了欧洲、亚洲及非洲等地，造成至少 6000 万人死亡，其中 1348—1351 年是最为严重的时期，给很多城市带来极大冲击。霍乱在 19 世纪暴发并一直延续到 20 世纪，西班牙大流感 1918 年暴发，后一直持续到 1920 年才结束。今天虽然科技创新及医疗技术在飞速发展，但要弄清楚病源机制并研制出有效的疫苗，可能还需要相当长的时间。如今，全球新冠肺炎疫情还在持续传播中，因此，幻想传染病会很快过去不一定符合实际，必须做好长期应对的思想准备。

第二，高度城市化下疫情传播得更快更广。公元前的流行病大多是地方性的，对外传播的持续时间一般较短。但到 17 世纪，流行病传播速度变得更快，传播范围也更广，与 14 世纪时相比，鼠疫对 17 世纪经济社会的冲击在深度、广度和长度上更大。在高度城市化的今天，城市地区的人口流动性和聚集程度有了极大的提高，这对传染病的传播及防控带来很大的挑战。此次新冠肺炎在全球的传播速度以及影响范围就超过以往的绝大多数流行病。

第三，疫情对全球和中国城市都影响巨大。重大疫情往往会带来城市人口的锐减，公元前430年希腊瘟疫导致城邦1/4的人口死亡；公元6世纪的查士丁尼帝国鼠疫，带来东罗马帝国一半以上人口损失；14世纪欧洲黑死病导致约2500万人死亡。疫情中，城市地区往往受到的冲击更明显。1348年的灾难中佛罗伦萨城死亡10万人以上，威尼斯和伦敦也各死亡10万人以上，巴黎 、亚威农各在5万人以上。大量人口死亡造成社会劳动力锐减，导致生产和生活中断，对城镇住房无疑产生巨大负面影响。新冠肺炎疫情中我国受冲击最大的城市武汉，累计确诊超过5万多人，死亡人数达数千人，国民经济也遭受巨大损失。

第四，科技创新是战胜疫情的关键。流行性疫情有自身的演变规律，但关键还是要靠人类社会进步和医疗技术的发展。一方面，面对疫情各地和各城市卫生预防措施逐步完善，早在14世纪欧洲黑死病暴发的时候，威尼斯、马赛就开始采取限制人员流动等措施，并加强医学防护；另一方面，真正解决问题还是要靠疫苗等药物，链霉素、青霉素等药物的推广使用，才使得瘟疫（特别是鼠疫）被人类所制服。对于当下的新冠肺炎疫情，依靠先进医疗技术尽快研制疫苗也是解决问题的关键所在。

二　金融危机与楼市

自17世纪以来，世界上发生过多次金融危机，其中影响巨大的危机包括1637年荷兰郁金香危机、1720年英国南海泡沫事件、1837年美国金融恐慌、1907年美国银行业危机、1929年美国大萧条、1987年全球股市黑色星期一、1990—1991年日本房地产泡沫破裂、1997年亚洲金融危机、2008年美国次贷危机等，这些危机波及范围巨大且影响深远。金融危机往往与房地产具有紧密的联系，而且房地产在国民经济中的地位突出，经济史称“房地产是周期之母”，甚至表现出“十次危机九次地产”的历史规律。纵观历次危机有如下启示。

第一，经济的高增长容易带来房地产过度投资和泡沫积累。大萧条前夕的20世纪20年代，美国经济出现了持续的繁荣，建筑业日渐兴盛，从而催生了前所未有的土地及房地产市场泡沫，为1929—1933年的金融危机埋下了伏笔。80年代末至90年代初，东南亚国家实现了10%左右的高增长，金融开放也引来大量国际私人资本流入，同时银行信贷开始大量扩张，1986—1994 年，各国流向股市和房地产的银行贷款比例越来越大，房地产市场供给大大超过需求，由此构成了巨大的泡沫。

第二，外部事件冲击会成为泡沫破裂的导火索。自然灾害可能诱发房地产泡沫破灭。1923—1926 年美国佛罗里达的房地产泡沫不断放大，地价和房价都快速增长，1926 年 9 月，一场飓风及其引起的海啸将佛罗里达的两个城市夷为平地，摧毁了大量房屋，也刺破了人类历史上第一个有记载的“房地产泡沫”。1997 年国际投机资本先后攻击东南亚货币，货币大幅贬值，资本大量流出，诱发了 1997 年的亚洲金融危机，也导致东南亚地区房地产泡沫彻底破灭，并直接导致各国经济严重衰退。

第三，政策调整尤其是不当调整也会使得金融危机与房地产泡沫破灭。1837 年由于美国政府对银行采取不当政策，引发银行滥发货币、扩张贷款，支持土地投机进而导致地价泡沫，随后政府要求所有土地交易必须金银交割以抑制炒作的措施，进而导致土地泡沫破裂，诱发 1837 年美国银行危机，导致经济长期萧条。而 2008 年的金融危机则是由房地产泡沫破裂导致。2001 年开始美国政府提出了“居者有其屋”，并加大力度刺激中低收入群体的住房需求，通过刺激房地产带动经济发展。随后为抑制通货膨胀，美联储不断调高联邦基金利率，使得购房者的还贷负担大大增加。利率上升逐渐刺破了此次房地产泡沫，随后房价开始明显下跌，次贷危机随即爆发，进而蔓延成百年一遇的金融危机。

第四，金融危机及房地产泡沫破裂会带来经济的长期衰退。美国 1929 年的经济危机导致了 20 世纪 30 年代的世界性大萧条，还间接导致第二次世界大战。1991 年日本房地产泡沫破灭不但沉重打击了房地产业，还引发大量企业的倒闭，并让日本走入历史上最为漫长的经济衰退，被喻为“失去的二十年”。美国次贷危机导致美国经济在经过多轮宽松后才开始走出衰退，欧洲和日本经济也处于低谷，拉美、澳大利亚等资源型国家则经济大幅回落并陷入长期低迷，中国经济的增速也受到冲击，大不及以往。

三　分析框架

经济发展过程中的外部冲击大多是在一定宏观经济环境下偶然发生，冲击下政府主体都会采取一定政策应对措施，由此产生与外部冲击交叠的效应而对经济运行带来不同的结果。本书梳理1997—2020年中国发生的四次重要外部冲击事件，包括东亚金融危机、非典疫情、国际金融危机和新冠肺炎疫情，基于此系统地分析这些外部冲击事件对中国经济及楼市的影响。我们遵循外部冲击—宏观环境—政策应对—楼市反应的逻辑思路，从这四个主要方面细致地分析四次外部冲击，并做深入比较分析。在具体分析逻辑上还做出细致区分，外部冲击方面，根据外部冲击的特点区分为直接冲击和间接冲击；宏观环境方面，根据时间长短区分为短期经济环境和长期经济背景；政策应对方面，主要区分为宏观经济政策和楼市调控政策；在外部冲击的结果上，我们更侧重于冲击对城市经济尤其是楼市的影响，因此重点关注楼市的反应状况和经济机制，分别从楼市的短期状态和长期趋势两个方面展开分析。这些即构成我们的主要分析逻辑和框架（见图3－1），在此基础上的分析能获得有益的结论和经验启示。

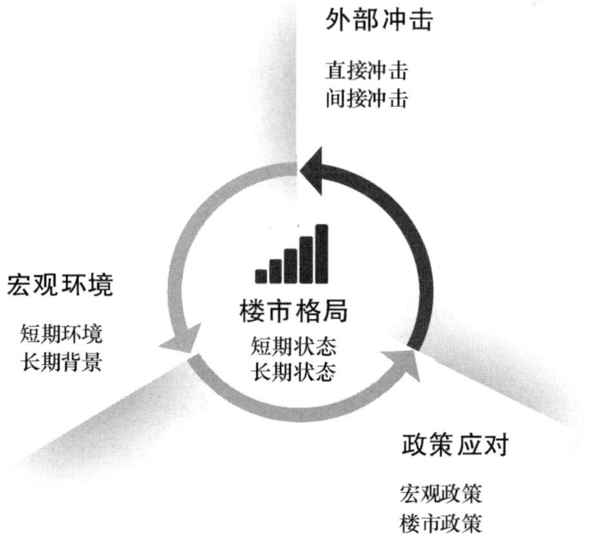

图3－1　分析框架

第二节 四次冲击的特征事实描述

一 四次外部冲击事件的性质比较

1997—2020年的20多年间，中国城市经济和房地产都在快速成长，其间受到四次重要的外部冲击，包括东亚金融危机、非典疫情、国际金融危机和新冠肺炎疫情。这些外部事件对中国城市经济及楼市而言，既有相似之处也存在着很大差别。本节着重分析四次外部冲击的特点及性质，比较并厘清它们的差异性。

（一）亚洲金融危机

1997年7月，泰国中央银行宣布放弃实施泰铢与美元挂钩的固定汇率体制，国际投机资本趁机对泰铢进行攻击，造成外汇市场危机。危机迅速向股市蔓延，向整个东南亚国家扩散并波及全世界。危机的主要表现是汇率、股价和房价暴跌，资金大量撤离。危机期间，东亚几个主要经济体均出现汇率大幅波动且货币贬值的情况，包括最为典型的泰铢急剧贬值，还有日本、韩国、新加坡等国货币兑美元均出现大幅贬值，而此期间人民币及港币的汇率相对比较平稳。

危机期间亚洲主要股指也大幅下跌，如香港恒生指数在一年时间里直接腰斩，1997年7月至1998年1月仅半年时间，东南亚绝大多数国家和地区的股市跌幅达30%—60%（见图3－2）。危机期间，撤离东南亚国家和地区的外资高达400亿美元，受汇市、股市暴跌和大量撤资影响，这些国家和地区出现了严重的经济衰退，房价出现暴跌。相比于中国内地，香港在此次危机中受到的冲击更大，除了汇市和股市大跌外，房价也出现大幅下跌。受此次危机影响，中国很多城市的经济增长速度出现不同程度的回落，住房市场化改革也在此期间正式推出，以对冲危机带来的需求下滑。

小结：相对于中国城市和楼市而言，亚洲金融危机发端于中国本土之外，属于经济系统内的外地直接冲击。金融危机引起出口创汇压力增大、外资流入减少等影响，对我国城市经济增长带来一定负面影响。

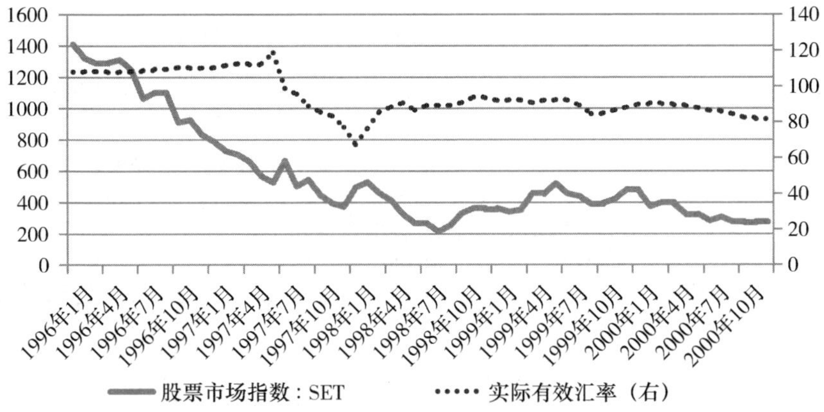

图3－2　危机期间泰国汇率及股指表现

资料来源：Wind资讯。

（二）非典型性肺炎疫情

非典疫情是一次全球性传染病疫潮。截至2003年8月16日，全国非典型性肺炎病例为零，中国内地共确诊非典型性肺炎病例5327人，死亡病例349人，致死率约为6.52%，北京和广东两地的确诊病例最多。中国香港病例1755人、死亡300人，中国台湾病例655人、死亡180人，中国澳门病例1人。而据世界卫生组织公布的统计数字，在2003年的非典疫情中，全球累计非典病例共8422例，死亡人数919人，病死率近11%，涉及32个国家和地区。

整体来看，非典疫情对中国宏观经济的冲击不是很大，局部地区如北京和广东两地受影响比较大。一方面，从时间上看，非典疫情持续总时间为8个月，主要集中在3—5月，持续时间不算长；另一方面，非典总体分布是局部性的，主要以广东和北京为中心形成两次波峰，广东、北京、香港等大城市是非典疫情的重灾区（见图3－3）。

非典疫情对城市经济的负面冲击主要体现在2003年的第二季度，随后经济快速复苏并保持强劲增长势头。在疫情重灾区，以北京、广州和深圳三个大型城市为例，2003年第二季度GDP增速都相比于第一季度出现回落，但北京的GDP增速回落幅度更大，第二季度GDP同比增速下降到10%以下，可见北京作为非典疫情的重灾区受到的冲击更大。广州和

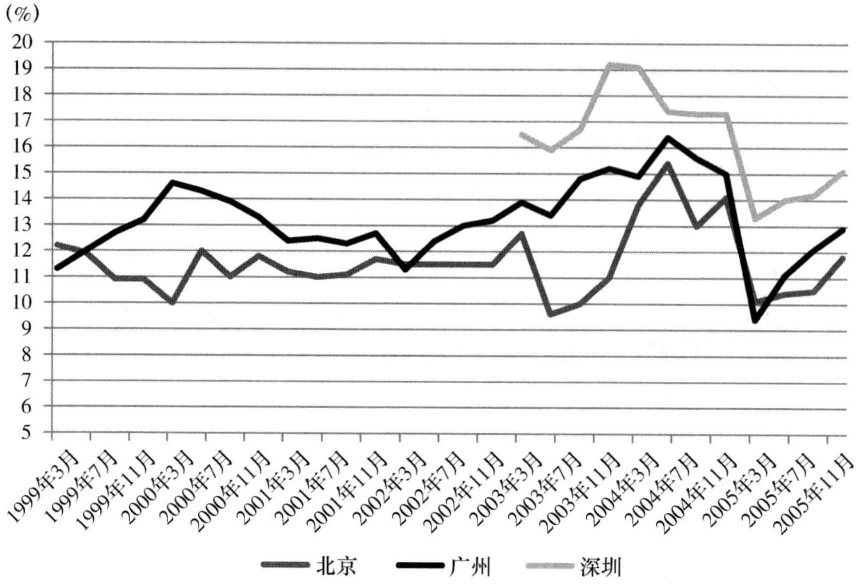

图3－3 1999—2005年北京、广州、深圳经济增速

资料来源：Wind资讯。

深圳虽然都受到一定程度的冲击影响，但2003年全年的季度GDP仍然保持着两位数的高速增长。相比来说，其他受疫情冲击较小的城市经济增长依然强劲，整体经济都处于上行趋势。

小结：相对于中国城市和楼市而言，非典疫情属于经济系统外的本地间接冲击。中国各城市由于疫情影响而间接导致城市经济与楼市受到影响，但整体冲击效应并不显著。

（三）美国次贷危机

美国次贷危机（Subprime Crisis）产生是由于长期向低收入家庭持续大量发放低利率、低门槛、低首付的住房抵押贷款，而随后美国住房市场的降温，尤其是短期利率的提高，使得次贷还款利率也大幅上升，购房者的还贷负担大为加重，导致大批次贷的借款人还贷违约，银行也大面积亏损，由此引发危机。早在2007年金融行业就出现一些危机端倪，2008年7月，危机向欧盟及全球全面扩散，多家投资银行亏损、倒闭或者被接管，次贷危机升级成国际金融危机和世界性经济危机。危机中全球股市暴跌，信贷市场严重紧缩，并带来经济的严重衰退，后续的复苏也显得极为乏力。

国际金融危机对中国城市经济增长的负面冲击很明显，以北京、广州和深圳三个典型城市为例，在2009年一季度GDP的同比增长均出现大幅下挫而达到个位数，后在强力经济刺激政策下逐步复苏。房地产方面，受金融危机的冲击，各个城市房地产开发投资在2009年上半年均同比出现大幅下降，其中一季度的降幅最为明显。房价也受到很大的冲击，自2008年下半年至2009年上半年，三个重点城市房价同比增幅都出现大幅回落。其间广州和深圳房价表现出大幅的下跌，深圳房价同比下降幅度最大，而北京房价同比只是表现出微弱下降，可见金融危机期间北京的房价表现得更为坚挺和具有韧性。内陆二、三线城市如武汉和昆明，一季度GDP同比增长也都出现大幅下挫而达到个位数，其间房价同比增幅也都出现大幅回落，同比出现负增长。这些表明金融危机对各个城市的经济及楼市冲击相当明显（见图3－4至图3－6）。

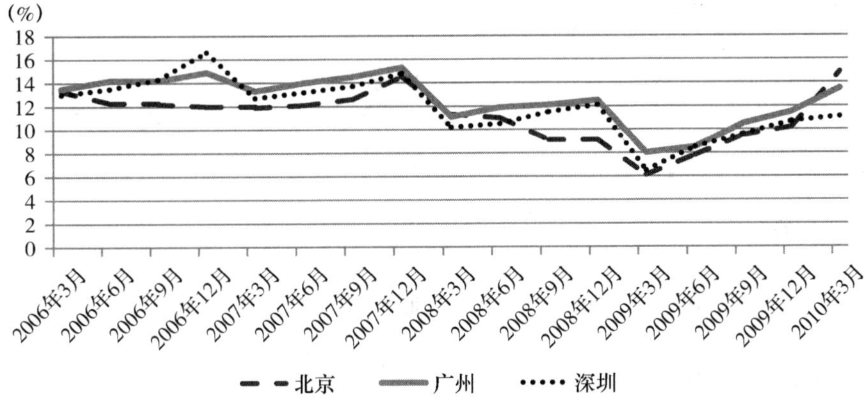

图3－4　2006—2010年北京、广州、深圳经济增速

小结：相对于中国城市和楼市而言，国际金融危机属于经济系统内的外地直接冲击，即属于经济系统内部事件冲击但冲击来自国外。国际金融危机带来外部需求的大幅下降，同时股市传染性暴跌及其信贷萎缩等金融动荡，都将影响投资和消费，从而给中国各城市的经济和楼市带来负面冲击。

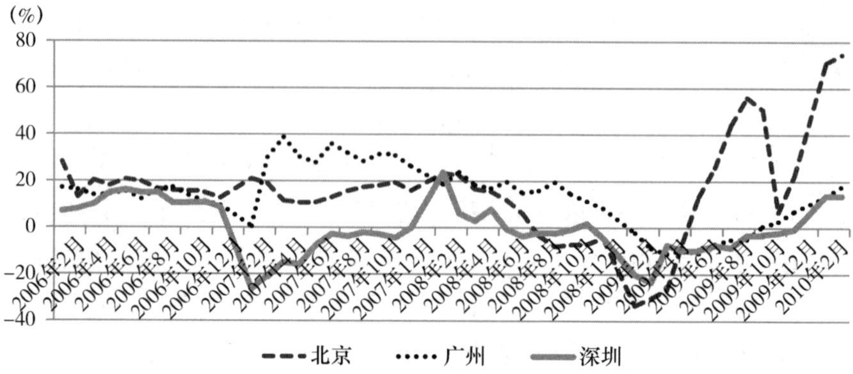

图 3-5 北京、广州、深圳房地产开发投资同比增长

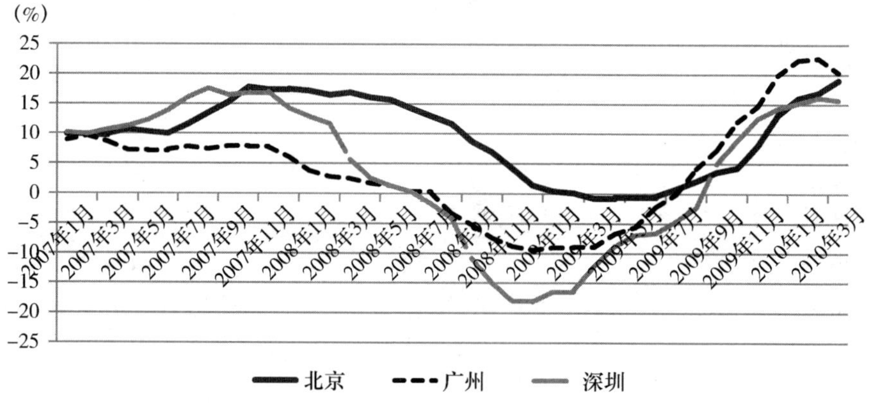

图 3-6 北京、广州、深圳房价指数同比增长趋势

（四）新冠肺炎疫情

2020 年年初，新冠肺炎疫情暴发并迅速在全球扩散流行，目前新冠肺炎疫情在中国得到有效控制，而全球还处于加速扩散的状态。同时由于各国各地的客观环境和主观应对态度不同，各地疫情持续的时间、严重程度也不同。新冠肺炎疫情冲击的主要表现是：疫情发生和扩散导致感染人数和死亡人数的规模急剧增长。全球新冠肺炎确诊人数最多的 20 个国家如图 3-7 所示。

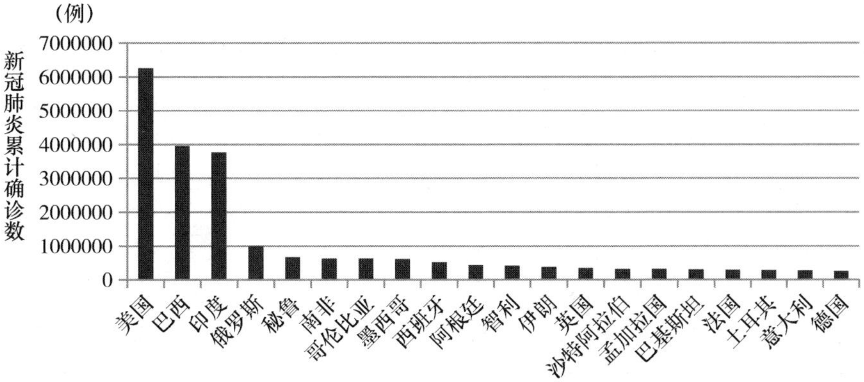

图3－7　全球新冠肺炎确诊人数最多的20个国家（截至2020年9月1日）

新冠肺炎疫情是百年不遇的重大传染病事件，截至2020年9月1日，全球累计确诊25966319人，死亡861770人；全国累计确诊85066人，死亡4634人（见表3－1）。

表3－1　　35个重点城市新冠肺炎疫情数据　　（单位：例）

	新冠肺炎累计确诊数	新冠肺炎累计治愈数	新冠肺炎累计死亡数
武汉	50344	46475	3869
北京	935	926	9
上海	908	842	7
乌鲁木齐	845	823	
广州	646	634	1
重庆	583	577	6
深圳	465	462	3
哈尔滨	269	265	4
成都	256	230	3
长沙	242	240	2
西安	237	117	3
南昌	235	235	
天津	229	213	3
杭州	194	187	

续表

	新冠肺炎累计确诊数	新冠肺炎累计治愈数	新冠肺炎累计死亡数
合肥	174	173	1
郑州	159	153	5
宁波	157	157	
大连	110	110	
南京	103	99	
青岛	101	95	1
福州	101	98	1
太原	89	56	0
昆明	77	71	0
厦门	69	60	0
济南	60	59	0
南宁	55	55	
长春	49	49	
海口	39	39	
兰州	37	35	2
银川	36	36	
贵阳	36	35	1
沈阳	34	34	
石家庄	31	29	
西宁	15	15	
呼和浩特	7	7	

注：时间截至 2020 年 9 月 1 日。

从 35 个重点城市的新冠肺炎疫情数据来看，武汉处于本次疫情的中心地带，新冠肺炎确诊及死亡病例均居于全国首位，累计确诊人数超过 50000 人，死亡人数近 4000 人。而其他一些大型城市如北京、上海、重庆、广州及深圳等累计确诊人数也相对较多，这些城市虽然并非疫情的“震中”区域，但由于城市人口规模及人口密度较大，且外来人口数量庞大，因而暴露于疫情中的风险相应更大。在 2020 年 6 月中下旬，北京出现一波新冠肺炎疫情小高峰，这更说明对于现代人口密集的超大型城市来说，流行病的防控丝毫不能松懈和掉以轻心，高效的应急管理能力和恰当防控措施都至关重要。

新冠肺炎疫情对城市经济的负面冲击非常明显。2020 年第一季度，绝大部分城市的 GDP 同比增长都下降到历史记录性的最低水平，除个别城市外，均为负增长，可见此次疫情的冲击影响之大（见图 3－8）。对于疫情重灾区的武汉，其经济受到的负面冲击最大，第一季度 GDP 同比下降幅度达到 40.5%。而南京则比较例外地出现了正增长，速度分别快于全国、全省 8.4 个、6.6 个百分点。这与南京的经济及产业结构有很大的关联性，南京复工复产比较早，而且国有大中型企业形成有力支撑，第一季度国有大中型企业增加值同比增速达到 34.6%。人工智能、集成电路、绿色新能源汽车等产业地标相关行业逆势增长，集成电路、新能源汽车产业产值增幅分别达到了 50.3%、34.7%。信息传输、软件和信息技术业、金融业等现代服务业发挥“主引擎”作用，房地产业发展稳定，对全市经济增长提供有效支撑。可见，一个城市的经济结构在应对外部冲击方面具有重要作用，合理的产业结构更能展现出经济的韧性。

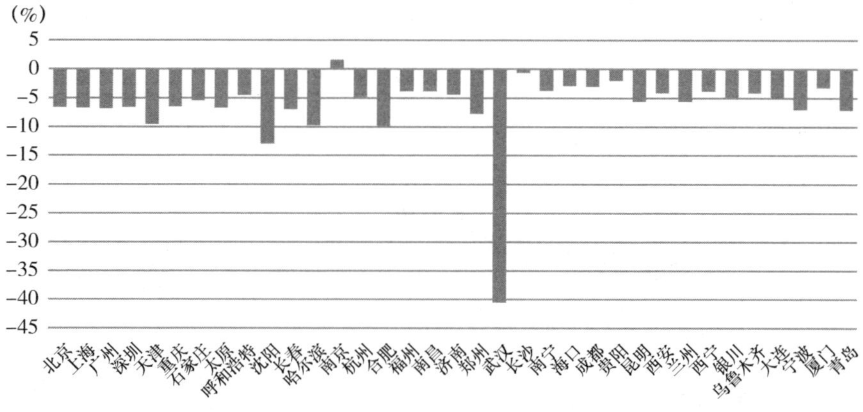

图 3－8　重点城市 2020 年第一季度 GDP 增长

小结：相对于中国城市与楼市，新冠肺炎疫情属于经济系统内外的多重冲击。首先，疫情影响导致中国城市经济与楼市暂停，进而经济下滑导致楼市刚性需求下降。其次，疫情传播扩散导致国外城市疫情发生，国外经济受到冲击，并且境外疫情输入的回传影响随时都可能发生。最后，外部经济暂停则从经济体系内部，从国外间接对中国城市经济产生负面影响，进而从需求和供给两个方面对楼市产生影响。

总结：四次外部冲击相同点在于都不是楼市内生问题的冲击，都是楼市外部事件带来的外部冲击。其中，两次金融危机属于社会事件冲击，同时属于系统内的外地冲击事件。两次疫情属于自然冲击事件，首先都属于经济系统外的本地冲击事件，但是当前的新冠肺炎疫情同时转化为经济系统的外部冲击，因此，新冠肺炎疫情更具有多重属性。虽然属于性质不同的事件通常具有不可比性，但从事件严重程度而言，总体上按时间顺序来看性质和影响程度越来越严重。

二 四次外部冲击的宏观经济背景

在四次外部冲击发生的1996—2020年，总体的发展阶段处在中国城市快速崛起与转型的重要时期；总体的发展环境仍处在战略机遇期，但也面临着挑战；总体的发展潜力在于经济结构性的转型；总体的主要矛盾还是经济发展与人民需求增长之间的协调问题。但具体发展阶段，内外环境以及外部战略机遇期的内涵发生了变化，发展潜力和主要矛盾却有所不同和发生了变化（见图3－9和图3－10）。

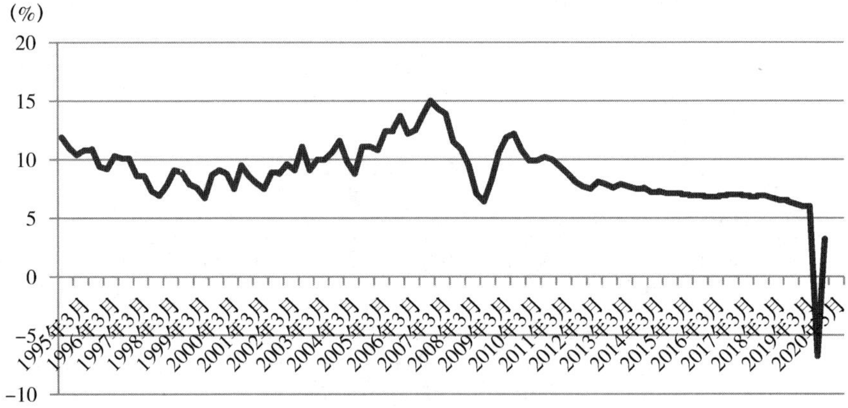

图3－9 GDP季度增长率

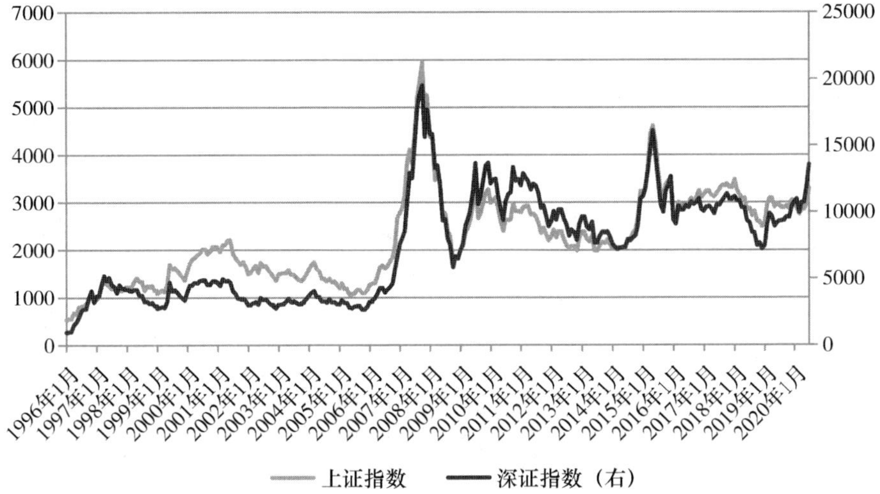

图 3 - 10　资本市场变化趋势

自 1996 年以来，中国的城镇化发展进入加速期，人口不断向大中城市聚集，城市规模也越来越大，不同城市的发展状况也出现一定分化。城市经济的增长遵循着整体宏观经济发展的周期性趋势，但也表现出自身的特点。以三个典型城市北京、武汉和昆明为例，三个城市具有不同规模等级，且分属不同区域，经济增长表现出较大差异性。北京作为首都和超大城市，经济体量庞大且经济发展已经很成熟，经济增长的趋势一直较为平稳，与全国经济增长趋势较为一致。武汉和昆明作为二、三线城市的代表，发展速度很快，多数时期远高于北京，但经济增长波动性也很大，尤其是武汉在 2003 年至 2012 年的 10 年间发展速度异常迅速。在近几年整体经济下行的大背景下，昆明经济增长却大幅提速，这是该城市发展比较突出的亮点（见图 3 - 11 和图 3 - 12）。

从四次外部冲击的宏观经济背景来看，它们所处的发展阶段以及外部环境等都有所不同，由此带来不同的经济冲击效应。

（一）亚洲金融危机

此阶段的市场化改革在快速推进，出口竞争力优势显著，国际环境较好，处在战略机遇期。中国城镇化刚刚超过 30% 并跨入加速期，城市处在外向工业化带动的高速增长期。一方面，大量的农村剩余劳动力和巨大的国际市场，使中国经济高增长蕴含巨大潜力，与此同时，住房等

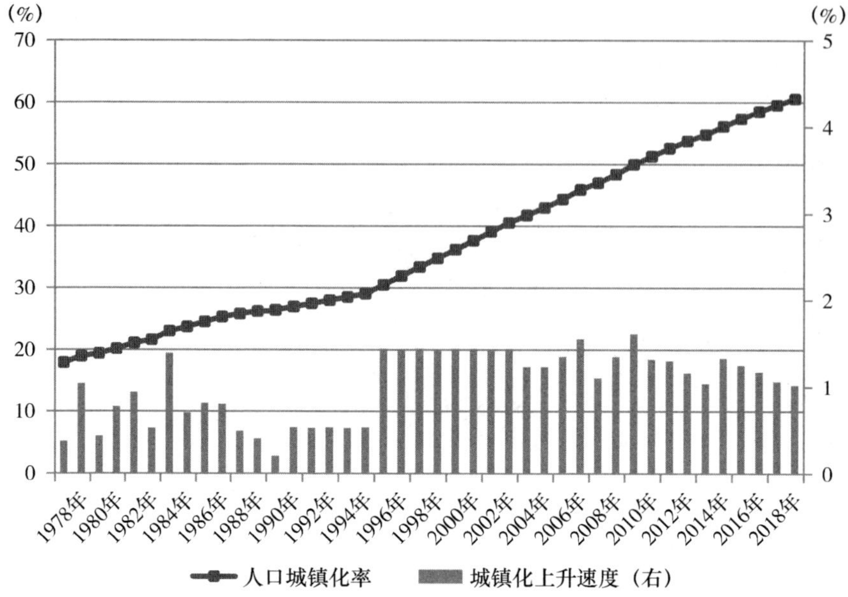

图3－11 中国常住人口城镇化率

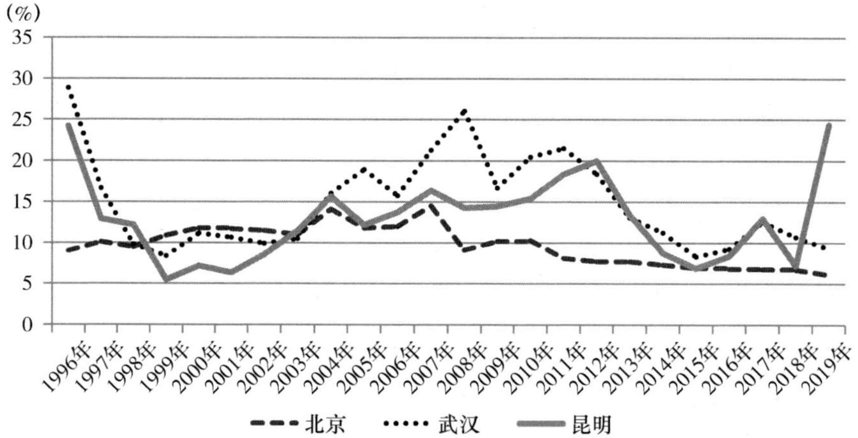

图3－12 北京、武汉、昆明经济增长率

耐用消费品潜力巨大。另一方面，在增长和就业上存在过度依赖外需而内需不足的隐忧，经济需要新的增长点和消费热点。

冲击前中国经济处在短周期的下行阶段。此时期保持8%以上的增长和充分就业是主要任务。危机之前经济整体过热并开始转向周期性下行阶段，1996 年和 1997 年经济增长分别为 9.9% 和 9.2%，固定资产投资增长分别为 14.76% 和 8.85%，其他多个指标也处于下行阶段。

危机对中国经济构成比较严重的冲击。危机对出口方面的冲击很大，对外出口金额出现大幅下降。1998 年全年的出口增速仅为 0.4%，比 1997 年的增速降低了 20.1%。外资直接投资规模在 1998 年基本保持不变，1999 年则首次出现 -11.31% 的负增长。1998 年和 1999 年中国经济分别增长 7.8% 和 7.9%，没有实现"保 8"的目标。

冲击后经济恢复相对较慢。危机后直到 2000 年，经济增长才走出低谷实现 8.5% 的增长，进出口总额则增长 31.52%。与此同时，随着住房市场化改革的推进，1998—2001 年房地产市场的价格平稳并获得全面发展，相关的上下游产业也得到迅猛发展。

（二）非典型性肺炎疫情

中国通过加入 WTO 全面融入世界，拥有较好的国际环境，处在较好的战略机遇期。与此同时，中国基本建立社会主义市场经济体制。工业化和城市化、轻纺工业与重化工业都处在换挡期，中国城市经济仍处在外向工业化带动的高速增长期，以电子信息为代表的技术密集型产业迅速崛起，中国城市逐步成为全球产业链的加工和制造中心。一方面，大量剩余劳动力向城镇转移为城市经济发展提供巨大的潜在动力；另一方面，国内储蓄率较高，内需不足，经济增长对外依存度较大。

冲击前中国经济正处在短期周期的上升阶段。自中国加入 WTO 之后，经济维持着快速的增长势头，2002 年 GDP 增长 9.1%，进出口总额增长 21.80%，各项经济指标表现均较强势。

冲击对中国城市经济造成短暂轻微的影响。非典疫情的冲击主要表现在 2003 年的第二季度，而对全年经济增长的影响不大。2003 年的年度各项经济指标保持较好，GDP 增长 10%，进出口总额增长 37.09%，固定资产投资增长 26.7%。整体来看，非典疫情主要是对第二季度经济的冲击相对显著：第二季度当季 GDP 同比增长 9.1%，低于第一季度和全年增长率，社会消费品零售总额第二季度累计同比增长 8%，出现比较明显的回落，进出口贸易及固定资产投资等受到的冲击则不明显。非典疫情影响的结构性比较明显，对服务业、旅游、民航、高级饭店等行业影响更甚，对大城市特别是北京等疫情高发城市和旅游性城市的影响大于其他城市。

冲击后中国城市经济仍保持着持续高速的增长。2004 年 GDP 增速仍高达 9.5%，进出口总额增长 35.67%，固定资产投资增长 25.8%。此阶段投资的拉动作用很大，但也带来一些问题，投资增长过猛，一些行业和地区投资过度扩张。

（三）美国次贷危机

美国次贷危机爆发前，国际环境较好且处在战略机遇期，中国人均 GDP 达到 3000 美元即将跨越中低收入线。中国城镇化率超过 45%，城市人口主要向大城市和中心城市聚集。外向工业化和基础设施城市化共同带动高增长。中国城镇化逐步展示出巨大潜力，居民收入上涨带动消费从温饱为主升级到住行娱乐主导。但另一方面，廉价劳动力带来的比较优势，以及外贸方面的优势开始下降，同时也存在收入增长和就业增长方面的压力。

冲击前中国经济出现明显过热。2007 年 GDP 增长率达 14.2%，CPI 年率上升 4.8%，进出口总额增长 23.62%，固定资产投资增长 24.84%。此阶段经济连年高速增长，经济过热特征明显。

金融危机对中国经济冲击比较严重。面对危机政府及时采取了强力刺激政策，然而对外经济贸易方面仍急剧下滑，进出口总额从 2008 年的 17.79% 变为 2009 年的 -13.88%，国际资本大量撤离，中国利用外资总额在 2009 年下降了 3.6%。得益于“四万亿”的经济刺激方案，2008 年和 2009 年固定资产投资分别增长 25.85% 和 29.95%，GDP 分别增长 9.7% 和 9.4%，保增长目的达到，虽然没有金融危机前两位数以上的高增长，但中国的经济增长保持情况已经非常出色。

冲击后中国经济恢复后开始持续下行。尽管 2010 年 GDP 增长高达 10.60% 的两位数，进出口总额增长 34.72%，固定资产投资增长 23.83%，宏观经济各项指标都表现较好。但国际金融危机之后，中国经济增速放缓并持续下行，经济结构也变得持续恶化。

（四）新冠肺炎疫情

中国经济社会发展进入新时代。经济正处于增长速度换挡期、结构调整阵痛期、前期政策消化期、新的政策探索期“四期叠加”。虽然仍处在战略机遇期，但是国际环境较为复杂，中美经贸摩擦及全球保护主义都不断显现，挑战前所未有。但是中国人均 GDP 达到 10000 美元，处在中高收入行列，经济进入服务化带动时期。中国城镇化率达到 60%，进入中后期，城市发展进入都市圈和城市群时代。一方面，中国城市仍然存在巨大的发展潜力，城市化还没有结束，人才红利开始释放。另一方面，中国城市积累了深层次的结构性问题和风险隐患，这包括制造业占比下滑过快，投资尤其是政府投资比重过高，金融风险、地方债风险以及房地产风险等潜在隐患增加。

冲击前中国经济面临持续下行的压力。2019 年国内生产总值（GDP）增速下降到 6.1%，经济增长已经连续多年下滑。虽然此期间政府极力推动各项改革举措，经济结构优化升级持续推进，工业结构优化调整取得实效。但也面临着经济下行压力加大、物价水平上涨较快、投资需求不振、消费需求不稳、区域增长不平衡加剧等难题。

疫情给中国城市经济带来严重冲击。新冠肺炎疫情的冲击无论是在时间、空间、程度上都超过前三次冲击。从全球的流行情况来看，目前疫情并没有结束。新冠肺炎疫情对中国经济的冲击是史无前例的，2020 年一季度 GDP 增长为 -6.8%，与历史正增长 6% 的水平相比降幅达 12% 以上，而 CPI 同比上涨 4.9%。3 月城镇失业率为 5.9%，相比之下就业形势总体稳定。其他主要经济指标也大幅下降，社会消费品零售总额增长 -19.00%，固定资产投资增长 -16.1%，进出口总额增长 -6.4%，全国实际使用外资 2161.9 亿元人民币，同比下降 10.8%，人均可支配收入增长 -3.9%。

冲击后预计恢复较慢，2021 年或将有较快的增长。新冠肺炎疫情的冲击是在中国经济处于趋势性下行和结构转型的关键时期，经济发展中累积的问题也在凸显，而且此次疫情还在全球蔓延中，国际疫情带来的间接负面冲击也会在后期逐渐显现，因而冲击后经济复苏会比较缓慢。考虑到政府将推出的各项经济刺激政策，预计在 2021 年中国经济会逐步复苏并有较快的增长。

三　四次外部冲击的政策应对

1996—2020 年，宏观经济及房地产政策，围绕调控目标因应情势变化尤其是四次外部冲击不断进行调整，与此同时制度和政策体系不断完善。一方面，总体基调不变即扩大内需，扩大就业，保持增长；另一方面，宏观政策从保增长到稳增长再到多目标，房地产则作为重要手段之一。

近年来，随着各个城市房地产市场的不断分化，各地楼市调控也开始出现差异，因城施策成为调控政策应对的主流模式。2017 年可以说是楼市政策年，各城市因城施策，各种调控政策频出，热点城市相继步入以限购、限贷、限价、限售、限商为核心的“五限”时代，房价过快上涨势头得到遏制。在限购限贷上，北上广深的步调基本一致。本市户籍单身限购买一套，家庭限购两套；非本市户籍，限购一套，且需要满足社保或个税满五年。限贷上，首套房与二套房因城而异，需要指出的是，之前是否有贷款，所购买的房屋是否为普通住宅，成为划分贷款首付的分水岭。二线部分热点城市限购基本跟随一线城市步伐，但条件相对较低，如武汉、成都、厦门和合肥等针对非本市籍限购条件中，个税或社保均不超过三年，合肥最低为一年。首套房首付款基本仍然为 30%，以上四城中只有合肥考虑之前是否存在贷款，二套房首付比例因城而异，但均未超过 70%。昆明近年来房价快速上涨，其调控政策相对更为宽松，非本省户籍人士限购一套，主城区新房满三年才可交易，限贷政策上，首套房首付比例 20%，二套则为 45%，这些政策与热点二线城市相比宽松很多（见图 3－13 和图 3－14）。

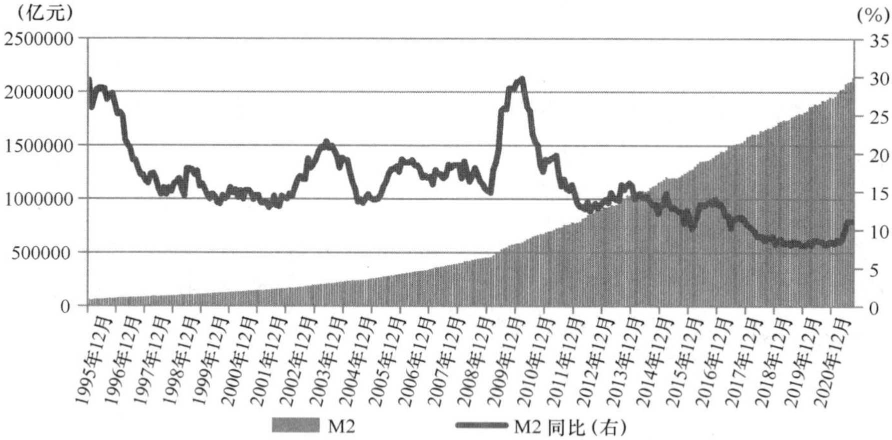

图 3－13 货币供应速度

资料来源：Wind 资讯。

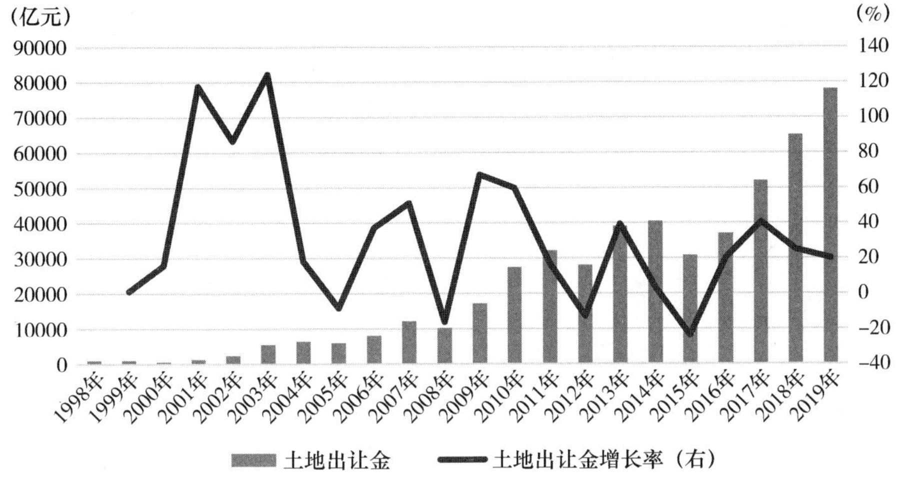

图 3－14　全国土地出让金及其增长（1998—2019 年）

（一）鼓励住房消费的政策形成，制度与政策齐发

第一，宏观政策方面从刺激出口转向刺激内需。在冲击之前，中国整体政策导向是刺激出口，但为确保经济保持 8% 以上的增长，正试图摆脱过度依赖外需的隐忧，寻找刺激新的增长点和消费热点的政策。早在 1996 年中央及有关部门就提出加快培育房地产市场，尝试将其作为新的消费热点和增长点。金融危机爆发后，中国承诺人民币不贬值，从而外需持续恶化，为防止 1998 年经济增长降到 8% 以下的危险，不得不从原来刺激出口政策切实转向刺激国内需求。国家有关部门和金融机构经过深入研究，进而把房地产业确定为重点支持的产业，并作为中国经济新的增长点。

第二，房地产制度与政策实现从计划向市场的根本转变。为刺激住房消费使其成为国民经济的重要产业，1998 年 7 月，国务院发布《关于进一步深化城镇住房制度改革加快住房建设的通知》（国发〔1998〕23 号），由此给房地产带来重大变革。首先，调整发展战略。明确提出“促使住宅业成为新的经济增长点”，正式将房地产作为经济增长点和消费热点。其次，启动制度改革。宣布从 1998 年下半年开始全面停止住房实物分配，取消福利分房，实行住房分配货币化，推行商品房制度。最后，还出台相关刺激政策。住房信贷政策方面，20 世纪 90 年代初住房信贷业务就开始起步，由于 1992 年的房地产热而收紧，1997 年开始放松，1998 年、1999 年进一步放松贷款限制，扩大贷款范围，逐步引进了住房按揭制度。此后，商业银行大规模进行商品房按揭贷款，这一举措大力促进了中国的住房消费。同时在 1998 年开始建立起公积金制度，相应的土地管理等配套政策相继出台，鼓励住房消费的政策框架初步形成。

（二）收紧楼市发展并确立支柱地位，制度与政策齐发

第一，宏观经济政策由刺激转向抑制。“非典”之前政府实施积极的财政政策，引导民间投资，完善出口退税，增加居民收入。同时实施稳健的货币政策，但 2002 年是适度宽松的。2003—2004 年，宏观调控政策在保证积极财政政策功能转型的同时适度微调货币政策。货币政策是稳健略紧缩，此期间货币政策在最终目标选择上明显偏向物价稳定，并使用提准和加息的操作工具进行了抑制通胀操作。值得指出的是，土地财政在 2001 年和 2002 年之前在地方财政收入中占比较低，分别为 16.6% 和 28.4%，而在 2003 年和 2004 年的占比就达到 54.7% 和 49.6%。

第二，房地产调控政策由鼓励转向收紧。房地产被确立为支柱产业后获得快速发展，而后为抑制过快上涨，住房和城乡建设部等发布《关于加强房地产市场宏观调控促进房地产市场健康发展的若干意见》（建住房〔2002〕217 号），紧接着 2003 年 8 月中央出台 18 号文件，首先在发展定位上，首次明确“房地产业已经成为国民经济的支柱产业”。其次在土地制度层面，改革土地拍卖制度。2002 年 4 月，国土资源部执行《招标拍卖挂牌出让国有土地使用权规定》，土地出让开始市场化。2002 年 4 月到 2004 年 8 月 31 日，所有经营性项目用地一律公开竞价出让。再次在政策层面，针对商业银行贷款特别是房地产贷款投放过快的情况，2003 年 6 月中国人民银行发布了《关于进一步加强房地产信贷业务管理的通知》，及时对房地产信贷进行风险提示，同时加强对商业银行贷款的窗口指导。最后还较大幅度地调高房地产等 4 个行业的固定资产投资项目资本金比例，加强了在房地产中潜在金融风险的防范。

（三）刺激楼市以对冲外部冲击，制度稳定而政策逆转

第一，宏观政策从抑制趋紧转向刺激宽松。2007—2008 年金融危机暴发前，实施稳健的财政政策和从紧的货币政策。为防止经济增长由偏快转为过热，防止价格由结构性上涨演变为明显通货膨胀。财政政策由积极转向稳健，即适当减少长期建设国债发行规模和财政赤字规模；货币政策由稳健转为从紧，使用连续快速提升法定准备金率至 15.5%、加息以及加大发行央票力度等工具。然而在次贷金融危机暴发至 2009 年，宏观政策出现逆转，实施积极的财政政策和适度宽松的货币政策。为保增长和保就业，从 2008 年 7 月就及时进行了较大调整，连续降准降息并配合减少和暂停央票发行等工具使用；同时增加政府财政支出，采取结构性减税政策，鼓励居民消费等。

第二，房地产政策由控制转向“救市”。为稳定房价，从 2005 年到 2008 年 8 月，“国八条”“新国八条”“十五条”等一系列涉及行政、金融、土地和财税的相关调控政策相继出台。在中央，2008 年 10 月央行出台一系列新政支持房地产，11 月国务院再次把房地产作为“重要的支柱产业”，12 月国务院发布《关于促进房地产市场健康发展的若干意见》。房地产政策由此前的收紧控制转向全面的扶持救市，推出了各种支持举措。自住型住房贷款利率七折优惠，降低贷款首付比、最低至两成；房地产项目最低资本金比例下调到 30%；首次购买 90 平方米以下普通住房的，契税税率下调至 1%，免征印花税、土地增值税；个人销售 2 年以上的普通住宅免征营业税，大幅增加各类保障性住房建设。与此同时，银行放松了信贷投放，导致市场中过剩流动性流向房地产市场。在地方，2008 年 9 月 27 日，南京市政府打响“救市”的第一枪，地方政府纷纷出台救市措施。在各种刺激政策的支持下，房价快速反弹并上升，但 2010—2013 年政策再度转向收紧，2010 年 4 月，“新国十条”通过提高首付、提高利率等遏制房价上涨，9 月开始采取限购政策。

（四）保持楼市稳定以应对冲击，政策稳定与制度变革并行

第一，宏观政策目标多元化。从之前的宏观目标“六稳”转向“六稳”和“六保”。新冠肺炎疫情暴发之前，实行的是稳健灵活适度的货币政策和积极的财政政策，在货币政策方面，从 2018 年开始转为稳健灵活

适度，定向降准、PSL 放量、短端流动性释放等，2019 年央行共实施三次降准，并稳妥推进 LPR 改革。在财政政策方面，将赤字率适度提高至 2.8%。新增地方政府专项债务限额 2.15 万亿元，比 2018 年增长 59%，减税降费政策力度越来越大。新冠肺炎疫情暴发之后，实施更加积极的财政政策和适度灵活的稳健货币政策。在货币政策方面，通过降准、降息、再贷款等多种方式，保持流动性合理充裕，引导贷款市场利率下行，把资金用在支持实体经济特别是中小微企业。在财政政策方面，提高赤字率，发行抗疫特别国债，大幅增加地方政府专项债券规模，加大对保基层运转的支持力度，加大补短板重大项目资金支持力度，加大对抗疫稳定的支持。

第二，房地产政策保持调控目标不动摇。在疫情前后，政策层面一直坚持房住不炒、稳房价、稳地价、稳预期和因城施策，坚持房地产调控不动摇。疫情暴发后，继续坚持“房住不炒”，不将房地产作为短期刺激手段，在金融、财税、土地、行政等方面总体保持调控政策的稳定性、连续性和一致性。不过因为宏观货币政策变化，以及各地市场形势不同，各地尤其在对开发企业的信贷和购地等方面作了一定的调整。

小结：在宏观政策方面，四次外部冲击的政策取向，都有扩大内需的导向。政策次序有所不同：前三次，通过内需带动增长进而带动就业，2020 年新冠肺炎疫情冲击下则是通过扩大就业带动增长进而带动内需。在房地产政策方面，都着力于服务宏观经济。未来的重点是调整房地产定位，改革房地产制度，适时调整房地产政策以服务于经济的转型及增长。

四　四次外部冲击的楼市发展表现

1998 年住房制度改革拉开房地产市场化的大幕，过去 20 余年是中国房地产市场从全面开启到加速成长，再到逐步成熟的过程。四次外部冲击的楼市背景不同，楼市受影响的程度不同，楼市在经济中发挥的作用也不同（见图 3－15 和图 3－16）。

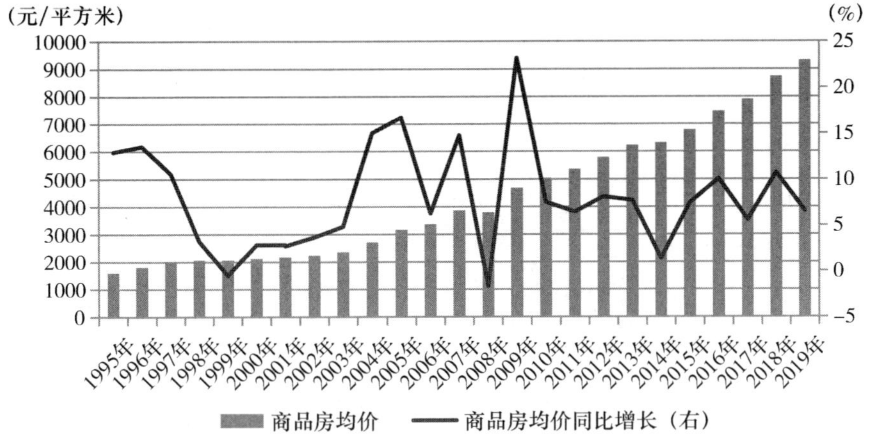

图3－15　商品房价格及增长率

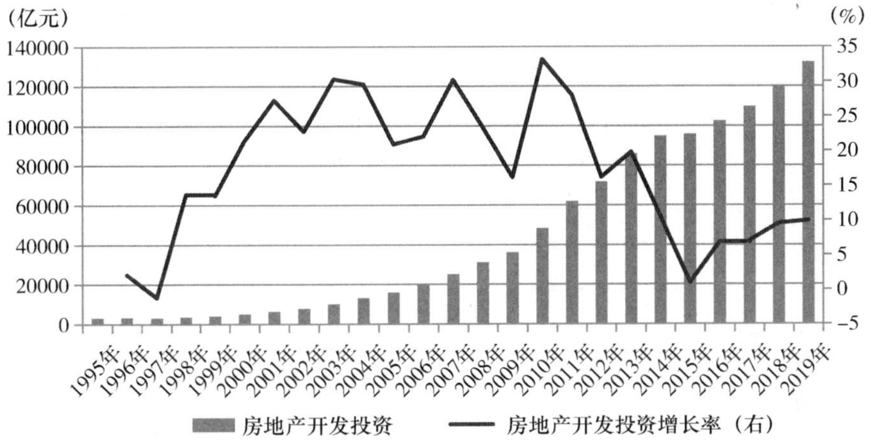

图3－16　房地产开发投资及增长率

为了更细致地观察中国楼市的发展特点，本书选取三个重点城市北京、武汉、昆明，这三个城市具有很好的代表性，一、二、三线城市均有涵盖，且其房价呈现梯度变化。自2003年以来，各个城市房价处于趋势性上涨中，而且不同等级的城市之间房价的分化程度在加大，如北京作为一线城市其房价与武汉和昆明地区的房价差距非常明显，这种格局还会继续延续下去。从房地产开发投资来看，随着时间的推移，住房需求在扩大，各个城市房地产投资也不断扩大。同时，规模越大的城市，其住房需求越旺盛，催生出更大规模的房地产开发投资（见图3－17至图3－19）。

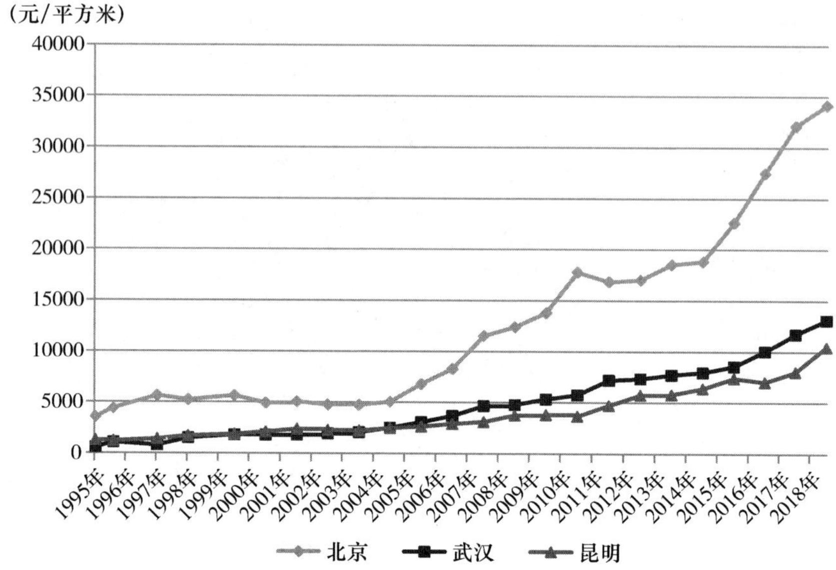

图3－17 北京、武汉、昆明房屋销售均价

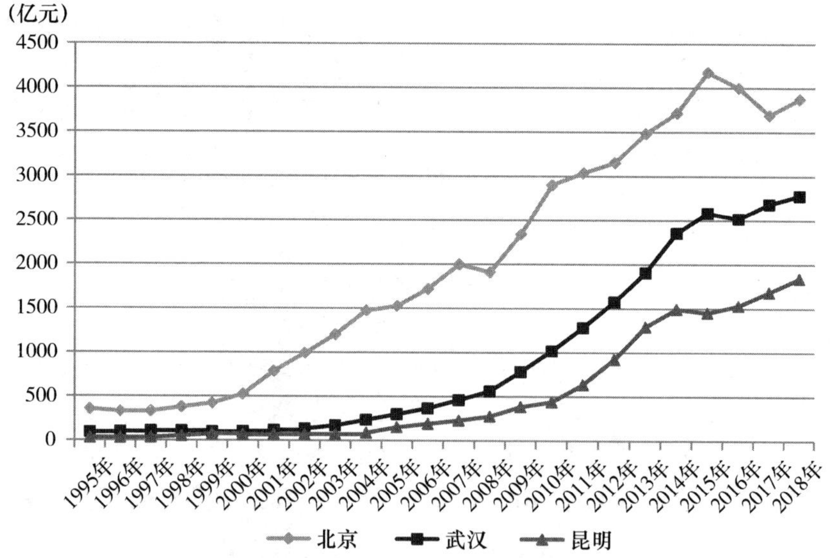

图3－18 北京、武汉、昆明房地产投资

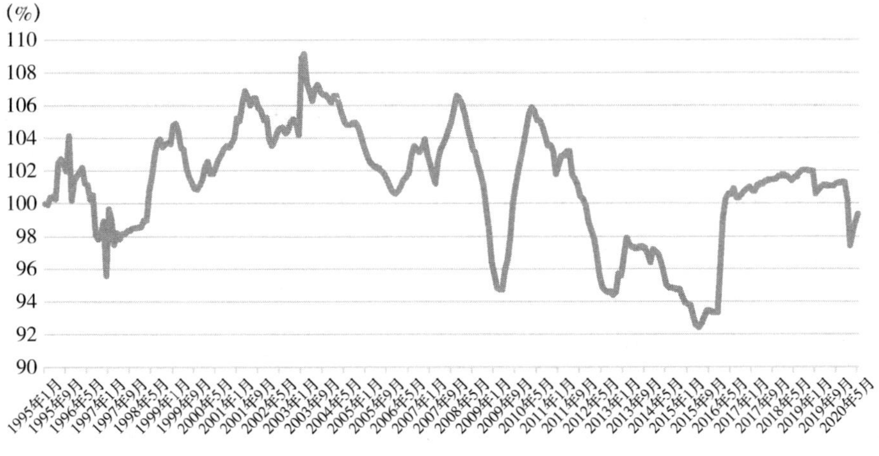

图3－19　国房景气指数

（一）亚洲金融危机冲开了房地产市场的大门

从长周期来看，当此之时中国房地产还处在全面开启的前夜。一方面，中国城市房地产的潜力巨大。全国城镇住房严重短缺，人均住房面积极低，城市化刚刚进入加速期，人口如潮水一般加速向城市聚集。但另一方面，中国的房地产市场还很不完善。尽管公房销售取得了较大进展，计划式福利性实物分房制度还未被打破，市场化的住房制度远未建立，全国城市的房地产市场还没有建立。

冲击前中国楼市处在波动性恢复期。房地产开发综合景气指数从1995年6月较低的100.45上升到1995年12月的104.13，1996年城镇住宅投资同比增长1.5%，1996年房地产销售面积同比增长为－0.07%，房地产价格同比增长13.5%。在经过1992—1993年的经济过热和房地产大开发，沿海局部地区房地产出现泡沫，随后国家采取紧缩措施刺破泡沫，沿海相关城市及全国城市直到1997年楼市仍处在消化和调整期。

冲击中中国楼市呈现了V形的调整。房地产开发综合景气指数从1996年6月的100.26下降到1997年5月的97.85，然后迅速恢复到1998年4月的100.81，然后再逐步到1999年3月的104.39。1997—1999年房地产以价格平稳趋势得到全面发展，1997年、1998年、1999年城镇住宅投资同比增长分别为－0.02%、29.8%、17.2%，房地产销售面积同比增长分别为14%、35%、19%，房地产价格同比增长分别为10.56%、

3.3%、-0.01%。1998年房地产市场化开始启动，中国的房地产行业迅速发展起来。

冲击后中国楼市走向复苏和快速发展。房地产开发综合景气指数从2000年3月的101.82到2001年6月的106.01。2000年和2001年城镇住宅投资同比增长分别为7.6%和14.8%，房地产销售面积同比增长分别为28%和20%，房地产价格同比增长分别为28.74和27.52%。房地产投资占全社会固定资产投资比重达到12.74%。房地产逐渐成为中国经济增长的新动力。1998—2003年，房地产开发投资增长直接和间接拉动GDP增长每年保持在2个百分点左右（据2003年年底在武汉召开的全国房改与房地产工作会）。

（二）非典疫情加速了房地产市场的发展

长期来看，当时房地产处在初步发展期或加速发展的积累期，住房处在严重短缺阶段，人均收入开始快速增长，人口城镇化加速增长，居民的住房需求不断释放。土地出让市场化的改革推出后，住房市场化也更推进了一步。

冲击前楼市开始快速增长。房地产开发综合景气指数从2002年1月的103.91升到2003年1月的108.89，房地产开发投资指数102.7，房地产土地开发面积指数101.1，房地产销售价格指数101.8，房地产资金来源指数107.5，商品房待售面积指数102.9。2002年房地产投资增长21.90%，房价上涨了3.7%，房地产市场处于供销两旺的形势。

冲击中楼市下滑时间短程度轻。“非典”冲击下，房地产开发综合景气指数从2003年1月的108.89降到2004年1月的106.59。2003年受“非典”影响，楼市只是短暂地受到干扰，整体仍然在上行期。2003年全国新建商品房价格上涨4.84%，房地产开发投资同比增长29.7%，新开工面积同比增长27.82%，房地产开发综合景气指数达到105.9。

冲击后楼市恢复快并出现过热。“非典”过后，楼市从2004年开始进入持续3年的高涨阶段，房地产开发综合景气指数达到103.8。2004年全国城镇房地产销售价格同比增长超过17%，部分地区城市增长幅度已超过当地居民收入增长幅度，房地产投资增长28.10%，新开工面积同比增长率达10.43%，然而城镇住宅占固定资产投资比重出现下降。

小结：一方面，非典疫情对中国城市和楼市的冲击是短暂和局部的；

另一方面，非典疫情加速了房地产市场的发展。

（三）次贷危机带来了房地产市场的过度繁荣

从长期看，当时房地产市场仍处在短缺的高增长期。2002—2007 年全国有 4000 多万户城镇家庭通过购买新房或者二手房改善了住房条件。2007 年城镇人均住宅建筑面积仅达 28 平方米左右（按户籍人口计算），居民住房需求潜力依然很大。与此同时，房地产业快速发展，房地产业对经济增长的贡献率保持在 2 个百分点以上，房地产业和建筑业增加值占 GDP 的比重超过 10%。

冲击前楼市从上行期转向下行期。2007 年 11 月国房景气指数达到波峰 106.59 之后开始逐月下降，到 2007 年 11 月降至 98.46，这与政府的住房调控紧密相关。然而 2007 年房价和销售分别同比增长 14.77% 和 25.05%，房地产开发投资同比增长 30.43%。

冲击中楼市形势发生重大逆转。尽管国房景气指数在 2008 年 3 月达到 94.74 的谷底然后开始回升，但房价和销售在 2008 年 1 月达到峰值后从 2 月开始下行，房地产开发投资在 2008 年 6 月以后才出现了逐月加速下滑，到 2008 年 11 月，房地产销售量稍有回升。2008 年房地产开发投资同比降至 20.97%，房地产投资下降，带动固定资产投资大幅下降，进而引起宏观经济增速的回落。在区域方面，东部衰退十分明显，中西部调整幅度较小。从房地产价格指数看，珠三角的部分城市：深圳、广州调整速度明显，2008 年第三季度价格指数分别下降到 93.2 和 98.6。而银川、乌鲁木齐、海口的指数仍处在 110 以上（城市差异大）。金融危机期间，在政府宏观政策的强力刺激下，到 2009 年 12 月国房景气指数上升到 103.66，2009 年房地产开发投资同比增长 18.48%，房价和销售面积同比增长 23.19% 和 43.63%，房价增幅大大超过城镇居民人均可支配收入的增长幅度。在此期间，房地产投资对经济增长发挥了较大贡献，但也带来了房价的快速上涨。

冲击后楼市由过热快速回归理性。在刺激政策推动下，住房市场出现明显过热现象，从 2010 年开始新一轮的调控又不断出台。国房景气指数从 2010 年 3 月最高点的 105.89 缓降到 2011 年 12 月的 98.89。2010 年和 2011 年，全国房价增长率分别增长 8.2% 和 5.2%，商品房销售面积同比分别增长 10.1% 和 4.9%，全国房地产开发投资同比分别增长 33.2%

和 27.9% 。尽管存在比较严厉的调控，但房地产的发展势头依然强劲。

（四）新冠肺炎疫情带来了房地产市场的骤降稳升

从长期看，中国房地产市场已经总体趋于饱和，城镇人均住房面积达到40平方米，户均达到1.5套（中国人民银行课题组）。但仍存在着较大结构性潜力，在中心城市、大都市圈和城市群还存在住房短缺，与此同时，新市民的刚需、部分改善型需求和老城改造的重置需求还有一定的潜力。但是楼市也面临着较大风险：一些城市的房价过高和另一些城市空置率过高并存。全国城镇平均房价达到9300元，房价收入比接近1∶9，住房空置率22%（西南财经大学家庭金融调查）。

新冠肺炎疫情冲击前房地产市场步入平稳期。2019 年 1—12 月国房景气指数由 100.58 增长到 101.26。2019 年全国商品房销售单价为9310.26元/平方米，同比上升6.56%。房价增速在GDP与可支配收入增速之间，处于合理稳定健康的水平，商品房销售面积同比增长 -0.1%。2019 年全国房地产开发投资同比年增长9.9%，房地产开发企业施工、开工、竣工整体处于合理的状态。与此同时，从全国区域、城市层级、城市群来看，重新回归合理的冷热分化格局。

疫情对房地产市场构成巨大冲击。2019 年12 月到2020 年2 月国房景气指数从 101.26 下降到 97.42。2020 年 1—2 月全国城市房地产各项指标剧烈下降，商品房销售面积增长 -39.9%，新开工面积同比增长 -44.9%，开发投资同比增长 -16.3%，而商品房价格却同比增幅达到4%。中部城市商品房销售价格同比增长 -1.2%，销售面积同比增长 -45.2%，房地产开发投资同比增长 -25.9%。可以看出，疫情对房地产的开发投资及销售具有明显的冲击，但对房价的冲击并不是很明显，依然很坚挺稳定。

冲击后房地产市场边际递减性恢复。国房景气指数在经历 2020 年 2 月 97.42 的低谷后，5 月逐步恢复到 99.35。楼市轨迹呈右偏的 V 形，在景气度指数剧烈下降后边际递减地恢复平稳。1—6 月，商品房价格同比增幅达 3% 左右，1—5 月为 1.7%。1—6 月商品房销售面积销售额变化接近 -7%，1—5 月为 -12.3%。1—6 月房地产新开工面积同比增长接近 -6% 左右，1—5 月为 -12.8%。1—6 月全国房地产开发投资将能够实现同比正增长，1—5 月为 -0.3%。空间上，中部城市和东北城市恢复相对缓慢，1—5月中部、东北城市的房地产开发投资分别增长－6.8%和0.5%，商品房价格同比增长－1.2%和2.1%，销售面积同比增长－9.3%和－22.4%，城市房价分化出现新变化。2020年5月，一线城市房价较快上涨，二线城市房价稳步上涨，三线城市相对平稳，四线城市略有回调。一、二、三、四线城市均出现涨平跌的分化。房地产市场从一、二、三、四线城市间的分化转向城市群都市圈之间及与非都市圈城市群的分化。

第三节　四次冲击下的楼市反应机制比较

一　亚洲金融危机冲击下的楼市反应机制

亚洲金融危机属于外地直接冲击。1997年的亚洲金融危机起源于东南亚地区，发端于外汇市场的危机，危机期间东南亚各国货币大幅贬值，股价和房价也出现暴跌，国际资本大量撤离，进而引起这些国家和地区严重的经济衰退。相对于中国城市和楼市而言，亚洲金融危机发端于中国本土之外，属于经济系统内的外地直接冲击。金融危机造成出口创汇压力增大，外资流入减少等影响，对我国城市经济增长带来一定负面影响。

改革红利催生高增长，内需不足存隐忧。宏观环境方面，在亚洲金融危机前后，中国的市场化改革在快速推进，经济处于高速增长阶段，出口竞争优势不断凸显，城镇化进入加速期，但同时也表现出内需不足的隐忧，经济增长对外需的依赖程度较大。冲击前中国经济处在短周期的下行阶段，经济增长率及固定投资等都出现周期性下行；亚洲金融危机的爆发对中国经济构成比较严重的冲击，尤其是出口方面的外需受到的冲击很大。

住房市场大变革，培育增长新动力。当东亚金融危机发生后，政府采取积极的应对政策。宏观政策方面从侧重刺激出口转向刺激内需，为寻找新的增长点和消费热点，应对外需恶化的冲击，房地产开始进入政策视野。为了呼应扩大内需，培育住房消费市场，楼市政策做出重大调整和改革，房地产制度与政策实现从计划向市场的根本性转变。1998年开始取消福利分房，实行住房分配货币化，推行商品房制度，并进行金融信贷政策方面的配套改革促进消费，促使房地产业成为国民经济的支柱产业。

楼市走向市场化，居住需求待释放。此阶段的楼市表现短期来看较为平稳，主要任务在于消除住房市场化改革过程中的存量，然而长期来看，中国住房市场处于极度短缺的阶段，大量住房需求仍然有待释放，供需缺口极大。1997—1998 年亚洲金融危冲开了房地产市场的大门。在危机的冲击下，中国楼市呈现 V 形的调整，为了寻找新的增长点和扩大内需，1998 年开始住房市场化改革正式铺开，极大地释放了国民的住房需求，由此住房市场快速复苏并走上快速发展的道路。这一次的危机倒逼出住房制度改革，给房地产后续的发展带来历史性契机，随后房地产业保持着近 20 年的繁荣发展，也成为中国经济增长的重要动力之一。

二 非典疫情冲击下的楼市反应机制

对中国城市和楼市而言，非典疫情属于经济系统外的本地间接冲击。中国部分城市受疫情影响而间接导致城市经济与楼市暂停，进而经济下滑导致楼市刚性需求下降。整体来看，非典疫情对宏观经济的冲击不是很大，局部地区如北京和广东两地受影响比较大。

融入全球化释放红利，经济持续高增长。宏观环境方面，中国在 2001 年正式加入 WTO 全面融入全球经济，拥有较好的国际环境，处在较好的战略机遇期。在冲击前后，中国经济仍处于高速增长阶段，发展潜力巨大，出口依赖度进一步提高，但同时内需仍然不足。冲击前，中国经济正处在短期周期的上升阶段，经济维持着快速的增长势头。“非典”冲击对中国城市经济造成的影响相对短暂和轻微，主要在广东和北京等地，疫情的冲击主要表现在 2003 年的第二季度，而对全年经济增长的影响不大，经济仍保持着快速增长。

宏观政策趋于收紧，土地改革奠定基础。非典疫情的发生，虽然给经济带来一定的冲击，但整体经济仍有些过热，前期的财政政策偏积极，且物价上涨较快，为维持经济平稳，宏观经济政策由之前的刺激转向抑制，房地产调控政策方面则由鼓励转向收紧。这个时期土地制度出现重大调整，土地出让开始市场化，土地财政之路开启。为抑制房地产过热，金融信贷政策出现收紧。

楼市平稳上行中，支柱地位引领快速发展。2003 年“非典”给楼市带来的影响只是短暂干扰，冲击中楼市下滑时间短程度轻，出现短暂波动，但整体仍然在上行期，冲击后楼市恢复快并出现过热。从长期看，当时房地产处在加速发展的积累期。此阶段土地出让正式市场化，金融政策较宽松，城镇人口快速增加，这些都极大地刺激和支撑着房地产供给和需求层面的快速释放，因而在非典疫情的冲击下，只是局部地区楼市受到暂时性的影响，而整个楼市发展的上行趋势并没有改变。在良好的宏观大环境下，一系列的制度及政策利好更是促进了房地产业的快速发展。这个时期中国融入全球经济的程度更大，出口导向的发展特点明显，同时房地产对经济的拉动作用也越发显著，由此开启房地产与出口导向为主导的内外需双轮驱动发展模式，保持着两位数的高速增长期。

三　美国次贷危机冲击下的楼市反应机制

国际金融危机属于外地直接冲击。2008 年的国际金融危机起源于美国住房次级贷泡沫的破灭，由于次级贷款市场的大量违约，大批金融机构出现亏损、破产倒闭以及被接管等，全球股市出现暴跌，信贷市场也严重紧缩，并带来经济的严重衰退，后续的复苏也显得极为乏力。相对于中国城市和楼市而言，国际金融危机属于经济系统内的外地直接冲击，是经济系统内部事件冲击但冲击来自国外。美国次贷危机导致外部需求大大减少，同时带来全球性的金融市场动荡，影响到中国国内投资和消费，从而给国民经济和楼市带来负面冲击。

经济增速下行，城镇化潜力不断释放。宏观环境方面，在国际金融危机前后，中国长期仰仗的廉价劳动力成本的比较优势以及外贸优势开始下降，经济增速有所放缓，同时存在收入增长和就业增长的压力。然而中国的城镇化仍在快速推进，逐步展示出消费需求方面的巨大潜力，居民消费从衣食温饱逐渐升级到住行娱乐主导。金融危机冲击前中国经济出现明显过热，保持了数年的高速增长，危机期间政府采取强力刺激政策，使得经济增长总体保持平稳，但国际金融危机之后经济增速放缓并持续下行，增长动力仍显不足。

积极宽松应对，强力刺激助推经济快速复苏。面对国际金融危机的冲击，政府采取的宏观政策从抑制趋紧转向刺激宽松，金融危机爆发前整体经济过热，实施稳健的财政政策和从紧的货币政策。然而危机发生后政策则出现逆转，实施积极的财政政策和适度宽松的货币政策，尤其是4万亿经济刺激方案影响重大。房地产政策方面由控制转向救市。金融危机之前，一系列涉及行政、金融、土地和财税的政策不断出台以平抑房价，然而从2008年年底开始，各种刺激扶持楼市的政策出台，降低首付比、贷款利率、交易税费等，银行信贷也不断放松。各个城市地方政府也纷纷出台救市措施，此轮楼市刺激政策带来房价的快速上升。

楼市V形大反转，扶持下走向非理性繁荣。在国际金融危机的冲击下，此阶段的楼市表现短期出现重大逆转，由前期的过热转向下行趋势，危机对金融市场及实体经济均带来明显的负面效应，对住房需求也产生很大的打击，房地产投资、销售及房价等均出现回落。然而随后的强力刺激和扶持政策使得房地产市场迅速回暖甚至出现过热。究其原因来看，金融危机后，以出口导向为依托的外需逐渐下降，拉动力有限，故而各地依托房地产进行强力刺激再次拉动经济增长。然而此阶段中国的住房整体上仍然是处于短缺状态的，在宽松的货币政策环境下，过度的刺激和扶持房地产反而带来了非理性的繁荣和过热，危机过后房价的快速上涨就是重要表现。面对房地产表现出的过度繁荣，2010年开始中国各个城市出现新一轮的调控潮，然而房地产已进入过度繁荣的上行通道。

四 新冠肺炎疫情冲击下的楼市反应机制

目前新冠肺炎疫情在中国得到有效控制，而全球还处于加速扩散的状态。截至2020年9月，全球累计确诊人数已经突破2500万，死亡病例则超过80万。从传播的影响面来看，新冠肺炎或许可以与100年前的西班牙大流感比肩。新冠肺炎疫情是百年不遇的重大传染病事件，第一，从持续时间上看，目前已经超过大半年，且仍在快速传播中，持续一年是大概率事件；第二，从空间上看，目前已经传遍全球各个国家和地区；第三，从规模上看，全球确诊病例数量8个月时间就突破2000万；第四，从速度上看，不仅6个月确诊人数超过千万，而且3个月时间就广泛传播到全球，从百万到千万仅用时86天，这超过历史上的绝大多数疫情。此次新冠肺炎疫情的影响范围广、时间长，并且给经济社会发展带来更深远的影响。

新冠肺炎疫情具有多重冲击属性。相对于中国城市与楼市，新冠肺炎疫情属于经济系统内外的多重冲击。首先，疫情影响导致中国城市经济与楼市暂停，进而经济下滑导致楼市刚性需求下降。其次，疫情传播扩散导致国外城市疫情发生，国外经济受到冲击，并且境外疫情输入的回传影响随时都可能发生。最后，外部经济暂停则从经济体系内部，从国外间接对中国城市经济产生负面影响，进而对楼市产生多重影响。

经济增长换挡中，内外部压力凸显。宏观环境方面，经济正处于增长速度换挡期，增速持续下行的压力明显，同时外部压力突出，中美经贸摩擦及全球保护主义都不断显现，挑战前所未有。长期来看，虽然发展机遇有所变化，但在快速城镇化以及经济服务化的主导下，经济增长的结构性潜力仍然存在。新冠肺炎疫情冲击之前中国经济就处于增长速度持续下行的阶段，疫情的暴发给国民经济造成巨大冲击，尤其对一季度经济运行的冲击是史无前例的，各项指标的降幅均破历史纪录，2020年一季度 GDP 增长为 -6.8%。由于中国经济发展处于比较特殊的阶段，且全球疫情还在蔓延扩散，长期负面影响将持续显现，因此疫情冲击后经济复苏会比较缓慢。

政策应对以稳为主，目标追求更多元化。这个阶段政府采取的宏观政策发生重要调整，开始追求多目标。从之前的宏观目标“六稳”转向“六稳”和“六保”。宏观政策实行的是稳健灵活适度的货币政策和积极的财政政策。疫情发生后，积极的财政政策变得更为积极，提高赤字率，发行抗疫特别国债，大幅增加地方政府专项债券规模。房地产政策方面则保持调控目标不动摇，疫情暴发前后，继续坚持“房住不炒”，并强调不将房地产作为短期刺激增长的手段，因城施策，以稳为主的总基调不变。

楼市运行趋于平稳，结构性潜能有待释放。此阶段的楼市表现短期平稳，有轻微 V 形变化。新冠肺炎疫情带来房地产市场交易及投资开发的暂停，其间房地产投资及销售均出现大幅下降，然而住房价格却整体平稳，热点城市反而继续上涨。疫情的影响使得住房成交量减少，在住房投机与刚需并存的市场格局下，房价就表现出平稳并上升的趋势。当前一、二线热点城市的住房被视为核心资产，在新冠肺炎疫情带来不确定性和恐慌的情况下，热点城市的住房依然炙手可热，资本的趋利性和避险性在这里表现得比较突出。当前外部环境更为严峻，内生增长动力不足，经济增长趋势性下行。在外需变得更为不济的情形下，房地产也变得有些透支，越发扭曲实体经济发展以及整个国民经济内需结构的调整，尤其对消费内需的抑制更为明显。疫情冲击之下，一边是快速复苏回暖的房价，而另一边则是迟迟难以回升的消费，未来房地产的发展更应该明确其在经济中的定位，服务于居住功能的实现以及经济结构的调整。

长时期来看住房市场基本快饱和，但结构性潜力仍然存在。尤其值得一提的是，中低收入群体的住房需求，尤其是保障性住房需求要弥补的缺口还很大，是急需满足的。中心城市、大都市圈和城市群等人口集中流入的地区还存在住房短缺，新市民的刚需、部分改善型需求和老城改造的重置需求还有一定的潜力，但是楼市存在的风险也不容忽视，一些城市的房价过高和另一些城市空置率过高并存，住房市场的结构性矛盾依然存在。新冠肺炎疫情有望为房地产带来新一轮的制度变革机遇，把握住房市场的结构性潜力，弥补住房的结构性缺口，回归到健康理性的房地产发展道路，这应该成为房地产应有的定位。

第四节 结论与启示

一 主要结论

（一）总体相同点

第一，均为外部偶然事件但迄今为止都未演变为系统性金融危机。这四次冲击事件相对于中国经济及楼市而言，都是外部发生的偶然事件，或直接或间接地对中国城市经济及楼市产生一定影响，但都获得很好的控制和化解，最终都未演变为我国经济系统内的危机事件。

第二，在楼市自身潜力和政策调整的影响下外部事件对楼市冲击会演变成正向作用。历次的外部冲击对中国楼市的影响基本都是带来短期性的调整，随后都复苏并快速发展，其中 2008 年金融危机期间的冲击相对最大，但在刺激政策的作用下反弹力度也更大。因为中国房地产还处于相对短缺的阶段，需求并未完全得到释放和满足，在外部冲击的影响下，政府制定的刺激政策以及宽松的政策环境使得房地产获得更为有利的发展条件，尤其是金融信贷政策，给楼市提供了极大的缓冲空间。所以，最终在政策作用下短期回调后又都会快速复苏并重新繁荣，外部冲击反而给楼市提供了契机，演变为正向的推动作用。

第三，外部冲击会改变中国城市经济和楼市的周期并加剧经济与楼市的波动。长期宽松化的货币政策环境，使得整个经济及楼市的金融化程度变得更高，在外部冲击来临时，新的经济周期起点会由此产生，而高度金融化的经济和楼市在冲击下也变得更具有弹性空间，并引发城市经济及楼市更加剧烈地波动。

第四，外部冲击不断改变中国城市和楼市的格局并加剧城市和楼市分化。随着城镇化的不断推进，大型城市以及城市群不断形成，中国城市体系的发展格局在不断演变，这也决定着楼市的格局。历次外部冲击之下，一、二线的强势中心城市与其他弱势城市之间的差距在冲击中会出现分化趋势，发展潜力大以及基础面好的城市能抵御外部冲击，并重新获得新生和快速发展，而中小城市面对外部冲击如果不能很好地应对就将走向衰落，由此城市与楼市之间的分化就会进一步加剧。

第五，应对政策上侧重基建和货币扩张而忽视技术创新。历次外部冲击来临时，为了维持增长经济目标，以基建投资为主导的刺激政策都会受到特别的倚重，同时货币信贷规模也会大幅扩张。这样的政策应对模式，不仅会带来一些负面效应和经济效率扭曲，同时还会带来政府债务规模的扩大，给以后的经济发展带来隐忧。冲击下政策应对偏好于短期性的熨平经济波动，而在依托于技术创新推动经济增长方面则做得很不够，技术创新才是推动经济潜在增长率的根本和跨越经济周期的核心动力。

（二）总体不同点

在总结四次冲击的共性特点之后，更有必要厘清这四次冲击的不同之处。很明显，四次冲击给经济及楼市带来的负面影响程度不同。从冲击暴发及演变的情况来看，此次新冠肺炎疫情给经济社会带来的冲击可能要远远大于前三次冲击的影响。而且还应该看到，新冠肺炎疫情冲击后经济发展的内外部环境变得更为复杂。在叠加新的经济社会不确定性及风险因素的状况下，此次新冠肺炎疫情冲击会给整个经济带来更为持久和深远的影响。因此，新冠肺炎疫情冲击更为复杂化，与前三次冲击的区别也更值得关注。归纳起来看，主要包括以下几点主要区别。

第一，第四次冲击与前三次外部冲击在性质上显著不同。这四次冲击可分为三类，两次金融危机属于社会性外部冲击，非典疫情属于自然性外部冲击，但是第四次的新冠肺炎疫情冲击与前三次完全不同，叠加着自然性和社会性的双重冲击特征。新冠肺炎疫情冲击带来的经济社会影响更长期、更广泛、更严重，其不仅对中国本土产生严重影响，而扩散至全球，并带来全球经济的衰退，这又会间接地产生回传效应，对国内经济带来更长期的潜在影响和冲击。

第二，第四次冲击与前三次的宏观经济背景有明显不同。虽然四次冲击面临的宏观环境都不完全相同，但是总体上前三次与当前的第四次冲击显著不同。首先是整体发展阶段不同，前三次冲击时中国经济处于中高速增长阶段，而现在处于中低速增长期，增长动能略显不足；其次是外部发展环境不同，前三次冲击时，中国面临的外部发展环境较稳定，并能快速融入全球经济，而现在则面临着中美经贸摩擦及贸易保护主义等各种挑战；最后是发展潜力不同，前三次冲击时中国经济尚处于各种红利不断释放，资源配置效率提升的阶段，而现在则面临前期发展红利释放完毕，经济结构性矛盾突出的状态，发展潜力受到制约。总体来看，前三次冲击时经济都处于上行趋势并偶有调整，总体增长潜能还比较大，而新冠肺炎疫情前后经济整体处于下行阶段，增长潜能不足，各种制约因素不断凸显。

第三，第四次冲击与前三次冲击时的楼市整体态势有明显不同。前三次冲击时中国房地产刚好处在市场化改革起步并快速发展的繁荣周期之中，而新冠肺炎疫情来临时，楼市发展仍然比较繁荣，但相对更为饱和且出现分化格局。楼市的发展环境方面，前三次冲击发生时中国经济整体处于繁荣的上行期，而现在整体经济则处于趋势性下行阶段，对楼市具有不利的影响。

发展潜力方面也有明显不同，前三次冲击发生时，楼市整体处于短缺状态，潜力巨大且发展迅速，而现阶段，楼市整体上仍具有潜力，但更多地体现在结构性需求所引致的发展潜力。矛盾问题也有所不同，前三次冲击时，楼市发展的主要矛盾在于满足基本居住需求与住房供给之间的匹配，而现在则更多地体现为住房改善型需求与住房供给之间的矛盾。

第四，第四次冲击与前三次在政策应对上也表现出明显不同。前三次冲击中，两次金融危机时政府宏观政策都极为宽松，并强力刺激住房消费，而“非典”时期因为冲击较小且整体经济过热，政策上采取收紧的手段，不过此期间土地领域的制度出现重大调整，为房地产的后续繁荣发展奠定了基础。新冠肺炎疫情来临时，中国的整体经济形势以及楼市发展状况均出现较大变化，因而政策应对方面也会有很大不同。现阶段在宏观政策上，保持货币政策灵活稳健的同时，财政政策需要更加发力以维持经济的稳定增长，但目标更为多元化；房地产政策方面则以稳为主，保持“房住不炒”总基调，并强调不以房地产作为短期刺激经济增长的手段，考虑到各个城市楼市的分化格局，因城施策式的调控模式成为主流。

第五，第四次外部冲击的作用机制显著不同。前三次冲击对经济的影响作用相对比较单一，亚洲金融危机和国际金融危机均是外部经济系统带来的冲击，对经济及楼市的影响比较直接和单一，非典疫情只是对中国的局部地区产生一定冲击影响，且主要侧重旅游及服务业等。而新冠肺炎疫情的冲击作用机制相对更为复杂，涉及全球疫情及经济形势回传作用的影响。此次疫情先由本地局部冲击演变为全球性的冲击，在冲击中先影响到本地经济及楼市，随后疫情在全球扩散并影响到国外经济运行，国外经济的负面冲击进而又会间接地影响到国内经济的运行。同时，外部疫情的蔓延也会对国内疫情的防控和稳定带来很大的潜在风险。全球疫情还在持续，并且全球经济的衰退已成为定局，随着时间推移，外部低迷的经济形势对我国经济的负面影响可能还会持续存在并逐渐凸显出来，滞后性的影响不可忽视。

二　经验启示

（一）要基建投资，更要技术创新

一直以来，基建投资在中国经济增长中的主导作用都很大，尤其面对外部冲击时，为了快速使经济复苏，基建投资往往是最直接有效的和立竿见影的，然而长期以来过度地依赖投资驱动发展模式，将会带来越来越多的负面效应和扭曲，同时地方债务也会快速增加而带来一些隐患。

2008 年以基建投资为主导的刺激方案就显得有些过度，随后引起房地产的过热发展，同时对实体经济产生一定挤出效应。面对外部冲击，未来在基建投资方面应该转换思路，更多侧重新基建，并侧重通过科技创新推动经济增长，技术创新才能提升经济潜在的增长动力。

（二）要政策调整，更要制度改革

第一，需要及时调整政策，面对经济中的外部冲击，放任经济自行恢复是不现实的，所以合理而及时的政策刺激非常有必要，并且也应该根据经济形势变化做出适应性调整。第二，需要加快倒逼改革。现阶段传统的人口红利及改革红利等逐渐消退，需要通过制度变革创造新的红利，以外部冲击为契机，克服利益阻碍因素倒逼出改革。1998 年在亚洲金融危机的冲击下住房市场化改革推出，现在面对中国经济发展的新阶段以及经济结构转型的需要，住房制度有必要进行新一轮的制度改革，加大住房保障力度，回归居住本位。第三，制度政策有的可以变，有的不可以变。在经济及楼市发展中的各种政策和制度，基础性的和优良的制度应该继承下来并继续完善，而具有阻碍作用及缺陷的政策制度就应该尽力摒弃或改变。

（三）要逆势而动，更要把握力度

在历次危机的冲击下，逆周期的宏观调节政策都会被大量采用，但逆周期的调控政策需要把握好限度，充分考虑当时的经济环境和状况，而不能刺激过度，否则容易给后期经济发展带来负面影响。如 2008 年危机之前我国整体经济过热并处于下调期，而金融危机期间的逆向调控政策力度过大，带来一些经济后遗症。也正是在这一轮的大力度刺激政策的推动下，楼市在随后的两三年里出现报复性的上涨，给后续的楼市调控带来很多问题和挑战。政府对房地产市场的每一次救市或刺激都会带来房价的爆发式上涨，所以政府对楼市的调控应该把握好度，考虑到中国房地产市场缺口的结构性矛盾，对热点城市的持续性调控应该成为楼市的一种常态和长效机制，同时兼顾好因城施策。

（四）要发掘潜力，更要防止透支

第一，必须充分利用和发掘潜力。对于中国房地产业来说，其潜力确实还有，但是属于长期性的和结构性的潜力，不可一次用完，也不可全面使用。未来主要潜力在于中低收入群体住房需求以及保障性住房需求。第二，防范掉入陷阱，带入新的陷阱，又要少留后遗症。第三，必须把握好短期应急与长期繁荣的关系，既要应对经济中的短期冲击，也要做好长期发展的规划。2003 年美国互联网泡沫破灭后，美国政府寄希望于房地产刺激整体经济的恢复，然而当时美国的住房市场潜力有限，过度的刺激反而带来新一轮的房地产泡沫，由此带来 2008 年的全球性金融危机。中国房地产的发展应该充分吸取其教训，防止房地产过度繁荣并透支整体经济的发展潜能。

（五）要发挥政府优势，更要及时退出

危机面前，政府的主导作用是很重要的，四次危机中，政府的宏观调控及把握能力都具有很好的体现，但市场经济的特点决定经济自身的调节能力有时更有效，因而政府对经济及楼市的干预作用需要适时适度，必要时应该及时退出。经济发展过程中发挥政府的能动性和优势，积极参与到经济活动中有时能提升效率，尤其在危机时期，通过多个政策应对措施强化政府的作用，可以更快速地复苏经济，但政府发挥干预作用时应该进退有度，这样才能保证经济运行更为高效和具有活力。

第四章

外部冲击：产业链调整与中国城市格局

沈　立　倪鹏飞

当今世界正处于百年未有之大变局，国际政治经济格局发生深刻变革，处于由量变到质变的临界点。一方面，新一轮科技革命和产业变革加速演进，突破性技术不断涌现，科技产业化速度明显加快，产业组织形式和产业链模式深刻嬗变，对全球政治经济结构的重塑作用越加突出。另一方面，世界多极化趋势深入演进，国际力量对比显著改变，大国战略博弈明显加剧，地缘政治重回国际政治舞台的中心，对传统全球化路径的冲击日益凸显。2020 年，新冠肺炎疫情全球大流行加速了百年大变局的历史进程，激化了全球政治经济结构性矛盾，对世界地缘政治格局和全球经济格局演变造成重大影响，成为百年未有之大变局的重要内容。在此大背景下，全球产业链正在进入加速调整期，确保产业链自主可控成为许多国家的共识，产业链区域化、分散化、本土化成为发展趋势。对此，中央及时提出要构建以国内大循环为主体、国内国际双循环相互促进的新发展格局，这必将对我国区域协调发展产生重大影响，进而深刻改变我国的城市发展格局。

第一节　未来产业链发展新趋势

一　从产业链体系来看，全球产业链体系将由全球垂直分工体系转向区域内垂直分工＋区域间水平分工的区域体系

目前的全球产业链垂直分工体系主要由跨国公司主导，通过细分不同生产环节，并在具有比较优势的国家或地区进行专业化生产，从而达到大幅提高效率的目的。但是，这种分工体系存在产业链环节过多等问题，大大增加了全球产业链的断裂风险，一旦遇到自然灾害、战争、公共卫生安全事件等全球性危机，就会打断产业链的正常运行。随着全球经济不确定性的显著增强，为降低产业链断链风险，重构全球产业链分工体系就成为一种必然趋势，其中一个合理方向是推动产业链环节的区域化集聚，即将原先被分拆到不同国家的不同生产工序和环节集聚到一个区域或国家进行集中生产，比如在亚洲、非洲、欧洲、美洲区域打造垂直整合的不同产业链集群。在一定区域内构建产业链集群可以实现产业链的垂直整合，提升全球产业链抗风险能力，同时又能保证产业链的效率，这将导致国际分工体系由垂直分工体系向区域内垂直分工＋区域间水平分工的体系转变。事实上，以美国为代表的发达国家已经开始收缩产业链的全球化布局，试图通过产业链回归和加速再工业化来打造区域产业链体系。与此同时，以中国为代表的新兴市场国家为摆脱对发达国家的技术和市场依赖，也在加快补链强链，试图加强区域合作，扩大区域内需，稳定区域产业链。未来，全球经济体系可能逐步形成几大区域体系并存的格局。其中最主要的区域经济体系分别是区域全面经济伙伴关系（RCEP）、全面与进步跨太平洋伙伴关系协定（CPTPP）、欧盟—日本经济伙伴关系协定（EPA）、新美墨加协定（USMCA），其经济规模分别占全球总量的28.9%、13.1%、28.1%、27.6%。由此，以区域中心国家掌控核心环节、周边国家配套生产的区域经济小循环将取代以往的全球经济大循环，这将大大改变全球产业链格局，使全球产业链体系加快趋向区域化。

二 从产业链环节来看，产业链短链化趋势明显

受新冠肺炎疫情以及中美经贸摩擦等因素的影响，全球经济的不确定性大幅上升，为提升产业链的稳定性，跨国公司将加快缩短产业链长度，即改变原先将不同生产环节和工序分包给不同国家或地区企业的模式，尽可能将外部产业链环节都纳入跨国企业内部，从而实现企业内部覆盖所有的工序和环节。这一“纵向一体化”模式虽然并不符合传统的比较优势和规模经济原则，但是有助于实现自主可控的目标，确保企业供应链安全。另外，新冠肺炎疫情大大加速了企业的数字化转型步伐。随着疫情的蔓延，移动互联网、大数据、云计算、人工智能等技术加速渗透传统产业，新经济、新业态、新模式加快发展，个性化、定制化生产模式将逐渐取代传统的生产方式，这将要求缩短产业链的生产环节，提高生产对消费的反应灵敏度，进而实现“C2M”生产模式。同时，数字化技术的应用也有助于企业减少产业链分工环节，加强产业链有机整合，使产业链由片断累加式的自成体系转向共生协同的统一整体。

三 从产业链分布来看，产业链集群化趋势显著

产业链集群是指在一定区域范围内，采取纵向非一体化的方式，把生产工序或生产环节交给集群内的不同企业来生产，从而在较小的特定空间内实现产品内分工，这意味着产业链的空间分布将改变传统的全球化分布形态，产业链中的企业将不再广泛分布于地球的每一个角落，而是在某一特定区域内（半径为200公里的范围内）形成囊括产业链70%以上的中间品的集群化生产基地。发展区域产业链集群，形成高度集聚、上下游紧密协同、供应链集约高效的新产业生态，可以在获取产业链分工收益的前提下，有效降低物流成本，缩短物流时间，提高物流效率，最大限度避免自然灾害、公共卫生事件等各种突发事件的冲击，提升产业链的抗风险能力。总之，发展产业链集群有助于兼顾经济安全与经济效率，是未来全球产业链体系发展的一个重要方向。

第二节　中国城市发展空间格局的演变趋势

一　从区域视角来看，需求结构转换引致的产业西移将给中西部地区城市带来巨大机遇

首先，市场对产业空间分布具有重要影响。市场潜能是影响产业分布的重要因素，同样也是影响产业链集群的重要因素。市场潜能包括国内市场潜能①和国外市场潜能②。根据测算，市场潜能与所有工业企业销售产值的相关系数为0.3959，其中，国内市场潜能与所有工业企业销售产值的相关系数为0.6252，而国外市场潜能与所有工业企业销售产值的相关系数为0.3769，由此说明工业企业分布与市场潜能之间存在紧密联系，特别是国内市场潜能对工业企业的分布更是具有重要作用。就细分行业而言，电子设备行业、电气机械制造业与市场潜能的相关系数均超过0.5，这说明市场潜能是影响电子设备行业和电气机械制造业分布的关键因素，其中，电子设备行业分布主要受国际市场潜能的影响，而电气机械制造业则主要受国内市场潜能的影响。此外，食品业、服装业、医药制品业、非金属制品业、黑色金属加工业、有色金属加工业、金属制品业、通用设备业、专用设备业、交通设备制造业、仪器及办公用品业与国内市场潜能的相关系数也均高于0.5。上述事实说明市场潜能对产业分布具有重要影响，其中，对于大多数行业而言，国内市场潜能相对国外市场潜能更为重要，只有少数全球化参与度较高的行业，国外市场潜

---

① 国内市场潜能与该地区及邻近地区的收入成正比，与该地区到邻近地区的距离成反比。具体计算公式如下：

$$dmp = \sum_{j \neq i} \frac{Y_j}{D_{ij}} + \frac{Y_i}{D_{ii}}$$

其中，Y_j 表示 j 省份的实际GDP，D_{ij}为 i、j 两地之间的距离，$D_{ii} = (2/3) \cdot \sqrt{S_i/\pi}$，$S_i$ 表示 i 省份的陆地面积。

② 关于国外市场潜能的计算，使用如下计算公式：

$$fmp_{it} = \sum_{k=1}^{M} (Dem_{kt} \times exrate_{it}) / Dis_i$$

其中，Dem_{kt}表示中国的贸易伙伴国 k 在 t 年的市场规模。Dis_i 表示 i 省份的省会城市离海岸线的距离。$exrate_{it}$表示 i 省份 t 年出口额占全国出口额的比重。

能较国内市场潜能更为重要（见表4－1）。

表4－1　　　　市场潜能与工业行业的相关性

	市场潜能	国内市场潜能	国外市场潜能
所有工业	0.3959	0.6252	0.3769
饮料业	0.1290	0.4326	0.1145
食品业	0.2507	0.5672	0.2325
电子设备行业	0.7260	0.4150	0.7176
化纤业	0.1387	0.3737	0.1265
纺织业	0.2066	0.4682	0.1916
服装业	0.4963	0.5325	0.4815
农副食品业	0.0411	0.4387	0.0256
烟草制品业	0.2226	0.4177	0.2095
造纸业	0.4159	0.4889	0.4021
石油加工业	0.2318	0.4006	0.2195
化学制品业	0.2125	0.5571	0.1943
医药制品业	0.1290	0.5948	0.1087
非金属制品业	0.1886	0.5256	0.1713
黑色金属加工业	0.0637	0.5103	0.0459
有色金属加工业	0.1466	0.5232	0.1290
金属制品业	0.4613	0.5717	0.4449
通用设备业	0.2474	0.6166	0.2274
专用设备业	0.1798	0.6070	0.1595
电气机械制造业	0.5008	0.5500	0.4855
交通设备制造业	0.3321	0.7162	0.3092
仪器及办公用品业	0.4649	0.5271	0.4501

资料来源：EPS数据库。

其次，市场需求内向化推动我国需求重心的西移。改革开放以来，特别是加入WTO以后，我国产业加速融入全球价值链，逐步形成了以国外循环为主、国内国际市场并重的经济格局，部分沿海城市通过融入全球大循环从而获得高速发展，但是中西部尚未完全融入全球大循环的城市则发展滞后。但是，随着国内外形势的深刻变革，构建国内循环为主、国内国际互促双循环新格局成为我国的必然选择。在此大背景下，我国的市场需求重心①必将逐步西移。根据测算，2003 年，我国的市场需求重心位于东经 116. 47°，北纬 29. 85°。之后，市场需求重心逐渐向东北方向移动，2005 年以后转而向西移动。截至 2018 年，我国市场需求重心已经移动到东经 115. 88°，北纬 30. 31°。预计在海外市场需求减半的条件下，我国市场需求重心将进一步向西北方向移动，其具体位置在东经 115. 73°，北纬 30. 55°；在无海外市场需求的条件下，我国市场需求重心还将大幅向西北方向移动，其具体位置在东经 114. 64°，北纬 32. 26°（见图 4 - 1）。

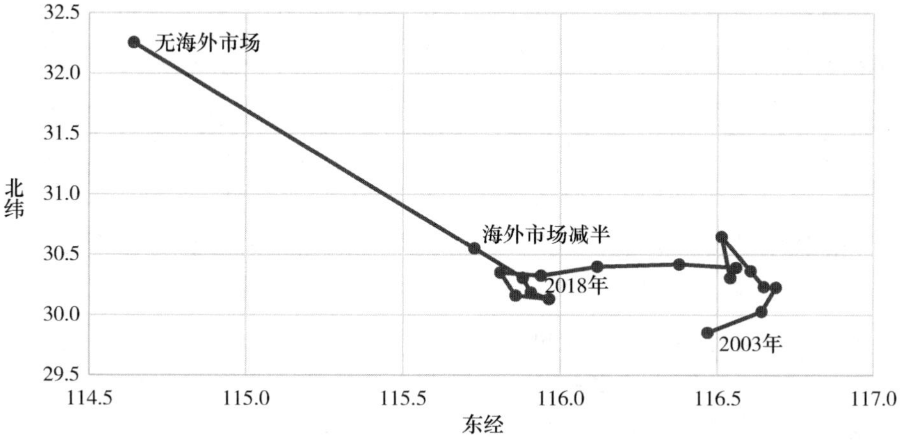

图 4 - 1 中国需求重心变迁图

资料来源：根据 Wind 资讯数据计算得到。

最后，需求重心西移会带动产业西进，进而推动中西部城市的崛起。由于市场潜能对产业布局具有十分重要的影响，因此，随着市场需求重心的西移，食品业、服装业、医药制品业、非金属制品业、黑色金属加工业、有色金属加工业、金属制品业、通用设备业、专用设备业、交通设备制造业、仪器及办公用品业等对国内消费市场十分敏感的行业将加

① 市场需求重心的计算公式为：$\bar{x}=\sum_{i=1}^{n}M_iX_i/\sum_{i=1}^{n}M_i$，$\bar{y}=\sum_{i=1}^{n}M_iY_i/\sum_{i=1}^{n}M_i$。其中，$X$ 表示省域的经度，通常用省会城市的经度来表示，Y 表示省域的纬度，通常用省会城市的纬度来表示。M 表示市场潜力，用本地 GDP 加上按出口占比分配的国外 GDP 来表示。

速向中西部地区迁移，这将为中西部地区城市的产业链集群发展带来巨大机遇。与此同时，随着世界政治经济形势的日益严峻，为了保障产业链安全，将中西部地区作为重工业产业链的主要布局点的可能性也大大增加。因此，中西部地区城市特别是中心城市将迎来新一轮的发展热潮，未来一段时间，中西部城市将加速崛起。

二 从城市群视角来看，产业链集群化发展将加速都市圈和城市群的崛起

产业链集群将向城市群和都市圈集聚。一方面，城市群和都市圈往往拥有巨大的消费市场，有助于吸引产业链集群的集聚。首先，随着产业数字化进程的快速推进，从生产端到消费端的链条不断缩短，这就要求产业链集群的空间布局尽量接近消费市场，特别是那些需要深度贴近市场和客户的产业更是如此。其次，将产业链集群布局在靠近中心城市的城市群内部有利于降低物流成本等交易成本，特别是目前中国区际贸易壁垒依然严重的情况下，将产业链集群布局在作为消费中心的城市群内有助于降低交易成本。最后，中心城市和大城市群在基础设施、营商环境等方面会更加完善，这也有助于产业链集群的发展。总之，城市群和都市圈在吸引产业链集群特别是市场导向型产业链集群方面具有明显优势。另一方面，城市群和都市圈通常拥有雄厚的产业基础，也有助于吸引产业链集群集聚。未来区域产业竞争将转变为产业链集群之间的竞争，而产业链集群的具体分布主要取决于一个区域的产业基础。如果一个地区拥有某一产业链的龙头企业，那么，该地区可以通过吸引产业链的上下游企业集聚从而构建完整的产业链条，打造具有竞争力的产业链集群。如果一个地区没有某一产业链的龙头企业，但是如果集聚了大量的配套生产企业，那么同样可以通过引进产业链龙头企业来形成完整的产业链条，进而打造具有竞争力的产业链集群。目前，我国具有国际竞争力的产业集群主要是分布在长三角、粤港澳、京津冀、成渝、长江中游等城市群内，这些产业集群主要以企业集群形式融入以跨国公司为龙头的全球价值链中，往往拥有完善的技术网络和供应链网络，具有很强的地域根植性，如果能够将链主企业引进来就可以构建完整的产业链集群，有助于增强区域产业竞争力、提升产业抗风险能力。与此同时，我

国部分发达城市群在科技创新方面取得了突出成就，形成一批具有先进技术的产业链龙头企业，通过围绕链主企业也可以高效打造相应产业链集群。总之，无论采取哪种方式，拥有雄厚产业基础的城市群将在下一轮产业链集群竞争中占据先机。

产业链集群的城市群化或都市圈化反过来将进一步促进城市群和都市圈的发展。产业链集群模式与城市群和都市圈高度匹配，产业链集群化使得城市群、都市圈自成一体，跨城市群、都市圈的产业链将会减少，城市群、都市圈内部的产业联系会更加紧密，产业分工将更多是垂直专业化分工。目前，我国制造业主要集中于若干城市群或都市圈。2018 年，我国 18 个主要都市圈的第二产业 GDP 为 242518 亿元，占全国的 66.26%，与此同时，这 18 个都市圈的总面积仅占全国土地面积的 13.3%。未来随着产业链集群进一步向城市群和都市圈转移，这一比例将进一步提升，从而必将进一步推动都市圈和城市群的崛起。另外，决定都市圈能否受益于产业链集群化趋势的主要因素是现有产业链基础。一个地区现有产业链基础越雄厚，其未来越有可能打造成为产业链集群的集聚地。目前，我国 18 个主要都市圈中，最有可能受益于产业链集群化的都市圈依次为长三角都市连绵区、珠三角都市连绵区、首都都市圈、青岛都市圈、郑州都市圈、成都都市圈、济南都市圈、武汉都市圈、长沙都市圈、厦门都市圈、合肥都市圈、西安都市圈、长春都市圈、沈阳都市圈、石家庄都市圈、太原都市圈、南宁都市圈、贵阳都市圈（见表 4－2）。

表 4－2　2018 年主要都市圈土地面积、第二产业 GDP 及其比重

	土地面积（平方公里）	占比（%）	第二产业 GDP（亿元）	占比（%）
长三角都市连绵区	169829	1.77	69859	19.09
珠三角都市连绵区	54951	0.57	33396	9.12
首都都市圈	146657	1.53	20785	5.68
青岛都市圈	52434	0.55	14103	3.85
郑州都市圈	66349	0.69	13766	3.76
成都都市圈	96236	1.00	12433	3.40

续表

	土地面积（平方公里）	占比（%）	第二产业 GDP（亿元）	占比（%）
济南都市圈	52973	0.55	11996	3.28
武汉都市圈	50974	0.53	10252	2.80
长沙都市圈	55309	0.58	8945	2.44
厦门都市圈	25268	0.26	8753	2.39
合肥都市圈	64847	0.68	7695	2.10
西安都市圈	74720	0.78	7038	1.92
长春都市圈	67827	0.71	4841	1.32
沈阳都市圈	59571	0.62	4686	1.28
石家庄都市圈	38874	0.40	4147	1.13
太原都市圈	69823	0.73	3476	0.95
南宁都市圈	82014	0.85	3286	0.90
贵阳都市圈	48072	0.50	3061	0.84
合计	1276728	13.30	242518	66.26

资料来源：《中国城市统计年鉴》。

三　从城市视角来看，不同层级城市在国内产业链体系中的位置变动将驱动城市格局发生较大变化

第一，一线城市将占据国内产业链体系的顶端，主要发挥科技创新中心和金融中心的功能，成为国内产业链体系的头部城市。目前，我国已经明确要加快构建以国内大循环为主，国内国际双循环相互促进的新发展格局，在此背景下，补足金融和科技创新两大短板就成为打造完整的国内大循环体系的当务之急，而作为一线城市的北京、上海、深圳、广州等城市就成为建设全国性乃至全球性金融中心城市和科技创新中心的必然选择。未来，北京、上海、深圳、广州等一线城市将集聚金融服务、科技创新、研发设计等高端生产性服务业，并对全国产业链体系起到辐射带动作用，成为国内产业链体系的头部城市。与此同时，上述城市还将发挥国内国际双循环相互沟通的枢纽作用，在推动国内大循环的同时，还将参与国际大循环，从而成为新的全球枢纽城市。

第二，区域中心城市主要发展高端制造业和生产性服务业，构成国

内产业链体系的颈部城市。区域中心城市主要包括珠三角城市群、长三角城市群和京津冀城市群的次中心城市以及其他区域性城市群的中心城市。区域中心城市将作为我国制造业高端环节和相关生产性服务业的主要承载地，一方面，对本区域经济发展发挥龙头带动作用；另一方面，在某一主导产业链中占据重要位置，发挥全国性的影响力。综合来看，区域中心城市主要包括长三角城市群的苏州、杭州、南京、宁波、无锡、南通等城市，珠三角城市群的佛山、东莞、珠海等城市，京津冀城市群的天津，成渝城市群的成都、重庆，长江中游城市群的武汉、长沙、南昌，中原城市群的郑州，关中城市群的西安，山东半岛城市群的济南、青岛，海峡西岸城市群的泉州、厦门。2018 年，我国共有 20 个城市的第二产业 GDP 接近或超过 4000 亿元，其中就包括苏州、重庆、天津、成都、武汉、广州、佛山、宁波、无锡、泉州、青岛、南京、长沙、杭州、郑州、东莞、南通等城市，这些城市拥有良好的工业基础，在未来的产业链数字化转型中将更有可能率先实现突破，从而推动本城市在工业互联网时代获得先发优势，最终成为国内产业链体系的颈部城市（见表 4－3）。

表 4－3　　2018 年第二产业 GDP 排名前 20 位的城市

	城市	二产增加值（亿元）	二产比重（%）	二产密度（亿元/平方公里）
1	深圳	9962.50	41.13	4.99
2	上海	9732.07	29.78	1.53
3	苏州	8932.36	48.03	1.03
4	重庆	8328.54	40.90	0.10
5	天津	7610.38	40.46	0.64
6	成都	6516.08	42.47	0.45
7	武汉	6378.40	42.96	0.74
8	广州	6233.74	27.27	0.84
9	北京	5648.61	18.63	0.34
10	佛山	5613.77	56.50	1.48
11	宁波	5507.05	51.25	0.56
12	无锡	5464.23	47.77	1.18

续表

	城市	二产增加值（亿元）	二产比重（%）	二产密度（亿元/平方公里）
13	泉州	4885.18	57.69	0.44
14	青岛	4851.01	40.42	0.43
15	南京	4721.75	36.83	0.72
16	长沙	4659.94	42.35	0.39
17	杭州	4571.50	33.84	0.28
18	郑州	4450.89	43.88	0.60
19	东莞	4027.54	48.65	1.64
20	南通	3948.05	46.85	0.37

资料来源：《中国城市统计年鉴》。

第三，城市群内中小城市主要发展本城市群主导产业链的中低端环节，构成国内产业链体系的腰部城市。城市群内中小城市主要是指位于城市群内部围绕中心城市而发展起来的地级市或县级城市，它们往往处于本城市群主导产业链的中低端环节，成为城市群内主导产业链某一环节的集聚地，与中心城市密切配合共同形成完整的产业链集群。这些城市的制造业结构相对集中，服务业主要以生活性服务业为主，生产性服务业相对薄弱。但是，从总体上来看，恰恰是这些数量众多的中小城市才支撑起庞大的产业链体系，使得我国内循环体系能够顺利运转，因此，这些城市也就构成了国内产业链体系的腰部城市。

第四，非城市群内的中小城市将变成消费型城市，产业功能相对薄弱，是国内产业链体系的腿部城市。非城市群内城市主要是指那些远离区域中心城市的地级市和县级城市，大部分位于中西部偏远地区。这些城市由于受地理、交通等因素的限制，所受到的来自中心城市的经济辐射相对较弱，产业链体系参与度相对较低，产业功能主要以农业、物流、商业、简单加工业和公共服务业为主，所拥有的制造业相对较少，而城市功能也主要满足城市的正常运转和城镇居民的基本需求，因此，这类城市可称之为“消费型城市”，并且构成国内产业链体系的腿部城市。

第三节　政策建议

一　针对不同地区打造具有比较优势的产业链集群，建设分工明确、布局合理、链条完整的产业链集群体系

一是围绕东部地区和重点城市群打造具有战略引领作用的新兴产业链集群。围绕东部沿海地区和长三角城市群、粤港澳大湾区、京津冀城市群、成渝城市群、长江中游城市群、关中城市群、中原城市群等重点城市群，打造一批空间上高度集聚、上下游紧密协同、供应链集约高效、产值规模比较庞大的战略性新兴产业链集群。特别是根据企业之间的技术经济联系，对处于同一条产业链的企业进行一体化引进，形成业务上具有紧密联系但产权上非一体化的企业集群。二是加快广大中西部地区开发力度，加大产业承接力度，打造一批传统产业链集群。加大对内对外开放力度，塑造良好的营商环境，采取产业链招商等方式，大力引进外商资本和民间资本，为外资和民营企业提供更加优质的专业化服务，增强产业竞争力。要根据自身特点发展具有比较优势的产业链，农业发达地区要重点发展现代农业产业链，资源型地区要重点发展资源产业链。三是加快县域经济发展，夯实县域城市制造业基础。对一般县域城市，要充分利用县域城市土地充裕、人力成本低等优势，积极承接中心城市传统产业转移，推动制造业规模化、特色化、集群化发展。对于邻近中心城市的县域城市，要积极融入中心城市产业链体系，做好产业链配套，共同打造有竞争力的特色产业链。

二　充分发挥超大规模市场优势，着重建设以沿海地区、城市群、中心城市为重点，以内陆区域、中小城市为依托的内需体系

一是清除各环节“堵点”，构建统一的市场体系。构建国内经济大循环，关键在于建设统一的产品市场和要素市场，清除生产、流通、分配、消费各环节中存在的“堵点”和“痛点”，破除经济转型升级过程中遇到的结构性、体制性问题。要着重提高资本、人才、技术、信息、土地等要素的市场化程度，推动生产要素按照市场规律充分参与产品和服务的创造过程。通过各类要素的自由流动，进而实现供求匹配和效率提升。

二是打破区域间市场分割，打造强大的国内市场。深入贯彻全国一盘棋思想，推进区域协调发展战略，以合理分工实现区域优化发展，打破长久以来存在的地方保护，打通区块之间、省域之间、城市之间、城乡之间的经济循环，实现各类产品和要素在国内各区域间的自由流动，打造强大的国内市场。三是激发东部地区、城市群、都市圈、中心城市的强大内需潜力。持续推进东部地区率先发展，深入推进京津冀协同发展、粤港澳大湾区建设、长三角更高质量一体化发展，围绕重点都市圈和中心城市构建若干个全国性消费中心，重点建设以北京为核心的消费圈、以上海为核心的消费圈和以广州—深圳为核心的消费圈。持续推进西部大开发、东北振兴、中部崛起战略，围绕成渝地区双城经济圈、关中城市群、中原城市群、长江中下游城市群建设区域性消费中心，重点建设以成都—重庆为核心的消费圈、以郑州为核心的消费圈、以西安为核心的消费圈、以武汉为核心的消费圈。四是培育内陆区域、中小城市的消费市场。充分发挥中小城市人口众多、地域广阔、潜力巨大的优势，完善消费软硬件环境，激发强大内需潜力，打造以中小城市为主体、以乡村市场为重要补充的消费市场。

三 优化全国科技创新布局，打造科技创新城市体系

一是提升基础研究能力，打造若干个原创性科学研究中心。围绕具有国际影响力的大学和科研机构所在城市，打造若干个科学设施集中完善、顶级人才相对会集、科研环境开放自由、运行机制灵活有效的综合性科学中心城市。要集中建设一批重大科技基础设施群，围绕生命科学、新材料、新一代信息技术、新能源等领域开展重大基础科学研究，推动实现前沿科技领域的重大突破。要建立健全科研管理新机制，改革科研项目经费管理制度，加大对基础前沿领域的资金支持力度，为科学家潜心研究和自由探索创造优质条件。要打造具有国际竞争力的人才引育制度，大力吸引优秀留学归国人才，改革人才培养模式，打通科研人才双向流动通道。二是建设科技创新城市集群，建设若干个世界级技术创新策源地。推动中心城市加快集聚创新要素，增强科技创新服务功能，打造以中心城市为核心的创新城市集群。聚焦经济社会发展需求，布局建设一批公共创新平台和关键共性技术平台。吸引外资研发中心入驻，支

持本土企业设立研发中心，鼓励其与高校、科研院所联合开展核心技术攻关。三是提升科技成果转化能力，建设一批创新成果产业化基地。建立知识产权运用和保护、技术产权交易、科技成果转化相协同的制度，严格落实知识产权保护制度，建立知识产权资本化制度，实施有利于激发市场创新活力的收益分配制度。加快建设国家地区间技术转移机制，构建全国性科技成果转化平台，发展专业化技术转移机构，建设一批创新成果产业化基地，支持中心城市的新技术新成果及时在具有较好产业基础的中小城市实施产业化。

四　围绕中心城市、都市圈、城市群，完善基础设施和公共服务配套体系

一是推动基础设施和公共服务投入向中心城市、都市圈和城市群倾斜。主动适应人口加速向中心城市、都市圈、城市群集聚的发展现实，加大资源投入力度，加快完善中心城市、都市圈和城市群的基础设施和公共服务配套设施，提升承载能力。二是推进城市群和都市圈内部基础设施一体化建设。以统一规划为先导，以加强协调为抓手，着力构建城市群和都市圈内部统一的基础设施网络。着重解决城市间普遍存在的“断头路”和“瓶颈路”现象，加快城际轨道交通和市域公交网络建设，构建城市间多层次交通体系，密切城市群和都市圈内部不同城市之间的交通联系。统筹市政基础设施和新型基础设施建设，在城市群和都市圈内部对水电热气等市政设施和5G等新一代信息基础设施进行合理布局。三是推动城市群和都市圈内部公共服务均等化。以普惠均衡为目标，以共建共享为抓手，支持鼓励不同城市之间特别是中心城市和外围城市之间在教育、医疗、文化等领域开展多层次多模式的合作，加快社会保障领域的接轨衔接，推动政务服务领域的互通互认，加强生态环境领域的联防联治，有效提升外围城市的公共服务水平，为承接产业链转移提供有力支撑。

第三部分

城市竞争力分项报告

第五章

中国城市综合经济竞争力报告

倪鹏飞　徐海东　郭　靖　龚维进　彭旭辉　王雨飞[①]

本章共涵盖六大部分，分别为中国城市综合经济竞争力总报告、中国城市当地要素竞争力报告、中国城市生活环境竞争力报告、中国城市营商硬环境竞争力报告、中国城市营商软环境竞争力报告和中国城市全球联系竞争力报告，其中中国城市综合竞争力总报告为本章的主体报告，其他五部分报告为分项报告（相当于解释性报告），目的是对总体综合经济竞争力进行解释，以探究综合经济竞争力总体格局的形成原因，从而本章总体构成“1 个主体 +5 个分项”框架格局。

第一节　中国城市综合经济竞争力总报告

城市经济竞争力作为城市发展的基石，衡量着城市经济发展的实力，较高的城市经济竞争力表明城市具有较强的经济发展空间和经济发展活力。为了更客观、更准确地衡量城市的综合经济竞争力，我们用城市的综合经济增量和综合经济效率合成中国内地和港澳台地区 291 个城市的综

① 本章总体框架结构由倪鹏飞设计，中国城市综合经济竞争力总报告和中国城市当地要素竞争力报告由徐海东撰写，中国城市生活环境竞争力报告由郭靖撰写，中国城市营商硬环境竞争力报告由龚维进撰写，中国城市营商软环境竞争力报告由彭旭辉撰写，中国城市全球联系竞争力报告由王雨飞撰写。

合经济竞争力，以研判中国城市经济竞争力格局演变，从城市视角审视中国经济发展。

研究发现：2020 年综合经济竞争力十强城市分别是：深圳、香港、上海、北京、广州、苏州、台北、南京、武汉、无锡。从总体格局看，大都市圈格局主导全国，经济增量竞争力是导致综合经济竞争力差异的主要原因；经济竞争力总体呈现“东高西低，南高北低”，区域呈现“东升西稳，南升北降”；从区域角度来看，“南强北弱”更加强化，区域中心城市主导的多中心经济竞争力格局引领全国；从层级角度来看，一、二线城市内部差异较小、竞争激烈；各省份基本均呈现一擎驱动、多擎驱动格局；从城市群角度来看，中部各城市群迅速崛起。

一 综合经济竞争力格局

（一）从总体格局看，大都市圈格局主导全国

2020 年综合经济竞争力十强城市分别是：深圳、香港、上海、北京、广州、苏州、台北、南京、武汉、无锡。中国综合经济竞争力前十强格局基本稳定，中部仍然只有武汉进入前十强，其余均为东部城市，其中江苏占据 3 个城市，广东占据 2 个城市，基本均在长三角和珠三角区域（见表 5－1）。相对于 2015 年综合经济竞争力而言，深圳、香港和上海综合经济竞争力维持不变，依旧保持为前 3 名，北京则上升 1 名，广州则相对降低 1 名，苏州、台北、南京、武汉、无锡则分别上升 1 名、1 名、2 名、3 名、1 名。值得注意的是，在前二十强内杭州、宁波、郑州上升幅度最大，其中杭州由 2015 年的第 18 名，上升到 2020 年的第 11 名，宁波由第 19 名上升到第 13 名，郑州由第 25 名上升到第 20 名，进入前二十强以内；而澳门、青岛、长沙的综合经济竞争力则相对有所下降。从全国城市综合经济竞争力分布角度来看（见图 5－1），综合经济竞争力较强的城市主要分布在京津冀城市群、山东半岛城市群、长三角城市群、海峡西岸城市群、珠三角城市群、成渝城市群以及中部的中心城市，特别是中心城市引领周边城市形成的大都市圈格局，如北京及周边城市、青岛及周边城市、济南及周边城市、郑州及周边城市、西安及周边城市、武汉及周边城市、长沙及周边城市、成都及周边城市等成为主导中国城市综合经济竞争力的中坚力量。

表 5－1　　2020 年经济竞争力前十强

	综合经济竞争力		经济密度竞争力		经济增量竞争力	
	指数	排名	指数	排名	指数	排名
深圳	1.000	1	0.852	2	0.790	3
香港	0.982	2	1.000	1	0.479	11
上海	0.975	3	0.705	5	1.000	1
北京	0.894	4	0.619	16	0.968	2
广州	0.825	5	0.685	6	0.690	4
苏州	0.749	6	0.649	8	0.581	9
台北	0.743	7	0.832	3	0.234	48
南京	0.708	8	0.634	11	0.515	10
武汉	0.704	9	0.587	21	0.590	7
无锡	0.700	10	0.666	7	0.437	16

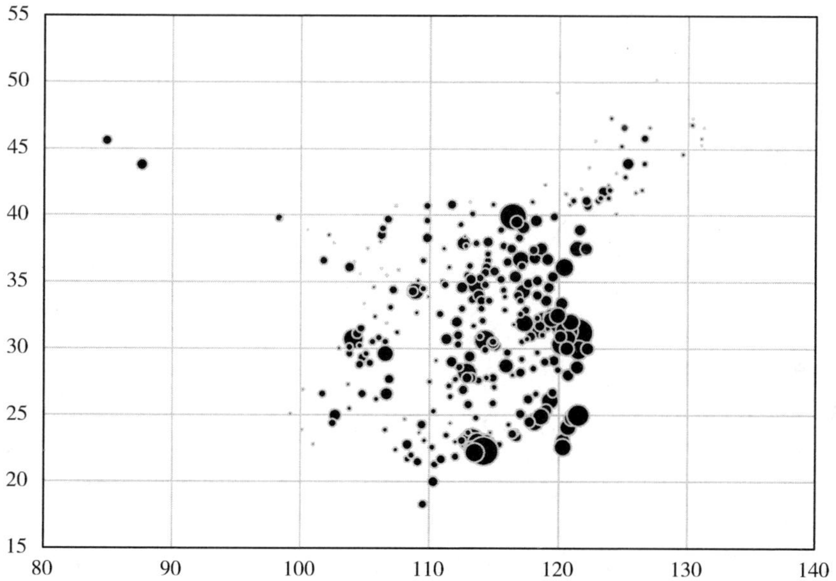

图 5－1　综合经济竞争力的经纬度分布

（二）经济增量竞争力是导致综合经济竞争力差异的主要原因

总体来看，全国的综合经济竞争力的核密度曲线呈现右偏分布（见图5－2），表明大部分城市的综合经济竞争力水平较低，总体经济竞争力均值为0.305，在291个样本城市中有120个城市的综合经济竞争力高于均值，占总体样本的41.24%，有48.76%的样本城市综合经济竞争力低于均值。从综合经济竞争力的组成角度来看，经济密度竞争力的总体分布格局与综合经济竞争力基本相一致；而经济增量竞争力更为右偏，表明只有少数城市的经济增量竞争力较强，仅有2个城市的经济增量竞争力高于0.9，仅有10个城市的经济增量竞争力高于0.5，仅有19个城市的经济增量竞争力高于0.4，经济增量竞争力头部城市数量非常少。这一点从经济密度竞争力和经济增量竞争力的经纬度分布图也可以看出（见图5－3和图5－4），经济密度竞争力的分布格局则较为均衡；经济增量竞争力的总体分布格局则更为显著，中心城市上海、北京、深圳、广州、重庆、成都、武汉、杭州、苏州、南京的经济增量竞争力更大，主导作用更明显。

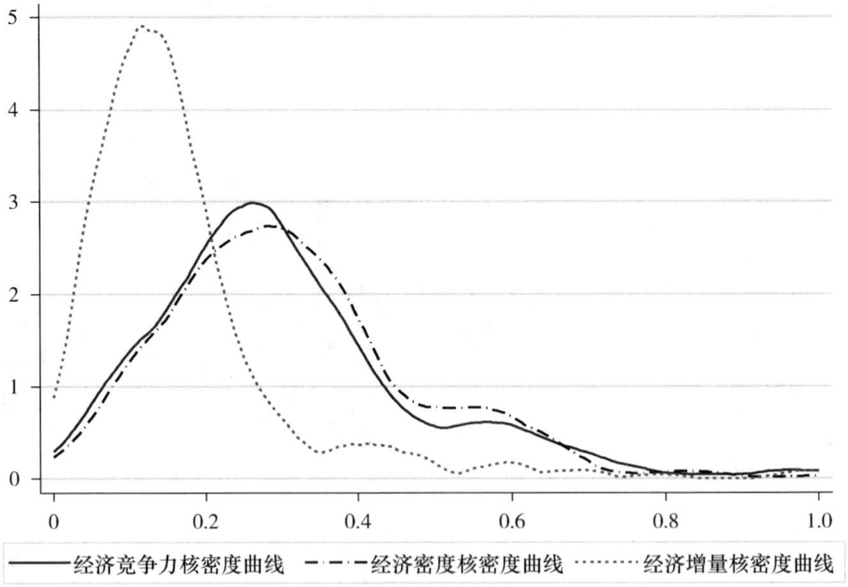

图5－2 经济竞争力核密度曲线

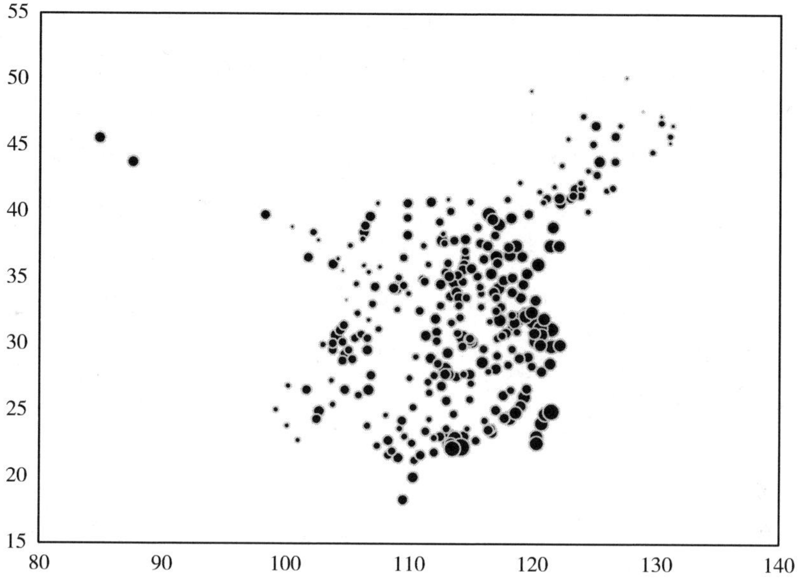

图 5-3　中国城市经济密度竞争力的经纬度分布

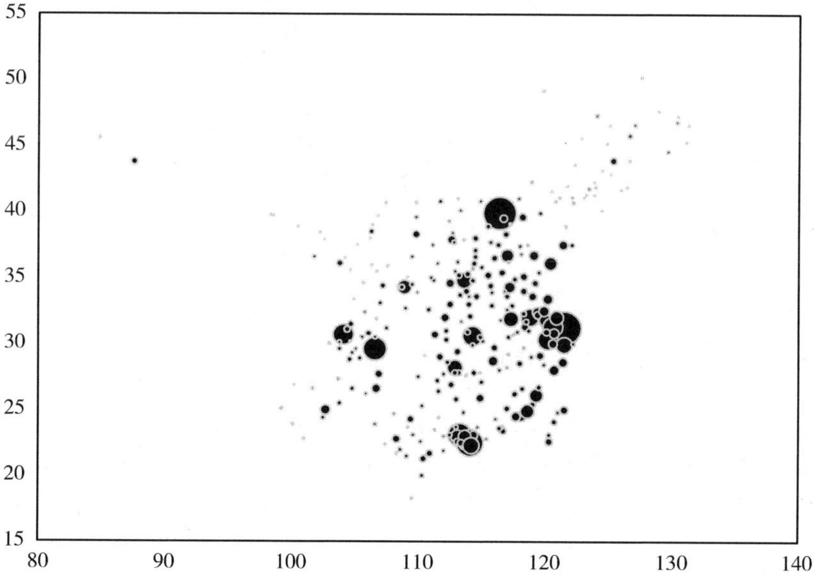

图 5-4　中国城市经济增量竞争力的经纬度分布

(三) 经济竞争力总体呈现“东高西低，南高北低”

从图5－5可以看出当前中国城市经济竞争力的总体格局呈现“东高西低，南高北低”。北方省市只有山东的经济竞争力水平较强，北方城市经济竞争力的衰退已经由辽宁、吉林、黑龙江、内蒙古扩散到河北、山东，目前正向着河南逼近，大有扩散到南方的趋势，徐州的经济竞争力处于降低状态，北方衰退正在向南方扩大。从南方城市综合经济竞争力来看，广东、广西、云南的四线小城市正在降低，南方沿海区域，如长三角、海峡两岸、珠三角已经开始向外辐射，带动周边城市经济竞争力提升，处于高—高状态，而中西部的城市仍然处于向中心城市集聚状态，中心城市的经济竞争力一枝独秀，显著高于区域其他城市，处于高—低状态。

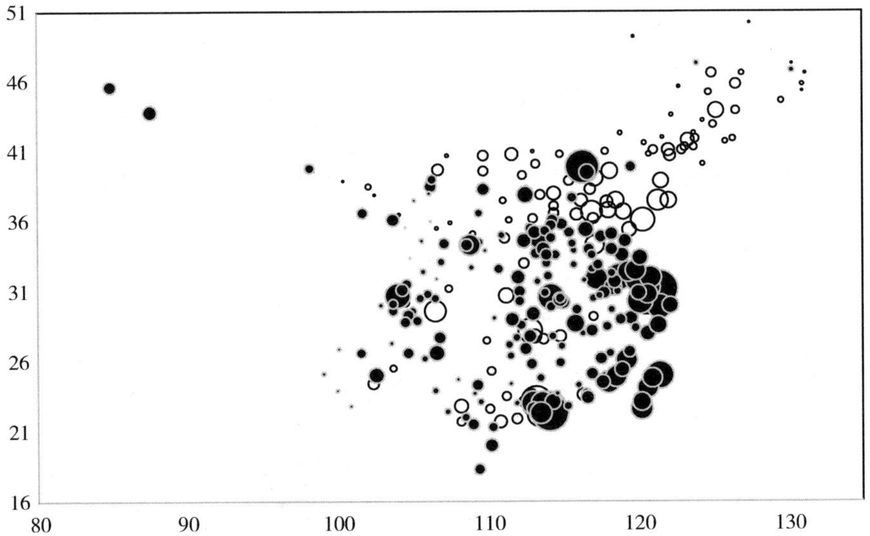

图5－5 中国城市经济竞争力指数和排名变化空间分布

注：横坐标表示经度，纵坐标表示纬度，图中圈越大表示城市的经济竞争力越强，实心圈表示城市的经济竞争力排名上升，空心圈表示城市的经济竞争力排名下降。

二 各区域综合经济竞争力格局与变化

(一) 从区域角度来看，“南强北弱”更加强化

综合经济竞争力依旧呈现“南强北弱”状态，南方城市的经济竞争

力水平要显著高于北方，并且南方城市之间的差异程度要低于北方。具体而言，在前10强城市中北方仅有北京1个城市，前20强中仅有北京、青岛、郑州3个城市，前50强中仅有北京、青岛、郑州、西安、济南、烟台、太原、天津、东营9个城市，在综合经济竞争力头部北方城市显著较弱。

从各区域角度来看，城市综合经济竞争力呈现东部、中部、西部、东北由大到小变化趋势，东部区域城市综合经济竞争力最强，东北区域城市综合经济竞争力最弱，并且只有东部城市的综合经济竞争力高于全国水平，而中部、东北、西部城市的综合经济均低于全国水平，内部分化表现为中部城市之间差异最低，随后为东部城市、西部城市，东北城市之间差异最大（见表5-2）。

表5-2　　各区域综合经济竞争力分布比较

	样本量	综合经济竞争力		经济密度竞争力		经济增量竞争力	
		均值	变异系数	均值	变异系数	均值	变异系数
全国	291	0.305	0.572	0.312	0.518	0.169	0.823
东部	93	0.443	0.423	0.443	0.379	0.248	0.706
中部	80	0.293	0.374	0.297	0.343	0.169	0.526
东北	34	0.173	0.600	0.203	0.585	0.062	0.664
西部	84	0.218	0.571	0.226	0.505	0.124	0.863
南方	161	0.353	0.519	0.353	0.476	0.203	0.734
北方	130	0.246	0.583	0.261	0.528	0.126	0.886

（二）区域中心城市主导的多中心经济竞争力格局引领全国

总体而言，经济竞争力的分布格局与GDP的分布格局相一致（见图5-6），特别是头部城市，GDP和经济竞争均表现为强烈的多中心格局，且经济竞争力的多中心格局要显著强于GDP的多中心格局，深圳、香港、上海、北京、广州、苏州、南京、武汉等城市分别在各区域均占举足轻重的地位。详细来看，总体GDP的规模位序指数为0.919，较为接近奇普夫法则，而经济竞争力的规模位序指数仅为0.547，特别是前两个城市、前三个城市、前四个城市的规模位序指数仅为0.027、0.023、0.067，这表明总体而言经济竞争力呈现明显的多中心格局（见表5－3）。

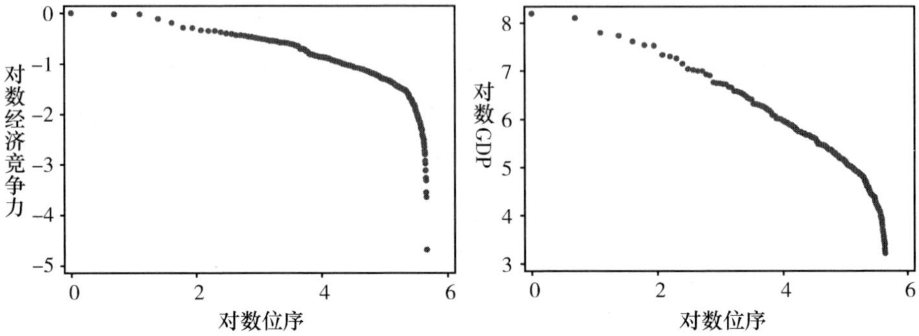

图5－6 经济竞争力与GDP的对数位序分布图

表5－3 **各区域规模位序回归系数**

	回归系数	全国	东部	中部	东北	西部
GDP	前两个城市	0.121	0.121	0.432	0.142	0.408
	前三个城市	0.335	0.335	0.356	0.121	0.768
	前四个城市	0.351	0.351	0.377	0.116	0.968
	前三系数均值	0.269	0.269	0.388	0.126	0.715
	总回归系数	0.919	0.898	0.658	0.961	0.889
经济竞争力	前两个城市	0.027	0.027	0.169	0.430	0.209
	前三个城市	0.023	0.023	0.187	0.410	0.203
	前四个城市	0.067	0.067	0.189	0.401	0.296
	前三系数均值	0.039	0.039	0.182	0.414	0.236
	总回归系数	0.547	0.353	0.486	1.191	0.940

从区域角度来看，各区域也均存在显著的多中心格局，如东部的深圳、香港、上海、广州、北京，中部的武汉、长沙、郑州，东北的长春、大连、沈阳，西部的成都、西安、重庆，各区域的区域中心城市引领区域多中心格局。具体而言，东部城市与全国格局基本一致且头部城市完

全相同，这表明东部的中心城市仍然处于领导地位；中部城市与东部城市基本一致；从西部城市来看，GDP 存在较为显著的双中心格局，前两个城市回归的规模位序显著低于其他情况，经济竞争力从头部来看则存在显著的多中心格局，前几位城市的回归系数均较低；特别的是东北区域城市，其经济格局与经济竞争力格局差异较大，经济上存在显著的多中心格局，经济竞争力虽然也存在多中心格局，但与 GDP 相比则相对较弱。

（三）区域经济竞争力呈现“东升西稳，南升北降”

具体来看，在 291 个样本城市中（含港澳台），北方城市占 130 个，南方城市占 161 个。从北方城市来看，北方的 130 个城市中有 78 个城市的经济竞争力排名处于下降状态，占 60%；有 52 个城市的经济竞争力处于上升状态，占 40%。大部分城市的经济竞争力均处于下降状态，并且下降的幅度要显著高于上升的幅度，78 个经济竞争力下降城市的排名平均降幅高达 38 名，经济竞争力指数均值为 0.22；而 52 个经济竞争力上升城市的排名平均上升仅为 13 名，经济竞争力指数均值为 0.29，两者差异巨大，这也导致北方城市总体平均降低 17 名。从南方城市来看，在 161 个南方城市中，仅有 27 个城市的经济竞争力排名处于下降状态；有 134 个城市的经济竞争力排名处于上升状态，占比高达 83%。此外，无论是从经济竞争力水平还是经济竞争力排名变化幅度，南方城市内部的上升城市均要高于北方城市。南方上升城市平均上升 20 名，经济竞争力指数均值为 0.3534；南方下降城市平均下降 15 名，经济竞争力指数均值为 0.3488（见图 5－7）。从东部、中部、东北、西部区域角度来看，东部城市经济竞争力“南升北降”，总体排名平均上升 3.5 名；中部城市经济竞争力普遍上升，总体排名平均上升 15.5 名；东北城市经济竞争力普遍下降，总体排名平均下降 50.8 名；西部城市经济竞争力有升有降，总体平均上升 1.9 名。总体而言，经济竞争力呈现“东高西低，南高北低，东升西稳，南升北降”的局面（见图 5－8、图 5－9 和表 5－4）。

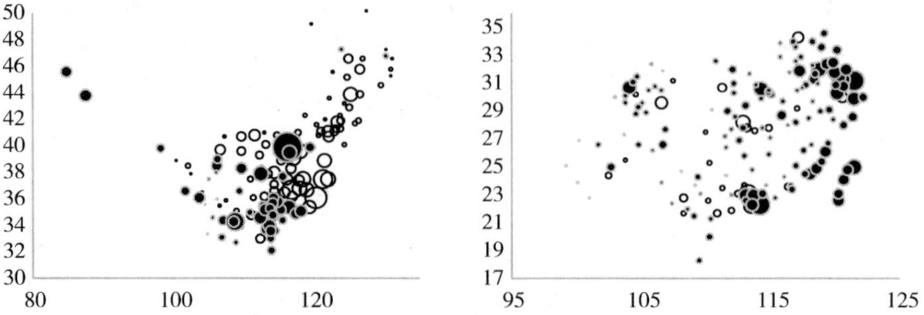

图5－7 北方城市（左）和南方城市（右）经济竞争力指数和排名变化空间分布

注：横坐标表示经度，纵坐标表示纬度，图中圈越大表示城市的经济竞争力越强，实心圈表示城市的经济竞争力排名上升，空心圈表示城市的经济竞争力排名下降。

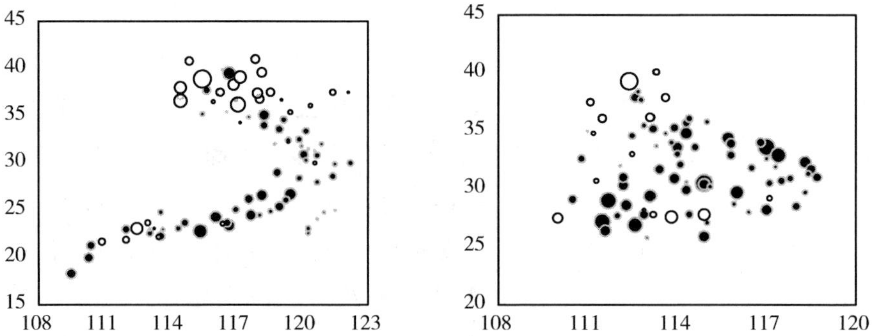

图5－8 中国东部（左）和中部（右）城市综合经济竞争力排名变化

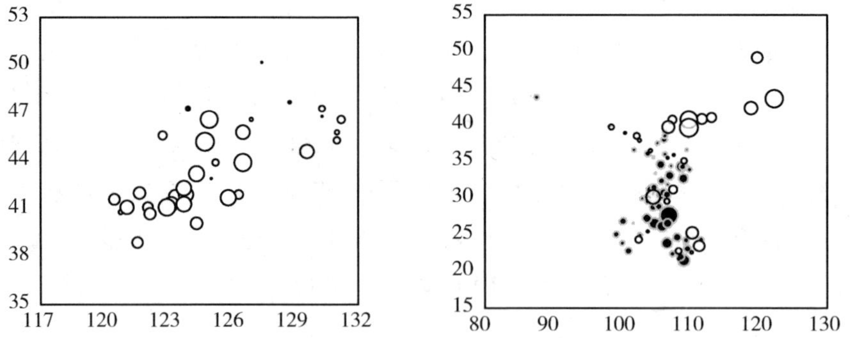

图5－9 中国东北（左）和西部（右）城市综合经济竞争力排名变化

注：空心圈表示经济增量竞争力排名降低，空圈越大表示经济增量竞争力排名降低越多；实心圈表示经济增量竞争力排名上升，实圈越大表示经济增量竞争力排名上升越多。

表 5－4　　各区域经济竞争力排名变化统计分析

	样本	均值	变异系数	最小值	最大值
北方	130	－17.6231	2.1913	－129	47
南方	161	14.2298	1.5814	－69	116
东部	93	3.5269	6.1916	－86	57
中部	80	15.5000	1.5318	－71	77
东北	34	－50.8824	0.8023	－129	14
西部	84	1.9286	17.4740	－116	116

三　各层级综合经济竞争力格局与变化

（一）从层级角度来看，一、二线城市内部差异较小，竞争激烈

从层级角度来看依旧呈现“一二三四”状态，一、二、三、四线城市的综合经济竞争力分别为0.903、0.559、0.371、0.211，一线城市的综合经济竞争力要大幅高于二、三、四线城市，二线城市要显著高于三、四线城市。从变异系数角度来看，同样呈现“一二三四”状态，一、二、三、四线城市的变异系数分别为0.114、0.196、0.267、0.417。一线城市北京、上海、广州、深圳、香港、台北之间综合经济竞争力差距最小，二线城市之间的差异次之。总体而言，一、二线城市内部综合经济竞争力较为接近，竞争激烈。从分项指标经济密度竞争力和经济增量竞争力角度来看，经济密度竞争力与总体格局基本一致，但经济增量竞争力却有所差异，其中二线城市经济增量竞争力的变异系数最高，城市间差异最大（见表5－5）。

表 5－5　　各区域综合经济竞争力分布比较

	样本量	综合经济竞争力		经济密度竞争力		经济增量竞争力	
		均值	变异系数	均值	变异系数	均值	变异系数
一线城市	6	0.903	0.114	0.782	0.178	0.694	0.425
二线城市	35	0.559	0.196	0.546	0.178	0.330	0.528
三线城市	69	0.371	0.267	0.385	0.247	0.188	0.431
四线城市	181	0.211	0.417	0.224	0.414	0.113	0.478

注：本书把香港、台北、广州、深圳、北京、上海当作一线城市，澳门、台中、新竹、台南、高雄当作二线城市。

（二）一、二、三、四线城市排名上升

就一线城市而言，其经济竞争力显著引领着全国经济竞争力的提升。深圳、香港、上海、北京、广州、台北的经济竞争力在全国分别排第1名、第2名、第3名、第4名、第5名、第7名，北京引领着京津冀地区，上海引领长三角地区，深圳、香港、广州引领珠三角地区，特别是珠三角地区竞争非常激烈。从北京、上海、广州、深圳、香港、台北等一线城市来看，总体经济竞争力指数有所降低，分化有所加剧，变异系数从0.083上升到0.114。相对于5年前来说，北京的经济竞争力上升1名，广州下降1名，香港经济竞争力保持不变，台北经济竞争力上升1名，总体而言6个一线城市的排名平均上升0.167名（见图5－10和表5－6）。

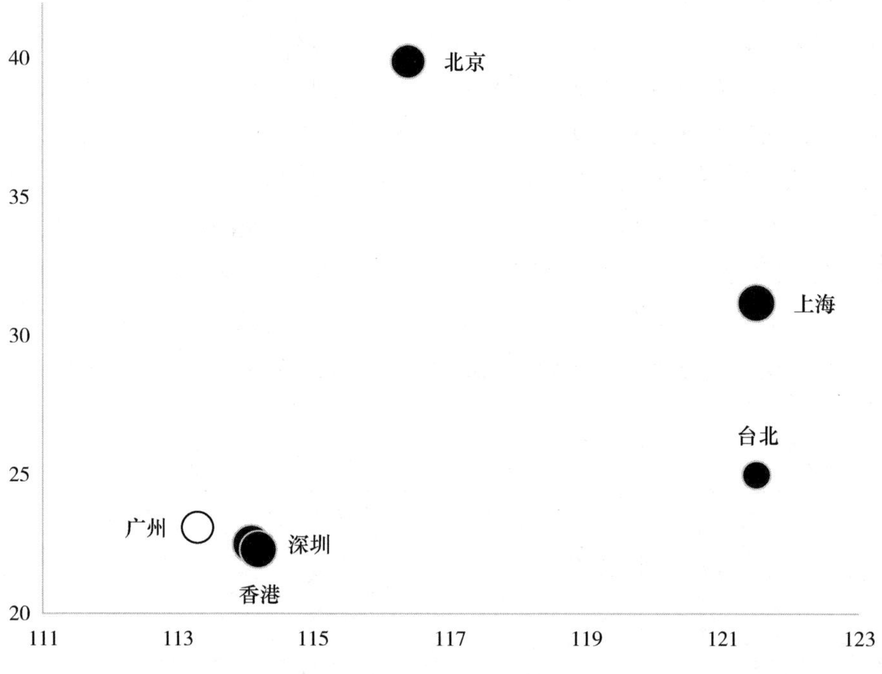

图5－10 一线城市经济竞争力指数和排名变化空间分布

注：此处一线城市除了北京、上海、广州、深圳外，还包含香港、台北等城市。横坐标表示经度，纵坐标表示纬度，图中圈越大表示城市的经济竞争力越强，实心圈表示城市的经济竞争力排名上升，空心圈表示城市的经济竞争力排名下降。

表 5-6　各层级城市经济竞争力排名变化统计分析

	2020 年经济竞争力		2015 年经济竞争力		排名变化	
	均值	变异系数	均值	变异系数	幅度	变异系数
一线城市	0.903	0.114	0.917	0.083	0.167	4.517
二线城市	0.559	0.196	0.596	0.182	-3.828	4.828
三线城市	0.371	0.267	0.376	0.244	-3.899	9.607
四线城市	0.211	0.417	0.202	0.443	2.221	16.335

从二线城市来看，各城市经济竞争力差异较大且处于分化阶段。经济竞争力均值从 2015 年的 0.596 降低到 2020 年的 0.559，35 个二线城市经济竞争力排名覆盖从第 6 名到第 88 名，变异系数也从 2015 年的 0.182 上升到 2020 年的 0.196，分化加剧。从变化角度来看，北方的二线中心城市均处于下降状态，其中东北下降幅度最大，山东的济南、青岛虽然下降幅度不大，但也在下降；西部重庆下降幅度较大，下降了 10 名，成都则上升了 3 名，此外，长沙的经济竞争力排名也下降了 2 名。从分布角度来看，长三角地区和中部中心城市的经济竞争力均较强，特别是长三角地区的苏州、无锡、常州、南京、杭州、合肥、宁波等强二线城市已经形成“恒强恒升”格局。值得注意的是澳门，其经济竞争力水平下降幅度较大，相对于 5 年前下降了 6 名，台湾地区除了台北排第 7 名以外，其他城市均在 20 名以外（见表 5-6 和图 5-11）。

从三线城市和四线城市来看，三线城市经济竞争力稍微有所降低但变化不大，但各城市间经济竞争力差异有所加剧。四线城市则完全相反，四线城市虽然也存在有升有降的状态，但是总体上各个城市经济竞争力之间的差异缩小，变异系数从 2015 年的 0.443 降低到 2020 年的 0.417，经济竞争力指数均值从 2015 年的 0.202 上升到 2020 年的 0.211，这也导致其总体上升了 2.2 名（见表 5-6、图 5-12 和图 5-13）。

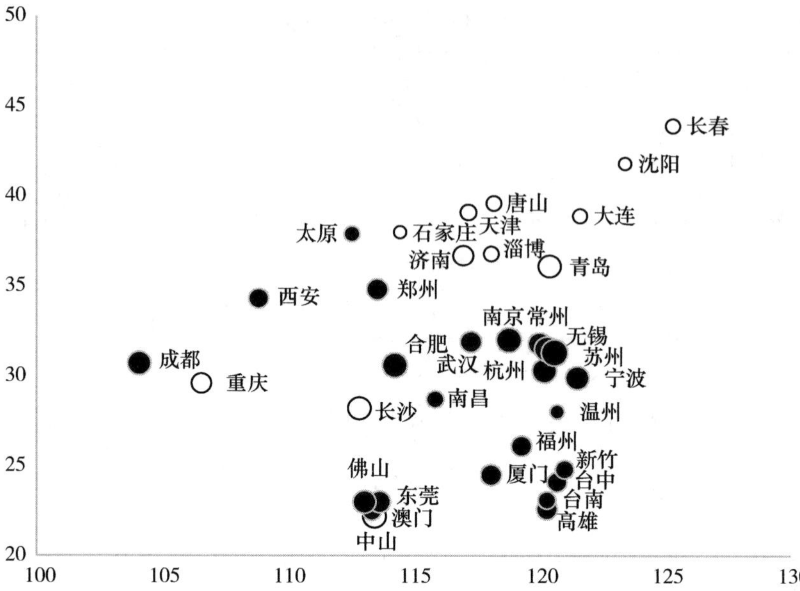

图5-11 二线城市经济竞争力指数和排名变化空间分布

注：横坐标表示经度，纵坐标表示纬度，图中圈越大表示城市的经济竞争力越强，实心圈表示城市的经济竞争力排名上升，空心圈表示城市的经济竞争力排名下降。

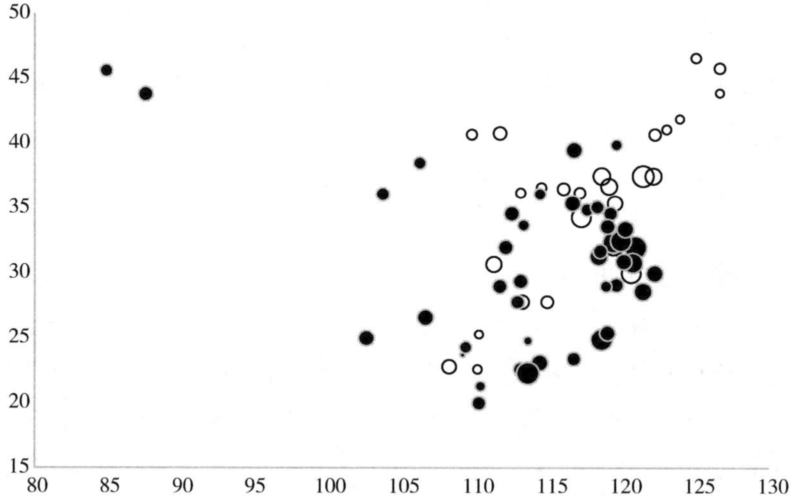

图5-12 三线城市经济竞争力指数和排名变化空间分布

注：横坐标表示经度，纵坐标表示纬度，图中圈越大表示城市的经济竞争力越强，实心圈表示城市的经济竞争力排名上升，空心圈表示城市的经济竞争力排名下降。

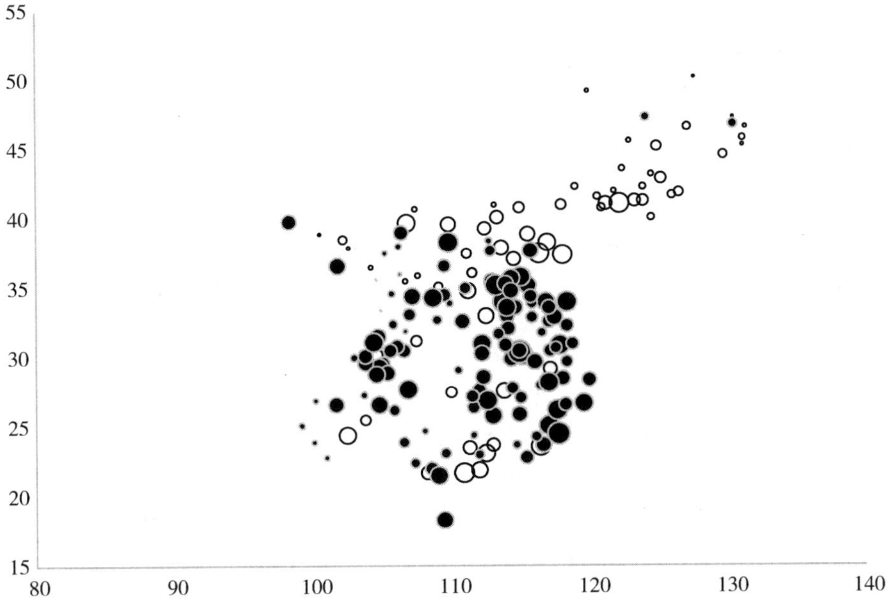

图 5－13　四线城市经济竞争力指数和排名变化空间分布

注：横坐标表示经度，纵坐标表示纬度，图中圈越大表示城市的经济竞争力越强，实心圈点表示城市的经济竞争力排名上升，空心圈表示城市的经济竞争力排名下降。

四　各省（市、自治区）综合经济竞争力格局及变化

（一）从省域视角看，各省（市、自治区）呈现“越强越收敛、越弱越分化”状态

从各省（市、自治区）综合经济竞争力角度来看（见表 5－7），香港、上海、北京、澳门、台湾、重庆、天津等直辖市、自治区的综合经济竞争力要显著较高。除此之外，江苏、浙江、福建、山东、广东的综合经济竞争力分别处于前列，江苏 13 个城市的平均综合经济竞争力指数为 0.540，变异系数为 0.246，在前五的省份里面最低，表明江苏内部城市综合经济竞争力水平均较高，特别是苏州、南京、无锡在全国前 10 名，省内竞争力较低的淮安、连云港、宿迁在全国排名分别为 66、77、91 名，均在全国前 100 强以内；浙江省内部排名最低的城市位次则相对较低；排名较低的为云南、内蒙古、宁夏、黑龙江、甘肃等省（自治区）。从省内综合经济竞争力差异角度来看，各省（市、自治区）呈现经济竞争力越强，省内差异越小；经济竞争力越弱，省内差异越大。

表5-7　各省（市、自治区）综合经济竞争力

	样本量	综合经济竞争力		经济密度竞争力		经济增量竞争力	
		均值	变异系数	均值	变异系数	均值	变异系数
香港	1	0.982		1.000		0.479	
上海	1	0.975		0.705		1.000	
北京	1	0.894		0.619		0.968	
澳门	1	0.643		0.798		0.065	
台湾	5	0.579	0.169	0.655	0.156	0.178	0.270
重庆	1	0.558		0.349		0.686	
江苏	13	0.540	0.246	0.518	0.218	0.337	0.353
浙江	11	0.456	0.292	0.446	0.231	0.273	0.531
天津	1	0.443		0.543		0.068	
福建	9	0.418	0.313	0.413	0.298	0.247	0.393
山东	16	0.404	0.250	0.421	0.230	0.198	0.480
广东	21	0.394	0.576	0.391	0.499	0.231	0.810
新疆	2	0.363	0.094	0.402	0.002	0.139	0.590
湖北	12	0.339	0.389	0.339	0.316	0.198	0.662
海南	2	0.331	0.136	0.380	0.082	0.105	0.457
河南	17	0.316	0.278	0.316	0.256	0.187	0.428
贵州	4	0.316	0.307	0.316	0.269	0.187	0.401
湖南	13	0.310	0.410	0.310	0.374	0.183	0.497
青海	1	0.291		0.324		0.115	
河北	11	0.285	0.298	0.290	0.307	0.163	0.233
安徽	16	0.280	0.414	0.287	0.387	0.156	0.558
江西	11	0.277	0.307	0.283	0.339	0.156	0.474
陕西	10	0.264	0.489	0.263	0.418	0.163	0.644
四川	18	0.259	0.459	0.264	0.356	0.151	0.815
山西	11	0.226	0.385	0.237	0.388	0.124	0.363
广西	14	0.217	0.336	0.230	0.313	0.115	0.443
辽宁	14	0.216	0.468	0.258	0.465	0.061	0.361
吉林	8	0.179	0.581	0.211	0.483	0.063	0.937

续表

	样本量	综合经济竞争力		经济密度竞争力		经济增量竞争力	
		均值	变异系数	均值	变异系数	均值	变异系数
云南	8	0.176	0.653	0.177	0.610	0.117	0.675
内蒙古	9	0.175	0.617	0.196	0.663	0.079	0.418
宁夏	5	0.174	0.649	0.200	0.590	0.070	0.743
黑龙江	12	0.118	0.737	0.133	0.729	0.062	0.758
甘肃	12	0.107	0.953	0.123	0.943	0.055	0.891

从省内城市经济竞争力最大值角度来看（见图5－14），可以发现排名在前的分别为广东、江苏、湖北、浙江、四川、湖南等省份（直辖市、自治区除外），排名较后的省份分别为甘肃、青海、黑龙江。总体而言，综合经济竞争力最大值排名较后的省份的竞争力排名也靠后，而排名较前的省份存在一定差异。其中广东的深圳、湖北的武汉、四川的成都、湖南的长沙、山东的青岛在省份最大值里面排名均靠前，但是由于相应省份内部分化较为严重，综合经济竞争力差异较大，所以总体经济竞争力水平较低。中心城市经济竞争力的上限决定了省份综合经济竞争力的上限，排名靠后城市的下限决定了省份综合经济竞争力的下限。

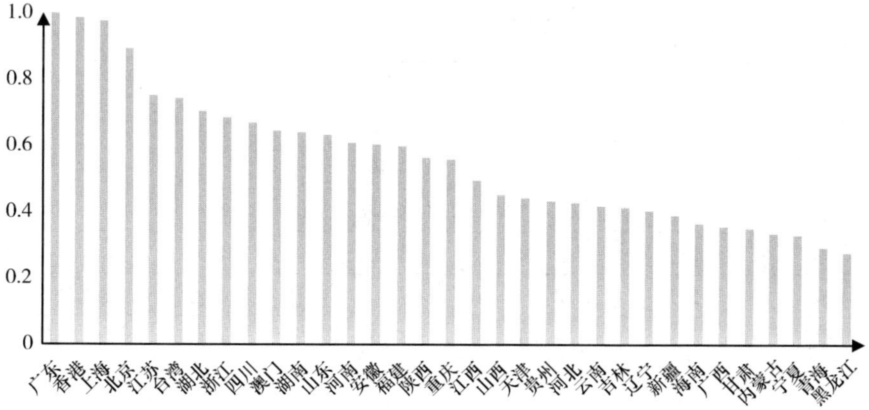

图5－14　各省（市、自治区）经济竞争力最大值排名

（二）各省（市、自治区）基本均呈现一擎驱动、多擎驱动格局

从各省（市、自治区）的综合经济竞争力的格局来看（见表5－8），河北、福建、浙江的总体城市格局较为接近均表现为扁平双中心格局，省内的廊坊和唐山、厦门和福州、杭州和宁波的综合经济竞争力均较为接近；江苏、山东、广西的总体格局较为接近，均表现为扁平化多中心格局，不同的是江苏和山东为强—强状态，广西为弱—弱状态；宁夏、甘肃、云南表现为典型的双中心格局，除了两个中心城市以外，其他城市的经济竞争力均较弱；河南、陕西、湖南、山西、湖北、吉林、四川则表现为一定的单中心格局，特别是吉林和四川，其首位城市除第二位城市分别为1.934、2.021，城市群内长春、成都处于绝对主导地位。

表5－8　各省（市、自治区）的综合经济竞争力格局

	首位除第二位	首位除第三位	首位除第四位	首位除第五位	首位除第六位
河北	1.012	1.209	1.430	1.480	1.555
福建	1.035	1.045	1.459	1.559	1.751
浙江	1.037	1.322	1.411	1.452	1.549
江苏	1.058	1.070	1.197	1.294	1.359
黑龙江	1.085	1.678	1.845	1.921	2.150
广西	1.110	1.128	1.517	1.570	1.573
山东	1.126	1.157	1.442	1.492	1.496
内蒙古	1.126	1.250	1.351	3.008	3.375
辽宁	1.141	1.215	1.333	1.687	1.778
广东	1.212	1.547	1.631	1.720	1.885
台湾	1.269	1.344	1.421	1.506	
贵州	1.274	1.414	2.198		
安徽	1.282	1.623	1.778	1.954	2.110
宁夏	1.289	2.765	3.232	5.050	
甘肃	1.343	2.462	2.814	3.974	4.282
云南	1.455	2.460	3.289	3.674	4.089
江西	1.481	1.601	1.780	1.831	1.885
河南	1.529	1.596	1.683	1.834	1.913
陕西	1.624	1.701	1.888	2.393	2.522

续表

	首位除第二位	首位除第三位	首位除第四位	首位除第五位	首位除第六位
湖南	1.655	1.677	1.782	1.784	1.895
山西	1.719	1.818	1.877	2.046	2.062
湖北	1.784	1.798	1.816	1.982	2.207
吉林	1.934	2.195	2.478	2.631	3.063
四川	2.021	2.176	2.286	2.343	2.455

注：北京、天津、上海、重庆、青海、新疆、海南、西藏、澳门、香港由于城市较少，并未列出。

（三）河北、山东、黑龙江综合经济竞争力普遍降低

综合经济竞争力排名降低的省（市、自治区）有吉林、辽宁、内蒙古、天津、黑龙江、河北、重庆、山西、山东、澳门，其中吉林、辽宁和内蒙古的降低幅度最低且较为接近，基本均在降低64名左右，其次为天津，排名直接降低了40名，在直辖市中降幅最大，降幅相对较低的省（市）为山西、山东和澳门，基本降幅在7名左右。从上升幅度角度来看，贵州上升幅度最大，总体上升了57名，其次为湖北、福建、安徽、湖南、海南等省份，总体上升了23名左右。

从省份内部角度来看，辽宁、山西、新疆、吉林、内蒙古这5个城市处于分化状态，省份内部综合经济竞争力差异在扩大，而其他省份内部的综合经济竞争力水平差异均在缩小。总体而言，新疆处于第一象限，即处于分化加剧，经济竞争力增强状态，一般而言资源向省内中心城市集聚，导致省内中心综合经济竞争力增强，而省内其他城市综合经济竞争力上升并不显著；黑龙江、河北和山东处于第三象限，即差异收敛，综合经济竞争力降低，处于“收敛、下降”状态，表现为省内头部城市综合经济竞争力降低，尾部城市经济竞争力有升有降；辽宁、吉林、内蒙古则处于第四象限，即分化加剧，经济竞争力降低，处于“分化、降低”状态，表现为省内城市经济竞争力普遍降低，但是尾部城市下降幅度非常大。除此之外，江苏、浙江、福建、湖北、湖南等城市均处于第二象限，即差异减少，经济竞争力增强，处于“收敛、上升”状态，表现为城市综合经济竞争力大幅提升，并且尾部城市提升幅度更大（见图5-15）。

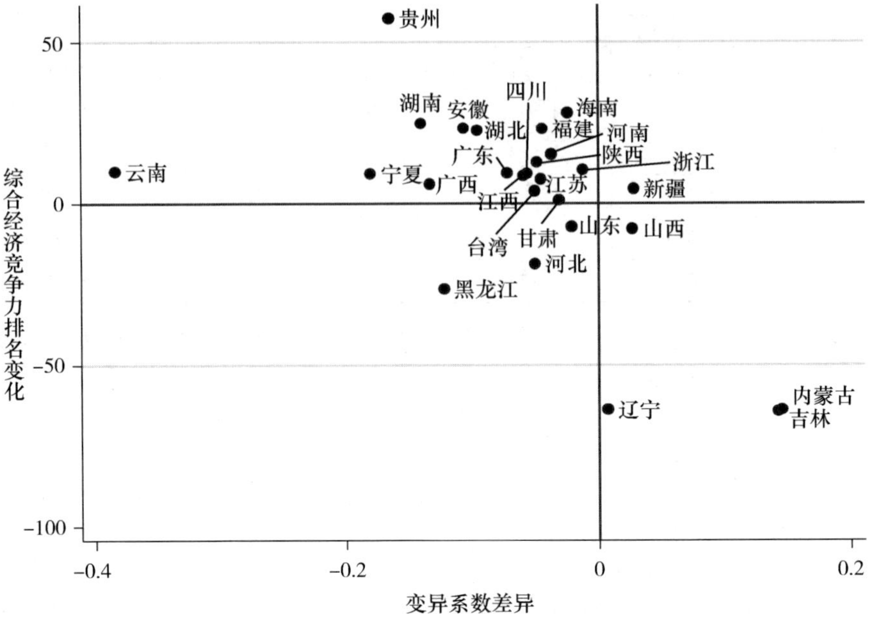

图 5－15 各省经济竞争力指数变化格局

注：横坐标表示变异系数相对于5年前的差异，反映省份内部是处于分化还是处于收敛。大于0表示变异系数扩大，即省份内部城市经济竞争力差异扩大，处于分化状态；小于0则处于收敛状态。纵坐标表示经济竞争力排名变化，大于0表示综合经济竞争力排名上升，小于0表示综合经济竞争力排名降低。

五 各城市群综合经济竞争力格局及变化

（一）分散式均衡发展促使山东半岛城市群、长株潭城市群总体经济竞争力较强

从城市群角度来看，综合经济竞争力排名前五的城市群分别为长三角城市群、珠三角城市群、山东半岛城市群、长株潭城市群和京津冀城市群，相对而言长三角城市群的综合经济竞争力要显著高于其他几个城市群，分化程度也相对较低，并且长三角城市群、珠三角城市群、山东半岛城市群分处三个等级，长株潭城市群、京津冀城市群、武汉城市群的综合经济竞争力较为接近，差距不大。从综合经济竞争力水平较低的城市群角度来看，合肥城市群、辽中南城市群、北部湾城市群和太原城市群的综合经济竞争力水平较低，综合经济竞争力水平仅为0.267、0.250、0.223、0.222，相应的经济增量竞争力和经济密度竞争力也较低。总体而言，城市群综合经济

竞争力已经由中心城市引导转向为城市群内其他城市集体引导，如京津冀城市群中的北京、武汉城市群中的武汉、中原城市群中的郑州、成渝城市群中的成都，其综合经济竞争力均处于较强状态，但是总体综合经济竞争力要弱于山东半岛城市群和长株潭城市群，其关键在于这两个城市群中城市处于同步均衡发展，总体要强于其他城市群的单点发展（见表5－9）。

表5－9　　　　各城市群综合经济竞争力

	样本量	综合经济竞争力		经济密度竞争力		经济增量竞争力	
		均值	变异系数	均值	变异系数	均值	变异系数
长三角城市群	23	0.530	0.317	0.496	0.252	0.352	0.534
珠三角城市群	23	0.439	0.560	0.440	0.532	0.245	0.755
山东半岛城市群	10	0.398	0.294	0.405	0.259	0.215	0.502
长株潭城市群	8	0.355	0.375	0.354	0.325	0.208	0.500
京津冀城市群	12	0.348	0.560	0.336	0.426	0.224	1.067
武汉城市群	11	0.345	0.394	0.345	0.319	0.202	0.678
中原城市群	14	0.320	0.300	0.313	0.278	0.201	0.403
成渝城市群	14	0.299	0.482	0.285	0.319	0.205	0.946
环鄱阳湖城市群	6	0.274	0.416	0.261	0.437	0.191	0.304
关中平原城市群	8	0.268	0.504	0.264	0.455	0.172	0.593
合肥城市群	8	0.267	0.524	0.258	0.457	0.180	0.622
辽中南城市群	7	0.250	0.392	0.301	0.382	0.062	0.371
北部湾城市群	11	0.223	0.345	0.231	0.325	0.127	0.402
太原城市群	6	0.222	0.541	0.222	0.559	0.140	0.386

从各城市群的经济竞争力格局来看（见表5－10），各城市群首位与次位经济竞争力的比值存在一定差异。

表5－10　　　　各城市群经济竞争力格局

	首位除第二位	首位除第三位	首位除第四位	首位除第五位
珠三角城市群	1.019	1.212	1.547	1.555
北部湾城市群	1.110	1.128	1.517	1.575

续表

	首位除第二位	首位除第三位	首位除第四位	首位除第五位
山东半岛城市群	1.126	1.496	1.502	1.509
辽中南城市群	1.141	1.687	1.778	1.881
成渝城市群	1.200	2.021	2.176	2.286
长三角城市群	1.301	1.376	1.392	1.423
中原城市群	1.529	1.596	1.683	1.913
长株潭城市群	1.655	1.677	1.782	1.784
关中平原城市群	1.701	1.888	2.393	2.522
环鄱阳湖城市群	1.780	1.904	2.244	2.333
武汉城市群	1.784	1.798	1.816	1.982
太原城市群	1.877	2.311	2.795	2.848
京津冀城市群	2.017	2.102	2.127	2.543
合肥城市群	2.110	2.395	2.648	2.694

珠三角城市群、北部湾城市群的综合经济竞争力呈现显著的双中心，甚至三中心格局，其内部首位城市与第二位城市、第三位城市的综合经济竞争力比值均较低，即珠三角城市群内部的深圳、香港、广州，北部湾城市群中的南宁、柳州、北海各城市之间的综合经济竞争力均比较接近。但北部湾城市群与珠三角城市群显著不同，珠三角城市群总体表现为强—强多中心，北部湾城市群表现为弱—弱多中心。

长三角城市群呈现“一超多强”格局，中心城市上海，次中心苏州、南京、无锡、杭州、宁波也均较强且差异不大，在0.7左右，与上海的差距也不大，除此之外的其他城市也均较为接近，也均在0.5左右。长株潭城市群与长三角城市群和中原城市群类似，均为中心城市且具有优势，但是城市群内其他城市经济竞争力水平也较高且差距不大，中心城市并没有绝对优势。

山东半岛城市群呈现典型的双中心格局，城市群内青岛、济南两个城市综合经济竞争力比值仅为1.1左右，其他城市如潍坊、济宁、淄博也均较为接近，综合经济竞争力指数在0.4左右，此外城市群内其他城市均在0.3左右，总体城市群层级显著。辽中南城市群也呈现双中心竞争力格局，辽宁和沈阳的经济竞争力基本相当，其他城市则较低。成渝城市群也是典型的双中心经济竞争力格局，中心城市成都和重庆的经济竞争力水平大致相当，城市群内首位城市成都与次位城市重庆的综合经济竞争力比值为1.2，而与城市群内部其他城市的比值则在2以外，并且第三位、第四位、第五位城市的比值均比较接近，表明其他城市的综合经济均显著较低且接近，总体仅成都和重庆竞争力较高。

中原城市群中中心城市郑州的经济竞争力水平较高，其与城市群内第二位、第三位、第四位城市的综合经济竞争力水平的比值在1.5—1.6左右，总体而言，郑州的经济竞争力具有一定优势，但是相对较弱且比较接近，城市群内部不存在显著差异。

关中平原城市群、环鄱阳湖城市群、武汉城市群表现为单中心格局，中心城市经济竞争力水平显著，除了中心城市外其他城市的经济竞争力也较为接近且差异不大。此外，京津冀城市群、太原城市群、合肥城市群的综合经济竞争力格局较为接近，均为中心城市经济竞争力较强，单中心城市经济竞争力格局非常显著。

（二）中部各城市群迅速崛起

从城市群排名变化角度来看，总体经济竞争力排名上升的城市群有长三角城市群、珠三角城市群、长株潭城市群、武汉城市群、中原城市群、成渝城市群、环鄱阳湖城市群、关中平原城市群、合肥城市群、北部湾城市群，经济竞争力排名总体降低的城市群有山东半岛城市群、京津冀城市群、辽中南城市群、太原城市群（见图5－16）。除山东半岛城市群和太原城市群处于分化状态外，其他城市群内城市差异均在缩小，处于收敛状态。

辽中南城市群综合经济竞争力大幅降低。具体而言，辽中南城市群、京津冀城市群、山东半岛城市群和太原城市群的平均排名均处于降低状态，其中辽中南城市群相比于5年前而言，所有城市的经济竞争力排名均在降低，平均降低了78名，甚至城市群中心城市大连和沈阳均分别降低了46名和65名。而京津冀城市群，除了北京、廊坊和衡水三个城市以外，其他城市的经济竞争力排名也均在降低，这一点从京津冀城市群综合经济竞争力指数排名变化空间分布图可以显著看出（见图5－17）。在此之中值得注意的是太原城市群，虽然总体排名变化不大，总体排名仅降低0.5名，但是内部排名分化特别严重，上升和下降分化明显，中心城市太原相对于5年前上升23名，而吕梁、临汾、长治均下降十几名。

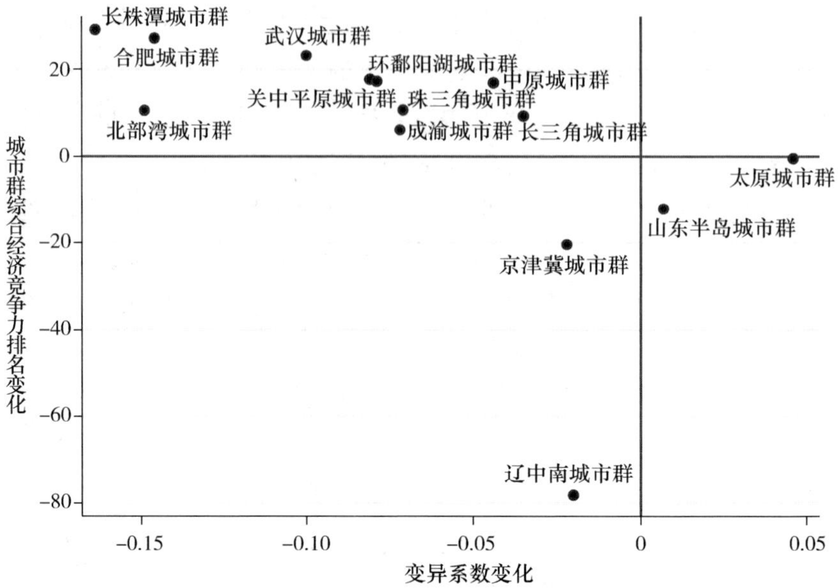

图 5－16　各城市群综合经济竞争力排名及差异变化

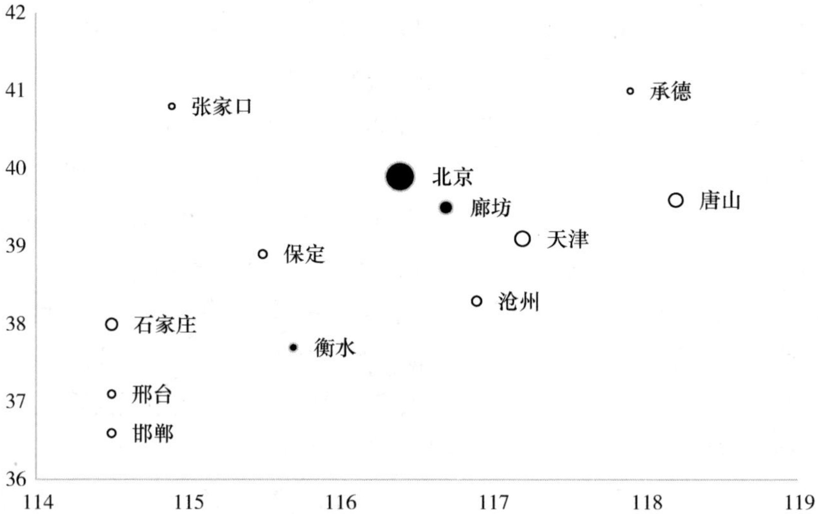

图 5－17　京津冀城市群经济竞争力指数和排名变化空间分布

注：横坐标表示经度，纵坐标表示纬度，图中圈越大表示城市的经济竞争力越强，实心圈表示城市的经济竞争力排名上升，空心圈表示城市的经济竞争力排名下降。

长三角、珠三角城市群稳步提升。就上升城市群而言，中国最大的两个城市群长三角城市群和珠三角城市群综合经济竞争力稳步提升，长三角城市群综合经济竞争力排名平均上升了 9 名，珠三角城市群综合经济竞争力平均上升了 10.6 名，虽然城市群内也有个别城市经济竞争力排名有所降低，如珠三角城市群中的肇庆、茂名、阳江、清远等城市（见图 5－18），长三角城市群中的绍兴、徐州、镇江等城市，但是城市群内上升的城市更多，特别是长三角城市群，其经济竞争力排名降低仅为 3 名、1 名和 1 名，其他城市均处于上升状态（见图 5－19）。

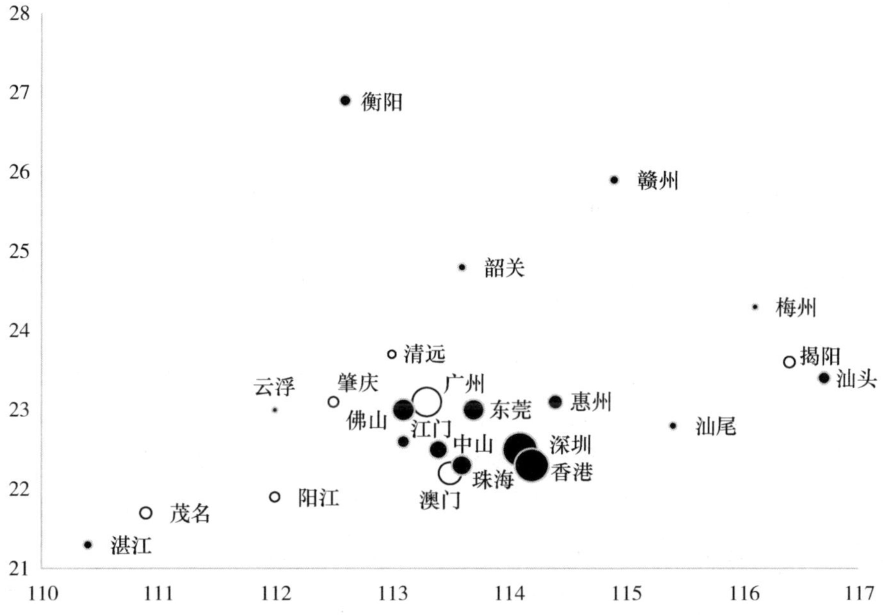

图 5－18　珠三角城市群经济竞争力指数和排名变化空间分布

注：横坐标表示经度，纵坐标表示纬度，图中圈越大表示城市的经济竞争力越强，实心圈表示城市的经济竞争力排名上升，空心圈表示城市的经济竞争力排名下降。

中部城市群迅速崛起。从上升幅度最大的城市群角度来看，长株潭城市群、合肥城市群、武汉城市群、环鄱阳湖城市群、关中平原城市群、中原城市群的综合经济竞争力排名上升最多，分别上升了 29 名、27 名、

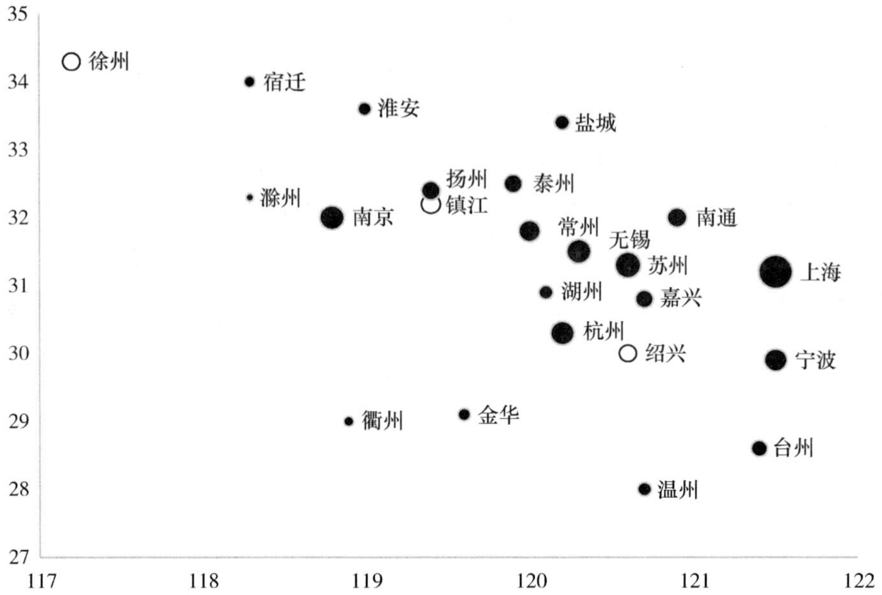

图5－19 长三角城市群经济竞争力指数和排名变化空间分布

注：横坐标表示经度，纵坐标表示纬度，图中圈越大表示城市的经济竞争力越强，实心圈表示城市的经济竞争力排名上升，空心圈表示城市的经济竞争力排名下降。

23名、17名、17名、16名，各城市群内城市综合经济竞争力大幅提升，特别是城市群内非中心城市的综合经济竞争力。此外，各城市群内部城市综合经济竞争力差异也处于降低状态，长株潭城市群、合肥城市群、武汉城市群、环鄱阳湖城市群、关中平原城市群、中原城市群变异系数分别降低0.164、0.146、0.1、0.081、0.079和0.044（见图5－20）。总体而言，中部城市群综合经济竞争力已经崛起，6个经济竞争力排名上升最多的城市群中，有5个城市群属于中部，虽然总体经济竞争力水平要低于东部的长三角城市群和珠三角城市群，但是随着其逐步崛起，中部和东部差异定会缩小，逐步融为一体。

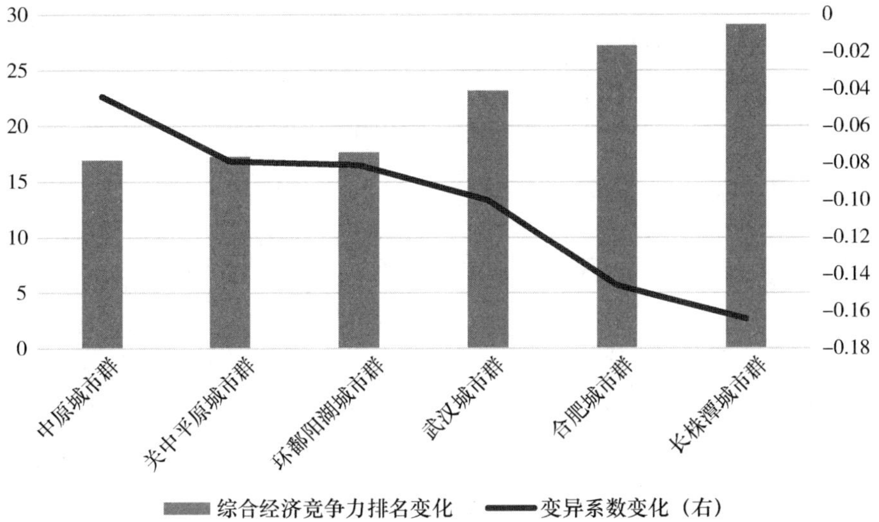

图5－20　上升幅度较大城市群排名及变异系数变化

六　核心要素经济增量的格局与变化

（一）城市经济增量竞争力内部差异较大，分化严重

由于经济密度竞争力与综合经济竞争力的总体格局基本一致，此处我们重点对经济增量竞争力进行分析。表5－11表示中国城市经济增量竞争力前20强，具体来看，上海、北京、深圳、广州、重庆位列前5强且存在显著差异，上海和北京的经济增量竞争力要显著高于深圳、广州和重庆，而深圳又显著高于广州和重庆；成都、武汉、杭州、苏州等城市的经济增量竞争力又显著强于南京、香港、宁波、郑州等城市。从区域分布角度来看，前20强城市中，东南区域有11个城市，中部有4个城市，西南有2个城市，港澳台、环渤海、西北均1个城市，均为省会城市或中心城市。

表5－11　　　　中国城市经济增量竞争力前20强

	经济增量竞争力	排名	省（市、自治区）	区域
上海	1.000	1	上海	东南
北京	0.968	2	北京	环渤海
深圳	0.790	3	广东	东南

续表

	经济增量竞争力	排名	省（市、自治区）	区域
广州	0.690	4	广东	东南
重庆	0.686	5	重庆	西南
成都	0.617	6	四川	西南
武汉	0.590	7	湖北	中部
杭州	0.585	8	浙江	东南
苏州	0.581	9	江苏	东南
南京	0.515	10	江苏	东南
香港	0.479	11	香港	港澳台
宁波	0.471	12	浙江	东南
郑州	0.459	13	河南	中部
长沙	0.457	14	湖南	中部
合肥	0.452	15	安徽	中部
无锡	0.437	16	江苏	东南
西安	0.418	17	陕西	西北
泉州	0.405	18	福建	东南
南通	0.404	19	江苏	东南
福州	0.397	20	福建	东南

总体来看，中国城市经济增量竞争力内部差异较大，分化严重，总体均值仅为0.169，变异系数高达0.823，在291个样本城市中，大部分城市的经济增量竞争力均处于较低水平，仅有102个城市的经济增量竞争力高于均值，有189个城市的经济增量竞争力低于均值。具体而言，仅有10个城市的经济增量竞争力高于0.5，仅有19个城市的经济增量竞争力高于0.4，仅有29个城市的经济增量竞争力高于0.3，大部分城市的经济增量竞争力均在0—0.3，总体较低。

（二）中部城市经济增量竞争力全面提升，东北大幅下降

从经济增量竞争力排名变化角度来看（见图5－21），经济增量竞争力总体变化格局与综合经济竞争力相一致，北方大幅下降，南方稳步提升。具体而言，南方的161个样本城市的经济增量竞争力排名平均上升21名，有136个城市的经济增量竞争力排名处于上升状态，占比高达

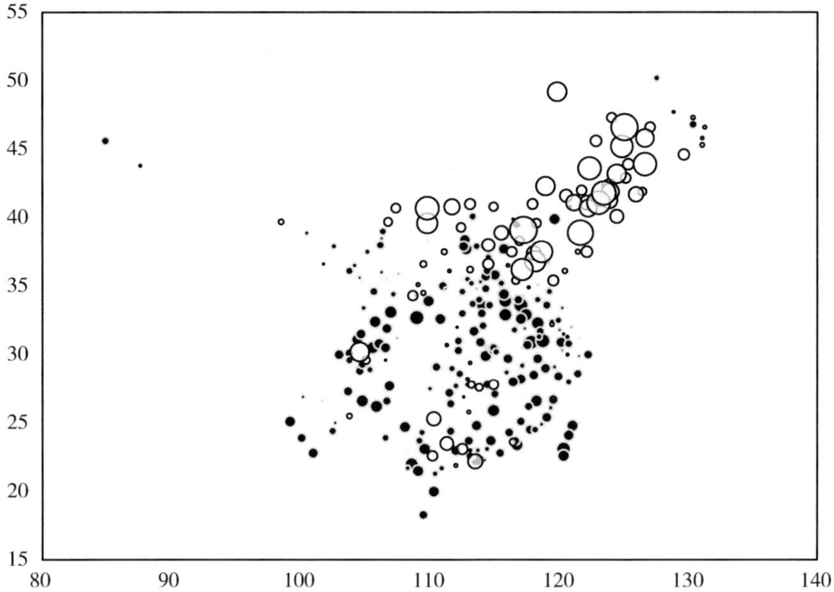

图 5－21　中国城市经济增量竞争力排名变化分布图

注：空心圈表示经济增量竞争力排名降低，空圈越大表示经济增量竞争力排名降低越多；实心圈表示经济增量竞争力排名上升，实圈越大表示经济增量竞争力排名上升越多。

84.47%；而北方 130 个城市的经济增量竞争力排名平均下降 26 名，仅有 58 个城市的经济增量竞争力处于上升状态，有高达 72 个城市处于下降状态且下降幅度要显著高于上升幅度，占比达 55.38%，这也表明了北方城市经济增量竞争力排名变化差异较大，分化严重。从东部、中部、西部、东北角度来看（见表 5－12），中部区域城市经济增量竞争力排名上升幅度最大，平均排名上升 24 名；东北区域城市经济增量竞争力下降幅度最大，平均排名下降 70 名；西部和东部区域城市经济增量竞争力上升幅度较低，平均排名分别上升 1.6 名和 3.5 名。从各区域内部比较来看，东部和西部内部城市经济增量排名差异较大，变异系数高达 28 和 14，中部和东北则差异较小。从各区域经济增量排名变化图可以看出（见图 5－22 和图 5－23），东部南方城市普遍上升，东部北方城市普遍下降，西部南方城市普遍上升，西部北方城市普遍下降，中部城市普遍上升，东北城市普遍上升。

表5-12　　各区域综合经济增量竞争力变化

	样本量	变化均值	变异系数	最小值	最大值
东部	93	1.677	28.674	-245	71
中部	80	24.138	0.929	-30	74
东北	34	-70.059	0.991	-241	25
西部	84	3.512	14.182	-179	76

注：港澳台地区全部划分在东部区域。

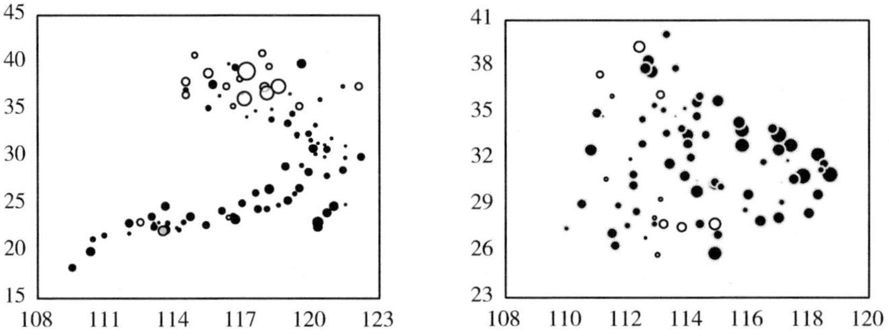

图5-22　中国东部（左）和中部（右）城市经济增量竞争力排名变化

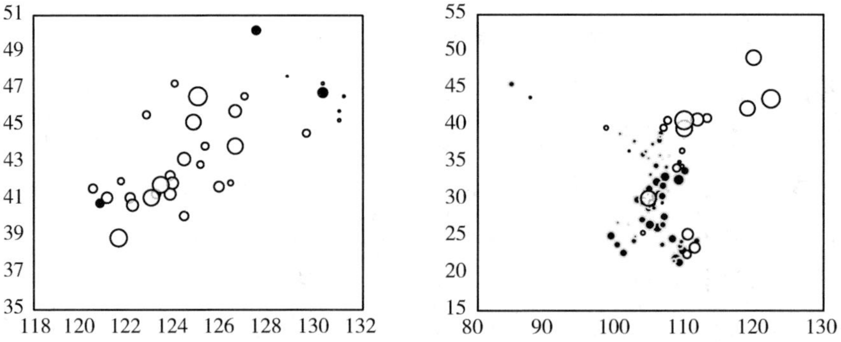

图5-23　中国东北（左）和西部（右）城市经济增量竞争力排名变化

注：空心圈表示经济增量竞争力排名降低，空圈越大表示经济增量竞争力排名降低越多；实心圈表示经济增量竞争力排名上升，实圈越大表示经济增量竞争力排名上升越多。

（三）山东、吉林经济增量竞争力处于降低、分化状态

从北京、天津、上海、重庆、香港、澳门等直辖市、特别行政区角度来看，天津的经济增量竞争力排名下降幅度最大，总体下降了245名，其次为澳门，其经济增量竞争力排名下降了71名，北京、重庆分别下降1名，上海、香港分别上升1名和8名。除此之外的其他省份、自治区（包含台湾）可以根据排名变化和变异系数变化划分为上升—收敛、上升—分化、下降—收敛、下降—分化四个区间。具体来看，山东和吉林处于下降—分化区间，总体经济增量竞争力排名降低，差异扩大；河北、黑龙江、辽宁和内蒙古处于下降—收敛区间，总体经济增量竞争力排名降低，差异缩小；浙江、江西和山西处于上升—分化区间，总体经济增量竞争力排名上升，差异扩大；其他省份、自治区均处于上升—收敛区间，总体经济竞争力排名上升，差异缩小（见图5－24）。

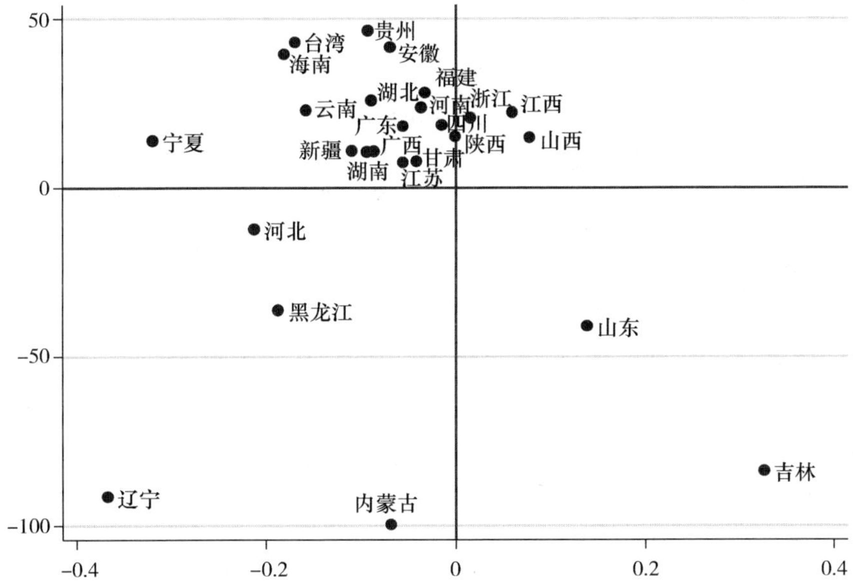

图5－24　各省（自治区）2015—2020年经济增量排名和变异系数变化

注：由于样本数量限制，图中并未列出北京、天津、上海、重庆、青海、拉萨、香港、澳门等省（市、自治区）。

七 相关影响因素分析

（一）生活环境会高估综合经济竞争力，全球联系会低估综合经济竞争力

表5－13表示综合经济竞争力与各分项解释性指标之间的相关性，从表的结果可以看出，各要素与综合经济竞争力之间的相关性均较大，最低的为生活环境，相关系数为0.778，最高的为当地要素，相关系数为0.868，这表明各变量均是影响综合经济竞争力的核心因素。从各要素与综合经济竞争力的指数排名曲线图来看（见图5－25），当地要素和营商软环境总体围绕综合经济竞争力曲线波动，生活环境和营商硬环境总体在综合经济竞争力曲线上方波动，全球联系总体在综合经济竞争力下方波动。总体表明当地要素最能代表综合经济竞争力，而生活环境则会在尾部高估综合经济竞争力，全球联系在中部低估综合经济竞争力。

表5－13　　　综合经济竞争力指数和各分项指数相关性

	综合经济竞争力	当地要素	生活环境	营商软环境	营商硬环境	全球联系
综合经济竞争力	1.000					
当地要素	0.868	1.000				
生活环境	0.778	0.762	1.000			
营商软环境	0.853	0.867	0.763	1.000		
营商硬环境	0.822	0.748	0.606	0.755	1.000	
全球联系	0.805	0.838	0.740	0.903	0.728	1.000

从各要素的总体均值和差异角度来看，当地要素竞争力、生活环境竞争力、营商软环境竞争力、营商硬环境竞争力和全球联系竞争力均值分别为0.298、0.408、0.324、0.356、0.232，生活环境竞争力总体均值最高，全球联系竞争力总体均值最低，总体与上述曲线分布图相一致，总体而言，当地要素竞争力和全球联系竞争力要低于综合经济竞争力。从变异系角度来看，当地要素竞争力、生活环境竞争力、营商软环境竞

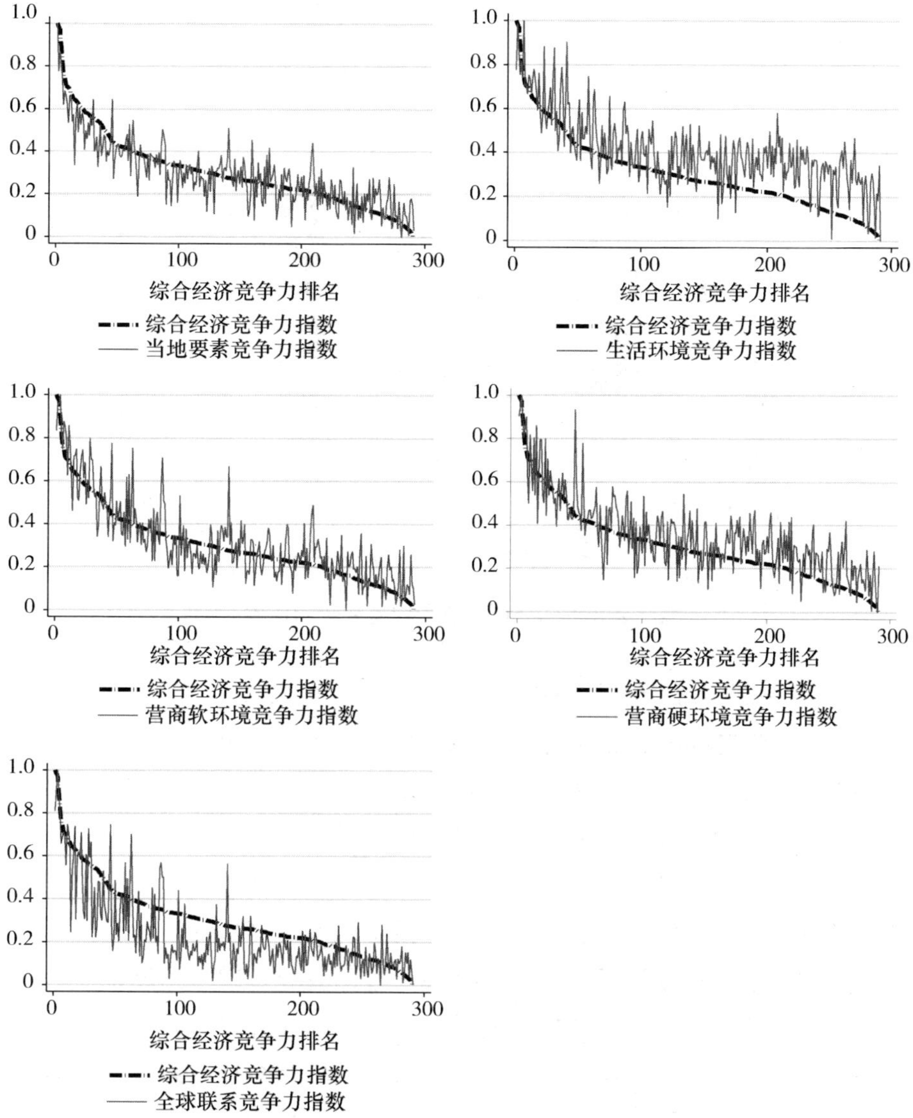

图5－25　综合经济竞争力指数和各分项指数曲线图

争力、营商硬环境竞争力和全球联系竞争力的变异系数分别为0.532、0.411、0.600、0.518、0.816，各城市生活环境竞争力之间的差异最小，全球联系竞争力之间的差异最大，总体呈现竞争力越高、分化越严重状态（见图5－26）。

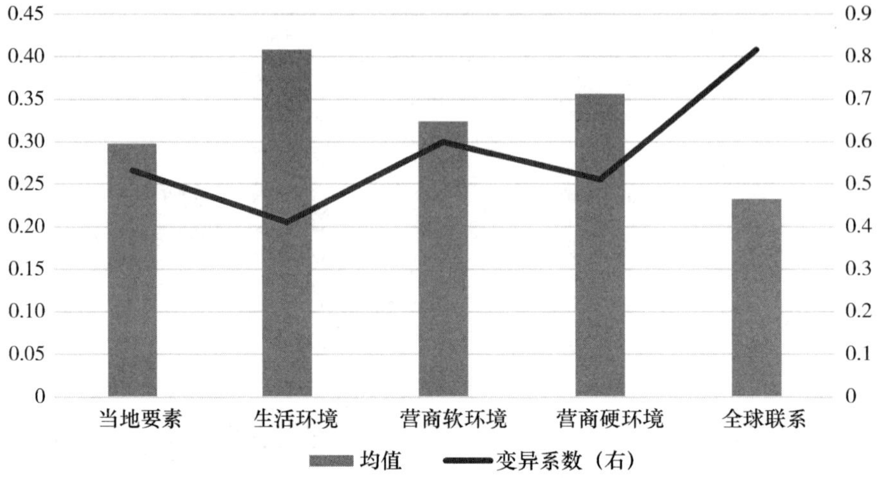

图5－26 各分项竞争力均值和变异系数

（二）当地要素为综合经济竞争力的最核心代表

图5－27表示各要素对综合经济竞争力的影响贡献度。具体来看，当地要素、生活环境、营商软环境、营商硬环境和全球联系对综合经济竞争力的贡献度分别为23.15%、17.31%、20.55%、22.26%、16.73%，总体表明当地要素对综合经济竞争力的贡献度大，解释力度最强，其次为营商硬环境和营商软环境，最低为生活环境和全球联系，并且生活环境和全球联系的总体解释度相近。从各要素的差异贡献度角度来看（见图5－28），总体综合经济竞争力的差异（MLD指数）为0.146，其中由当地要素、生活环境、营商软环境、营商硬环境和全球联系导致的差异分别为0.042、0.025、0.029、0.032、0.015，总体而言当地要素导致的差异最大，总体占比高达28.72%，全球联系导致的差异最小，总体占比仅为10.56%。总体而言，当地要素为综合经济竞争力的核心解释变量，最能代表综合经济竞争力。

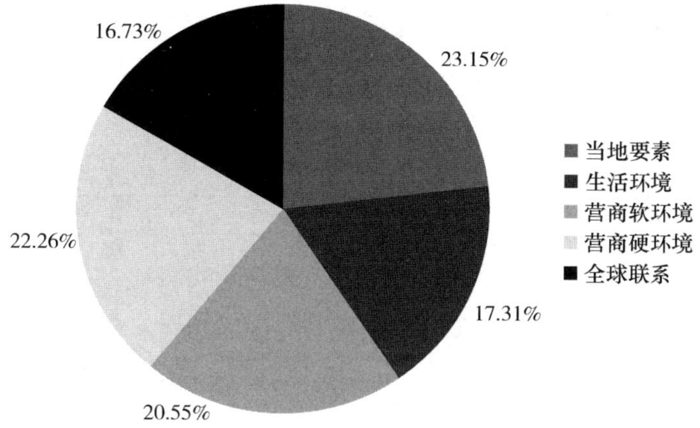

图 5-27　各要素的解释性影响贡献度

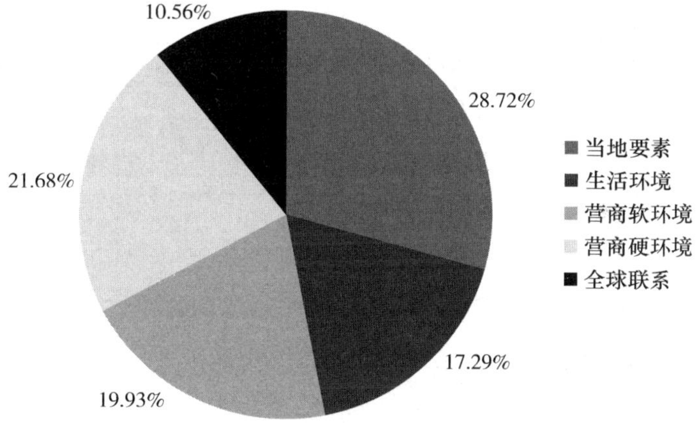

图 5-28　各要素的差异贡献度

第二节　中国城市当地要素竞争力报告

当地要素作为影响城市综合经济竞争力的关键因素，其涵盖城市的方方面面，而最重要的当属资本、创新和人才，本部分以信贷市场融资便利度、资本市场融资便利度、学术论文指数、专利申请指数、青年人才比例指数、劳动力总数等六项指标以期最直接、最准确衡量中国内地和港澳台地区291个城市当地要素竞争力，相关数据来自世界银行、全球上市公司、Web of science、WIOP、EIU等数据库（见表5-14）。

表5-14 当地要素竞争力指标体系

一级指标	二级指标	指标内容	数据来源
当地要素	信贷市场融资便利度	营商环境报告之信贷可得性指标经城市修正	世界银行
	资本市场融资便利度	交易所交易额数据及全球上市公司数据计算	网站查取
	学术论文指数	发表论文数量	Web of science网站根据城市查取
	专利申请指数	专利数量	WIPO网站根据城市查取
	青年人才比例指数	青年（16—45岁）人口占比经人均GDP修正	经济学人EIU全球城市数据库
	劳动力总数	劳动人口（15—59岁）总数	经济学人EIU全球城市数据库

研究结果发现：当地要素竞争力排名前十的城市分别为深圳、上海、北京、香港、广州、台北、成都、杭州、南京、天津，中心城市当地要素竞争力绝对领先；当地要素竞争力呈现“一线主导、二线辅助”格局；省份集聚效应显著呈现“高竞争力—收敛、低竞争力—分化”格局；城市群内部当地要素竞争力分布格局决定其总体水平和差异；信贷市场融资便利度和青年人才比例是决定当地要素竞争力差异的关键变量。

一 中心城市当地要素竞争力绝对领先

当地要素竞争力排名前十的城市分别为深圳、上海、北京、香港、广州、台北、成都、杭州、南京、天津，有5个城市属于直辖市或自治区（包含台北），有7个城市属于东南沿海区域（包含香港、台北），有2个城市属于环渤海区域，仅有1个城市属于西南区域。中部没有一个城市进入前十强，中部中心城市武汉、合肥、长沙、郑州分别排第13名、第16名、第17名、第26名，相对头部城市而言较弱。此外，十强城市中，长三角城市群、珠三角城市群各占3个城市，京津冀城市群占2个城市（见表5－15）。从当地要素竞争力全国分布来看（见图5－29），城市群、都市圈格局已经确定，特别是中心城市北京、天津、青岛、济南、西安、上海、南京、杭州、合肥、武汉、长沙、成都、重庆、大连、香港、深圳、广州等城市引领都市圈，城市群格局主导全国当地要素竞争力分布。

表5－15　　当地要素竞争力前十强

	城市	省（市、自治区）	当地要素竞争力	所属区域	所属城市群
1	深圳	广东	1.000	东南区域	珠三角城市群
2	上海	上海	0.872	东南区域	长三角城市群
3	北京	北京	0.810	环渤海区域	京津冀城市群
4	香港	香港	0.777	港澳台区域	珠三角城市群
5	广州	广东	0.751	东南区域	珠三角城市群
6	台北	台湾	0.684	港澳台区域	—
7	成都	四川	0.664	西南区域	成渝城市群
8	杭州	浙江	0.660	东南区域	长三角城市群
9	南京	江苏	0.660	东南区域	长三角城市群
10	天津	天津	0.646	环渤海区域	京津冀城市群

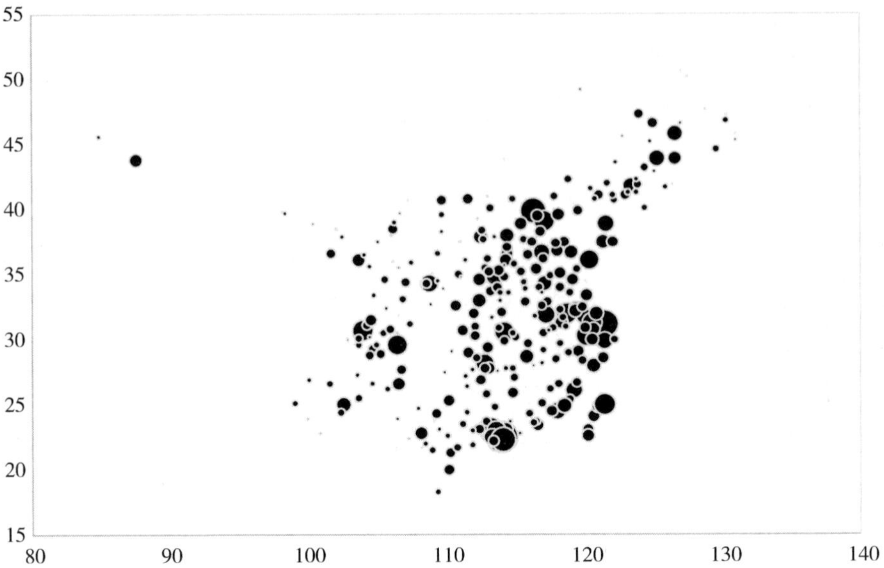

图5－29 当地要素竞争力全国分布

二 当地要素竞争力呈现“一线主导、二线辅助”格局

从区域角度来看，当地要素竞争力从强到弱排序分别为东部、中部、东北、西部，当地要素竞争力分别为0.408、0.280、0.231和0.221，这一点从前100强城市构成来看更为显著，在前100强城市中有59个城市属于东部，20个城市属于中部，7个城市属于东北，14个城市属于西部，相对而言，东部有63.44%的城市在前100强内，其中一大半城市在东南区域，中部有25%的城市在前100强内，东北有20.59%的城市在前100强内，西部仅有16.67%的城市在前100强内。区域内部差异从大到小排序分别为东北、西部、中部和东部，东北的当地要素竞争力差异最大，大连、长春、哈尔滨、沈阳等城市处于全国前30强以内，而黑河、白山、七台河、伊春、鹤岗、双鸭山等城市全国排名倒数，区域内差异巨大；西部同样也是如此，成都、重庆、西安均在全国20强以内，而尾部城市也基本处于倒数。从城市层级来看，一、二线城市的当地要素竞争力要大幅领先于三、四线城市，并且三、四线城市当地要素竞争力较为接近，当地要素竞争力分别为0.360和0.213，从变异系数角度来看，四线城市内部各城市间当地要素竞争力差异最大，当地要素总体呈现“一

线主导、二线辅助”格局（见表5－16）。

表5－16　　　　各区域当地要素竞争力

	样本量	均值	变异系数	最小值	最大值
东部	93	0.408	0.385	0.132	1.000
中部	80	0.280	0.411	0.081	0.624
东北	34	0.231	0.645	0.000	0.547
西部	84	0.221	0.597	0.017	0.664
一线城市	6	0.816	0.135	0.684	1.000
二线城市	35	0.525	0.176	0.336	0.664
三线城市	69	0.360	0.225	0.070	0.511
四线城市	181	0.213	0.427	0.000	0.456
南方	161	0.323	0.505	0.040	1.000
北方	130	0.266	0.556	0.000	0.810

注：在统计分析时，东部、南方均包含香港、澳门、台湾地区，一线城市包含北京、上海、广州、深圳、香港和台北，二线城市包含澳门、台中、新竹、台南、高雄等城市。

三　省份集聚效应显著呈现“高竞争力—收敛、低竞争力—分化”格局

从各省的当地要素竞争力和变异系数角度来看（见图5－30），省份的综合当地要素竞争力与省内差异存在显著的负相关关系，当地要素竞争力越强、省内差异越小。而所有省份主要集聚为三个集合，分别为高当地要素竞争力—低差异、中当地要素竞争力—中差异、低当地要素竞争力—高差异。详细而言，台湾、江苏、浙江、山东、广东、福建、河北等省份集聚为一体，处于高竞争力—低差异状态，湖北、河南、贵州、海南、湖南、辽宁、安徽、江西、山西等省份集聚为一体，处于中竞争力—中差异状态，特别是河南、辽宁、安徽、贵州等省份基本集聚为一体。四川、吉林、陕西、云南、广西、新疆、内蒙古、甘肃、黑龙江、宁夏等省份集聚为一体，处于低竞争力—高差异状态。值得注意的是，广东不属于这三个集合之内，属于高当地要素竞争力—高差异，这由其省内城市当地要素竞争力决定的，广东省内当地要素竞争力最高的为深圳，全国排名第1，当地要素竞争力数值为1，省内当地要素竞争力最低为汕尾，全国排名第251，当地要素竞争力数值为0.132，省内差异巨大。

从各省（市、自治区）当地要素竞争力最大值和最小值的变化区间也可以看出（见图5－31），高竞争力—低差异省份的当地要素竞争力最大值、最小值区间差异较小且数值较高，而低竞争力—高差异省份的当地要素竞争力最大值、最小值的区间和数值波动性较大。

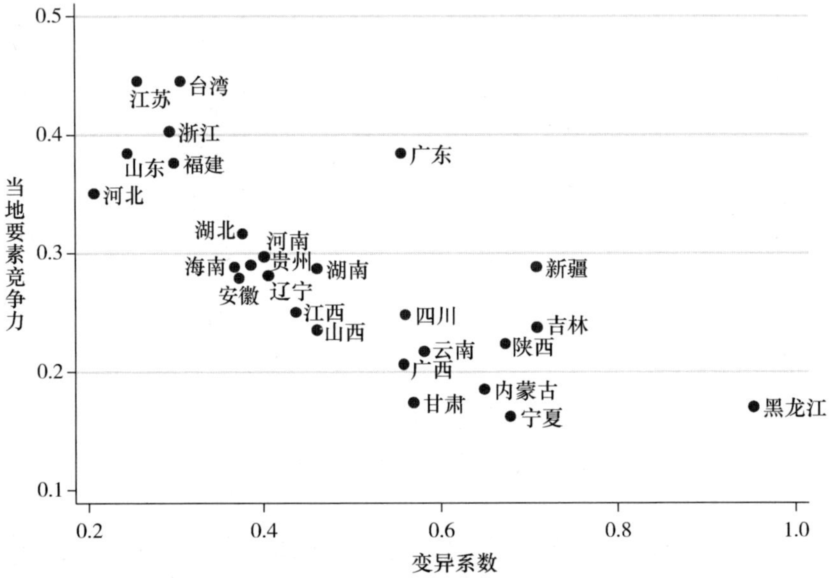

图5－30　各省当地要素竞争力与变异系数散点图

注：散点图中未包含上海、北京、香港、天津、重庆、澳门、青海等省（市、自治区）。

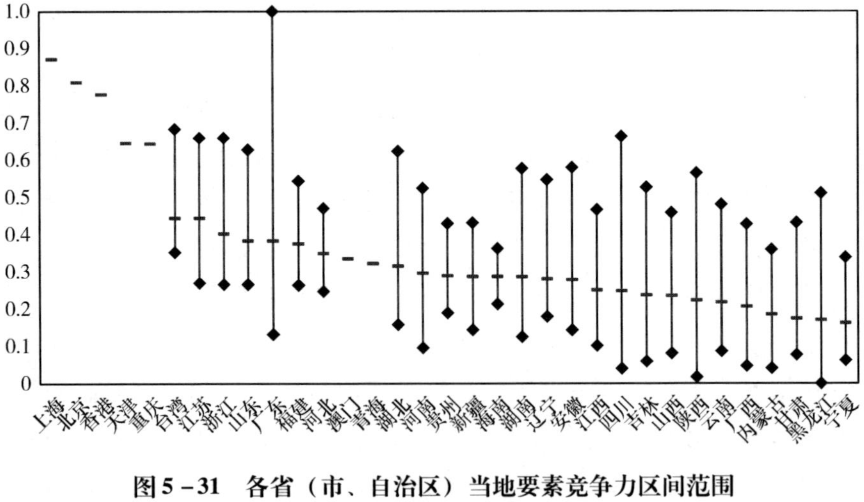

图5－31　各省（市、自治区）当地要素竞争力区间范围

四　城市群内部当地要素竞争力分布格局决定其总体水平和差异

从城市群角度来看，城市群当地要素竞争力与变异系数存在一定的负相关关系（见图5－32），但就其格局而言又有所不同，当地要素竞争力分布体系决定了城市群的总体当地要素竞争力和差异格局。首先，山东半岛城市群、京津冀城市群和珠三角城市群的总体当地要素竞争力较为接近，但是城市群内部差异巨大，其原因在于山东半岛城市群总体属于扁平化均衡格局，京津冀城市群属于双中心扁平化格局，珠三角城市群则属于头部多中心扁平化、尾部差异化格局。其次，中原城市群表现为显著聚集状态，城市群内城市当地要素竞争力差异不大，不同的是长三角城市群为强—强集聚，中原城市群为弱—弱集聚。再次，辽中南城市群、长株潭城市群、武汉城市群、合肥城市群则表现为单中心或双中心扁平化格局。最后，环鄱阳湖城市群、太原城市群、关中平原城市群、成渝城市群和北部湾城市群则为显著的单中心或双中心差异化格局，从而导致总体城市群内当地要素竞争力差异较大（见表5－17）。

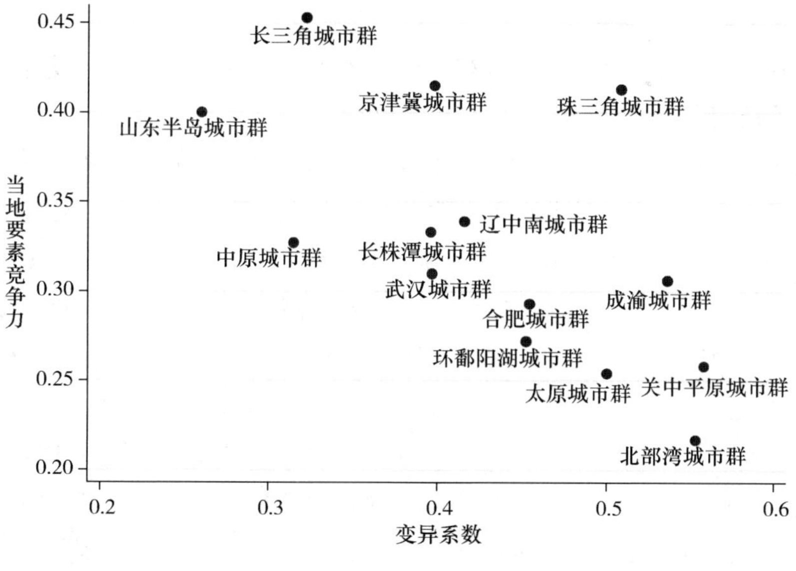

图5－32　各城市当地要素竞争力与变异系数散点图

注：此处城市群并不是国家行政规划划定的城市群或城市，而是根据各城市间人口迁移数据，采用K壳分析方法计算得出，表达实际上城市间的人口联系。

表 5 - 17　　各城市群当地要素竞争力首位度

	首位除第二位	首位除第三位	首位除第四位	首位除第五位	首位除第六位	首位除第七位
长三角城市群	1.321	1.321	1.406	1.618	1.636	1.787
山东半岛城市群	1.208	1.402	1.562	1.644	1.853	1.909
京津冀城市群	1.254	1.720	1.933	1.957	2.104	2.126
珠三角城市群	1.287	1.332	1.672	1.742	1.905	2.020
辽中南城市群	1.085	1.614	1.699	1.906	2.820	3.056
中原城市群	1.151	1.238	1.300	1.442	1.591	1.625
长株潭城市群	1.495	1.551	1.559	1.712	2.061	3.278
武汉城市群	1.677	1.733	1.897	2.046	2.122	2.152
成渝城市群	1.031	1.729	2.170	2.221	2.243	2.432
合肥城市群	1.807	1.830	1.973	1.973	2.788	3.085
环鄱阳湖城市群	1.506	1.639	1.650	2.471	4.624	
太原城市群	1.651	1.657	1.759	2.700	5.667	
关中平原城市群	1.840	1.877	2.233	2.580	3.304	4.414
北部湾城市群	1.109	1.263	1.769	2.140	2.265	2.692

五　信贷市场融资便利度和青年人才比例是决定当地要素竞争力差异的关键变量

从当地要素竞争力的构成要素角度来看，信贷市场融资便利度、资本市场融资便利度、学术论文指数、专利申请指数、青年人才比例指数、劳动力总数的总体均值分别为 0.195、0.306、0.419、0.331、0.114、0.554，学术论文指数和劳动力总数总体较高，而青年人才比例指数最低。从变异系数角度来看，信贷市场融资便利度、资本市场融资便利度、学术论文指数、专利申请指数、青年人才比例指数、劳动力总数的变异系数分别为0.725、0.575、0.457、0.582、1.020、0.271，与总体均值相对应，信贷市场融资便利度和青年人才比例指数的分化最为严重，而劳动力总数的差异最低。这表明相对而言，各城市的劳动力总数、学术论文指数等指标较为接近，而影响城市当地要素竞争力差异的关键在于青年人才比例指数和信贷市场融资便利度（见图 5 - 33）。

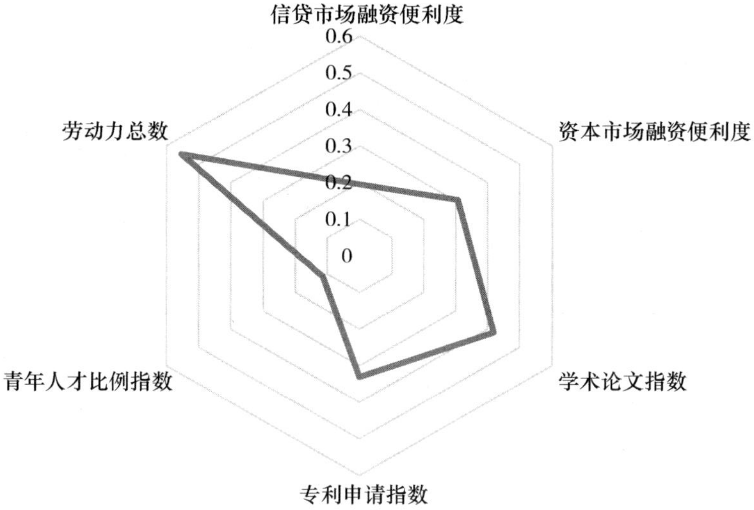

图 5－33　当地要素竞争力分项指标

六　中国 291 个城市当地要素竞争力

表 5－18　　2020 年中国 291 个城市当地要素竞争力指数及排名

	省（市、自治区）	指数	排名		省（市、自治区）	指数	排名
深圳	广东	1. 000	1	益阳	湖南	0. 280	147
上海	上海	0. 872	2	忻州	山西	0. 278	148
北京	北京	0. 810	3	滁州	安徽	0. 278	149
香港	香港	0. 777	4	日照	山东	0. 278	150
广州	广东	0. 751	5	长治	山西	0. 277	151
台北	台湾	0. 684	6	天水	甘肃	0. 273	152
成都	四川	0. 664	7	自贡	四川	0. 273	153
杭州	浙江	0. 660	8	赤峰	内蒙古	0. 271	154
南京	江苏	0. 660	9	舟山	浙江	0. 271	155
天津	天津	0. 646	10	茂名	广东	0. 271	156
重庆	重庆	0. 644	11	梅州	广东	0. 271	157
青岛	山东	0. 628	12	淮北	安徽	0. 271	158

续表

	省（市、自治区）	指数	排名		省（市、自治区）	指数	排名
武汉	湖北	0.624	13	淮安	江苏	0.270	159
苏州	江苏	0.620	14	承德	河北	0.270	160
东莞	广东	0.598	15	衢州	浙江	0.266	161
合肥	安徽	0.580	16	枣庄	山东	0.266	162
长沙	湖南	0.577	17	铜陵	安徽	0.265	163
佛山	广东	0.574	18	曲靖	云南	0.265	164
西安	陕西	0.565	19	眉山	四川	0.264	165
大连	辽宁	0.547	20	马鞍山	安徽	0.264	166
厦门	福建	0.544	21	三明	福建	0.264	167
宁波	浙江	0.539	22	晋中	山西	0.261	168
福州	福建	0.534	23	衡水	河北	0.260	169
无锡	江苏	0.533	24	韶关	广东	0.259	170
长春	吉林	0.527	25	孝感	湖北	0.259	171
郑州	河南	0.525	26	晋城	山西	0.259	172
中山	广东	0.525	27	玉溪	云南	0.257	173
济南	山东	0.520	28	揭阳	广东	0.257	174
哈尔滨	黑龙江	0.511	29	汉中	陕西	0.253	175
沈阳	辽宁	0.504	30	牡丹江	黑龙江	0.252	176
珠海	广东	0.495	31	黄山	安徽	0.252	177
常州	江苏	0.488	32	濮阳	河南	0.251	178
昆明	云南	0.481	33	阜新	辽宁	0.250	179
徐州	江苏	0.475	34	潮州	广东	0.249	180
泉州	福建	0.474	35	遂宁	四川	0.248	181
石家庄	河北	0.471	36	张家口	河北	0.247	182
烟台	山东	0.468	37	梧州	广西	0.247	183
南昌	江西	0.467	38	营口	辽宁	0.244	184
温州	浙江	0.462	39	北海	广西	0.242	185
太原	山西	0.459	40	达州	四川	0.239	186
南通	江苏	0.458	41	攀枝花	四川	0.237	187

续表

	省（市、自治区）	指数	排名		省（市、自治区）	指数	排名
南阳	河南	0.456	42	景德镇	江西	0.236	188
潍坊	山东	0.448	43	乐山	四川	0.233	189
吉林	吉林	0.443	44	新余	江西	0.233	190
惠州	广东	0.434	45	黄冈	湖北	0.232	191
乌鲁木齐	新疆	0.432	46	盘锦	辽宁	0.229	192
兰州	甘肃	0.432	47	丹东	辽宁	0.229	193
镇江	江苏	0.431	48	宣城	安徽	0.228	194
贵阳	贵州	0.430	49	鄂尔多斯	内蒙古	0.226	195
南宁	广西	0.428	50	商丘	河南	0.225	196
洛阳	河南	0.424	51	内江	四川	0.219	197
保定	河北	0.419	52	延安	陕西	0.219	198
嘉兴	浙江	0.416	53	佳木斯	黑龙江	0.218	199
唐山	河北	0.414	54	阳江	广东	0.216	200
扬州	江苏	0.414	55	漯河	河南	0.216	201
芜湖	安徽	0.410	56	保山	云南	0.213	202
高雄	台湾	0.408	57	三亚	海南	0.213	203
盐城	江苏	0.408	58	安顺	贵州	0.211	204
安阳	河南	0.404	59	亳州	安徽	0.208	205
绍兴	浙江	0.404	60	本溪	辽宁	0.207	206
淄博	山东	0.402	61	葫芦岛	辽宁	0.206	207
台中	台湾	0.400	62	贺州	广西	0.204	208
临沂	山东	0.393	63	玉林	广西	0.200	209
连云港	江苏	0.391	64	周口	河南	0.198	210
金华	浙江	0.387	65	朝阳	辽宁	0.197	211
桂林	广西	0.386	66	辽阳	辽宁	0.194	212
株洲	湖南	0.386	67	通化	吉林	0.194	213
邯郸	河北	0.385	68	云浮	广东	0.192	214
绵阳	四川	0.384	69	庆阳	甘肃	0.191	215
济宁	山东	0.382	70	鄂州	湖北	0.189	216

续表

	省（市、自治区）	指数	排名		省（市、自治区）	指数	排名
廊坊	河北	0.381	71	六盘水	贵州	0.189	217
汕头	广东	0.380	72	钦州	广西	0.189	218
新竹	台湾	0.378	73	宜春	江西	0.189	219
台州	浙江	0.378	74	六安	安徽	0.188	220
十堰	湖北	0.376	75	石嘴山	宁夏	0.186	221
漳州	福建	0.375	76	陇南	甘肃	0.181	222
江门	广东	0.374	77	丽江	云南	0.181	223
威海	山东	0.373	78	铁岭	辽宁	0.179	224
岳阳	湖南	0.372	79	邵阳	湖南	0.176	225
宜昌	湖北	0.372	80	定西	甘肃	0.173	226
常德	湖南	0.370	81	永州	湖南	0.172	227
赣州	江西	0.367	82	渭南	陕西	0.171	228
新乡	河南	0.364	83	临汾	山西	0.170	229
海口	海南	0.363	84	昭通	云南	0.167	230
襄阳	湖北	0.360	85	白银	甘肃	0.167	231
呼和浩特	内蒙古	0.360	86	娄底	湖南	0.164	232
东营	山东	0.360	87	驻马店	河南	0.164	233
湖州	浙江	0.356	88	通辽	内蒙古	0.162	234
衡阳	湖南	0.356	89	武威	甘肃	0.161	235
台南	台湾	0.353	90	鹰潭	江西	0.160	236
大庆	黑龙江	0.349	91	河池	广西	0.159	237
沧州	河北	0.348	92	随州	湖北	0.158	238
包头	内蒙古	0.341	93	阳泉	山西	0.157	239
银川	宁夏	0.339	94	贵港	广西	0.154	240
鞍山	辽宁	0.339	95	池州	安徽	0.153	241
聊城	山东	0.339	96	松原	吉林	0.153	242
柳州	广西	0.339	97	榆林	陕西	0.152	243
湘潭	湖南	0.337	98	酒泉	甘肃	0.150	244
澳门	澳门	0.336	99	克拉玛依	新疆	0.144	245

续表

	省（市、自治区）	指数	排名		省（市、自治区）	指数	排名
秦皇岛	河北	0.333	100	宿州	安徽	0.143	246
湛江	广东	0.331	101	中卫	宁夏	0.141	247
信阳	河南	0.330	102	河源	广东	0.141	248
德州	山东	0.329	103	广元	四川	0.139	249
荆州	湖北	0.329	104	辽源	吉林	0.134	250
遵义	贵州	0.328	105	汕尾	广东	0.132	251
齐齐哈尔	黑龙江	0.327	106	资阳	四川	0.130	252
泰州	江苏	0.326	107	百色	广西	0.128	253
泰安	山东	0.325	108	怀化	湖南	0.128	254
滨州	山东	0.325	109	安康	陕西	0.128	255
邢台	河北	0.325	110	张家界	湖南	0.125	256
西宁	青海	0.323	111	绥化	黑龙江	0.124	257
焦作	河南	0.323	112	萍乡	江西	0.121	258
锦州	辽宁	0.322	113	鹤壁	河南	0.118	259
许昌	河南	0.321	114	商洛	陕西	0.116	260
阜阳	安徽	0.321	115	呼伦贝尔	内蒙古	0.107	261
肇庆	广东	0.321	116	乌海	内蒙古	0.107	262
平顶山	河南	0.321	117	鸡西	黑龙江	0.104	263
蚌埠	安徽	0.317	118	白城	吉林	0.103	264
宁德	福建	0.316	119	抚州	江西	0.101	265
宿迁	江苏	0.315	120	平凉	甘肃	0.099	266
泸州	四川	0.312	121	三门峡	河南	0.096	267
九江	江西	0.310	122	张掖	甘肃	0.096	268
宝鸡	陕西	0.307	123	雅安	四川	0.092	269
开封	河南	0.307	124	崇左	广西	0.087	270
宜宾	四川	0.306	125	普洱	云南	0.086	271
咸宁	湖北	0.305	126	临沧	云南	0.086	272
菏泽	山东	0.304	127	金昌	甘肃	0.082	273
咸阳	陕西	0.301	128	吴忠	宁夏	0.082	274

续表

	省（市、自治区）	指数	排名		省（市、自治区）	指数	排名
德阳	四川	0.299	129	吕梁	山西	0.081	275
丽水	浙江	0.299	130	朔州	山西	0.081	276
南充	四川	0.296	131	广安	四川	0.081	277
南平	福建	0.295	132	嘉峪关	甘肃	0.077	278
荆门	湖北	0.294	133	来宾	广西	0.070	279
淮南	安徽	0.294	134	黑河	黑龙江	0.063	280
安庆	安徽	0.294	135	固原	宁夏	0.062	281
龙岩	福建	0.293	136	白山	吉林	0.059	282
黄石	湖北	0.290	137	巴彦淖尔	内蒙古	0.053	283
清远	广东	0.289	138	七台河	黑龙江	0.052	284
抚顺	辽宁	0.287	139	防城港	广西	0.047	285
吉安	江西	0.285	140	乌兰察布	内蒙古	0.041	286
郴州	湖南	0.285	141	巴中	四川	0.040	287
莆田	福建	0.285	142	伊春	黑龙江	0.033	288
上饶	江西	0.283	143	铜川	陕西	0.017	289
运城	山西	0.283	144	鹤岗	黑龙江	0.008	290
大同	山西	0.282	145	双鸭山	黑龙江	0.000	291
四平	吉林	0.281	146				

第三节 中国城市生活环境竞争力报告

城市是人类生产和生活的重要载体，是人类文明和财富的聚集地，是人类与自然界产生交互的主要空间形式。特别是在工业社会之后，越来越多的人生活在城市之中，全球一定意义上已经进入城市星球时代。城市的功能在此过程中不断发生调整和演变，功能的叠加和进化发展出了不同等级的个体城市和相互联系、分层嵌套的城市体系。但是对于所有的城市来说，其功能中最基础也最恒久的是居住和生活功能，它包括但不限于舒适的气候、整洁的环境、安全和可负担的居所、消费设施、卫生设施、文化设施、休闲设施等。

只有安居，才能乐业，评价一个城市的竞争力，生活环境是一个重要维度。根据倪鹏飞教授对城市竞争力的理论解释，城市竞争力可以分为短期竞争力和长期竞争力。短期竞争力是利用直接的要素和环境创造当前财富的能力，长期竞争力是利用基础的要素和环境可持续地创造财富提供效用的能力。而城市的生活环境，可被视为竞争力的基础构成和城市竞争力的拉动力量。在对城市生活环境的研究中，本报告构建了从 8 个维度，综合考量一个城市生活环境的评价体系。这 8 个指数，涵盖城市在历史文化、医疗健康机构、气候舒适度、环境污染度、市民消费水平、居住成本、健体休闲设施和文化设施方面的表现。数据来源主要是权威统计机构、国际性研究机构和网络爬虫数据，数据样本涵盖全国 291 个城市，详情参见表 5－19。

表 5－19　　生活环境竞争力指标体系

	三级指标	指标内容	数据来源
生活环境竞争力	历史文化指数	博物馆数量	地图爬虫数据
	医疗健康机构指数	人均医疗机构数量经医疗可及性和医疗质量指数（HAQ Index）调整	地图爬虫数据 网站查取
	气候舒适度指数	气温、降水、灾害天气、能见度四项指标打分合成计算	全球环境信息统计数据库
	环境污染度指数	PM2.5、人均 CO_2 排放量、人均 SO_2 排放量三项指标打分合成计算	全球环境信息统计数据库
	市民消费水平指数	人均可支配收入经基尼系数修正	经济学人 EIU 全球城市数据库 网络爬虫数据
	居住成本指数	房价收入比	Numbeo 网站
	健体休闲设施指数	高尔夫球场数量	地图爬虫数据
	文化设施指数	图书馆数量/城市面积	地图爬虫数据

资料来源：中国社会科学院城市与竞争力指数数据库。

研究发现：中国城市生活环境竞争力整体呈现“头小肚大”的矮橄

榄形结构，整体水平有待提高。区域上呈现明显的“南强北弱，东部领先”的分化特点，港澳粤沪京，领衔全国。消费水平与生活环境竞争力高度相关，住房价格在现阶段主要发挥“挤出效用”。大中型城市因为行政地位聚集了大量优质公共资源，在多种公共设施和市民消费水平方面占据优势，但也面临房价高企和环境污染的问题。与之相对，三、四线城市在气候舒适度和居住成本方面表现较好，并且有部分三、四线城市综合水平表现抢眼。在当下以发展城市群为主要方式开展高质量城市化的历史阶段，核心城市与成员城市找准定位，发挥相对优势，扬长避短，扬长补短，形成差异化竞争，互补性合作，铆合式发展，有利于在更大更广的空间维度释放资源优化配置的结构性红利。

一 中国城市生活环境竞争力整体呈现“头小肚大”的矮橄榄形结构

中国城市生活环境竞争力整体呈现“头小肚大”的矮橄榄形结构。指标总体平均得分 0.408，有 163 个城市的生活环境水平低于平均，占总样本城市的 56.01%，仅有 36 个城市的生活环境得分高于 0.6，变异系数 0.411，有中等程度的分化。从其直方图（见图 5－34）可以看出，城市生活环境竞争力集聚程度较高，大部分城市集聚在 0.2—0.6，呈现一种“头小肚大”的矮橄榄形结构。

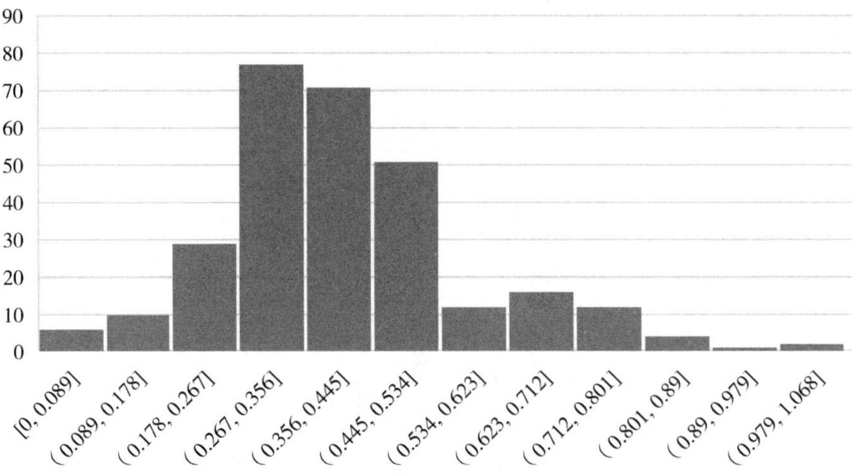

图 5－34 城市生活环境竞争力指数直方图

二　“南强北弱，东部领先”的区域格局比较明显

“南强北弱，东部领先”的区域格局比较明显。从城市生活环境竞争力总体分布（见图5－35）可以看出，中国城市的生活环境呈现明显的“南强北弱，东部领先”的区域特点。首先，南方整体领先于北方，从数据上看，南方161个城市的均值为0.460，而北部130个样本城市的均值为0.344。进一步观察（见表5－20），可以发现东部地区一枝独秀，均值0.522，显著领先于全国，西部、中部和东北地区均低于全国平均水平，其中，东北的得分仅为0.287且内部分化程度最严重。再者，从头部城市的分布看（见图5－36），排名前10的城市分别为台北、香港、台南、高雄、台中、上海、广州、新竹、澳门、深圳，全部位于东部地区；全国排名前50的城市中，70%位于东部，14%位于西部，12%位于中部，4%位于东北。

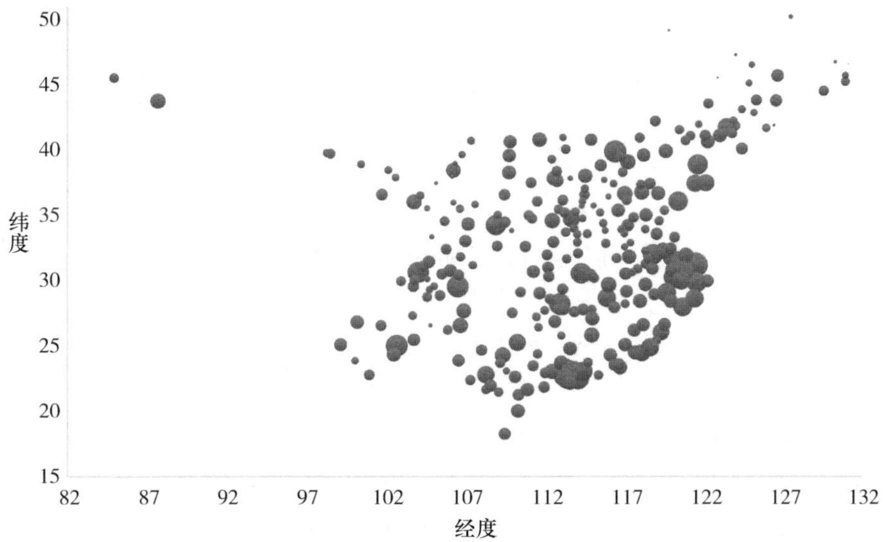

图5－35　生活环境竞争力经纬度分布

表5-20 分区域生活环境水平指数统计描述

	生活环境均值	生活环境变异系数
东部	0.522	0.338
西部	0.372	0.356
中部	0.365	0.302
东北	0.287	0.575
总计	0.408	0.411

资料来源：中国社会科学院城市与竞争力指数数据库。

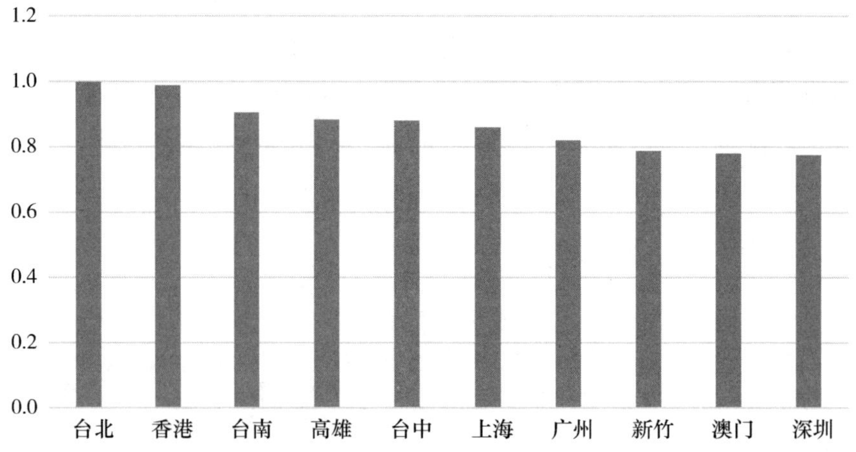

图5-36 生活环境竞争力TOP10

资料来源：中国社会科学院城市与竞争力指数数据库。

三 省级行政区维度，港澳粤沪京领衔全国

省级行政区维度，港澳粤沪京领衔全国。从省级维度，整体上来看，香港、上海、广东、澳门、北京占据中国前5，分别代表了中国发展最领先的三个片区。从8个分项指标来看，历史文化方面，北京稳居第一，上海随后，其次是陕西、浙江和四川；医疗健康机构方面，重庆、河北和香港紧随北京、上海之后；气候舒适度方面，前5名均属南方省份；环境污染度方面，青海省位居第5，之前分别是香港、澳门、广东和上海；市民消费水平方面，澳门领跑全国，随后是香港、上

海、北京和浙江；居住成本方面，前5基本都由西北人口稀疏的省份占据，但湖南在房价控制方面一直表现突出，占据第4；健体休闲设施方面，依然是北京、上海、广东和香港领跑，但是辽宁跻身前5强；文化设施方面，湖北进入第一梯队，公共文化服务体系建设卓有成效（见表5－21）。

表5－21　　　　省级行政区生活环境及三级指标排名TOP5

	省级行政区				
	1	2	3	4	5
生活环境整体排名	香港	上海	广东	澳门	北京
历史文化指数排名	北京	上海	陕西	浙江	四川
医疗健康机构指数排名	北京	上海	重庆	河北	香港
气候舒适度指数排名	香港	广东	澳门	广西	云南
环境污染度指数排名	香港	澳门	广东	上海	青海
市民消费水平指数排名	澳门	香港	上海	北京	浙江
居住成本指数排名	宁夏	新疆	内蒙古	湖南	青海
健体休闲设施指数排名	北京	上海	广东	香港	辽宁
文化设施指数排名	北京	香港	上海	广东	湖北

资料来源：中国社会科学院城市与竞争力指数数据库。

消费水平与生活环境竞争力高度相关，住房价格在现阶段主要发挥“挤出效用”。8个三级指标和生活环境竞争力的相关系数方面，如图5－37所示，市民消费水平指数与生活环境竞争力的相关度最高，达到0.806；其次是文化设施指数和健体休闲设施指数，与生活环境竞争力的相关系数分别是0.798和0.788。居住成本不出意料地，与生活环境竞争力各三级指标之间均呈现程度不同的负相关关系。表示住房价格在现阶段，已经从多个方面，表现出对城市生活环境一定的“挤出效用”。

变量	生活环境竞争力	历史文化指数	医疗健康机构指数	气候舒适度指数	环境污染度指数	市民消费水平指数	居住成本指数	健体休闲设施指数	文化设施指数
生活环境竞争力	1								
历史文化指数	0.772***	1							
医疗健康机构指数	0.625***	0.666***	1						
气候舒适度指数	0.481***	0.071	0.111*	1					
环境污染度指数	0.358***	0.066	-0.088	0.186***	1				
市民消费水平指数	0.806***	0.548***	0.415***	0.208***	0.340***	1			
居住成本指数	-0.565***	-0.519***	-0.464***	-0.181***	-0.412***	-0.517***	1		
健体休闲设施指数	0.788***	0.631***	0.504***	0.148**	0.237***	0.686***	-0.656***	1	
文化设施指数	0.798***	0.686***	0.601***	0.078	0.262***	0.695***	-0.671***	0.752***	1

*** $p<0.01$， ** $p<0.05$， * $p<0.1$

图5-37 35个大中城市生活环境分项平均排名均值雷达图

资料来源：中国社会科学院城市与竞争力指数数据库。

四 大中城市与小城市各具优势，分工互补、合作共赢

大中城市与小城市各具优势，分工互补、合作共赢。以35个大中城市为样本，我们统计了生活环境下属的8个三级指标的排名情况，并取排名的均值反映中国大中城市的生活环境发展断面。因为使用排名数据，故越靠近圆心表示排名越高，表现越好；越远离圆心表示排名越低，短板越大。从图5-38可以看出，中国的大中城市的市民消费水平往往比较高，在健体休闲设施、文化设施以及医疗健康机构方面掌握的资源比较多，这也与我国高等级城市因为行政地位优势而较多占据优质公共资源

的情况相一致。同时，我们的大中城市在历史文化方面往往也属于文化名城和历史古城，拥有较多的历史文化遗产。但同时，我们也可以发现，大中城市在气候舒适度方面表现往往不占优势，环境污染方面面临很大压力。同时，居住成本高企，给市民的生产生活造成明显影响。故而，需要特别注重在环境保护、污染治理和房价控制方面的工作。

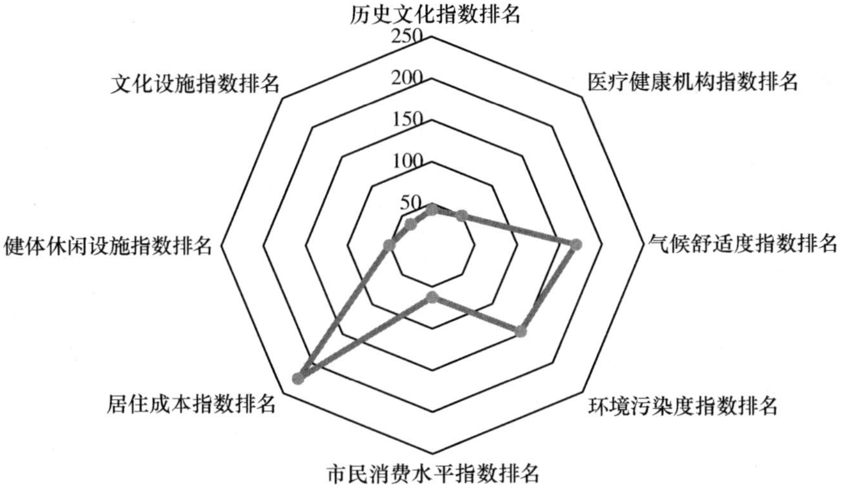

图5－38　35个大中城市生活环境分项平均排名均值雷达图

资料来源：中国社会科学院城市与竞争力指数数据库。

长久以来，大量的三线和四线城市，被城市分析者所忽视，但是我们在数据分析时发现，三、四线城市中也有不少城市的发展情况较为出色，其中不乏在多个方面表现突出的，我们选择了部分城市的排名情况整理在表5－22中。可以看到，从生活环境整体指标来看，嘉兴和金华双双跻身前30，而惠州、台州和泉州也都位列前40。其中嘉兴在市民消费水平、健体休闲设施以及文化设施方面均位居全国前列；而金华则在历史文化、医疗健康机构、市民消费水平方面表现亮眼。同时可以发现，绍兴、嘉峪关、台州也是在多个方面排名靠前。三、四线城市在气候舒适度、居住成本方面拥有明显优势，多个城市位居国内前列。

表5－22 2018年部分三、四线城市竞争力亮点指标

	城市
生活环境整体排名	嘉兴（27）、金华（29）、惠州（31）、台州（33）、泉州（35）
历史文化指数排名	金华（27）、南通（29）、扬州（32）、洛阳（34）、赣州（48）
医疗健康机构指数排名	金华（18）、宝鸡（19）、台州（20）、洛阳（22）、济宁（24）
气候舒适度指数排名	普洱（1）、汕尾（2）、临沧（3）、惠州（4）、阳江（8）
环境污染度指数排名	珠海（10）、酒泉（13）、巴彦淖尔（14）、丽江（15）、嘉峪关（16）
市民消费水平指数排名	绍兴（15）、嘉兴（16）、舟山（17）、台州（21）、金华（22）
居住成本指数排名	盘锦（1）、金昌（2）、朔州（3）、乌海（4）、嘉峪关（5）
健体休闲设施指数排名	三亚（12）、惠州（17）、嘉兴（32）、廊坊（36）、绍兴（37）
文化设施指数排名	嘉兴（34）、秦皇岛（39）、台州（46）、张家口（50）、济宁（51）

资料来源：中国社会科学院城市与竞争力指数数据库。

以上举例的城市中，有不少城市都属于重点城市群城市，例如，嘉兴、金华、台州、绍兴同属于长三角城市群，惠州、阳江、珠海、汕尾同属于珠三角城市群。以发达国家的城市群演进经验来看，资源和产业会在不同城市群间，以及整个城市群内部流动分化，形成分工和互补，这为不同城市在此过程中扬长避短、扬长补短提供了机会。

五 中国291个城市生活环境竞争力排名

表5－23 2020年中国291个城市生活环境竞争力指数及排名

	省（市、自治区）	指数	排名		省（市、自治区）	指数	排名
台北	台湾	1.000	1	荆州	湖北	0.380	147
香港	香港	0.989	2	赤峰	内蒙古	0.378	148
台南	台湾	0.905	3	萍乡	江西	0.378	149
高雄	台湾	0.883	4	岳阳	湖南	0.376	150
台中	台湾	0.880	5	云浮	广东	0.372	151
上海	上海	0.859	6	吕梁	山西	0.371	152
广州	广东	0.820	7	襄阳	湖北	0.371	153

续表

	省（市、自治区）	指数	排名		省（市、自治区）	指数	排名
新竹	台湾	0.788	8	普洱	云南	0.370	154
澳门	澳门	0.780	9	怀化	湖南	0.370	155
深圳	广东	0.775	10	广安	四川	0.369	156
东莞	广东	0.763	11	泸州	四川	0.369	157
北京	北京	0.754	12	安康	陕西	0.369	158
杭州	浙江	0.753	13	广元	四川	0.368	159
昆明	云南	0.748	14	长治	山西	0.367	160
重庆	重庆	0.745	15	益阳	湖南	0.367	161
苏州	江苏	0.738	16	潮州	广东	0.366	162
佛山	广东	0.734	17	盐城	江苏	0.364	163
成都	四川	0.733	18	临汾	山西	0.363	164
长沙	湖南	0.730	19	张家界	湖南	0.363	165
武汉	湖北	0.712	20	眉山	四川	0.362	166
南京	江苏	0.701	21	廊坊	河北	0.362	167
中山	广东	0.698	22	邯郸	河北	0.361	168
西安	陕西	0.697	23	枣庄	山东	0.357	169
大连	辽宁	0.689	24	运城	山西	0.356	170
宁波	浙江	0.673	25	崇左	广西	0.356	171
青岛	山东	0.667	26	辽阳	辽宁	0.355	172
嘉兴	浙江	0.666	27	牡丹江	黑龙江	0.355	173
无锡	江苏	0.666	28	马鞍山	安徽	0.354	174
金华	浙江	0.658	29	三门峡	河南	0.354	175
温州	浙江	0.648	30	忻州	山西	0.353	176
惠州	广东	0.641	31	焦作	河南	0.353	177
沈阳	辽宁	0.633	32	抚顺	辽宁	0.351	178
台州	浙江	0.629	33	承德	河北	0.349	179
南昌	江西	0.627	34	通辽	内蒙古	0.348	180
泉州	福建	0.625	35	来宾	广西	0.347	181
绍兴	浙江	0.621	36	本溪	辽宁	0.344	182
南宁	广西	0.594	37	雅安	四川	0.344	183

续表

	省（市、自治区）	指数	排名		省（市、自治区）	指数	排名
常州	江苏	0.592	38	酒泉	甘肃	0.344	184
烟台	山东	0.590	39	泰安	山东	0.344	185
厦门	福建	0.583	40	信阳	河南	0.343	186
威海	山东	0.583	41	黄石	湖北	0.340	187
桂林	广西	0.582	42	宜宾	四川	0.340	188
郑州	河南	0.580	43	河源	广东	0.340	189
福州	福建	0.578	44	六安	安徽	0.339	190
珠海	广东	0.568	45	铜陵	安徽	0.338	191
湖州	浙江	0.562	46	天水	甘肃	0.338	192
柳州	广西	0.546	47	葫芦岛	辽宁	0.337	193
江门	广东	0.534	48	安顺	贵州	0.335	194
九江	江西	0.531	49	克拉玛依	新疆	0.332	195
洛阳	河南	0.530	50	大同	山西	0.330	196
贵阳	贵州	0.530	51	锦州	辽宁	0.330	197
兰州	甘肃	0.525	52	朝阳	辽宁	0.330	198
济南	山东	0.524	53	汕尾	广东	0.329	199
乌鲁木齐	新疆	0.524	54	沧州	河北	0.327	200
赣州	江西	0.524	55	晋城	山西	0.325	201
肇庆	广东	0.520	56	新余	江西	0.324	202
淄博	山东	0.519	57	莆田	福建	0.324	203
天津	天津	0.518	58	贺州	广西	0.324	204
遵义	贵州	0.508	59	日照	山东	0.324	205
南通	江苏	0.507	60	北海	广西	0.324	206
银川	宁夏	0.507	61	滨州	山东	0.322	207
呼和浩特	内蒙古	0.499	62	防城港	广西	0.322	208
清远	广东	0.499	63	连云港	江苏	0.321	209
扬州	江苏	0.497	64	平顶山	河南	0.321	210
秦皇岛	河北	0.496	65	随州	湖北	0.317	211
太原	山西	0.492	66	巴中	四川	0.315	212
漳州	福建	0.490	67	阜阳	安徽	0.314	213

续表

	省（市、自治区）	指数	排名		省（市、自治区）	指数	排名
合肥	安徽	0.488	68	鸡西	黑龙江	0.308	214
石家庄	河北	0.487	69	通化	吉林	0.305	215
汕头	广东	0.487	70	周口	河南	0.304	216
玉溪	云南	0.485	71	许昌	河南	0.303	217
上饶	江西	0.484	72	驻马店	河南	0.302	218
潍坊	山东	0.483	73	娄底	湖南	0.302	219
榆林	陕西	0.481	74	鹰潭	江西	0.302	220
海口	海南	0.479	75	邵阳	湖南	0.301	221
吉安	江西	0.479	76	朔州	山西	0.301	222
丽水	浙江	0.477	77	昭通	云南	0.301	223
营口	辽宁	0.476	78	新乡	河南	0.299	224
鞍山	辽宁	0.470	79	白银	甘肃	0.298	225
丽江	云南	0.469	80	达州	四川	0.293	226
黄山	安徽	0.469	81	永州	湖南	0.292	227
韶关	广东	0.466	82	平凉	甘肃	0.291	228
宝鸡	陕西	0.463	83	商丘	河南	0.290	229
梅州	广东	0.462	84	嘉峪关	甘肃	0.289	230
济宁	山东	0.462	85	宿迁	江苏	0.289	231
唐山	河北	0.462	86	滁州	安徽	0.284	232
镇江	江苏	0.461	87	邢台	河北	0.284	233
龙岩	福建	0.460	88	菏泽	山东	0.284	234
茂名	广东	0.458	89	铜川	陕西	0.283	235
鄂尔多斯	内蒙古	0.458	90	漯河	河南	0.282	236
临沂	山东	0.457	91	铁岭	辽宁	0.281	237
包头	内蒙古	0.453	92	郴州	湖南	0.278	238
保山	云南	0.452	93	池州	安徽	0.278	239
宜昌	湖北	0.451	94	淮北	安徽	0.277	240
南平	福建	0.450	95	四平	吉林	0.277	241
三明	福建	0.449	96	巴彦淖尔	内蒙古	0.275	242
南充	四川	0.448	97	内江	四川	0.273	243

续表

	省（市、自治区）	指数	排名		省（市、自治区）	指数	排名
晋中	山西	0.447	98	张掖	甘肃	0.271	244
衡阳	湖南	0.443	99	金昌	甘肃	0.271	245
舟山	浙江	0.440	100	开封	河南	0.268	246
宁德	福建	0.439	101	安阳	河南	0.267	247
哈尔滨	黑龙江	0.437	102	武威	甘肃	0.266	248
咸阳	陕西	0.435	103	德州	山东	0.266	249
宣城	安徽	0.434	104	临沧	云南	0.264	250
曲靖	云南	0.433	105	宿州	安徽	0.261	251
景德镇	江西	0.432	106	乌兰察布	内蒙古	0.260	252
张家口	河北	0.430	107	阜新	辽宁	0.259	253
常德	湖南	0.430	108	鄂州	湖北	0.259	254
绵阳	四川	0.429	109	庆阳	甘肃	0.257	255
吉林	吉林	0.428	110	自贡	四川	0.257	256
百色	广西	0.427	111	蚌埠	安徽	0.256	257
徐州	江苏	0.426	112	乌海	内蒙古	0.254	258
安庆	安徽	0.425	113	辽源	吉林	0.250	259
汉中	陕西	0.422	114	贵港	广西	0.246	260
株洲	湖南	0.422	115	七台河	黑龙江	0.243	261
玉林	广西	0.422	116	淮南	安徽	0.242	262
钦州	广西	0.420	117	松原	吉林	0.241	263
保定	河北	0.417	118	亳州	安徽	0.240	264
三亚	海南	0.417	119	大庆	黑龙江	0.226	265
抚州	江西	0.417	120	衡水	河北	0.224	266
淮安	江苏	0.416	121	资阳	四川	0.224	267
丹东	辽宁	0.414	122	定西	甘肃	0.218	268
衢州	浙江	0.412	123	濮阳	河南	0.214	269
黄冈	湖北	0.411	124	固原	宁夏	0.212	270
湘潭	湖南	0.410	125	聊城	山东	0.211	271
南阳	河南	0.409	126	鹤壁	河南	0.202	272
西宁	青海	0.409	127	阳泉	山西	0.192	273

续表

	省（市、自治区）	指数	排名		省（市、自治区）	指数	排名
揭阳	广东	0.408	128	商洛	陕西	0.184	274
宜春	江西	0.408	129	陇南	甘肃	0.184	275
泰州	江苏	0.406	130	石嘴山	宁夏	0.167	276
荆门	湖北	0.404	131	黑河	黑龙江	0.161	277
延安	陕西	0.401	132	六盘水	贵州	0.152	278
湛江	广东	0.398	133	吴忠	宁夏	0.151	279
芜湖	安徽	0.397	134	中卫	宁夏	0.142	280
东营	山东	0.396	135	佳木斯	黑龙江	0.132	281
渭南	陕西	0.396	136	孝感	湖北	0.127	282
德阳	四川	0.394	137	齐齐哈尔	黑龙江	0.120	283
阳江	广东	0.391	138	白山	吉林	0.111	284
十堰	湖北	0.390	139	咸宁	湖北	0.099	285
河池	广西	0.388	140	呼伦贝尔	内蒙古	0.088	286
乐山	四川	0.387	141	白城	吉林	0.079	287
盘锦	辽宁	0.383	142	双鸭山	黑龙江	0.034	288
攀枝花	四川	0.382	143	鹤岗	黑龙江	0.013	289
长春	吉林	0.382	144	绥化	黑龙江	0.009	290
遂宁	四川	0.381	145	伊春	黑龙江	0.000	291
梧州	广西	0.381	146				

第四节　中国城市营商硬环境竞争力报告

本书以交通便捷度、电力充沛度、网络信息传输速度、航运便利度、机场设施指数、自然灾害指数六个指标总体合成中国城市营商硬环境，详细数据含义及来源如表5－24所示。研究发现，中国城市营商硬环境为顶级城市稳定，次顶级城市竞争激烈，全国营商硬环境整体上小范围空间集聚与大范围分化并存。

表 5-24　　营商硬环境指标体系

营商硬环境	交通便捷度	Numbeo 交通数据经城市交通话题舆情爬虫数据调整	Numbeo 网络爬虫数据
	电力充沛度	夜间灯光数据计算	夜间灯光地图
	网络信息传输速度	网速	爬虫
	航运便利度	距离 100 大港距离	网站查取计算
	机场设施指数	机场基础设施综合评分	提取数据（tif）
	自然灾害指数	根据 6 种自然灾害的历史数据计算得出	哥伦比亚大学 世界银行

一　中国城市营商硬环境

中国城市营商硬环境整体分析：整体呈橄榄形分布，网络信息传输速度和机场设施指数环形分布渐显，空间集聚与分化并存。2020 年中国营商硬环境整体层级分布明显，分项指标中的区域机场设施指数和自然灾害指数出现断崖式下跌。为了更加直观地反映出中国城市营商硬环境分布，图 5-39 给出了中国城市营商硬环境分布图。

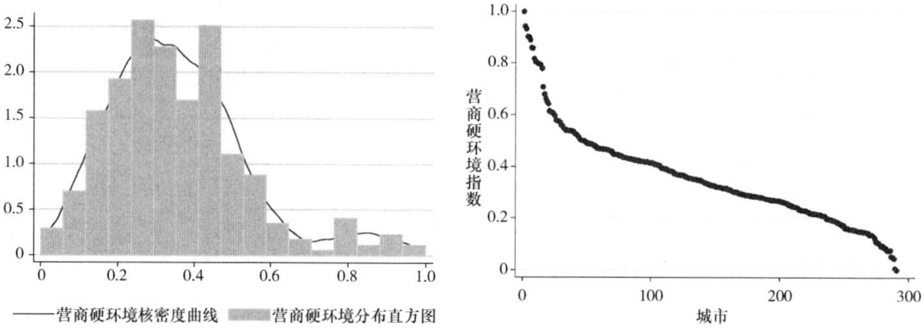

图 5-39　中国城市营商硬环境核密度图（左）和分布图（右）

由图 5-39 营商硬环境核密度曲线不难看出，中国城市营商硬环境是左偏的，291 个样本城市有 243 个营商硬环境指数集中在 0.1—0.6，占样本总数的 83.51%。由中国城市营商硬环境的分布图同样可以看出绝大多数城市营商硬环境指数均集中在 0.1—0.6。与中国城市营商硬环境呈橄榄形分布不完全相同的是，中国营商硬环境分项指标表现出差异性变化。图 5-40 给出了中国营商硬环境分项指标分布图。

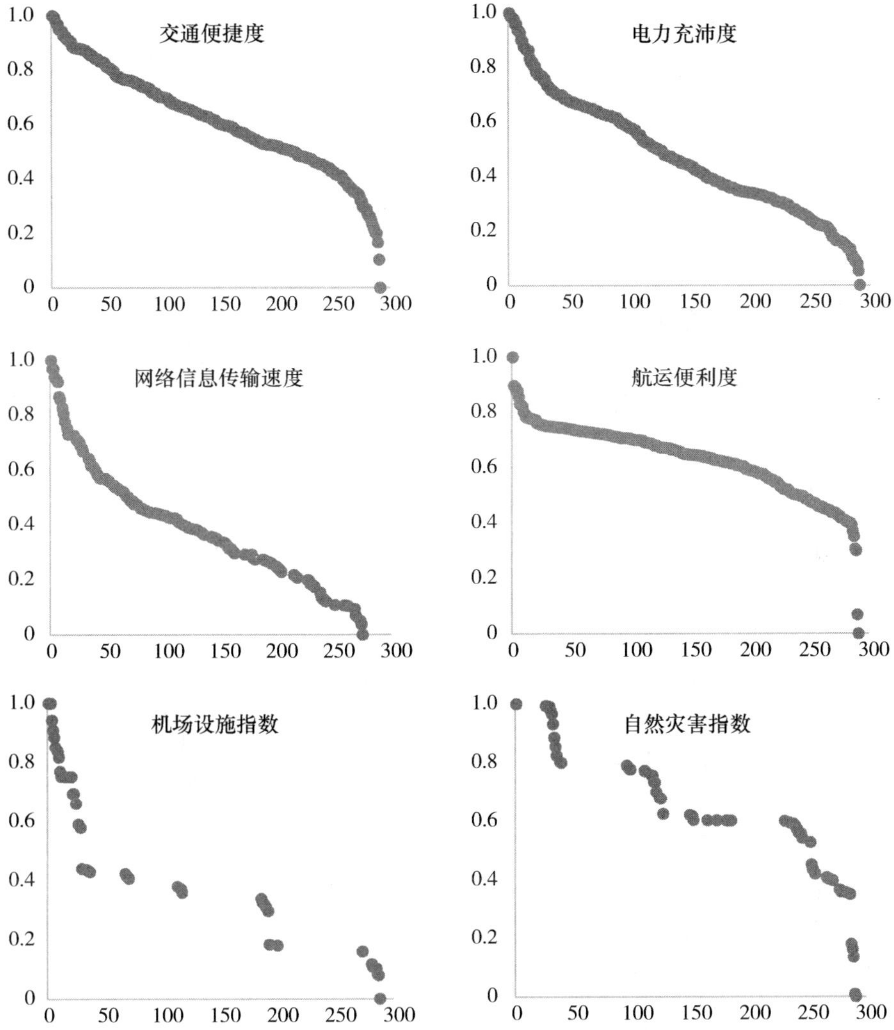

图 5 -40　中国营商硬环境分项指标分布图

由图 5 -40 可知中国营商硬环境分项指标中交通便捷度、电力充沛度和网络信息传输速度三个分项指标总体上呈连续分布，但是航运便利度、机场设施指数和自然灾害指数三个分项指标均呈现断崖式分布。航运便利度指数仅有 9 个城市低于 0. 4，机场设置指数主要集中在 0. 17—0. 43，自然灾害指数主要集中在 0. 55—0. 79，其他区间均出现断崖式下跌。

从空间上看，交通便捷度和自然灾害指数空间分布相对均衡，电力充沛度和航运便利度东西差异明显，而网络信息传输速度和机场设施指数嵌套效应明显。图 5 - 41 给出了中国营商硬环境分项指标的空间分布图。

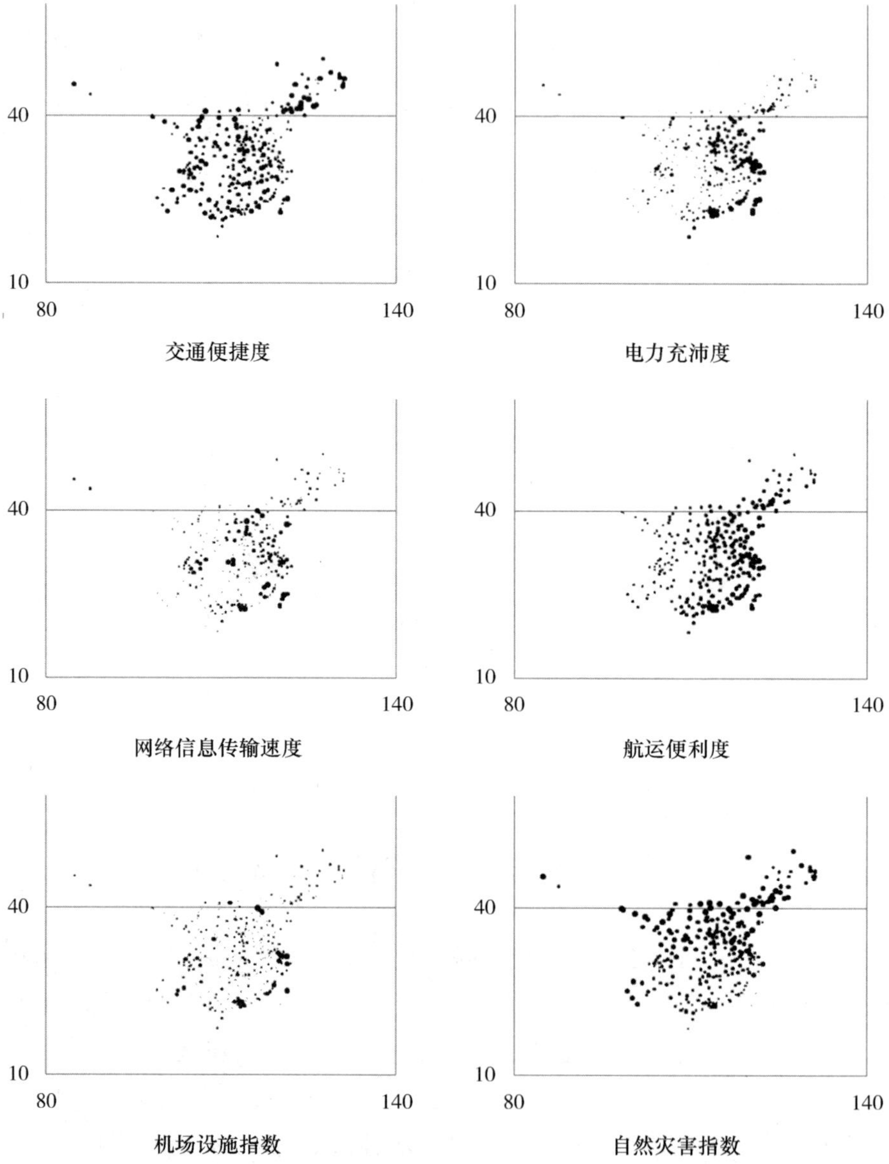

图 5 - 41 中国营商硬环境分项指标空间分布图

由图5－41可知东南沿海地区的电力充沛度和航运便利度优势明显，且形成一定的集聚规模，城市之间的空间差异相对较小，但是西部地区散点分布明显。与之不同的是，网络信息传输速度和机场设施指数环形分布渐显，中部区域的指数整体低于沿边地区。

二　发达区域加速分化，欠发达区域快速收敛，集聚与扩散并存

将中国291个样本城市的营商硬环境指数分为东北、东南、环渤海、西北、西南和中部6个区域，可以发现东南、环渤海和西南地区内部的差距正在扩大，但是东北、西北和中部三个欠发达区域的值之间的差异正在缩小，营商硬环境分项指标整体集聚与扩散并存。表5－25给出了中国营商硬环境分项指标的描述性统计。

表5－25　　中国营商硬环境分项指标描述性统计

	统计量	交通便捷度	电力充沛度	网络信息传输速度	航运便利度	机场设施指数	自然灾害指数
东北	均值	0.745	0.531	0.441	0.662	0.658	0.637
	变异系数	0.285	0.317	0.352	0.274	0.250	0.227
东南	均值	0.382	0.654	0.628	0.312	0.335	0.451
	变异系数	0.346	0.306	0.194	0.556	0.457	0.345
环渤海	均值	0.336	0.443	0.458	0.218	0.334	0.337
	变异系数	0.361	0.432	0.572	0.631	0.616	0.652
西北	均值	0.645	0.745	0.725	0.463	0.520	0.640
	变异系数	0.157	0.071	0.069	0.289	0.179	0.074
西南	均值	0.288	0.446	0.340	0.319	0.373	0.316
	变异系数	0.511	0.512	0.660	0.447	0.435	0.341
中部	均值	0.814	0.555	0.742	0.839	0.601	0.660
	变异系数	0.153	0.312	0.238	0.154	0.203	0.147

资料来源：中国社会科学院城市与竞争力研究中心数据库。

由表5－25可知，就中国营商硬环境的分项指标而言，东北、西北和中部地区的均值高于东南、环渤海和西南地区，但是东南、环渤海和西南地区的差异要远大于东北、西北和中部地区。为了更加直观地看出中

国营商硬环境的空间分布，图5－42给出了中国分区域营商硬环境的空间分布图。

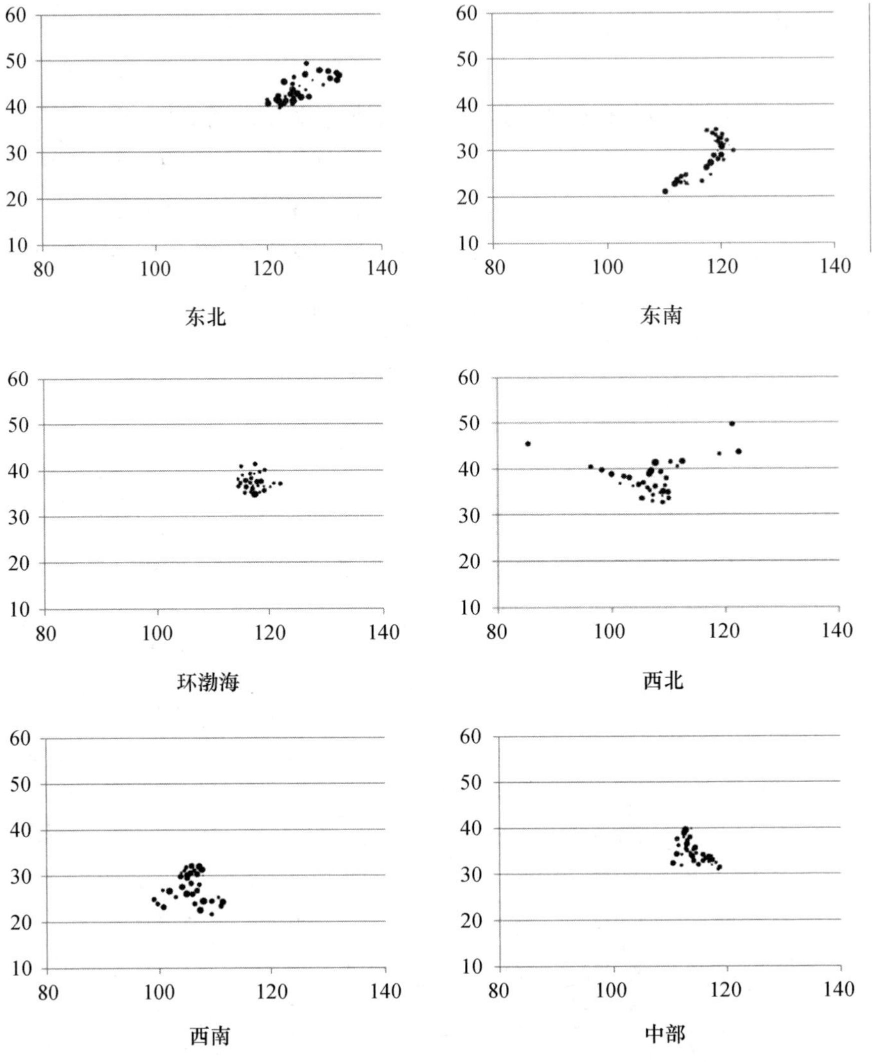

图5－42 中国分区域营商硬环境空间分布图

由图5－42可知中国营商硬环境在空间上集聚与扩散并存。具体而言，环渤海区域、东南沿海区域和西南地区的较发达区域分化明显，但是东北地区、西北地区和中部地区空间差异正在缩小，具有快速收敛的趋势。

三　欠发达区域陆上交通优势渐显，空中运输劣势不可忽视，省内差异全面缩小

中国省际营商硬环境整体差异正在缩小。受发达地区交通拥堵等城市病的影响，中国欠发达区域如内蒙古、贵州、宁夏等陆上交通优势渐显，但是以机场设施指数衡量的空中运输劣势同样不可忽视。表5－26给出了中国营商硬环境的省际描述性统计。

表5－26　　　　中国营商硬环境省际描述性统计

	统计量	交通便捷度	电力充沛度	网络信息传输速度	航运便利度	机场设施指数	自然灾害指数
安徽	均值	0.619	0.527	0.473	0.711	0.245	0.644
	变异系数	0.237	0.282	0.222	0.032	0.418	0.121
福建	均值	0.580	0.523	0.571	0.754	0.466	0.442
	变异系数	0.272	0.431	0.445	0.044	0.498	0.224
甘肃	均值	0.679	0.244	0.149	0.402	0.298	0.835
	变异系数	0.214	0.654	0.649	0.151	0.298	0.167
广东	均值	0.589	0.648	0.348	0.737	0.404	0.490
	变异系数	0.280	0.342	0.503	0.056	0.507	0.303
广西	均值	0.665	0.301	0.253	0.638	0.305	0.565
	变异系数	0.223	0.300	0.568	0.061	0.382	0.180
贵州	均值	0.729	0.361	0.386	0.526	0.304	0.619
	变异系数	0.179	0.371	0.127	0.039	0.785	0.017
河北	均值	0.463	0.558	0.436	0.713	0.291	0.765
	变异系数	0.152	0.295	0.664	0.048	0.672	0.250
河南	均值	0.660	0.572	0.326	0.624	0.348	0.687
	变异系数	0.205	0.198	0.717	0.043	0.291	0.124
黑龙江	均值	0.731	0.310	0.342	0.528	0.347	0.753
	变异系数	0.302	0.316	0.266	0.076	0.293	0.151
湖北	均值	0.608	0.410	0.391	0.607	0.322	0.618
	变异系数	0.242	0.387	0.796	0.059	0.337	0.082

续表

	统计量	交通便捷度	电力充沛度	网络信息传输速度	航运便利度	机场设施指数	自然灾害指数
湖南	均值	0.603	0.314	0.178	0.610	0.326	0.601
	变异系数	0.194	0.429	0.710	0.054	0.325	0.000
吉林	均值	0.742	0.343	0.306	0.653	0.254	0.804
	变异系数	0.340	0.329	0.648	0.055	0.573	0.180
江苏	均值	0.453	0.750	0.456	0.743	0.467	0.729
	变异系数	0.251	0.155	0.278	0.031	0.501	0.166
江西	均值	0.687	0.337	0.210	0.649	0.314	0.601
	变异系数	0.185	0.296	0.590	0.033	0.351	0.000
辽宁	均值	0.757	0.467	0.349	0.741	0.256	0.871
	变异系数	0.258	0.269	0.265	0.049	0.673	0.114
内蒙古	均值	0.749	0.254	0.207	0.588	0.364	0.896
	变异系数	0.246	0.803	0.750	0.122	0.525	0.138
宁夏	均值	0.721	0.382	0.215	0.482	0.219	0.812
	变异系数	0.273	0.386	0.423	0.032	0.360	0.230
山东	均值	0.466	0.658	0.429	0.725	0.295	0.705
	变异系数	0.343	0.062	0.542	0.072	0.362	0.233
山西	均值	0.654	0.475	0.411	0.627	0.355	0.816
	变异系数	0.306	0.114	0.522	0.053	0.274	0.134
陕西	均值	0.561	0.371	0.236	0.511	0.332	0.819
	变异系数	0.326	0.445	0.318	0.074	0.528	0.075
四川	均值	0.699	0.334	0.443	0.435	0.382	0.585
	变异系数	0.230	0.431	0.482	0.053	0.373	0.200
港澳台	均值	0.607	0.905	0.803	0.787	0.412	0.262
	变异系数	0.323	0.106	0.159	0.070	0.981	1.117
云南	均值	0.624	0.251	0.145	0.478	0.470	0.726
	变异系数	0.181	0.528	0.704	0.054	0.449	0.167
浙江	均值	0.510	0.634	0.492	0.735	0.435	0.566
	变异系数	0.322	0.253	0.337	0.078	0.529	0.317

注：受样本城市数量的影响，表中并未列出海南、青海等地级市数量较少省份的描述性统计，有需要的读者可以与笔者联系。

由表5－26可知中国省际营商硬环境呈现新的特点。相对于航运便利度受天然的地理环境和区位优势影响无法改变之外，发达省份如广东、江苏、浙江和山东等陆上交通便捷度指数低于欠发达区域，但是空中运输优势明显。

就空间差异而言，省与省之间的电力充沛度和网络信息传输速度空间差异相对较小，但是航运便利度和机场设施指数之间的空间差异相对较大，同时相邻省份如辽宁、吉林和河北之间的差异相对较小，进而全国层面上表现出空间收敛的趋势。

四　一线城市趋于稳定，三、四线城市营商硬环境加速分化

不同层级城市之间的营商硬环境差异较大。总体而言，不同层级城市的营商硬环境分化加速，表5－27给出了中国不同层级城市营商硬环境的描述性统计。

表5－27　　中国不同层级的城市营商硬环境描述性统计

	统计量	营商硬环境	交通便捷度	电力充沛度	网络信息传输速度	航运便利度	机场设施指数	自然灾害指数
一线城市	均值	0.907	0.333	0.906	0.731	0.840	0.876	0.635
	变异系数	0.071	0.990	0.099	0.235	0.121	0.155	0.584
二线城市	均值	0.594	0.391	0.753	0.561	0.717	0.507	0.597
	变异系数	0.261	0.334	0.186	0.282	0.149	0.528	0.393
三线城市	均值	0.417	0.558	0.563	0.401	0.658	0.370	0.652
	变异系数	0.306	0.244	0.287	0.504	0.206	0.374	0.263
四线城市	均值	0.270	0.689	0.372	0.301	0.595	0.299	0.693
	变异系数	0.420	0.224	0.434	0.662	0.185	0.423	0.236

由表5－27可知，中国一线城市营商硬环境均值较大，且差异较小，二线城市次之。与之不同的是，中国三、四线城市差异快速扩大，变异系数分别高达0.306和0.420。

从分项指标看，中国三、四线城市的差异主要体现在网络信息传输速度和机场设施指数上。一线城市网络传输速度变异系数仅为0.235，三、四线城市分别高达0.504和0.662。一线城市机场设施指数变异系数

仅为0.155，但是二、三、四线城市的变异系数分别为0.528、0.374和0.423。因此，三、四线城市营商硬环境正在快速分化。

五 海峡西岸城市群奋力赶超京津冀，长三角与珠三角城市群稳定，北部湾和中原城市群差异最小

2020年中国城市群营商硬环境表现出新特点，以福建城市为主体的海峡西岸城市群正在奋力超越世界级城市群京津冀，而长三角和珠三角两个世界级城市群营商硬环境竞争力水平相对稳定。表5－28给出了中国十大城市群营商硬环境分项指标的描述性统计。

表5－28 中国十大城市群营商硬环境分项指标描述性统计

	统计量	交通便捷度	电力充沛度	网络信息传输速度	航运便利度	机场设施指数	自然灾害指数
京津冀	均值	0.373	0.589	0.455	0.739	0.410	0.858
	变异系数	0.401	0.337	0.734	0.065	0.859	0.162
长三角	均值	0.439	0.767	0.462	0.761	0.516	0.613
	变异系数	0.391	0.142	0.349	0.095	0.550	0.268
珠三角	均值	0.459	0.817	0.499	0.769	0.535	0.525
	变异系数	0.342	0.227	0.225	0.055	0.448	0.357
长江中游	均值	0.630	0.390	0.310	0.621	0.335	0.602
	变异系数	0.219	0.337	0.723	0.052	0.318	0.007
成渝	均值	0.646	0.379	0.517	0.438	0.423	0.580
	变异系数	0.318	0.449	0.407	0.062	0.310	0.180
中原	均值	0.645	0.597	0.265	0.628	0.335	0.723
	变异系数	0.211	0.147	0.756	0.039	0.332	0.115
哈长	均值	0.561	0.389	0.382	0.611	0.309	0.734
	变异系数	0.417	0.210	0.416	0.076	0.492	0.183
北部湾	均值	0.589	0.455	0.352	0.660	0.328	0.507
	变异系数	0.178	0.233	0.282	0.052	0.382	0.310
关中	均值	0.549	0.464	0.266	0.502	0.331	0.743
	变异系数	0.392	0.272	0.595	0.078	0.655	0.130
海峡西岸	均值	0.584	0.516	0.554	0.754	0.469	0.452
	变异系数	0.288	0.465	0.481	0.047	0.529	0.222

由表5－28可知中国十大城市群中，世界级城市群京津冀仅有电力充沛度和自然灾害指数均值高于海峡西岸城市群，但是海峡西岸城市群的交通便捷度、网络信息传输速度、航运便利度和机场设施指数均高于京津冀。

为了更加直观地看出中国十大城市群营商硬环境的空间分布，图5－43给出了中国十大城市群营商硬环境分项指标空间分布图。

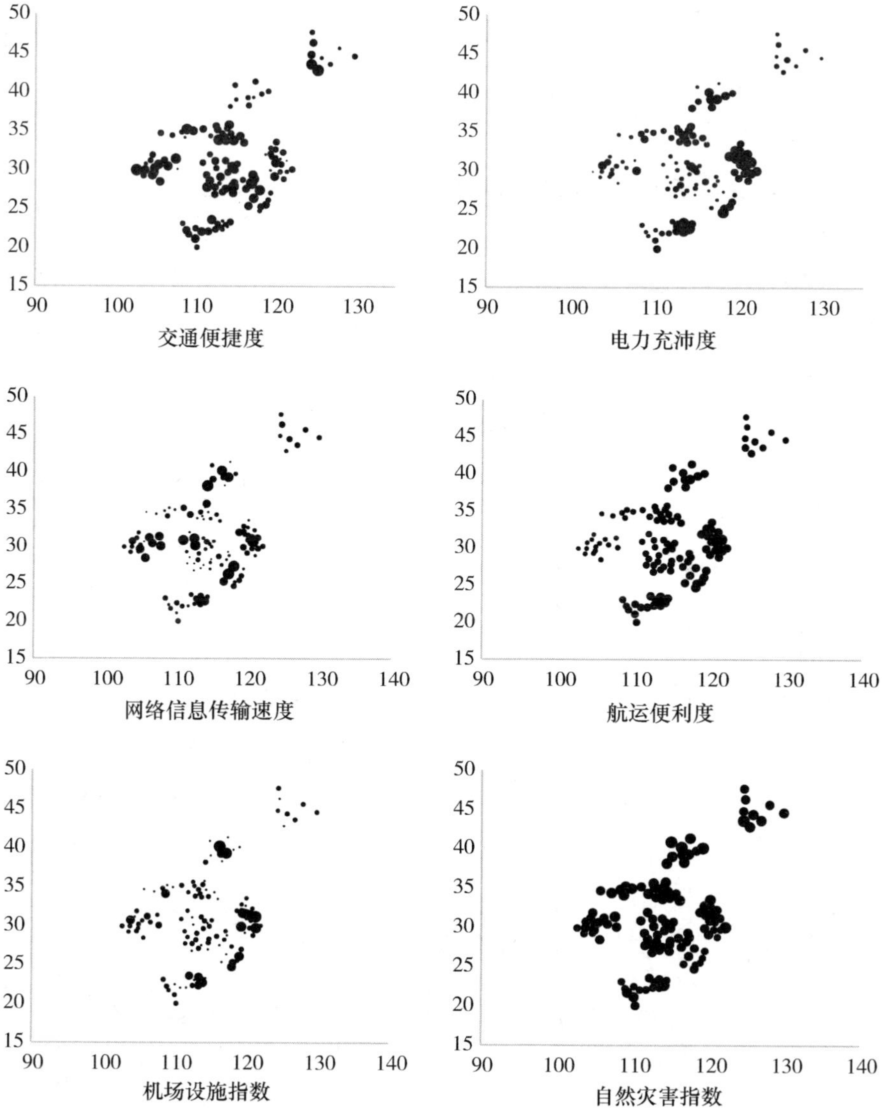

图5－43　中国十大城市群营商硬环境分项指标空间分布图

由图5－43长三角和珠三角两个世界级城市群营商硬环境竞争力水平相对比较稳定，且城市之间的空间差异相对较小。不同的是，京津冀营商硬环境分项指标的差异性较大，且交通便捷度、网络信息传输速度和航运便利度的分化程度均高于海峡西岸城市群。

就所有城市群而言，北部湾城市群和中原城市群城市之间的营商硬环境收敛趋势明显，珠三角和长江中游城市群同样表现出收敛趋势，但是海峡西岸城市群、关中城市群和京津冀城市群城市之间的营商硬环境差异分化严重。

六 核心要素分析：网络信息传输速度和机场设施指数决定城市未来发展

中国城市营商硬环境之间的差异主要体现在网络信息传输速度和机场设施指数上。表5－29给出了中国城市营商硬环境核心要素的描述性统计。

表5－29 中国城市营商硬环境核心要素描述性统计

	交通便捷度	电力充沛度	网络信息传输速度	航运便利度	机场设施指数	自然灾害指数
均值	0.616	0.473	0.364	0.630	0.352	0.671
变异系数	0.303	0.455	0.601	0.202	0.518	0.272

由表5－29可知在决定中国城市营商硬环境的核心要素中，网络信息传输速度的变异系数最大为0.601，机场设施指数的变异系数为0.518，不仅是决定城市营商硬环境水平的重要因素，也是决定城市营商硬环境空间差异的重要因素。

七 中国291个城市营商硬环境竞争力排名

表5－30 2020年中国291个城市营商硬环境竞争力指数及排名

	省（市、自治区）	指数	排名		省（市、自治区）	指数	排名
上海	上海	1.000	1	鹰潭	江西	0.329	147

续表

	省（市、自治区）	指数	排名		省（市、自治区）	指数	排名
香港	香港	0.943	2	南宁	广西	0.327	148
天津	天津	0.934	3	朝阳	辽宁	0.326	149
深圳	广东	0.903	4	宿州	安徽	0.323	150
台北	台湾	0.901	5	晋城	山西	0.323	151
北京	北京	0.891	6	三门峡	河南	0.322	152
澳门	澳门	0.860	7	哈尔滨	黑龙江	0.320	153
苏州	江苏	0.859	8	丽水	浙江	0.320	154
无锡	江苏	0.818	9	北海	广西	0.318	155
广州	广东	0.805	10	信阳	河南	0.317	156
宁波	浙江	0.804	11	开封	河南	0.317	157
厦门	福建	0.799	12	岳阳	湖南	0.317	158
常州	江苏	0.797	13	曲靖	云南	0.316	159
东莞	广东	0.794	14	内江	四川	0.312	160
廊坊	河北	0.780	15	黄山	安徽	0.311	161
珠海	广东	0.707	16	亳州	安徽	0.310	162
杭州	浙江	0.680	17	云浮	广东	0.304	163
青岛	山东	0.663	18	宣城	安徽	0.304	164
福州	福建	0.653	19	梅州	广东	0.302	165
中山	广东	0.643	20	咸宁	湖北	0.301	166
烟台	山东	0.615	21	辽源	吉林	0.301	167
嘉兴	浙江	0.611	22	宜昌	湖北	0.299	168
泉州	福建	0.609	23	株洲	湖南	0.296	169
南京	江苏	0.606	24	赤峰	内蒙古	0.296	170
舟山	浙江	0.597	25	三明	福建	0.292	171
马鞍山	安徽	0.580	26	防城港	广西	0.292	172
大连	辽宁	0.577	27	通化	吉林	0.291	173
镇江	江苏	0.576	28	佳木斯	黑龙江	0.290	174
西安	陕西	0.571	29	九江	江西	0.290	175
石家庄	河北	0.561	30	双鸭山	黑龙江	0.289	176
成都	四川	0.559	31	黄冈	湖北	0.287	177
扬州	江苏	0.547	32	广安	四川	0.287	178

续表

	省（市、自治区）	指数	排名		省（市、自治区）	指数	排名
肇庆	广东	0.545	33	娄底	湖南	0.286	179
徐州	江苏	0.540	34	绥化	黑龙江	0.285	180
汕头	广东	0.540	35	阳江	广东	0.284	181
南通	江苏	0.539	36	鹤岗	黑龙江	0.282	182
郑州	河南	0.539	37	牡丹江	黑龙江	0.282	183
佛山	广东	0.538	38	来宾	广西	0.281	184
呼和浩特	内蒙古	0.537	39	钦州	广西	0.281	185
连云港	江苏	0.533	40	忻州	山西	0.280	186
重庆	重庆	0.525	41	包头	内蒙古	0.279	187
沈阳	辽宁	0.524	42	景德镇	江西	0.276	188
新竹	台湾	0.520	43	临汾	山西	0.275	189
宿迁	江苏	0.511	44	崇左	广西	0.273	190
合肥	安徽	0.504	45	宜春	江西	0.273	191
威海	山东	0.502	46	茂名	广东	0.271	192
济南	山东	0.500	47	石嘴山	宁夏	0.270	193
武汉	湖北	0.500	48	龙岩	福建	0.270	194
淮安	江苏	0.495	49	韶关	广东	0.270	195
漳州	福建	0.490	50	兰州	甘肃	0.269	196
温州	浙江	0.490	51	南阳	河南	0.269	197
太原	山西	0.489	52	嘉峪关	甘肃	0.268	198
东营	山东	0.487	53	白山	吉林	0.268	199
江门	广东	0.486	54	延安	陕西	0.267	200
日照	山东	0.484	55	大庆	黑龙江	0.264	201
绍兴	浙江	0.481	56	松原	吉林	0.263	202
衡水	河北	0.480	57	渭南	陕西	0.260	203
锦州	辽宁	0.472	58	齐齐哈尔	黑龙江	0.259	204
昆明	云南	0.472	59	桂林	广西	0.258	205
泰安	山东	0.470	60	丹东	辽宁	0.256	206
许昌	河南	0.468	61	襄阳	湖北	0.251	207
潍坊	山东	0.468	62	荆州	湖北	0.250	208
安阳	河南	0.467	63	池州	安徽	0.248	209

续表

	省（市、自治区）	指数	排名		省（市、自治区）	指数	排名
海口	海南	0.467	64	张家口	河北	0.246	210
泰州	江苏	0.467	65	达州	四川	0.243	211
莆田	福建	0.465	66	西宁	青海	0.243	212
盘锦	辽宁	0.464	67	通辽	内蒙古	0.241	213
朔州	山西	0.462	68	柳州	广西	0.240	214
盐城	江苏	0.459	69	随州	湖北	0.234	215
邢台	河北	0.459	70	贵港	广西	0.232	216
贵阳	贵州	0.448	71	荆门	湖北	0.229	217
临沂	山东	0.447	72	眉山	四川	0.229	218
阳泉	山西	0.447	73	资阳	四川	0.229	219
漯河	河南	0.446	74	郴州	湖南	0.228	220
高雄	台湾	0.445	75	梧州	广西	0.226	221
鞍山	辽宁	0.442	76	平凉	甘肃	0.223	222
本溪	辽宁	0.441	77	遂宁	四川	0.222	223
长春	吉林	0.439	78	赣州	江西	0.219	224
聊城	山东	0.436	79	玉林	广西	0.218	225
枣庄	山东	0.435	80	常德	湖南	0.217	226
湖州	浙江	0.433	81	四平	吉林	0.216	227
台南	台湾	0.432	82	遵义	贵州	0.215	228
台州	浙江	0.430	83	伊春	黑龙江	0.214	229
鹤壁	河南	0.430	84	泸州	四川	0.214	230
淄博	山东	0.429	85	自贡	四川	0.213	231
芜湖	安徽	0.428	86	德阳	四川	0.213	232
长治	山西	0.426	87	抚顺	辽宁	0.208	233
淮南	安徽	0.425	88	庆阳	甘肃	0.208	234
南昌	江西	0.425	89	保山	云南	0.207	235
铁岭	辽宁	0.424	90	上饶	江西	0.202	236
新乡	河南	0.424	91	萍乡	江西	0.196	237
晋中	山西	0.420	92	永州	湖南	0.196	238
焦作	河南	0.420	93	绵阳	四川	0.194	239
铜陵	安徽	0.419	94	铜川	陕西	0.193	240

续表

	省（市、自治区）	指数	排名		省（市、自治区）	指数	排名
湛江	广东	0.419	95	益阳	湖南	0.191	241
辽阳	辽宁	0.419	96	阜新	辽宁	0.190	242
淮北	安徽	0.419	97	呼伦贝尔	内蒙古	0.189	243
平顶山	河南	0.417	98	承德	河北	0.186	244
揭阳	广东	0.415	99	河源	广东	0.184	245
潮州	广东	0.415	100	鄂尔多斯	内蒙古	0.179	246
周口	河南	0.414	101	衡阳	湖南	0.178	247
唐山	河北	0.412	102	鸡西	黑龙江	0.174	248
营口	辽宁	0.410	103	黑河	黑龙江	0.172	249
清远	广东	0.409	104	七台河	黑龙江	0.171	250
长沙	湖南	0.408	105	广元	四川	0.161	251
濮阳	河南	0.405	106	汉中	陕西	0.160	252
吕梁	山西	0.405	107	抚州	江西	0.160	253
三亚	海南	0.396	108	克拉玛依	新疆	0.157	254
邯郸	河北	0.393	109	安康	陕西	0.156	255
德州	山东	0.393	110	宜宾	四川	0.156	256
台中	台湾	0.392	111	巴彦淖尔	内蒙古	0.155	257
黄石	湖北	0.390	112	贺州	广西	0.154	258
汕尾	广东	0.388	113	乌兰察布	内蒙古	0.153	259
金华	浙江	0.385	114	定西	甘肃	0.151	260
洛阳	河南	0.383	115	丽江	云南	0.149	261
驻马店	河南	0.382	116	吴忠	宁夏	0.148	262
运城	山西	0.381	117	中卫	宁夏	0.148	263
惠州	广东	0.373	118	乌鲁木齐	新疆	0.147	264
鄂州	湖北	0.373	119	张家界	湖南	0.145	265
蚌埠	安徽	0.369	120	安顺	贵州	0.145	266
葫芦岛	辽宁	0.369	121	六盘水	贵州	0.145	267
沧州	河北	0.368	122	乐山	四川	0.143	268
滨州	山东	0.367	123	宝鸡	陕西	0.142	269
六安	安徽	0.367	124	白城	吉林	0.136	270
保定	河北	0.367	125	攀枝花	四川	0.135	271

续表

	省（市、自治区）	指数	排名		省（市、自治区）	指数	排名
孝感	湖北	0.364	126	白银	甘肃	0.134	272
湘潭	湖南	0.361	127	吉安	江西	0.132	273
阜阳	安徽	0.358	128	普洱	云南	0.124	274
衢州	浙江	0.357	129	邵阳	湖南	0.109	275
秦皇岛	河北	0.356	130	昭通	云南	0.108	276
新余	江西	0.355	131	十堰	湖北	0.105	277
济宁	山东	0.352	132	固原	宁夏	0.098	278
咸阳	陕西	0.351	133	雅安	四川	0.093	279
南平	福建	0.351	134	商洛	陕西	0.093	280
大同	山西	0.351	135	金昌	甘肃	0.091	281
乌海	内蒙古	0.350	136	百色	广西	0.085	282
滁州	安徽	0.349	137	河池	广西	0.083	283
南充	四川	0.347	138	天水	甘肃	0.077	284
菏泽	山东	0.347	139	临沧	云南	0.076	285
吉林	吉林	0.344	140	武威	甘肃	0.076	286
商丘	河南	0.339	141	陇南	甘肃	0.052	287
榆林	陕西	0.337	142	怀化	湖南	0.050	288
玉溪	云南	0.334	143	巴中	四川	0.045	289
安庆	安徽	0.334	144	张掖	甘肃	0.006	290
宁德	福建	0.332	145	酒泉	甘肃	0.000	291
银川	宁夏	0.330	146				

第五节　中国城市营商软环境竞争力报告

营商环境的本质在于为企业经营者和投资者建设一个公平公正、民主法治、诚实守信、安定有序的社会发展环境。相对于基础设施等“硬环境”，一个地方与经济社会发展相关的政务、政策、法制、市场与人文等环境，是发展“软环境”。这里，营商软环境包括社会安全、市场化、开放度、产权保护、大学以及经商便利度等六个方面，其具体指标体系及数据来源如表 5 – 31 所示。

表 5 – 31　　　　中国城市营商软环境指标体系

营商软环境	社会安全指数	犯罪率数据	Numbeo 网站
	市场化指数	经济自由度指数经航线数及人均 GDP 修正	经济自由度报告； 网站查取计算； 经济学人 EIU 全球城市数据库
	开放度指数	星巴克、麦当劳、沃尔玛数量计算	地图爬虫数据
	产权保护指数	国际产权保护报告经城市修正	国际产权保护报告
	大学指数	各城市排名最好大学分类打分并经城市大学数量调整	网站查取； 地图爬虫数据
	经商便利度指数	世界银行营商环境指数经航线数调整	世界银行； 网站查取计算

中国城市营商软环境的评估结果表明：城市营商软环境的层级差异显著，且中心城市的主导地位突出；营商软环境的“东西、南北”双向分化格局较为明显；大学及产权保护是城市营商软环境提升的主要短板；“一带一路”城市营商软环境更优，内部分化较小；“海丝”城市与“陆丝”城市的营商软环境各有优劣，应该互相学习取长补短。

一　中国城市营商软环境的层级差异显著，且中心城市的主导地位突出

从整体分布格局来看，东部地区城市营商软环境领跑全国，尤以长三角、珠三角以及京津冀等地区的中心城市为主导。2020 年营商软环境前 20 强城市为北京、香港、上海、台北、杭州、南京、广州、深圳、武汉、西安、天津、成都、大连、青岛、苏州、厦门、长沙、澳门、合肥、沈阳，其中东部地区城市占据 13 席，中部地区城市占据 3 席，西部地区和东北地区均占 2 席，这些城市基本都是各个区域的中心城市，营商软环境指数明显高于全国城市平均水平。同时，南部城市营商软环境高于北部城市，2020 年营商软环境前 20 名中，南部城市占 14 席，南北分化比较明显（见表 5 – 32）。

表 5－32　　营商软环境前 20 强城市分布

	城市	省（市、特别行政区）	指数	2020 年排名
东部	北京	北京	1.000	1
东部	香港	香港	0.958	2
东部	上海	上海	0.957	3
东部	台北	台湾	0.877	4
东部	杭州	浙江	0.859	5
东部	南京	江苏	0.847	6
东部	广州	广东	0.842	7
东部	深圳	广东	0.833	8
中部	武汉	湖北	0.807	9
西部	西安	陕西	0.799	10
东部	天津	天津	0.776	11
西部	成都	四川	0.767	12
东北	大连	辽宁	0.754	13
东部	青岛	山东	0.749	14
东部	苏州	江苏	0.748	15
东部	厦门	福建	0.746	16
中部	长沙	湖南	0.718	17
东部	澳门	澳门	0.716	18
中部	合肥	安徽	0.712	19
东北	沈阳	辽宁	0.708	20

资料来源：笔者整理。

二　营商软环境的“东西、南北”双向分化格局较为明显

分区域来看，营商软环境基本呈现由东部到中西部，再到东北的梯度递减格局，东部城市占据全国百强的 58%，优势极为明显。从南北格局来看，南方城市的均值大于北方城市，表明营商软环境的“东西、南北”双向分化格局较为显著，见表 5－33。从营商软环境的均值和变异系数来看，东部城市的均值高于全国城市平均水平 0.324，也显著高于中西部、东北城市，且东部城市的变异系数相对更小，这在一定程度上表明东部城市营商软环境的均衡水平较高，内部城市间差异较小。而

东北地区城市营商软环境的均值水平最低，变异系数也相对更大，表明东北确实存在营商软环境的低水平和不均衡发展问题，未来极需优化改善。

表 5 – 33　　中国城市营商软环境的区域分布

	样本	均值	变异系数	最优城市	排名
东部	93	0.439	0.483	北京	1
中部	80	0.299	0.441	武汉	9
西部	84	0.254	0.636	西安	10
东北	34	0.239	0.840	大连	13
南方	161	0.358	0.551	香港	2
北方	130	0.282	0.648	北京	1
中国	291	0.324	0.600	北京	1

资料来源：笔者整理。

从省级层面来看，四个直辖市及港澳台地区营商软环境的整体均值水平都很靠前，接下来的江苏、海南、浙江、广东、山东和福建等营商软环境相对靠前的省份基本都处于东部沿海地区。所以，省级营商软环境的差异性也比较明显，且东部沿海地区表现更为突出（见图 5 – 44）。

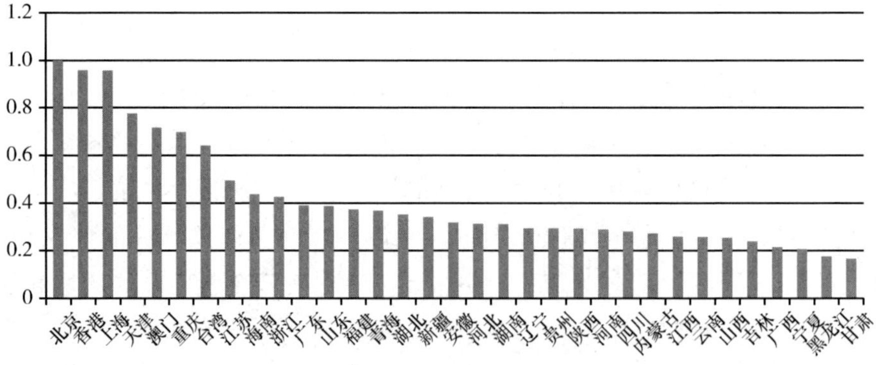

图 5 – 44　2020 年中国省级营商软环境

三　大学及产权保护是中国城市营商软环境提升的主要短板

从营商软环境的分项指标来看，各个分项因素具有明显的差异。图5－45基于雷达图展示了2020年城市营商软环境在社会安全、市场化、开放度、产权保护、大学以及经商便利度六个分项维度上的平均得分。在上述六个维度中，得分最高的是社会安全，其平均得分为0.6626，表明中国城市的整体治安状况很好，市场化和经商便利度方面的得分也表现很不错。大学的平均得分最低，仅有0.1406，大幅度落后于其他维度指标，表明中国城市整体上高水平大学很缺乏。产权保护方面的得分也比较低，知识产权的保护制度应该继续强化。因此，高水平大学和产权保护是制约中国城市营商软环境提升的最主要短板，未来应该在这两个方面进一步改善。

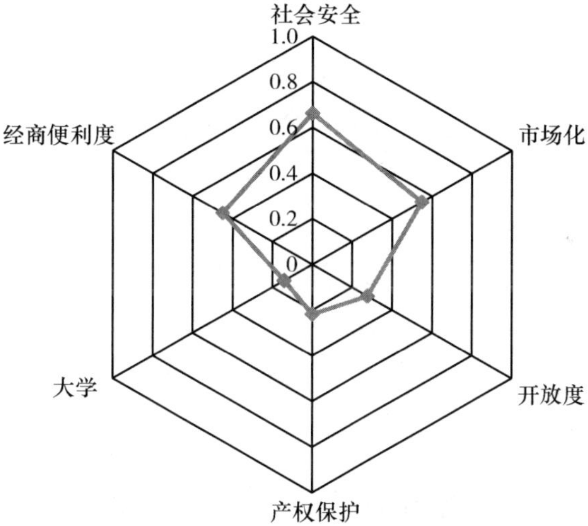

图5－45　2020年中国城市营商软环境分项指标

四　“一带一路”节点城市营商软环境显著优于其他城市，且内部分化更小

“一带一路”节点城市是“一带一路”倡议对沿线国家推进跨区域合作的重要载体和对外开放的战略支点，包括新丝绸之路经济带（简称“陆丝”）的西安、兰州、西宁、重庆、成都、郑州、武汉、长沙、南昌、

合肥10个城市和21世纪海上丝绸之路（简称“海丝”）的上海、天津、宁波、舟山、广州、深圳、湛江、汕头、青岛、烟台、大连、福州、厦门、泉州、海口、三亚等16个城市，共计26个城市。

“一带一路”节点城市是对外商贸交流的前沿阵地，其整体营商软环境均值水平很高，达到0.636，接近全国城市营商软环境均值的2倍。同时从营商软环境排名来看，除了舟山排在百强之外，其余“一带一路”节点城市均排在前100名内，可见“一带一路”节点城市的营商软环境整体实力突出。此外，“一带一路”节点城市的变异系数仅为0.269，远低于全国城市的平均水平，说明“一带一路”节点城市内部差异相对较小。从“海丝”城市和“陆丝”城市的比较来看，两者营商软环境均优于全国城市平均水平，内部也更为均衡，而且“陆丝”城市营商软环境略优于“海丝”城市，这与一直以来沿海城市发展更好的事实有点不一致，表明“海丝”城市也存在一些短板需要提升（见表5－34）。

表5－34　2020年“一带一路”节点城市营商软环境均值与变异系数

	样本	均值	变异系数
“一带一路”节点城市	26	0.636	0.269
海上丝绸之路城市	16	0.624	0.304
陆上丝绸之路城市	10	0.655	0.219
中国城市	291	0.324	0.600

资料来源：笔者整理。

在营商软环境的分项指标上，图5－46给出了社会安全、市场化、开放度、产权保护、大学以及经商便利度等六项营商软环境指标，可知“一带一路”节点城市营商软环境各分项指标均值中，除社会安全略低于全国城市平均水平，其余指标均优于全国城市平均水平，其中开放度和经商便利度等优势最大，这与“一带一路”节点城市活跃的经济发展、积极的对外交流和开放密切相关。但是“一带一路”节点城市的社会安全方面没有相对优势，未来应该加强社会治安以提升营商环境。

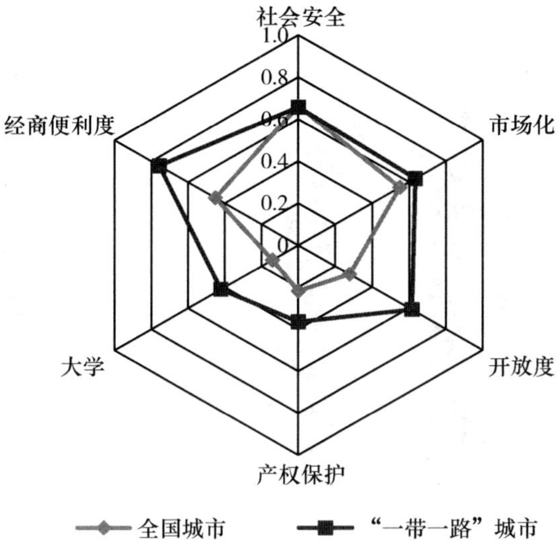

图5-46　"一带一路"节点城市营商软环境的分项指标

"陆丝"节点城市虽然整体上略为领先"海丝"节点城市，但"陆丝"与"海丝"节点城市分项指标上则各有优劣。"陆丝"节点城市在社会安全、大学以及经商便利度等方面优于"海丝"节点城市，而"海丝"节点城市则在开放度和产权保护方面更具优势。在市场化方面"陆丝"与"海丝"节点城市之间差异不大。由此来看，"海丝"节点城市虽然大多具有港口资源优势，对外开放较早，经济发展水平整体上更高些，但是其营商软环境方面还是存在一些不足和短板，尤其大学和社会安全方面与"陆丝"节点城市差距较大，存在很大的提升空间。部分"海丝"节点城市极度缺乏高水平大学，甚至普通大学都不多，这会严重制约这些城市获取高水平人力资本，影响到其科技创新以及可持续发展。所以"海丝"节点城市应该向"陆丝"节点城市借鉴学习，努力提升当地的高等教育水平，争创一流大学。类似地，"陆丝"节点城市也应向"海丝"节点城市学习，在产权保护及开放度方面努力提升，弥补自身劣势。因此，"陆丝"与"海丝"节点城市可以相互学习借鉴，取长补短，最终提升"一带一路"节点城市的整体营商环境，服务于全面开放新格局（见图5-47）。

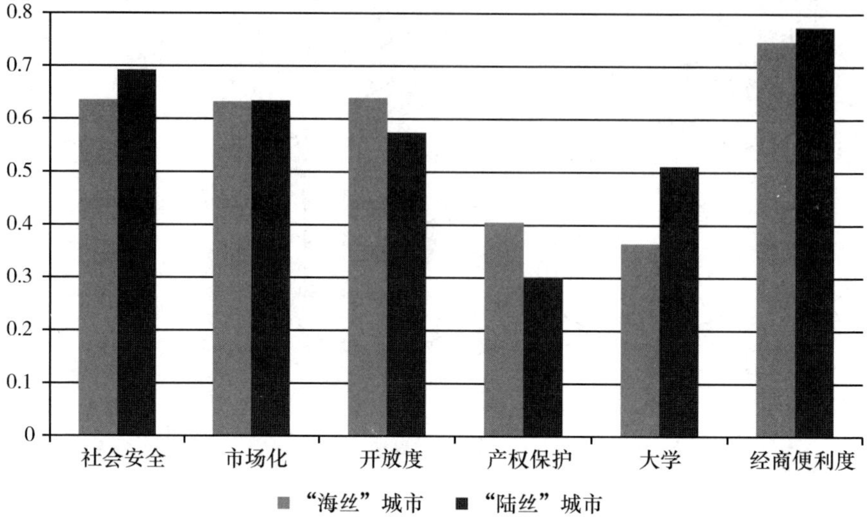

图 5－47 2020 年"海丝"城市与"陆丝"城市营商软环境的比较

五 中国 291 个城市营商软环境竞争力排名

表 5－35 2020 年中国 291 个城市营商软环境竞争力指数及排名

	省（市、自治区）	指数	排名		省（市、自治区）	指数	排名
北京	北京	1.000	1	大同	山西	0.278	147
香港	香港	0.958	2	克拉玛依	新疆	0.277	148
上海	上海	0.957	3	抚州	江西	0.275	149
台北	台湾	0.877	4	宿迁	江苏	0.275	150
杭州	浙江	0.859	5	白山	吉林	0.274	151
南京	江苏	0.847	6	六安	安徽	0.274	152
广州	广东	0.842	7	郴州	湖南	0.272	153
深圳	广东	0.833	8	信阳	河南	0.271	154
武汉	湖北	0.807	9	日照	山东	0.269	155
西安	陕西	0.799	10	安庆	安徽	0.268	156
天津	天津	0.776	11	张家界	湖南	0.264	157
成都	四川	0.767	12	平顶山	河南	0.263	158
大连	辽宁	0.754	13	漯河	河南	0.262	159

续表

	省（市、自治区）	指数	排名		省（市、自治区）	指数	排名
青岛	山东	0.749	14	揭阳	广东	0.261	160
苏州	江苏	0.748	15	定西	甘肃	0.260	161
厦门	福建	0.746	16	淮北	安徽	0.260	162
长沙	湖南	0.718	17	丽江	云南	0.259	163
澳门	澳门	0.716	18	宜宾	四川	0.259	164
合肥	安徽	0.712	19	石嘴山	宁夏	0.257	165
沈阳	辽宁	0.708	20	荆门	湖北	0.257	166
济南	山东	0.700	21	临汾	山西	0.257	167
重庆	重庆	0.698	22	孝感	湖北	0.257	168
珠海	广东	0.685	23	德阳	四川	0.253	169
哈尔滨	黑龙江	0.670	24	绥化	黑龙江	0.252	170
新竹	台湾	0.667	25	晋中	山西	0.252	171
郑州	河南	0.640	26	潮州	广东	0.252	172
长春	吉林	0.631	27	阜阳	安徽	0.250	173
无锡	江苏	0.625	28	宜春	江西	0.249	174
昆明	云南	0.618	29	延安	陕西	0.247	175
高雄	台湾	0.613	30	铁岭	辽宁	0.247	176
宁波	浙江	0.612	31	衢州	浙江	0.244	177
福州	福建	0.605	32	茂名	广东	0.243	178
南宁	广西	0.574	33	梅州	广东	0.242	179
台中	台湾	0.559	34	池州	安徽	0.241	180
南昌	江西	0.545	35	娄底	湖南	0.239	181
烟台	山东	0.543	36	北海	广西	0.239	182
中山	广东	0.543	37	枣庄	山东	0.237	183
呼和浩特	内蒙古	0.534	38	长治	山西	0.228	184
太原	山西	0.529	39	焦作	河南	0.228	185
常州	江苏	0.526	40	江门	广东	0.226	186
扬州	江苏	0.525	41	吴忠	宁夏	0.226	187
泉州	福建	0.520	42	汉中	陕西	0.225	188
石家庄	河北	0.510	43	肇庆	广东	0.223	189

续表

	省（市、自治区）	指数	排名		省（市、自治区）	指数	排名
温州	浙江	0.509	44	吉安	江西	0.223	190
东莞	广东	0.508	45	内江	四川	0.222	191
贵阳	贵州	0.507	46	攀枝花	四川	0.222	192
威海	山东	0.506	47	景德镇	江西	0.222	193
兰州	甘肃	0.494	48	崇左	广西	0.222	194
南通	江苏	0.492	49	衡水	河北	0.217	195
嘉兴	浙江	0.492	50	达州	四川	0.217	196
台南	台湾	0.491	51	锦州	辽宁	0.216	197
吉林	吉林	0.490	52	钦州	广西	0.215	198
绍兴	浙江	0.484	53	自贡	四川	0.214	199
芜湖	安徽	0.477	54	六盘水	贵州	0.210	200
海口	海南	0.473	55	铜陵	安徽	0.209	201
宜昌	湖北	0.473	56	赤峰	内蒙古	0.209	202
徐州	江苏	0.468	57	宿州	安徽	0.208	203
廊坊	河北	0.462	58	广元	四川	0.208	204
佛山	广东	0.459	59	邢台	河北	0.205	205
湘潭	湖南	0.457	60	安阳	河南	0.203	206
淄博	山东	0.457	61	牡丹江	黑龙江	0.203	207
桂林	广西	0.457	62	庆阳	甘肃	0.203	208
汕头	广东	0.427	63	营口	辽宁	0.202	209
马鞍山	安徽	0.422	64	吕梁	山西	0.202	210
株洲	湖南	0.419	65	怀化	湖南	0.200	211
湛江	广东	0.418	66	丽水	浙江	0.200	212
淮安	江苏	0.416	67	梧州	广西	0.197	213
惠州	广东	0.415	68	益阳	湖南	0.196	214
开封	河南	0.409	69	通辽	内蒙古	0.195	215
东营	山东	0.406	70	铜川	陕西	0.195	216
乌鲁木齐	新疆	0.406	71	三明	福建	0.194	217
清远	广东	0.406	72	齐齐哈尔	黑龙江	0.192	218
洛阳	河南	0.405	73	新余	江西	0.190	219

续表

	省（市、自治区）	指数	排名		省（市、自治区）	指数	排名
漳州	福建	0.405	74	随州	湖北	0.189	220
三亚	海南	0.401	75	四平	吉林	0.189	221
韶关	广东	0.401	76	忻州	山西	0.188	222
包头	内蒙古	0.400	77	上饶	江西	0.185	223
盐城	江苏	0.395	78	邵阳	湖南	0.184	224
绵阳	四川	0.395	79	三门峡	河南	0.184	225
咸阳	陕西	0.394	80	乐山	四川	0.183	226
镇江	江苏	0.394	81	濮阳	河南	0.182	227
泰安	山东	0.388	82	商丘	河南	0.180	228
淮南	安徽	0.387	83	遂宁	四川	0.178	229
鄂尔多斯	内蒙古	0.384	84	汕尾	广东	0.177	230
襄阳	湖北	0.382	85	河源	广东	0.177	231
连云港	江苏	0.378	86	防城港	广西	0.176	232
银川	宁夏	0.378	87	鹤壁	河南	0.173	233
玉溪	云南	0.377	88	亳州	安徽	0.173	234
抚顺	辽宁	0.371	89	乌海	内蒙古	0.171	235
西宁	青海	0.369	90	丹东	辽宁	0.168	236
保定	河北	0.359	91	张家口	河北	0.167	237
雅安	四川	0.359	92	滨州	山东	0.166	238
沧州	河北	0.357	93	萍乡	江西	0.166	239
秦皇岛	河北	0.357	94	菏泽	山东	0.164	240
济宁	山东	0.355	95	松原	吉林	0.163	241
曲靖	云南	0.350	96	驻马店	河南	0.162	242
衡阳	湖南	0.347	97	鹰潭	江西	0.161	243
德州	山东	0.346	98	承德	河北	0.160	244
九江	江西	0.345	99	保山	云南	0.159	245
唐山	河北	0.345	100	龙岩	福建	0.158	246
泰州	江苏	0.340	101	鞍山	辽宁	0.152	247
台州	浙江	0.338	102	永州	湖南	0.152	248
新乡	河南	0.337	103	安顺	贵州	0.150	249

续表

	省（市、自治区）	指数	排名		省（市、自治区）	指数	排名
本溪	辽宁	0. 337	104	昭通	云南	0. 149	250
盘锦	辽宁	0. 336	105	中卫	宁夏	0. 147	251
泸州	四川	0. 333	106	朔州	山西	0. 146	252
滁州	安徽	0. 331	107	贵港	广西	0. 145	253
资阳	四川	0. 331	108	巴彦淖尔	内蒙古	0. 145	254
许昌	河南	0. 329	109	百色	广西	0. 141	255
南阳	河南	0. 327	110	巴中	四川	0. 136	256
湖州	浙江	0. 327	111	天水	甘肃	0. 135	257
周口	河南	0. 327	112	云浮	广东	0. 135	258
榆林	陕西	0. 326	113	佳木斯	黑龙江	0. 135	259
临沂	山东	0. 326	114	广安	四川	0. 133	260
十堰	湖北	0. 325	115	陇南	甘肃	0. 123	261
蚌埠	安徽	0. 319	116	晋城	山西	0. 121	262
眉山	四川	0. 319	117	张掖	甘肃	0. 120	263
舟山	浙江	0. 318	118	南平	福建	0. 118	264
阳江	广东	0. 316	119	嘉峪关	甘肃	0. 113	265
鄂州	湖北	0. 315	120	来宾	广西	0. 113	266
常德	湖南	0. 313	121	葫芦岛	辽宁	0. 109	267
柳州	广西	0. 312	122	乌兰察布	内蒙古	0. 108	268
渭南	陕西	0. 312	123	黑河	黑龙江	0. 108	269
邯郸	河北	0. 311	124	宝鸡	陕西	0. 105	270
莆田	福建	0. 311	125	河池	广西	0. 104	271
商洛	陕西	0. 309	126	朝阳	辽宁	0. 104	272
黄冈	湖北	0. 309	127	阜新	辽宁	0. 102	273
宁德	福建	0. 309	128	酒泉	甘肃	0. 101	274
咸宁	湖北	0. 307	129	普洱	云南	0. 094	275
荆州	湖北	0. 305	130	玉林	广西	0. 077	276
黄石	湖北	0. 304	131	鹤岗	黑龙江	0. 075	277
遵义	贵州	0. 303	132	金昌	甘肃	0. 074	278
南充	四川	0. 303	133	鸡西	黑龙江	0. 074	279

续表

	省（市、自治区）	指数	排名		省（市、自治区）	指数	排名
岳阳	湖南	0.302	134	通化	吉林	0.072	280
聊城	山东	0.300	135	白城	吉林	0.066	281
呼伦贝尔	内蒙古	0.300	136	双鸭山	黑龙江	0.057	282
运城	山西	0.297	137	武威	甘肃	0.050	283
金华	浙江	0.297	138	临沧	云南	0.050	284
辽阳	辽宁	0.296	139	平凉	甘肃	0.028	285
潍坊	山东	0.294	140	伊春	黑龙江	0.028	286
黄山	安徽	0.293	141	辽源	吉林	0.024	287
宣城	安徽	0.288	142	贺州	广西	0.019	288
大庆	黑龙江	0.286	143	固原	宁夏	0.018	289
阳泉	山西	0.283	144	七台河	黑龙江	0.018	290
白银	甘肃	0.282	145	安康	陕西	0.000	291
赣州	江西	0.279	146				

第六节　中国城市全球联系竞争力报告

伴随着经济全球化的不断加深，中国与世界的联系越来越紧密。作为全球大国的中国不断加强其在经济、交通和科技等方面与其他国家的联系，努力实现与世界各方面的融合。与此同时，城市作为中国经济发展的最小单元，在交通运输、网络通信、研发科技等方面不断完善和发展，努力加强其在经济竞争力方面的优势，但是由于地理环境、历史发展等客观原因，城市之间的发展还是存在差异，特别是在全球联系方面呈现东部发展整体较好且集中、中西部发展较缓，城市与城市间分化明显的整体格局。本书使用291个城市的相关数据，通过航空联系度、网络热度、科研人员联系度、金融企业联系度、科技企业联系度和航运联系度这六大二级指标来计算出各城市的全球联系指数，并从区域、省域和城市群等方面运用经济竞争力、经济增量、经济密度、经济增速等因素进行分析。

研究发现：从总体格局来看，城市在全球联系方面整体比较集聚，并呈现了多中心分布状态；从区域角度来看，全球联系指数呈现总体“越落后、越分化”状态，“南强北弱”逐步固化；从省域角度来看，东部沿海地区全球联系相对较高，且省域内城市相对收敛；从城市群角度来看，城市群整体阶梯分化明显，城市群内部则较为收敛；从层级角度来看，二线城市竞争差距小、竞争激烈，北上广深实力领先且差距最小。

一 从总体格局来看，城市在全球联系方面整体比较集聚，并呈现了多中心分布状态

本书对中国城市全球联系竞争力排名前 5 个城市的基本情况进行计算。从表 5 - 36 中可以看出中国城市整体的全球联系比较集聚，并呈现出上海、香港、北京多中心分布的态势。同时，中国城市体系并没有出现扁平化现象，而是表现为大部分的城市全球联系度都较低。因此，在宏观政策层面，中国更应该注重城市间的协调发展，缩小城市间的差距，而不应继续鼓励资源向个别特大城市集聚，否则中国城市体系内部的差距将继续扩大，不利于形成协调发展的城市体系。

表 5 - 36　中国城市全球联系指数前 5 个城市的比例

城市相比	系数
上海/上海	1.000
上海/香港	1.097
上海/北京	1.140
上海/广州	1.218
上海/深圳	1.237

资料来源：中国社会科学院城市与竞争力指数数据库。

在全球联系方面，中国前十强城市发展较为强劲，平均值高达 0.809（见表 5 - 37）。特别是上海、香港和北京，更是遥遥领先于其他城市。在发展过程中应该充分发挥上海、香港和北京这类标杆城市的带动作用，加强其对于周边城市的辐射作用并不断扩大其辐射范围。同时，西安位于中国的西北地区，其自身发展十分突出（全球指数 0.727），可以借助

西安的特殊地理位置，发挥其桥梁作用，借助东部发展较好城市的强辐射，建立和拓展自身优势，并进一步辐射带动周边城市，从而带动中西部城市的发展。

表 5－37　　　　中国城市全球联系前十强

	全球联系指数	排名		全球联系指数	排名
上海	1.000	1	杭州	0.747	6
香港	0.912	2	天津	0.747	7
北京	0.877	3	青岛	0.738	8
广州	0.821	4	西安	0.727	9
深圳	0.808	5	南京	0.709	10

资料来源：中国社会科学院城市与竞争力指数数据库。

通过图 5－48 可以看出前十强城市在各项分项指标中都处于领先地位，特别是位于榜首的上海，在航空联系度、网络热度、科研人员联系度等分项方面几乎不存在短板。但位于第九的西安，在航运联系度和金融企业联系度方面还存在劣势，需要在巩固优势的同时，努力弥补短板。

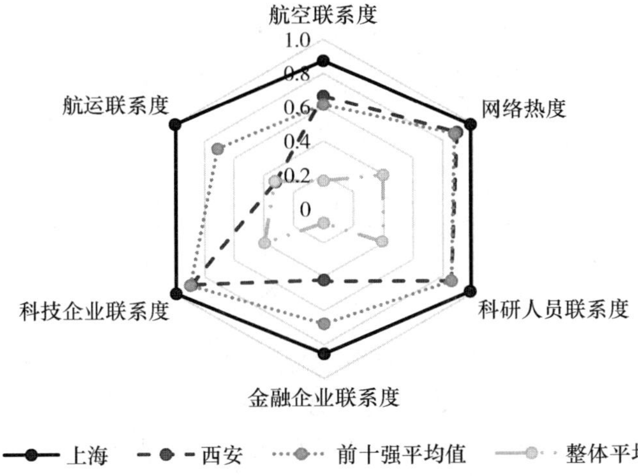

图 5－48　上海、西安、前十强城市及整体全球联系三级指标

资料来源：中国社会科学院城市与竞争力指数数据库。

二 从区域角度来看，全球联系指数呈现总体“越落后、越分化”状态，“南强北弱”逐步固化

从中国六大区域的全球联系指数分布来看（见表5－38），东南地区和环渤海地区的全球联系指数的均值高于全国平均水平，其中东北地区城市的全球联系指数得分最低。从六大区域全球联系的空间分布差异程度的变异系数来看，西南地区的变异系数最大，东南地区的变异系数最小。六大区域全球联系指数的均值和变异系数相关系数为－0.827，这表明全球联系水平越低的区域变异系数越大、分化越严重。特别是西北、西南和东北地区的变异系数高于全国的变异系数，说明这三个地区的全球联系差异大于全国水平。区域总体上延续着“越落后、越分化”的状态，这也共同反映了中国特定自然地理特征状况与制度政策背景下城市全球联系在区域空间分布上的不均衡特征。

表5－38　　2020年六大区域全球联系指数

	城市数目	均值	标准差	变异系数	最小值	最大值
全国（除港澳台）	284	0.225	0.183	0.812	0.000	1.000
环渤海地区	29	0.306	0.204	0.666	0.093	0.877
中部地区	80	0.198	0.135	0.683	0.027	0.696
西北地区	39	0.175	0.154	0.881	0.011	0.727
东北地区	34	0.171	0.162	0.946	0.000	0.702
东南地区	55	0.333	0.213	0.641	0.065	1.000
西南地区	47	0.174	0.165	0.947	0.018	0.708

资料来源：中国社会科学院城市与竞争力指数数据库。

自2013年我国南方与北方之间的经济增速拉开以来，南北差距扩大的现象逐渐受到关注。从城市视角来看，中国经济发展“南强北弱”失衡态势进一步固化。从全球联系的平均值来看（见表5－39），南方的平均值（0.241）明显高于北方的平均值（0.205），同时从南北地区的变异系数可以看出，南方城市之间的差距明显小于北方城市。同时，南方城市中在全球联系排名靠前的城市较多。

表 5－39　　2020 年南北地区全球联系统计

	城市数目	均值	变异系数	排名前 10 城市数量	排名前 20 城市数量	排名前 30 城市数量
北方	130	0.205	0.840	6	7	10
南方	154	0.241	0.784	4	13	20

资料来源：中国社会科学院城市与竞争力指数数据库。

三　从省域角度来看，东部沿海地区全球联系相对较高，且省域内城市相对收敛

从省域角度来看，各个省份的全球联系指数分化明显，中部和西部的一些省域全球联系相对偏低且省域内差别比较大。从表 5－40 可知，有 14 个省（市、自治区）全球联系指数的平均值超过了全国全球联系的平均值，而且大部分城市位于中国的东部地区。同时，绝大部分省（市、自治区）全球联系指数的变异系数小于全国全球联系指数的变异系数，说明大部分省域内城市分化不大。其中，四川、黑龙江、甘肃这三个城市呈现出全球联系均值较低，而且省域内变异系数较大的特点，说明这三个省份在全球联系方面整体发展较弱，同时省域内城市分化严重。特别是黑龙江的变异系数最大为 1.229，其中鹤岗、双鸭山等城市与哈尔滨（均值 0.566）的差距明显。

表 5－40　　2020 年各省（市、自治区）城市全球联系排名统计

均值排名	省（市、自治区）	城市数目	全球联系均值	变异系数	均值排名	省（市、自治区）	城市数目	全球联系均值	变异系数
1	上海	1	1.000		9	福建	9	0.310	0.644
2	北京	1	0.877		10	广东	21	0.288	0.718
3	天津	1	0.747		11	山东	16	0.282	0.615
4	重庆	1	0.665		12	河北	11	0.248	0.615
5	青海	1	0.377		13	湖北	12	0.235	0.625
6	浙江	11	0.358	0.519	14	新疆	2	0.233	0.878
7	江苏	13	0.348	0.481	15	辽宁	14	0.221	0.794
8	海南	2	0.333	0.360	16	安徽	16	0.220	0.515

续表

均值排名	省（市、自治区）	城市数目	全球联系均值	变异系数	均值排名	省（市、自治区）	城市数目	全球联系均值	变异系数
17	河南	17	0.213	0.615	25	吉林	8	0.164	0.799
18	陕西	10	0.211	0.859	26	广西	14	0.157	0.776
19	宁夏	5	0.201	0.552	27	山西	11	0.142	0.795
20	贵州	4	0.188	0.946	28	四川	18	0.14	1.052
21	湖南	13	0.188	0.845	29	黑龙江	12	0.116	1.229
22	云南	8	0.174	0.935	30	甘肃	13	0.111	1.126
23	江西	11	0.173	0.722		全国	284	0.225	0.812
24	内蒙古	9	0.173	0.765					

资料来源：中国社会科学院城市与竞争力指数数据库。

从整体分布来看，中国城市全球联系的核密度曲线出现明显的右偏特征，这表明大部分城市的全球联系水平均处于相对较低水平，只有极个别城市的全球联系处于较高水平，这同样也表明了中国城市全球联系指数差异比较突出（见图5－49）。

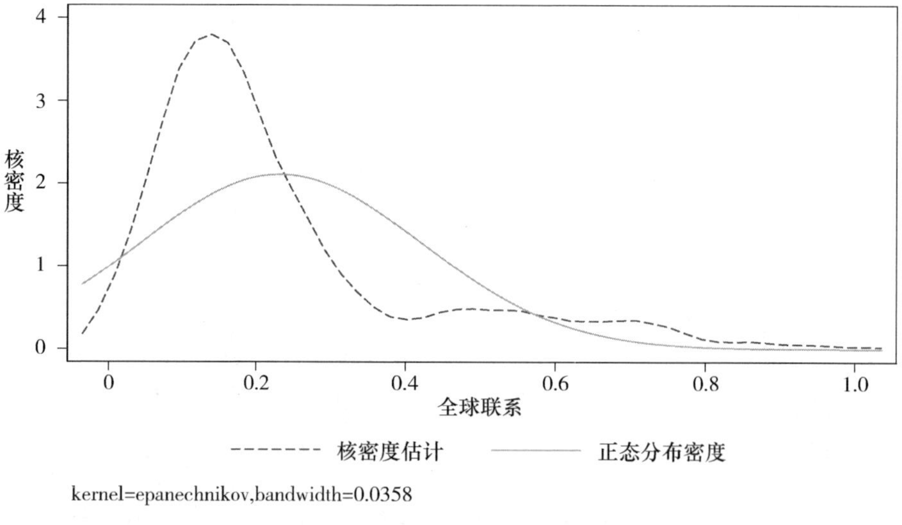

图5－49 2020年全球联系指数核密度分布

资料来源：中国社会科学院城市与竞争力指数数据库。

四　从城市群角度来看，城市群整体阶梯分化明显，城市群内部则较为收敛

地理学第一定律指出，任何事物都是与其他事物相关的，但相近的事物关联更紧密。随着经济全球化和区域经济一体化发展，城市群内城市间的相互联系和相互作用日渐增强，城市与城市之间也存在一定相似性。同时，从全国较为完善的 14 个城市群来看，按照平均全球联系数值的高低可以分为三个梯队。其中长三角城市群和京津冀城市群发展最为迅猛，均值在 0.35 左右，位于第一梯队；其次珠三角城市群、沈阳城市群和山东半岛城市群位于第二梯队，均值在 0.3 左右；其他的城市群均值相对较低，在 0.15—0.25。这表明 14 个城市群中，长三角城市群和珠三角城市群优势最为明显，呈现以中心城市为引领的发展格局。但是南宁城市群、太原城市群等则全球联系发展普遍较弱（见图 5 – 50）。

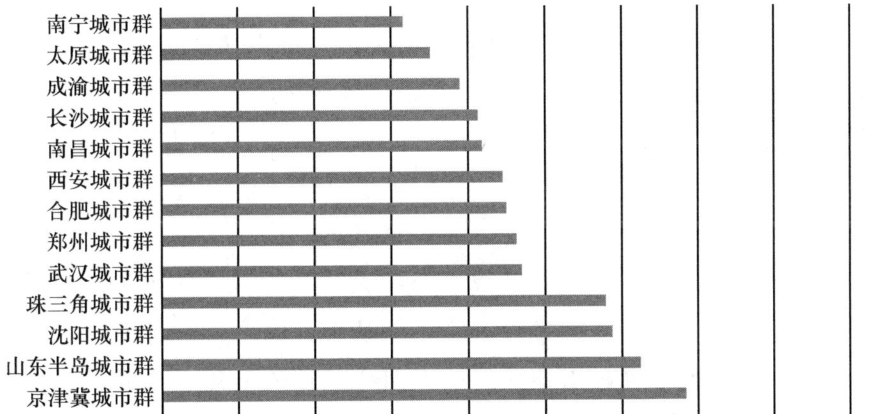

图 5 – 50　2020 年中国城市群全球联系平均值

五　从层级角度来看，二线城市竞争差距小、竞争激烈，北上广深实力领先且差距最小

从层级角度来看，依旧呈现“一二三四”状态，一线城市之间的差距最小，说明一线城市在全球联系方面较为接近，竞争较为激烈。一线

城市中北上广深领先优势明显，同时城市之间差距不大，竞争最为激烈。三、四线城市全球联系方面还有差距，而且同层级城市的差距十分明显（见表 5 - 41）。

表 5 - 41　　各层级城市全球联系统计分析

	样本城市	平均值	变异系数
北上广深	4	0.877	0.086
一线城市	6	0.851	0.123
二线城市	35	0.563	0.247
三线城市	69	0.262	0.461
四线城市	181	0.136	0.499

注：一线城市包含北京、上海、广州、深圳、香港、台北。

六 中国城市全球联系整体趋势

随着全球化过程中交通基础设施的不断完善，以及网络社会的不断崛起、通信技术的不断发展，一个城市的竞争力不仅仅体现在其本身的硬实力上，还体现在城市在对内集聚、对外联系的软实力上。作为软实力的体现，城市开放联系不仅仅能够衡量区域经济社会发展水平、考量区域经济发展活力及发展潜力，也是城市经济实力相互作用和反应的体现，其可将不同城市与区域之间的人才、技术、知识和信息等要素通过有形或者无形的方式进行联系，从而在城市网络体系下，城市开放联系性成为吸收利用外部资源进而增强城市能级和位阶的决定性因素之一。

这里使用全球联系指数来衡量城市开放联系，来刻画城市开放联系与城市综合竞争力之间存在的关系。就全球联系指数而言，排名前十的城市依次是上海、香港、北京、广州、深圳、杭州、天津、青岛、西安和南京，大部分这些城市的综合经济竞争力同样也处于较强的地位。观察全球联系指数与经济竞争力之间的散点图发现（见图 5 - 51），两者之间存在较强的正向相关性，相关系数达到 0.805，这表明一个城市的全球联系能力越强，其综合经济竞争力也就相应越强。

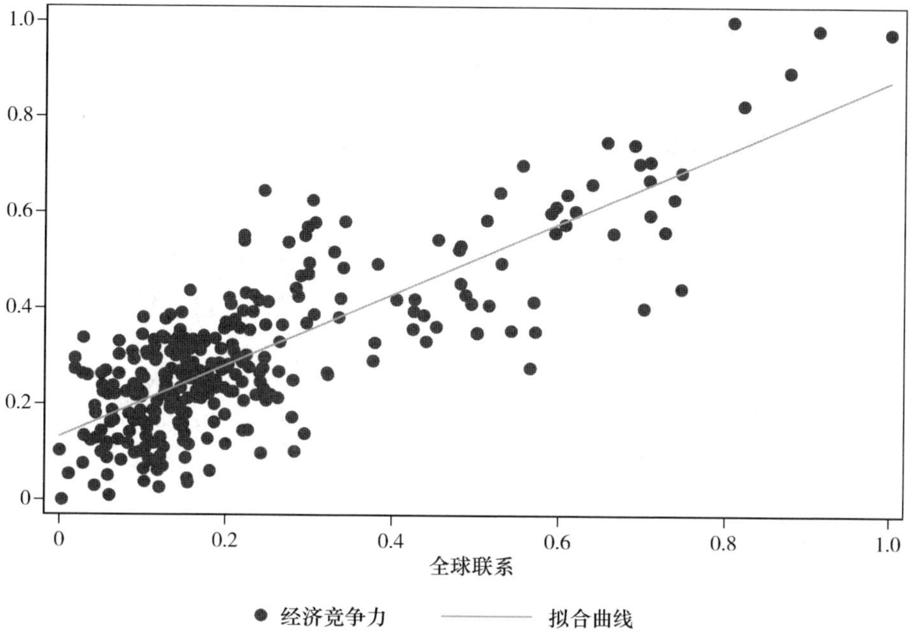

图5－51　全球联系指数与城市经济竞争力散点拟合图

资料来源：中国社会科学院城市与竞争力指数数据库。

通过图5－51可以看出，大多城市还是集中分布于左下角附近，即全球联系指数较低、经济竞争力不足的位置。因此大部分的城市还需要进一步拓展其对外的联系，比如加强城市与城市、区域与区域之间的人才、技术和信息的交流，促进和完善城市的交通及通信技术设施，加强优势资源集聚的同时不断提升其全球联系，进一步促进其经济竞争力的提升。

基于上述分析，笔者认为在全球联系较弱的城市应从航运、通信等不同细化方面找不足，然后加强相关领域的基础建设，逐步提升城市的全球联系，进而推动经济竞争力的提升；同时对于在全球联系较强的城市应进一步巩固自身优势，并努力辐射更多周边城市，带动周边城市群、周边地区的发展。

七 中国291个城市全球联系竞争力排名

表5－42 2020年中国291个城市全球联系竞争力指数及排名

	省（市、自治区）	指数	排名		省（市、自治区）	指数	排名
上海	上海	1.000	1	泸州	四川	0.168	147
香港	香港	0.912	2	茂名	广东	0.166	148
北京	北京	0.877	3	邯郸	河北	0.165	149
广州	广东	0.821	4	淮南	安徽	0.164	150
深圳	广东	0.808	5	抚顺	辽宁	0.164	151
杭州	浙江	0.747	6	德州	山东	0.160	152
天津	天津	0.747	7	绵阳	四川	0.160	153
青岛	山东	0.738	8	九江	江西	0.159	154
西安	陕西	0.727	9	滨州	山东	0.158	155
南京	江苏	0.709	10	鹰潭	江西	0.158	156
厦门	福建	0.709	11	北海	广西	0.156	157
成都	四川	0.708	12	东营	山东	0.156	158
大连	辽宁	0.702	13	眉山	四川	0.156	159
武汉	湖北	0.696	14	朝阳	辽宁	0.155	160
台北	台湾	0.690	15	鹤岗	黑龙江	0.154	161
重庆	重庆	0.665	16	吉安	江西	0.154	162
苏州	江苏	0.657	17	张掖	甘肃	0.153	163
宁波	浙江	0.639	18	张家口	河北	0.152	164
郑州	河南	0.619	19	肇庆	广东	0.152	165
长沙	湖南	0.609	20	巴中	四川	0.151	166
福州	福建	0.607	21	雅安	四川	0.150	167
东莞	广东	0.596	22	衢州	浙江	0.150	168
济南	山东	0.595	23	遵义	贵州	0.149	169
合肥	安徽	0.590	24	商洛	陕西	0.149	170
沈阳	辽宁	0.572	25	阳江	广东	0.149	171
昆明	云南	0.570	26	临汾	山西	0.148	172
哈尔滨	黑龙江	0.566	27	柳州	广西	0.147	173

续表

	省（市、自治区）	指数	排名		省（市、自治区）	指数	排名
无锡	江苏	0.556	28	上饶	江西	0.147	174
南宁	广西	0.543	29	鄂州	湖北	0.146	175
南昌	江西	0.531	30	阜阳	安徽	0.145	176
澳门	澳门	0.529	31	钦州	广西	0.145	177
温州	浙江	0.516	32	辽源	吉林	0.145	178
高雄	台湾	0.513	33	白山	吉林	0.144	179
石家庄	河北	0.502	34	潮州	广东	0.144	180
兰州	甘肃	0.502	35	黄石	湖北	0.144	181
长春	吉林	0.495	36	吕梁	山西	0.143	182
贵阳	贵州	0.488	37	枣庄	山东	0.142	183
中山	广东	0.482	38	淮北	安徽	0.141	184
太原	山西	0.482	39	平顶山	河南	0.139	185
新竹	台湾	0.480	40	安庆	安徽	0.137	186
烟台	山东	0.455	41	盘锦	辽宁	0.137	187
海口	海南	0.453	42	漯河	河南	0.137	188
呼和浩特	内蒙古	0.441	43	池州	安徽	0.135	189
乌鲁木齐	新疆	0.438	44	衡水	河北	0.134	190
唐山	河北	0.427	45	本溪	辽宁	0.133	191
洛阳	河南	0.426	46	辽阳	辽宁	0.133	192
株洲	湖南	0.425	47	郴州	湖南	0.133	193
淄博	山东	0.405	48	晋中	山西	0.133	194
台南	台湾	0.382	49	岳阳	湖南	0.132	195
银川	宁夏	0.379	50	南充	四川	0.128	196
西宁	青海	0.377	51	石嘴山	宁夏	0.128	197
珠海	广东	0.343	52	许昌	河南	0.127	198
绍兴	浙江	0.341	53	商丘	河南	0.127	199
济宁	山东	0.338	54	驻马店	河南	0.127	200
漳州	福建	0.336	55	延安	陕西	0.126	201
嘉兴	浙江	0.330	56	铜陵	安徽	0.126	202
南阳	河南	0.323	57	周口	河南	0.126	203

续表

	省（市、自治区）	指数	排名		省（市、自治区）	指数	排名
包头	内蒙古	0.322	58	赤峰	内蒙古	0.125	204
南通	江苏	0.307	59	白银	甘肃	0.124	205
襄阳	湖北	0.306	60	三明	福建	0.123	206
常州	江苏	0.304	61	葫芦岛	辽宁	0.121	207
徐州	江苏	0.300	62	白城	吉林	0.121	208
台州	浙江	0.299	63	四平	吉林	0.121	209
泉州	福建	0.298	64	陇南	甘肃	0.120	210
马鞍山	安徽	0.297	65	双鸭山	黑龙江	0.118	211
扬州	江苏	0.295	66	运城	山西	0.117	212
张家界	湖南	0.295	67	宝鸡	陕西	0.116	213
芜湖	安徽	0.290	68	达州	四川	0.115	214
廊坊	河北	0.287	69	菏泽	山东	0.115	215
舟山	浙江	0.284	70	曲靖	云南	0.114	216
中卫	宁夏	0.283	71	荆门	湖北	0.114	217
宿州	安徽	0.281	72	吴忠	宁夏	0.113	218
承德	河北	0.280	73	龙岩	福建	0.113	219
镇江	江苏	0.275	74	亳州	安徽	0.112	220
连云港	江苏	0.268	75	平凉	甘肃	0.110	221
咸阳	陕西	0.265	76	巴彦淖尔	内蒙古	0.107	222
湛江	广东	0.264	77	鹤壁	河南	0.105	223
桂林	广西	0.263	78	齐齐哈尔	黑龙江	0.105	224
清远	广东	0.254	79	自贡	四川	0.104	225
湖州	浙江	0.251	80	来宾	广西	0.104	226
黄山	安徽	0.249	81	铁岭	辽宁	0.103	227
汕头	广东	0.248	82	黑河	黑龙江	0.102	228
秦皇岛	河北	0.247	83	固原	宁夏	0.101	229
佛山	广东	0.246	84	大庆	黑龙江	0.101	230
滁州	安徽	0.246	85	安康	陕西	0.100	231
开封	河南	0.245	86	常德	湖南	0.100	232
丽江	云南	0.243	87	榆林	陕西	0.099	233

续表

	省（市、自治区）	指数	排名		省（市、自治区）	指数	排名
鄂尔多斯	内蒙古	0.242	88	大同	山西	0.099	234
十堰	湖北	0.241	89	玉林	广西	0.098	235
潍坊	山东	0.240	90	三门峡	河南	0.098	236
宣城	安徽	0.237	91	汉中	陕西	0.098	237
惠州	广东	0.234	92	梅州	广东	0.097	238
淮安	江苏	0.233	93	普洱	云南	0.097	239
临沂	山东	0.229	94	邢台	河北	0.093	240
新乡	河南	0.228	95	永州	湖南	0.091	241
铜川	陕西	0.227	96	佳木斯	黑龙江	0.090	242
营口	辽宁	0.225	97	通辽	内蒙古	0.090	243
盐城	江苏	0.224	98	松原	吉林	0.089	244
台中	台湾	0.222	99	长治	山西	0.089	245
泰州	江苏	0.222	100	宜宾	四川	0.089	246
资阳	四川	0.222	101	崇左	广西	0.089	247
宜昌	湖北	0.221	102	新余	江西	0.087	248
河源	广东	0.221	103	金昌	甘肃	0.084	249
保定	河北	0.220	104	怀化	湖南	0.083	250
沧州	河北	0.220	105	河池	广西	0.082	251
焦作	河南	0.217	106	娄底	湖南	0.080	252
三亚	海南	0.213	107	梧州	广西	0.080	253
咸宁	湖北	0.212	108	阜新	辽宁	0.074	254
日照	山东	0.211	109	六盘水	贵州	0.071	255
安阳	河南	0.210	110	晋城	山西	0.071	256
锦州	辽宁	0.209	111	德阳	四川	0.071	257
宁德	福建	0.208	112	昭通	云南	0.070	258
莆田	福建	0.206	113	宜春	江西	0.066	259
防城港	广西	0.205	114	云浮	广东	0.065	260
江门	广东	0.204	115	广安	四川	0.064	261
威海	山东	0.204	116	百色	广西	0.063	262
泰安	山东	0.203	117	广元	四川	0.061	263

续表

	省（市、自治区）	指数	排名		省（市、自治区）	指数	排名
金华	浙江	0.200	118	酒泉	甘肃	0.060	264
丹东	辽宁	0.200	119	鸡西	黑龙江	0.058	265
抚州	江西	0.199	120	朔州	山西	0.058	266
荆州	湖北	0.199	121	忻州	山西	0.057	267
渭南	陕西	0.198	122	庆阳	甘肃	0.057	268
湘潭	湖南	0.198	123	内江	四川	0.056	269
赣州	江西	0.195	124	保山	云南	0.056	270
揭阳	广东	0.194	125	益阳	湖南	0.055	271
玉溪	云南	0.192	126	邵阳	湖南	0.052	272
汕尾	广东	0.189	127	遂宁	四川	0.051	273
南平	福建	0.188	128	乐山	四川	0.050	274
信阳	河南	0.188	129	临沧	云南	0.050	275
衡阳	湖南	0.187	130	牡丹江	黑龙江	0.050	276
六安	安徽	0.186	131	绥化	黑龙江	0.044	277
随州	湖北	0.186	132	贵港	广西	0.043	278
蚌埠	安徽	0.183	133	安顺	贵州	0.042	279
孝感	湖北	0.182	134	定西	甘肃	0.042	280
呼伦贝尔	内蒙古	0.181	135	天水	甘肃	0.037	281
韶关	广东	0.180	136	嘉峪关	甘肃	0.033	282
景德镇	江西	0.179	137	通化	吉林	0.029	283
黄冈	湖北	0.178	138	克拉玛依	新疆	0.028	284
贺州	广西	0.178	139	乌兰察布	内蒙古	0.028	285
丽水	浙江	0.176	140	萍乡	江西	0.027	286
濮阳	河南	0.174	141	攀枝花	四川	0.018	287
宿迁	江苏	0.173	142	乌海	内蒙古	0.018	288
鞍山	辽宁	0.170	143	武威	甘肃	0.011	289
吉林	吉林	0.170	144	伊春	黑龙江	0.003	290
阳泉	山西	0.170	145	七台河	黑龙江	0.000	291
聊城	山东	0.169	146				

第六章

中国城市可持续竞争力报告

倪鹏飞　郭金红　李　博　曹清峰　马洪福
刘笑男　张洋子①

第一节　中国城市可持续竞争力总报告

2019 年中国国内生产总值为 990865.51 亿元，较 2018 年增长 71584.00 亿元。从各行业看：2019 年农业部门总产值为 123967.94 亿元，2018 年为 113579.53 亿元，2019 年比 2018 年多 10388.41 亿元；工业部门 2019 年规模以上工业企业利润总额达 61995.50 亿元，较 2018 年下降 9613.40 亿元；建筑业总产值为 248445.77 亿元，较 2018 年上升 22628.91 亿元，等等。

在发展经济的同时要顾及城市的可持续发展，人口密度、城镇就业、耕地保护、土地利用、产业结构转型以及生态环境、公共卫生等问题会制约城市的发展。2018 年国务院批复深圳市为建设国家可持续发展创新示范区，要求紧紧围绕联合国《2030 年可持续发展议程》和《中国落实 2030 年可持续发展议程国别方案》，重点针对资源环境承载力和社会治理支撑力相对不足等问题，提出解决方案。

---

① 本章总体框架结构由倪鹏飞设计，中国城市可持续竞争力总报告由郭金红撰写，中国城市经济活力竞争力报告由李博撰写，中国城市环境韧性竞争力报告由曹清峰撰写，中国城市社会包容竞争力报告由马洪福撰写，中国城市科技创新竞争力报告由刘笑男撰写，中国城市全球联系竞争力报告由张洋子撰写。

2019年年末中国总人口为140005万人，就业人员为77471万人，较2018年减少115万人。2019年能源消费总量486000万吨标准煤，较2018年增加22000万吨标准煤。2019年生态环境中造林总面积为7070千公顷，较2018年减少229.47千公顷。2019年可持续发展势头较2018年有所下降。本章通过可持续竞争力总得分及其指标人才密度、人才增量对中国城市可持续竞争力进行分析。

本章共涵盖六大部分，分别为中国城市可持续竞争力总报告、中国城市经济活力竞争力报告、中国城市环境韧性竞争力报告、中国城市社会包容竞争力报告、中国城市科技创新竞争力报告以及中国城市全球联系竞争力报告。其中中国城市可持续竞争力总报告为本章的主体报告，其他五部分报告为分项报告（相当于解释性报告），总体构成“1个主体+5个分项”框架格局。其中可持续竞争力显示性指标包括人才增量和人才密度，解释性指标包括经济活力、环境韧性、社会包容、科技创新以及全球联系。样本为中国291个城市，其中指标、数据来源见表6-1。

表6-1　可持续竞争力显示性指标体系

	具体指标	数据来源
人才增量	高收入人口年增长指数	全球人口栅格分布 Landscan 数据库
人才密度	地均高收入人口指数	全球人口栅格分布 Landscan 数据库

一　可持续竞争力总体格局分析：东中一体迅速崛起，总格局呈“东中同升，南升北降”

1. 头部城市可持续竞争力格局逐步稳定

香港、深圳、台北、上海、北京以及广州位列中国城市可持续竞争力前6名，并且5年排名变化保持不变。从前20名分布来看（见表6-2），东南地区占据10席，港澳台地区占据5席，环渤海地区占据3席，西南地区占据1席，中部地区仅占1席，总体覆盖澳门、北京、福建、广东、湖北、江苏、上海、香港等13个省（市、自治区），发达城市可持续竞争力格局逐步稳定。从其分项角度来看，2020年全国城市可持续竞争力前20名的人才密度总体也较强；香港、深圳以及台北的人才密度分别位列中国第 1 名、第 2 名、第 3 名；除澳门外，其他城市的人才增量总体也较强。从全国城市可持续竞争力分布角度来看（见图 6－1），可持续竞争力较强的城市主要分布在京津冀城市群、山东半岛城市群、长三角城市群、珠三角城市群、成渝城市群以及中部的中心城市，特别是中心城市引领周边城市形成的大都市圈格局，如北京及周边城市、青岛及周边城市、郑州及周边城市、西安及周边城市、武汉及周边城市、长沙及周边城市等成为主导中国城市可持续竞争力的中坚力量。

表 6－2　　2020 年中国城市可持续竞争力前 20 名及其变化

	省（市、自治区）	地区	可持续竞争力		人才密度		人才增量	
			排名	5 年排名变化	排名	5 年排名变化	排名	5 年排名变化
香港	香港	港澳台	1	0	1	0	1	0
深圳	广东	东南	2	0	2	0	2	1
台北	台湾	港澳台	3	0	3	1	5	－3
上海	上海	东南	4	0	5	0	4	1
北京	北京	环渤海	5	0	7	2	3	1
广州	广东	东南	6	0	6	0	7	0
苏州	江苏	东南	7	1	12	0	6	0
南京	江苏	东南	8	1	9	－1	11	－2
青岛	山东	环渤海	9	2	17	－1	8	2
武汉	湖北	中部	10	11	16	6	12	8
无锡	江苏	东南	11	5	10	4	18	4
台中	台湾	港澳台	12	－2	14	－4	15	－4
天津	天津	环渤海	13	－1	22	－3	10	－2
厦门	福建	东南	14	－1	8	－1	24	－6
东莞	广东	东南	15	3	11	2	23	7
佛山	广东	东南	16	－1	15	0	19	2
杭州	浙江	东南	17	3	25	5	9	3
高雄	台湾	港澳台	18	－4	19	－2	20	－6
澳门	澳门	港澳台	19	－12	4	－1	154	－91
成都	四川	西南	20	－3	30	－2	13	0

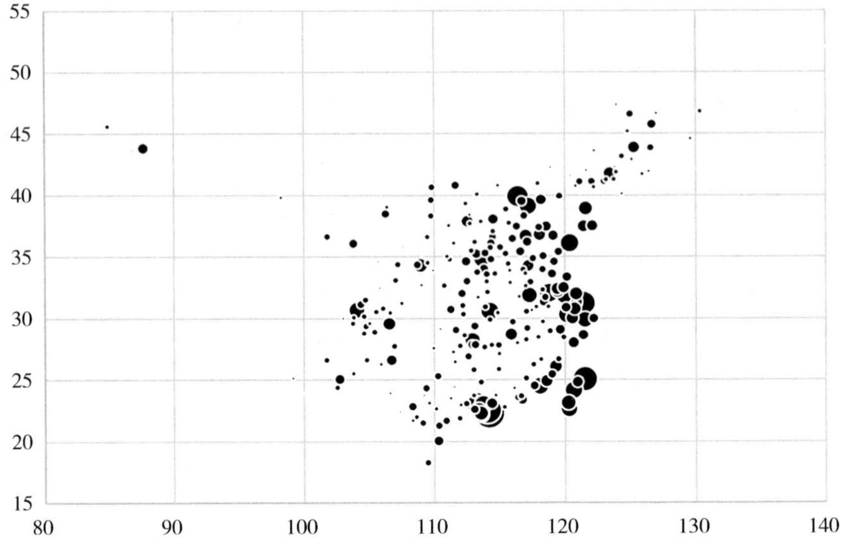

图 6－1 2020 年中国城市可持续竞争力经纬度分布

2. 人才增量是导致可持续竞争力差异的主要原因

总体来看，全国的人才密度和人才增量曲线呈现右偏分布，表明大部分城市的人才密度及人才增量水平较低，而人才增量更为右偏，表明只有少数城市的人才增量竞争力较强。仅有 2 个城市的人才增量高于 0. 85，仅有 12 个城市的人才增量高于 0. 65，仅有 36 个城市的人才增量高于 0. 5，人才增量的头部城市数量非常少。人才密度分布格局较人才增量来说较为均衡（见图 6－2 至图 6－4）。

3. 中国城市可持续竞争力水平总体有所下降

2020 年中国城市可持续竞争力总体均值为 0. 2598，比 2015 年减少 0. 0034，变异系数为 0. 5984，比 2015 年下降 0. 0102。与此同时，人才密度和人才增量的变异系数均有所下降，可以看出城市间差距有所减小。尽管城市可持续竞争力总体呈下降趋势，但人才增量由原来的 0. 2682 增加到 0. 3536，变异系数急剧下降，可见城市间人才增量的差距在逐渐缩小（见表 6－3）。

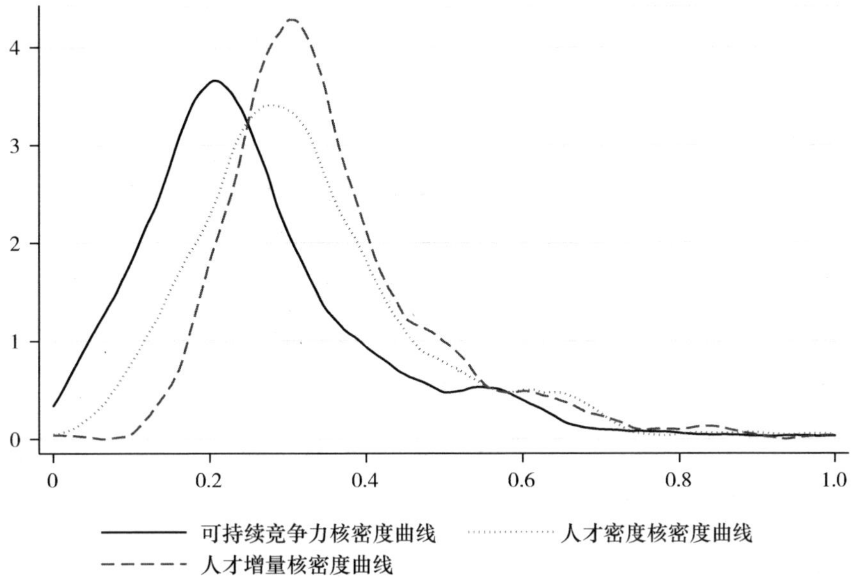

图 6－2　可持续竞争力核密度曲线

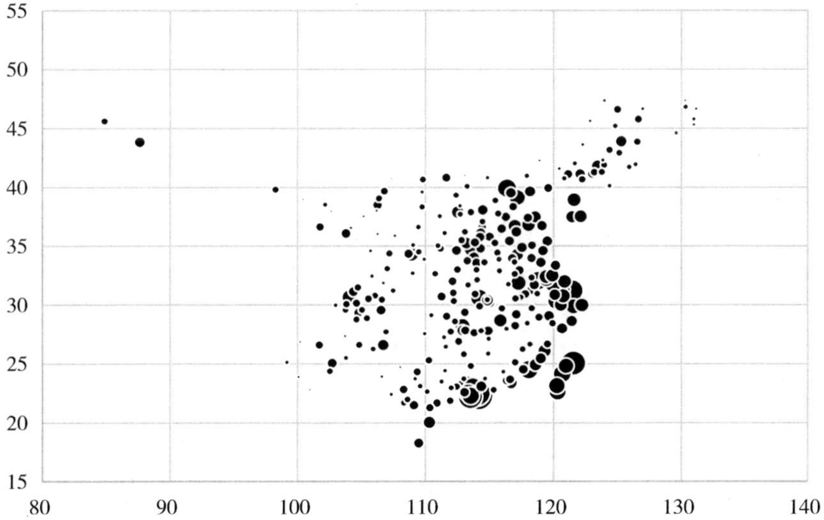

图 6－3　中国城市人才密度的经纬度分布

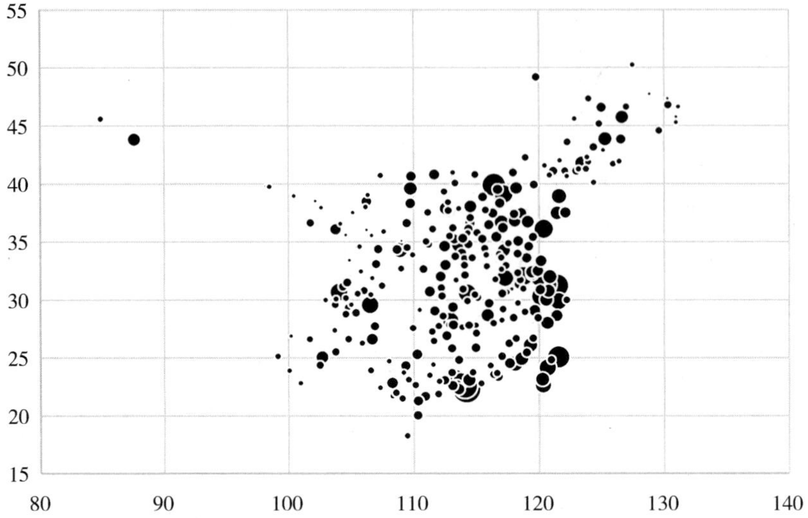

图 6－4 中国城市人才增量的经纬度分布

表 6－3 中国城市可持续竞争力统计分析

	变量	样本量	均值	标准差	变异系数
2020 年可持续竞争力	可持续竞争力	291	0. 2598	0. 1555	0. 5984
	人才密度	291	0. 3265	0. 1522	0. 4661
	人才增量	291	0. 3536	0. 1364	0. 3857
2015 年可持续竞争力	可持续竞争力	291	0. 2632	0. 1602	0. 6086
	人才密度	291	0. 3275	0. 1542	0. 4708
	人才增量	291	0. 2682	0. 1595	0. 5947

从图 6－5 可以看出当前中国城市可持续竞争力的总体格局呈现“东中同升，南升北降”。具体而言，北方的 130 个城市中有 80 个城市的可持续竞争力排名处于下降状态，占 61. 54%，有 49 个城市的可持续竞争力处于上升状态，占 37. 69%。大部分城市的可持续竞争力均处于下降状态，尤其是东北地区。80 个可持续竞争力下降城市的排名平均降幅高达 27 名，可持续竞争力指数均值为 0. 20，而 49 个可持续竞争力上升城市的

排名平均上升仅为23名，可持续竞争力指数均值为0.25，两者形成差异，这也导致总体而言北方城市总体降低。从南方城市来看，在161个南方城市中，仅有58个城市的可持续竞争力排名处于下降状态，有91个城市的可持续竞争力排名处于上升状态，占比达56.52%。此外，无论是从可持续竞争力水平和可持续竞争力5年排名变化幅度，南方城市内部的上升城市均要高于北方城市，其中南方上升城市平均上升23名，可持续竞争力指数均值为0.272，南方下降城市平均下降20名，可持续竞争力指数均值为0.266。

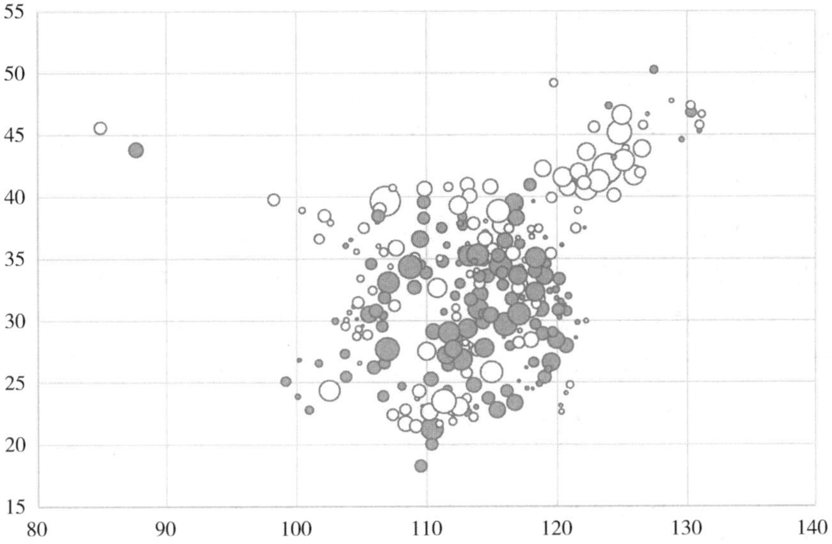

图6－5　中国城市可持续竞争力5年排名变化空间分布

注：实心圈表示城市可持续竞争力排名上升，空心圈表示城市可持续竞争力排名降低。

4. 35个大中城市具有更强的可持续竞争力

无论是可持续竞争力还是人才密度、人才增量，35个大中城市均高于非35个大中城市，并且非35个大中城市的分化更为严重，各城市间差异更大（见表6－4）。

表 6－4 2020 年 35 个大中城市可持续竞争力统计分析

	变量	样本量	均值	标准差	变异系数
35 个大中城市	可持续竞争力	35	0.4810	0.1485	0.3087
	人才密度	35	0.5095	0.1412	0.2772
	人才增量	35	0.5673	0.1322	0.2331
非 35 个大中城市	可持续竞争力	267	0.2296	0.1301	0.5666
	人才密度	267	0.3015	0.1358	0.4505
	人才增量	267	0.3244	0.1082	0.3334

二 可持续竞争力区域格局分析：中部地区迅速崛起，东北与中部差距日益加大

1. 东中优势凸显

从各个地区来看，东南地区 2020 年可持续竞争力前 100 名城市数量处于领先地位，共有 36 个城市处于前 100 名；其次为环渤海地区，共有 21 个城市处于前 100 名；再次为中部地区，共有 19 个城市处于前 100 名；随后为西南、西北以及东北地区。从排名上升幅度角度来看，中部地区前 100 名城市较 2015 年增加了 3 个，可见中部地区可持续竞争力迅速崛起；而受东部地区虹吸效应的影响，东北地区的可持续竞争力排名处于下降状态，平均下降 9.75 名（见表 6－5）。

表 6－5 各地区可持续竞争力前 100 名城市数量及变化

	2020 年可持续竞争力前 100 名城市数量	2015 年可持续竞争力前 100 名城市数量	2020 年可持续竞争力前 100 名城市 5 年排名变化统计分析		
			均值	标准差	变异系数
东北	4	9	－9.75	2.6300	－0.2697
东南	36	36	8	12.2241	1.5280
港澳台	7	7	－4	4.4721	－1.1180
环渤海	21	19	3.2857	25.2471	7.6839
西北	6	5	23	33.8585	1.4721
西南	7	8	5.5714	14.8308	2.6619
中部	19	16	11.8421	25.6261	2.1640

2. 港澳台地区表现突出

从各地区角度来看，港澳台可持续竞争力明显高于其他地区，其次为东南和环渤海地区。东北地区的可持续竞争力水平整体偏低，其中大连、沈阳在全国排第 29 名、第 42 名，但竞争力较差城市鸡西、七台河、黑河、鹤岗及伊春均在270 名以外，地区内城市发展水平差异巨大。从人才密度与人才增量的均值看，大部分地区的人才增量要高于人才密度（见表 6－6）。

表 6－6　　2020 年各地区可持续竞争力统计分析

序号	地区	可持续竞争力		人才密度		人才增量	
		均值	变异系数	均值	变异系数	均值	变异系数
1	东北	0. 1797	0. 6106	0. 2442	0. 4173	0. 2942	0. 3524
2	东南	0. 3800	0. 4407	0. 4447	0. 3630	0. 4486	0. 3224
3	港澳台	0. 6279	0. 3330	0. 7320	0. 2334	0. 5950	0. 4162
4	环渤海	0. 3382	0. 3820	0. 3902	0. 2906	0. 4307	0. 2898
5	西北	0. 1528	0. 7230	0. 2121	0. 5096	0. 2798	0. 4144
6	西南	0. 1963	0. 5020	0. 2656	0. 3481	0. 3018	0. 3219
7	中部	0. 2401	0. 3783	0. 3134	0. 2847	0. 3310	0. 2598

3. 东北地区与中部地区差异不大

从各地区可持续竞争力来看，港澳台可持续竞争力远远高于其他地区，并且地区内部城市发展差异较小。其次为东南和环渤海地区。东北地区和中部地区可持续竞争力整体水平相差较小。西北地区的排名最差，其人才密度和人才增量在几个地区中均为倒数。

从表 6－7 和图 6－6 的各地区可持续竞争力变化来看，港澳台、东南地区以及环渤海地区引领全国可持续竞争力发展。东北地区的可持续竞争力出现明显倒退趋势，由原来的 0. 2205 变为 0. 1797；相反东南地区凭借优越的经济、地理条件，其可持续竞争力由原来的 0. 3707 变为 0. 3800，其人才增量的显著提高是可持续竞争力变化的主要原因。

表6－7 2015年各地区可持续竞争力统计分析

序号	地区	可持续竞争力		人才密度		人才增量	
		均值	变异系数	均值	变异系数	均值	变异系数
1	东北	0.2205	0.6091	0.2823	0.4445	0.2344	0.5986
2	东南	0.3707	0.4423	0.4325	0.3582	0.3654	0.4492
3	港澳台	0.6607	0.2999	0.7358	0.2449	0.5997	0.4067
4	环渤海	0.3575	0.3507	0.4073	0.2690	0.3705	0.3742
5	西北	0.1558	0.7075	0.2097	0.5144	0.1890	0.6563
6	西南	0.1917	0.5972	0.2621	0.4039	0.1973	0.6198
7	中部	0.2330	0.4406	0.3059	0.3253	0.2298	0.4577

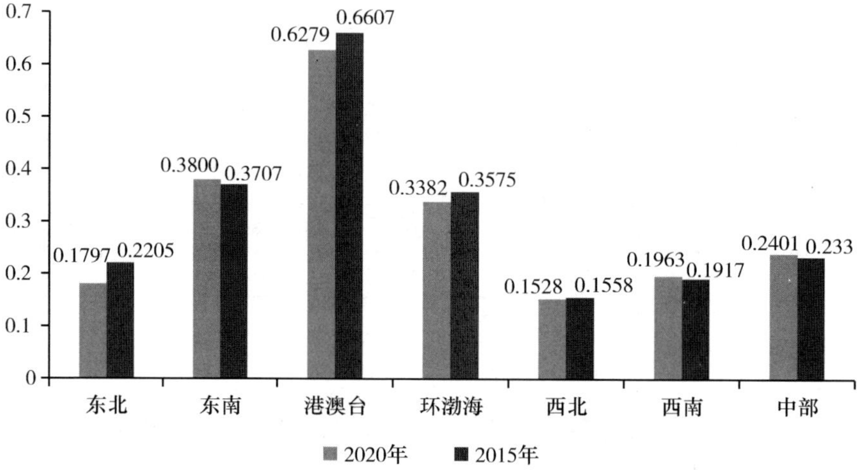

图6－6 各地区可持续竞争力变化

4. 双中心城市引导东北地区城市格局

东北地区前10强，辽宁占据5席，吉林占据3席，黑龙江占据2席，大连、沈阳和长春位列东北前3强，中国前50强。此外，东北地区城市不论可持续竞争力、人才密度还是人才增量总体处于下降状态（见表6－8）。

表 6－8　　　　东北地区前 10 名可持续竞争力排名及变化

排名	城市	省份	可持续竞争力		人才密度		人才增量	
			排名	5 年排名变化	排名	5 年排名变化	排名	5 年排名变化
1	大连	辽宁	29	－7	32	－7	25	－10
2	沈阳	辽宁	42	－12	49	－13	33	－9
3	长春	吉林	44	－8	55	－7	29	－4
4	哈尔滨	黑龙江	70	－12	135	－16	37	－6
5	盘锦	辽宁	103	－29	73	－18	167	－51
6	大庆	黑龙江	104	－60	130	－74	83	－50
7	锦州	辽宁	106	－7	107	－6	113	－13
8	吉林	吉林	115	－46	147	－40	82	－25
9	鞍山	辽宁	117	－49	119	－56	122	－46
10	四平	吉林	150	4	163	－4	134	3

5. 东南地区人才密度及增量优势凸显

东南地区可持续竞争力前 10 强分别为深圳、上海、广州、苏州等城市，分别来自广东、上海、江苏、福建和浙江，其中有 4 个城市来自广东，3 个城市来自江苏，其余省份各 1 个。从 5 年排名变化来看，东南地区前 10 强城市总体变化幅度不大；此外，人才密度以及人才增量均处于中国领先地位（见表 6－9）。

表 6－9　　　　东南地区前 10 名可持续竞争力排名及变化

排名	城市	省（市）	可持续竞争力		人才密度		人才增量	
			排名	5 年排名变化	排名	5 年排名变化	排名	5 年排名变化
1	深圳	广东	2	0	2	0	2	1
2	上海	上海	4	0	5	0	4	1
3	广州	广东	6	0	6	0	7	0
4	苏州	江苏	7	1	12	0	6	0
5	南京	江苏	8	1	9	－1	11	－2
6	无锡	江苏	11	5	10	4	18	4

续表

排名	城市	省（市）	可持续竞争力		人才密度		人才增量	
			排名	5年排名变化	排名	5年排名变化	排名	5年排名变化
7	厦门	福建	14	-1	8	-1	24	-6
8	东莞	广东	15	3	11	2	23	7
9	佛山	广东	16	-1	15	0	19	2
10	杭州	浙江	17	3	25	5	9	3

6. 香港、台北表现突出

港澳台地区城市竞争力排名分别为香港、台北、台中、高雄及澳门等城市，总体来看，港澳台地区城市可持续竞争力在中国处于较强地位，尤其是香港，排名第1位，其余城市总体均在前50强以内。此外，港澳台地区城市人才密度也较强，但人才增量中部分城市排名较弱（见表6-10）。

表6-10 港澳台地区可持续竞争力排名及变化

排名	城市	省（特别行政区）	可持续竞争力		人才密度		人才增量	
			排名	5年排名变化	排名	5年排名变化	排名	5年排名变化
1	香港	香港	1	0	1	0	1	0
2	台北	台湾	3	0	3	1	5	-3
3	台中	台湾	12	-2	14	-4	15	-4
4	高雄	台湾	18	-4	19	-2	20	-6
5	澳门	澳门	19	-12	4	-1	154	-91
6	台南	台湾	27	-2	21	-1	31	-5
7	新竹	台湾	50	-8	23	1	145	-59

7. 山东优势凸显

环渤海地区全球城市竞争力前10强分别是北京、青岛、天津、济南等城市，分别来自北京、山东和河北3个省份，其中山东省包含6个城市。除了北京、青岛、威海以外，其他城市的全球城市可持续竞争力水平总体出现不同程度的降低趋势（见表6－11）。

表6－11 环渤海地区前10名可持续竞争力排名及变化

排名	城市	省（市）	可持续竞争力		人才密度		人才增量	
			排名	5年排名变化	排名	5年排名变化	排名	5年排名变化
1	北京	北京	5	0	7	2	3	1
2	青岛	山东	9	2	17	－1	8	2
3	天津	天津	13	－1	22	－3	10	－2
4	济南	山东	32	－3	39	－6	28	0
5	淄博	山东	38	－4	37	－6	50	－4
6	烟台	山东	43	－15	47	－15	35	－12
7	威海	山东	48	1	42	1	63	4
8	唐山	河北	51	－1	58	0	47	2
9	石家庄	河北	55	－2	67	－8	49	－2
10	东营	山东	57	－10	51	－6	66	－11

8. 西北地区资源型城市优势不足

西北地区城市可持续竞争力前10强分别是西安、乌鲁木齐、兰州、呼和浩特等，分布在第30名与第140名之间。西北地区总体城市可持续竞争力偏低，其最强的城市的西安仅排第30名，总体上，人才增量竞争力要高于人才密度竞争力（见表6－12）。

表6－12 西北地区前10名可持续竞争力排名及变化

排名	城市	省（市、自治区）	可持续竞争力		人才密度		人才增量	
			排名	5年排名变化	排名	5年排名变化	排名	5年排名变化
1	西安	陕西	30	5	33	9	26	6
2	乌鲁木齐	新疆	53	33	68	58	41	23
3	兰州	甘肃	71	4	87	11	62	9
4	呼和浩特	内蒙古	82	－12	109	－6	67	－7
5	银川	宁夏	84	24	96	34	75	16

续表

排名	城市	省（市、自治区）	可持续竞争力		人才密度		人才增量	
			排名	5年排名变化	排名	5年排名变化	排名	5年排名变化
6	咸阳	陕西	92	84	97	69	96	72
7	鄂尔多斯	内蒙古	119	25	255	-6	34	10
8	包头	内蒙古	123	-35	182	-43	77	-26
9	西宁	青海	128	-15	125	-2	138	-29
10	榆林	陕西	132	21	204	1	78	10

9. 成渝引领西南地区

西南地区城市可持续竞争力前10强分别是成都、重庆、贵阳、昆明、海口、南宁等，分布在第20名与第130名之间。省会城市优势明显，成渝两地引领西南地区，优势明显。广西整体上竞争力较弱，其最强城市南宁仅排中国第81名。此外，西南地区各城市间人才密度以及人才增量分化严峻（见表6-13）。

表6-13　　西南地区前10名可持续竞争力排名及变化

排名	城市	省（市、自治区）	可持续竞争力		人才密度		人才增量	
			排名	5年排名变化	排名	5年排名变化	排名	5年排名变化
1	成都	四川	20	-3	30	-2	13	0
2	重庆	重庆	36	19	86	24	14	13
3	贵阳	贵州	54	19	54	22	56	24
4	昆明	云南	59	0	81	0	46	2
5	海口	海南	62	21	46	18	104	6
6	南宁	广西	81	-19	120	-32	59	-9
7	德阳	四川	94	2	80	-5	124	-5
8	柳州	广西	107	-27	132	-20	91	-22
9	桂林	广西	109	31	146	30	72	26
10	北海	广西	127	-25	93	-20	203	-45

10. 中部地区崛起

中部地区城市经济竞争力前 10 强分别是武汉、合肥、郑州、长沙、南昌等，分布在第 10 名与第 80 名之间，总体可持续竞争力较强。中部地区省会城市经济可持续力优势明显，此外人才密度、人才增量总体也较强（见表 6－14）。

表 6－14　　中部地区前 10 名可持续竞争力排名及变化

排名	城市	省份	可持续竞争力		人才密度		人才增量	
			排名	5 年排名变化	排名	5 年排名变化	排名	5 年排名变化
1	武汉	湖北	10	11	16	6	12	8
2	合肥	安徽	22	4	28	1	17	2
3	郑州	河南	25	6	27	8	22	7
4	长沙	湖南	26	－7	29	－6	21	－4
5	南昌	江西	37	1	38	1	38	4
6	太原	山西	45	6	44	8	48	5
7	焦作	河南	65	68	52	73	92	78
8	洛阳	河南	67	5	82	7	57	11
9	湘潭	湖南	72	－11	57	－7	103	－18
10	许昌	河南	75	－4	63	－3	102	－5

三　可持续竞争力省份格局分析：省会大多引领各省可持续竞争力，人才增量提升部分省份可持续竞争力水平

1. 资源型省份面临转型阵痛

各省（市、自治区）可持续竞争力排名前 10 位的分别为香港、广东、台湾、上海、北京、江苏、山东、湖北、天津及福建。其中山东的青岛、湖北的武汉凭借其自身的优势，跻身全国前 10 名。浙江、澳门和四川均不在前 10 名的席位当中。澳门的人才增量存在严重短板，在中国城市中仅排中列，着实“拖后腿”。值得注意的是，安徽省、河南省分别排名第 14 位、第 15 位，合肥、郑州分别稳居安徽、河南“一哥”的位置。甘肃、广西、内蒙古、宁夏、青海位居各省份排名的后 5 位，可持续

竞争力均较弱，其中甘肃、内蒙古、宁夏、青海均在西北，自身地理位置不占优势，经济发展较缓。广西处于西南地区，既包括沿海也包括沿边城市，相对于同样处于西南地区的云南和贵州，云南的物流产业、贵州的大数据综合试验区，广西的优势明显发挥不足。重庆作为直辖市，其排名仅为第 19 名，尽管处于上升阶段，但较其他直辖市可持续竞争力较弱。唐山超过石家庄引领河北可持续竞争力发展，非省会城市同样具有发展优势（如深圳、苏州、青岛、厦门、大连等）。新疆的可持续竞争力、人才密度以及人才增量均处于上升阶段。海南省的可持续竞争力处于上升趋势，但其人才增量较人才密度相差甚多。典型的机械老工业基地哈尔滨，其可持续竞争力处于下降阶段，其人才密度较人才增量来说，存在严重短板（见表 6－15）。

表 6－15　各省（市、自治区）第一名可持续竞争力排名及变化

排名	城市	省（市、自治区）	可持续竞争力		人才密度		人才增量	
			排名	5 年排名变化	排名	5 年排名变化	排名	5 年排名变化
1	香港	香港	1	0	1	0	1	0
2	深圳	广东	2	0	2	0	2	1
3	台北	台湾	3	0	3	1	5	－3
4	上海	上海	4	0	5	0	4	1
5	北京	北京	5	0	7	2	3	1
6	苏州	江苏	7	1	12	0	6	0
7	青岛	山东	9	2	17	－1	8	2
8	武汉	湖北	10	11	16	6	12	8
9	天津	天津	13	－1	22	－3	10	－2
10	厦门	福建	14	－1	8	－1	24	－6
11	杭州	浙江	17	3	25	5	9	3
12	澳门	澳门	19	－12	4	－1	154	－91
13	成都	四川	20	－3	30	－2	13	0
14	合肥	安徽	22	4	28	1	17	2
15	郑州	河南	25	6	27	8	22	7
16	长沙	湖南	26	－7	29	－6	21	－4

续表

排名	城市	省（市、自治区）	可持续竞争力		人才密度		人才增量	
			排名	5年排名变化	排名	5年排名变化	排名	5年排名变化
17	大连	辽宁	29	-7	32	-7	25	-10
18	西安	陕西	30	5	33	9	26	6
19	重庆	重庆	36	19	86	24	14	13
20	南昌	江西	37	1	38	1	38	4
21	长春	吉林	44	-8	55	-7	29	-4
22	太原	山西	45	6	44	8	48	5
23	唐山	河北	51	-1	58	0	47	2
24	乌鲁木齐	新疆	53	33	68	58	41	23
25	贵阳	贵州	54	19	54	22	56	24
26	昆明	云南	59	0	81	0	46	2
27	海口	海南	62	21	46	18	104	6
28	哈尔滨	黑龙江	70	-12	135	-16	37	-6
29	兰州	甘肃	71	4	87	11	62	9
30	南宁	广西	81	-19	120	-32	59	-9
31	呼和浩特	内蒙古	82	-12	109	-6	67	-7
32	银川	宁夏	84	24	96	34	75	16
33	西宁	青海	128	-15	125	-2	138	-29

2. 从省域视角看，大部分省呈现“越强越收敛、越弱越分化”状态

从各省（市、自治区）角度来看，香港、北京、上海、台湾等省（直辖市、特别行政区）的可持续竞争力较高。除此之外，澳门、天津的可持续竞争力分别处于前列。江苏13个城市的平均可持续竞争力指数为0.4416，变异系数为0.2860，表明江苏内部城市可持续竞争力水平均较高，特别是苏州、南京、无锡排在全国前15名，省内竞争力较低的淮安、连云港、宿迁在全国排名分别为第74名、第79名、第108名。广东省的深圳、广州分别在全国排第2名、第6名，但竞争力较差城市云浮、河源、梅州分别排第227名、第229名、第237名，拉低广东整体可持续竞争力排名。排名较低的为云南、黑龙江、内蒙古、甘肃、宁夏

等省（自治区）。从省内可持续竞争力差异角度来看，大部分省份呈现可持续竞争力越强，省内差异越小；可持续竞争力越弱，省内差异越大（见表 6 – 16）。

表 6 – 16 2020 年各省（市、自治区）可持续竞争力统计分析

排名	省（市、自治区）	可持续竞争力		人才密度		人才增量	
		均值	变异系数	均值	变异系数	均值	变异系数
1	香港	1.0000		1.0000		1.0000	
2	广东	0.3474	0.5835	0.4179	0.3869	0.4169	0.4893
3	台湾	0.6278	0.3330	0.7320	0.2334	0.5950	0.4162
4	上海	0.7651		0.7655		0.8186	
5	北京	0.7265		0.6773		0.8452	
6	江苏	0.4416	0.2860	0.5068	0.2221	0.4957	0.2403
7	山东	0.3518	0.2667	0.4153	0.1982	0.4284	0.2178
8	湖北	0.2588	0.4465	0.3378	0.3201	0.3390	0.3503
9	天津	0.5825		0.5813		0.6797	
10	福建	0.3241	0.3993	0.3872	0.3468	0.4069	0.2459
11	浙江	0.3803	0.2874	0.4421	0.2017	0.4522	0.2754
12	澳门	0.5532		0.8538		0.3136	
13	四川	0.2076	0.4633	0.2897	0.2854	0.2960	0.3274
14	安徽	0.2219	0.4242	0.3083	0.2750	0.3023	0.3112
15	河南	0.2741	0.2753	0.3495	0.2045	0.3547	0.2093
16	湖南	0.2437	0.4226	0.3024	0.3272	0.3505	0.2531
17	辽宁	0.2159	0.5323	0.2946	0.3527	0.3059	0.3504
18	陕西	0.2174	0.5127	0.2723	0.3552	0.3345	0.3335
19	重庆	0.4352		0.3738		0.6344	
20	江西	0.2305	0.3120	0.3010	0.2892	0.3267	0.2057
21	吉林	0.1980	0.5101	0.2598	0.3187	0.3118	0.3369
22	山西	0.1989	0.3651	0.2635	0.2867	0.3089	0.1904
23	河北	0.2607	0.2848	0.3104	0.2487	0.3737	0.1609
24	新疆	0.2765	0.4987	0.3380	0.2510	0.3730	0.4436
25	贵州	0.2365	0.3893	0.3033	0.2889	0.3360	0.2445
26	云南	0.1414	0.7242	0.1918	0.4783	0.2806	0.3301

续表

排名	省（市、自治区）	可持续竞争力		人才密度		人才增量	
		均值	变异系数	均值	变异系数	均值	变异系数
27	海南	0.2920	0.2470	0.4180	0.1319	0.3110	0.2456
28	黑龙江	0.1253	0.7517	0.1750	0.4196	0.2690	0.3822
29	甘肃	0.0843	1.0090	0.1548	0.6258	0.2139	0.3319
30	广西	0.1709	0.4234	0.2364	0.2918	0.2864	0.2476
31	内蒙古	0.1483	0.6266	0.1828	0.5491	0.3046	0.4701
32	宁夏	0.1286	0.8187	0.2092	0.4862	0.2366	0.3965
33	青海	0.2439		0.3216		0.3288	

3. 头部省份引领全国可持续竞争力水平

从2015年各省（市、自治区）角度来看，香港、上海、北京、台湾、澳门等行政区、直辖市的可持续竞争力显著较高。除此之外，天津的可持续竞争力也处于前列。广东省的可持续竞争力水平整体偏低，其中深圳、广州分别在全国排第2名、第6名，但竞争力较差城市汕尾、河源、梅州均在200名以外，省内城市发展水平差异较大。排名较低的省份有陕西、贵州、云南、黑龙江、内蒙古、甘肃、广西、宁夏等。从人才密度与人才增量的均值看，大部分省（市、自治区）的人才密度要高于人才增量（见表6－17）。

从图6－7的可持续竞争力变化来看，香港、上海、北京等头部省份，总体格局稳定。澳门的可持续竞争力出现明显倒退趋势，由原来的0.6542变为0.5532，主要原因是人才增量的变化，由原来的0.3695变为0.3136；相反重庆经过5年的发展，其可持续竞争力显著提高，由原来的0.3852变为0.4352，人才密度及人才增量均有不同程度的上升，人才增量上升幅度更大，可见人才增量的显著提高是其可持续竞争力变化的主要原因。

表6－17　　2015年各省（市、自治区）可持续竞争力统计分析

排名	省（市、自治区）	可持续竞争力		人才密度		人才增量	
		均值	变异系数	均值	变异系数	均值	变异系数
1	香港	1.0000		1.0000		1.0000	
2	广东	0.3408	0.5789	0.4079	0.4770	0.3320	0.5509

续表

排名	省（市、自治区）	可持续竞争力		人才密度		人才增量	
		均值	变异系数	均值	变异系数	均值	变异系数
3	台湾	0. 5944	0. 2635	0. 6516	0. 1970	0. 5658	0. 3282
4	上海	0. 7399		0. 7396		0. 7736	
5	北京	0. 6847		0. 6374		0. 7908	
6	江苏	0. 4308	0. 2928	0. 4926	0. 2185	0. 4179	0. 3409
7	山东	0. 3707	0. 2738	0. 4303	0. 2106	0. 3684	0. 2952
8	湖北	0. 2562	0. 4380	0. 3305	0. 3112	0. 2482	0. 4995
9	天津	0. 5883		0. 5857		0. 6447	
10	福建	0. 3196	0. 4094	0. 3872	0. 3367	0. 3252	0. 3811
11	浙江	0. 3649	0. 2992	0. 4250	0. 2220	0. 3627	0. 3682
12	澳门	0. 6542		0. 8908		0. 3695	
13	四川	0. 2078	0. 5293	0. 2894	0. 3290	0. 1959	0. 6312
14	安徽	0. 2090	0. 5481	0. 2953	0. 3737	0. 1905	0. 6010
15	河南	0. 2635	0. 2900	0. 3393	0. 2142	0. 2524	0. 3325
16	湖南	0. 2247	0. 6087	0. 2864	0. 4427	0. 2380	0. 5742
17	辽宁	0. 2821	0. 3961	0. 3560	0. 2784	0. 2712	0. 4517
18	陕西	0. 1858	0. 6180	0. 2447	0. 4168	0. 2082	0. 6183
19	重庆	0. 3852		0. 3592		0. 5000	
20	江西	0. 2372	0. 3678	0. 3062	0. 3152	0. 2388	0. 3743
21	吉林	0. 2487	0. 4368	0. 3049	0. 3008	0. 2667	0. 4812
22	山西	0. 2010	0. 3836	0. 2657	0. 2967	0. 2134	0. 3297
23	河北	0. 2875	0. 2881	0. 3366	0. 2390	0. 3104	0. 2683
24	新疆	0. 2633	0. 2814	0. 3083	0. 1615	0. 2950	0. 3337
25	贵州	0. 1937	0. 5498	0. 2639	0. 3846	0. 1992	0. 5180
26	云南	0. 1216	1. 1089	0. 1782	0. 6707	0. 1554	0. 8985
27	海南	0. 2762	0. 2145	0. 3824	0. 1239	0. 2214	0. 3083
28	黑龙江	0. 1299	1. 0181	0. 1812	0. 6003	0. 1700	0. 9085
29	甘肃	0. 0846	1. 0867	0. 1535	0. 6452	0. 1060	0. 8271
30	广西	0. 1844	0. 5538	0. 2503	0. 3810	0. 1972	0. 5401
31	内蒙古	0. 1971	0. 4794	0. 2138	0. 5428	0. 2768	0. 3886
32	宁夏	0. 1256	0. 8554	0. 2008	0. 5112	0. 1330	0. 8243
33	青海	0. 2750		0. 3447		0. 2708	

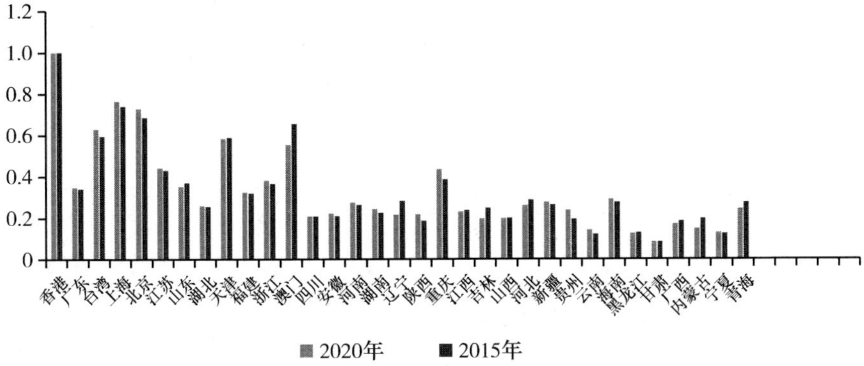

图6－7　各省（市、自治区）可持续竞争力变化

四　可持续竞争力城市群格局分析：人才增量优势凸显，辽中南城市群日益衰落

1. 人才增量是决定中国城市群可持续竞争力的主要原因

从2020年各城市群角度来看，中国长三角城市群的可持续竞争力水平最强且较为均衡，变异系数为0.3218，其次为珠三角城市群，但城市群内部城市经济可持续竞争力分化严峻，变异系数为0.6089；而北部湾城市群和太原城市群的可持续竞争力较弱，并且城市群内各个城市的可持续竞争力水平差异较大。从其分项角度来看，绝大多数城市群的人才增量均值高于人才密度，说明人才增量竞争力是影响总体可持续竞争力的主要原因（见表6－18）。

表6－18　　2020年各城市群城市可持续竞争力统计分析

	可持续竞争力		人才密度		人才增量	
	均值	变异系数	均值	变异系数	均值	变异系数
成渝城市群	0.2407	0.4709	0.3112	0.2656	0.3346	0.4019
合肥城市群	0.2319	0.5428	0.3011	0.3565	0.3294	0.3672
京津冀城市群	0.3265	0.5260	0.3610	0.4054	0.4414	0.3716
环鄱阳湖城市群	0.2343	0.4249	0.2813	0.3750	0.3563	0.1971
北部湾城市群	0.1810	0.4342	0.2408	0.3170	0.3006	0.2451
山东半岛城市群	0.3606	0.3083	0.4146	0.2359	0.4462	0.2311
辽中南城市群	0.2723	0.4891	0.3406	0.3294	0.3613	0.3580
太原城市群	0.2105	0.4753	0.2650	0.3913	0.3292	0.2220

续表

	可持续竞争力		人才密度		人才增量	
	均值	变异系数	均值	变异系数	均值	变异系数
武汉城市群	0. 2631	0. 4569	0. 3447	0. 3206	0. 3392	0. 3672
关中平原城市群	0. 2338	0. 4770	0. 2835	0. 3723	0. 3528	0. 2701
长三角城市群	0. 4362	0. 3218	0. 4917	0. 2497	0. 5024	0. 2682
长株潭城市群	0. 2824	0. 3827	0. 3425	0. 3003	0. 3788	0. 2477
中原城市群	0. 2828	0. 2844	0. 3525	0. 2199	0. 3680	0. 2027
珠三角城市群	0. 3882	0. 6089	0. 4607	0. 5311	0. 4459	0. 4345

2. 辽中南城市群超京津冀城市群

从2015年各城市群角度来看，中国长三角城市群的可持续竞争力水平最强且较为均衡，变异系数为0. 3470，其次为珠三角城市群，但城市群内部城市经济可持续力分化严峻，变异系数为0. 6028；再次是山东半岛城市群、辽中南城市群以及京津冀城市群；而北部湾城市群、太原城市群和关中平原城市群的可持续竞争力较弱，并且城市群内部间城市的可持续竞争力水平分化较大。

表6－19　　　　2015年各城市群城市可持续竞争力统计分析

	可持续竞争力		人才密度		人才增量	
	均值	变异系数	均值	变异系数	均值	变异系数
成渝城市群	0. 2414	0. 4699	0. 3139	0. 2821	0. 2377	0. 6137
合肥城市群	0. 2019	0. 6963	0. 2756	0. 4463	0. 2006	0. 7481
京津冀城市群	0. 3444	0. 4618	0. 3791	0. 3498	0. 3803	0. 4712
环鄱阳湖城市群	0. 2143	0. 5419	0. 2660	0. 4336	0. 2435	0. 4258
北部湾城市群	0. 1887	0. 5803	0. 2505	0. 4106	0. 2069	0. 5464
山东半岛城市群	0. 3762	0. 2956	0. 4301	0. 2272	0. 3815	0. 3091
辽中南城市群	0. 3507	0. 3183	0. 4130	0. 2129	0. 3473	0. 3844
太原城市群	0. 1935	0. 5482	0. 2505	0. 4187	0. 2168	0. 4330
武汉城市群	0. 2535	0. 4625	0. 3311	0. 3257	0. 2415	0. 5283
关中平原城市群	0. 1921	0. 6420	0. 2481	0. 4633	0. 2183	0. 5556
长三角城市群	0. 4183	0. 3470	0. 4723	0. 2653	0. 4179	0. 3833

续表

	可持续竞争力		人才密度		人才增量	
	均值	变异系数	均值	变异系数	均值	变异系数
长株潭城市群	0.2669	0.5425	0.3296	0.4110	0.2734	0.5232
中原城市群	0.2658	0.3103	0.3364	0.2270	0.2614	0.3401
珠三角城市群	0.3894	0.6028	0.4568	0.5230	0.3741	0.5794

从图6－8各城市群的可持续竞争力变化来看，长三角、珠三角仍然是头部城市群，总体格局稳定。辽中南城市群由原来的0.3507变为0.2723，其人才密度由原来的0.4130变为0.3406，导致其可持续竞争力呈下降趋势；相反关中平原城市群经过5年的发展，其可持续竞争力显著提高，由原来的0.1921变为0.2338，其人才增量的显著提高是可持续竞争力变化的主要原因。

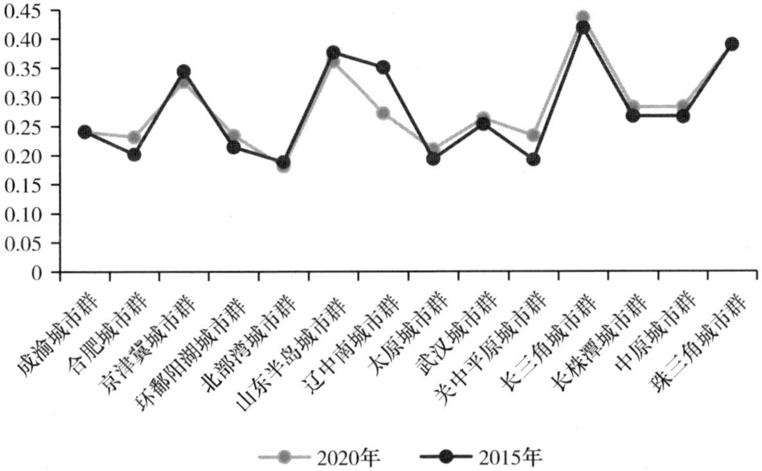

图6－8　各城市群可持续竞争力变化

五　可持续竞争力各层级格局分析：一、二、三、四线城市总体格局稳定，四线城市人才增量逐渐收敛

1. 一、二、三、四线城市呈阶跃式格局

就2020年的一线城市而言，其可持续竞争力显著引领着全国可持续竞争力的提升。香港、深圳、北京、台北、上海、广州的可持续竞争力

在全国分别排第1名、第3名、第4名、第5名、第6名，北京引领京津冀地区，上海引领长三角地区，深圳和广州引领珠三角地区，特别是珠三角地区还有香港特别行政区，导致珠三角地区竞争非常激烈。从二、三线城市来看其可持续竞争力、人才密度及人才增量均值较一线城市低，但二线城市较三线城市发展更均衡。四线城市可持续竞争力、人才密度及人才增量均值较一线城市相差4倍左右，可持续竞争力水平较低（见表6－20）。

表6－20　　　　2020年各层级城市可持续竞争力统计分析

	可持续竞争力		人才密度		人才增量	
	均值	变异系数	均值	变异系数	均值	变异系数
一线城市	0.8155	0.1438	0.8258	0.1591	0.8457	0.1054
二线城市	0.5067	0.1609	0.5572	0.1793	0.5623	0.1680
三线城市	0.3115	0.2339	0.3792	0.2097	0.3924	0.1740
四线城市	0.1739	0.3947	0.2453	0.3209	0.2822	0.2256

注：一线城市包括香港和台北。

2. 一、二、三、四线城市人才增量分化严峻

从2015年各层级城市可持续竞争力角度来看，一、二线城市总体发展较好，内部城市发展较为均衡。三、四线城市人才增量的变异系数较大，说明城市间发展差异明显，尤其是四线城市，人才增量呈现越低越分化的局势（见表6－21）。

表6－21　　　　2015年各层级城市可持续竞争力统计分析

	可持续竞争力		人才密度		人才增量	
	均值	变异系数	均值	变异系数	均值	变异系数
一线城市	0.8003	0.1550	0.8258	0.1591	0.8155	0.1234
二线城市	0.5064	0.1576	0.5493	0.1763	0.5100	0.1746
三线城市	0.3246	0.2295	0.3877	0.1990	0.3235	0.2524
四线城市	0.1750	0.4859	0.2457	0.3724	0.1822	0.4499

注：一线城市包括香港和台北。

从图 6－9 各层级城市可持续竞争力变化来看，一、二线城市位居头部且变化较小，总体格局稳定。三、四线城市的可持续竞争力呈现回落趋势，尤其是三线城市，其人才密度由原来的 0.3877 变为 0.3792，变异系数由 0.1990 变为 0.2097，呈越低越分化的状态；四线城市虽然整体可持续竞争力水平不高，但其人才增量呈上升趋势，且变异系数变小，内部城市差距逐渐缩小。

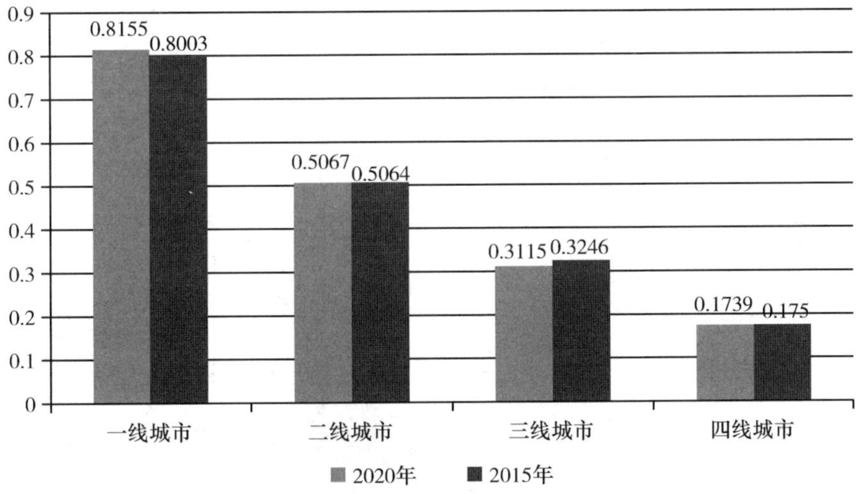

图 6－9　各层级城市可持续竞争力变化

六　可持续竞争力核心指标分析："南升北降"格局已定，人才密度总体优势下降

从表 6－22 和图 6－10 可以看出，当前中国人才密度的总体格局为"南升北降"。具体而言，北方的 130 个城市中有 77 个城市的人才密度排名处于下降状态，占 59.23%；有 50 个城市的可持续竞争力处于上升状态，占 38.46%。大部分城市的人才密度均处于下降状态，尤其是东北地区城市。从南方城市来看，在 161 个南方城市中，仅有 58 个城市的人才密度排名处于下降状态，有 94 个城市的人才密度排名处于上升状态，占比达 58.39%。从人才密度 5 年排名变化幅度来看，南方城市内部的上升城市均要高于北方城市。从全国来看，2015 年人才密度的均值要高于 2020 年的人才密度，5 年来人才密度优势逐渐下降。

表 6－22 人才密度统计分析

	变量	样本量	均值	标准差	变异系数
2020 年人才密度	南部城市	161	0.3620	0.1642	0.4536
	北部城市	130	0.2825	0.1228	0.4347
	全国	291	0.3265	0.1522	0.4661
2015 年人才密度	南部城市	161	0.3543	0.1676	0.4731
	北部城市	130	0.2944	0.1289	0.4376
	全国	291	0.3275	0.1542	0.4708

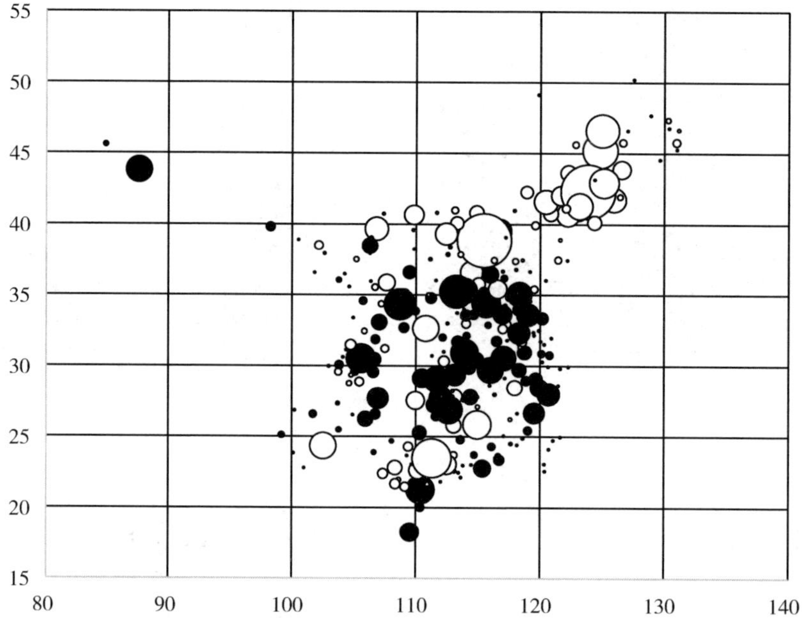

图 6－10 中国城市人才密度过去 5 年排名变化空间分布

注：实心圈表示人才密度排名上升，空心圈表示人才密度排名降低。

从图 6－11、图 6－12、图 6－13、图 6－14 分别可以看出，中部、西部和东南地区的人才密度均有不同程度的提升，环渤海、港澳台以及东北地区的人才密度有不同程度的下降趋势，受京津冀的虹吸效应以及东北经济下行的压力影响，东北地区最为明显，其中铁岭的人才密度下降 122 名。从省域来看，大部分省（市、自治区）的人才密度均有不同程度的增加，其中新疆、海南增长较快；相反，澳门、辽宁、内蒙古、青海的人才密度下降幅度较大。从城市群来看，合肥城市群、关中平原城市群、长株潭城市群以及中原城市群的人才密度上升较快，中部崛起的优势凸显，辽中南城市群的人才密度直线下降，城市群内部所有城市的人才密度均下降。从各层级来看，人才密度 5 年变化整体较小，但从其变异系数来看，四线城市的人才密度分化更为严峻。

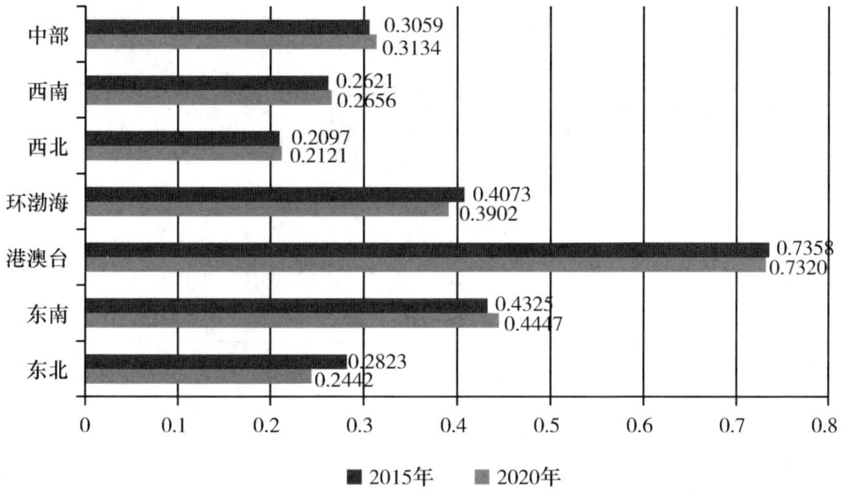

图 6－11　各区域人才密度变化

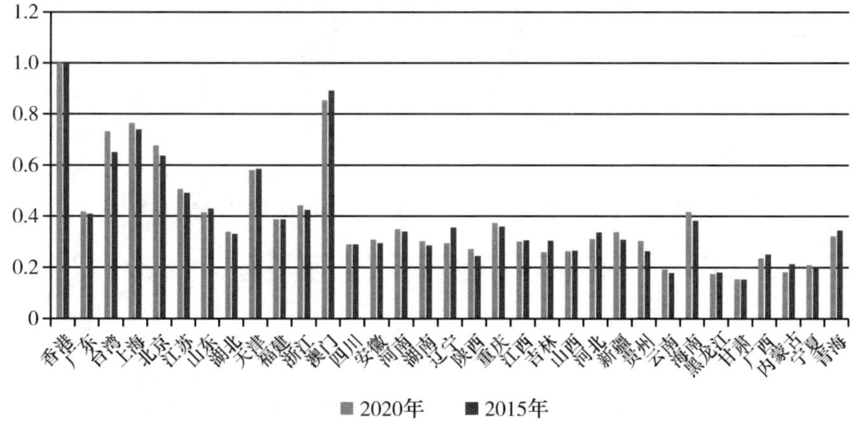

图 6－12　各省（市、自治区）人才密度变化

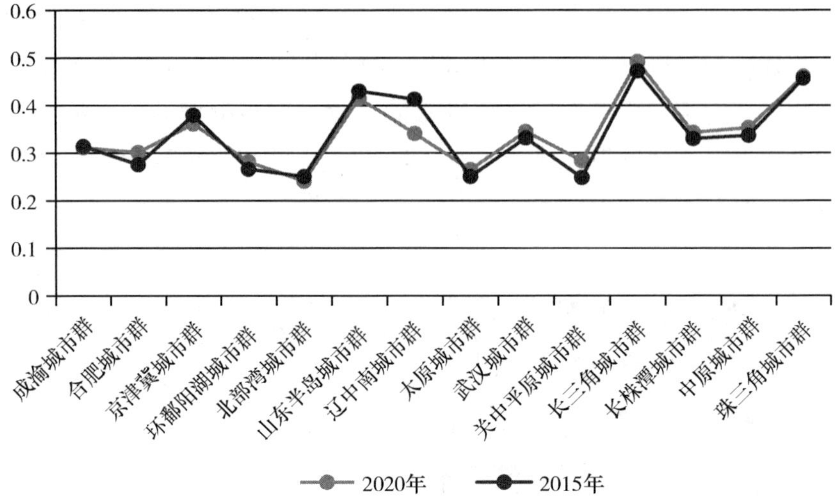

图6－13 各城市群人才密度变化

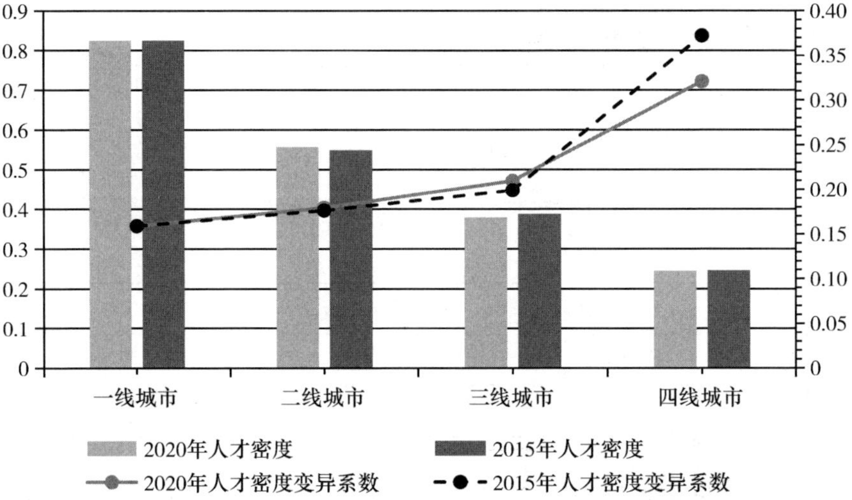

图6－14 各层级城市人才密度变化

七 结论

从中国城市可持续竞争力总体来看，东中一体迅速崛起，发达城市可持续竞争力格局逐步稳定。从中国各区域可持续竞争力来看，中部地区城市迅速崛起，东部仍然为我国城市竞争力的主要引领者。东北及西部地区除个别城市外，大多处于较低竞争力水平，资源型城市转型压力较大。从各省份可持续竞争力来看，省会城市为城市可持续竞争力的主要引领者，但少数城市的非省会城市反超省会城市形成双中心城市格局，东部省份可持续竞争力更强，西部省份可持续竞争力亟待提高。从各城市群可持续竞争力来看，人才增量的优势日益凸显。从各层级城市可持续竞争力来看，一、二、三、四线城市格局趋于稳定。从可持续竞争力核心指标人才密度来看，南升北降格局已定。

第二节　中国城市经济活力竞争力报告

经济活力反映城市可持续发展的内生动力，为此本部分以经商便利度、产权保护、青年人才比例、经济增长率、劳动生产率等指标总体合成经济活力竞争力指数，以研究中国 291 个城市的经济活力竞争力特征。研究发现：中国城市经济活力竞争力呈现大城市领先，中小城市发育不足的多层嵌套城市体系；东部城市经济领衔发展，东北城市经济发展困难凸显；直辖市与特别行政区经济活力领先，东北三省经济活力亟待提升；城市群经济活力发展呈内敛与聚集趋势，多层级城市嵌套模式显著；第一层级的城市经济活力势头强劲，占据绝对优势，第四层级的城市经济发展能力相对落后，经济活力有待进一步提升。

一　大城市领先，中小城市发育不足的多层嵌套城市体系

城市群、城市形成一个多层嵌套的城市体系，这不仅仅是一个人口多层嵌套的城市体系，也是经济的多层嵌套城市体系。“十三五”时期，在新发展理念和新区域战略的指导推动下，我国区域经济增长呈现若干新特征。城市的长期经济发展活力和可持续发展的重要性愈加凸显，我国各类城市应充分认识和把握这些新特征，进一步发挥各地比较优势，加快推动形成优势互补、高质量发展的区域经济布局。

观察全部城市经济活力数值变化趋势图可以发现（见图 6－15），我国城市的经济活力趋势基本呈现一个较为平缓的曲线，深圳作为经济活力最强的一线城市，其经济活力领先优势较为明显，与其余城市的差距较大，多数城市经济活力水平集中在 0.2—0.8，城市经济活力整体呈现

一个较为收敛和聚集的发展趋势。

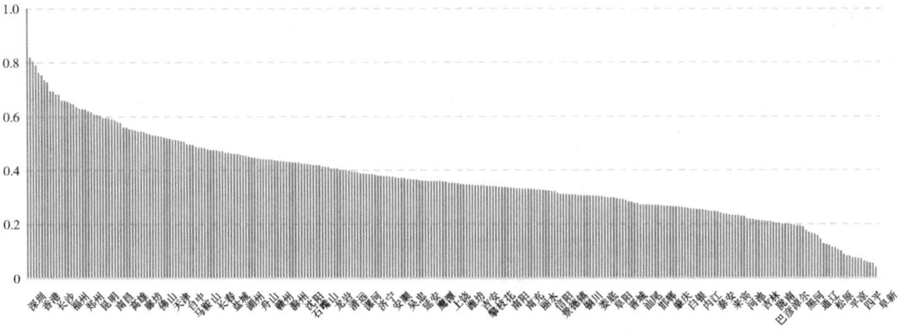

图 6－15　全部城市经济活力变化趋势

表6－23 主要描述的是我国全部城市的经济活力发展现状，通过计算全部城市的齐普夫指数得出我国大中小型城市的经济活力发展情况。Zipf（齐普夫）指数采用对数计算公式 ln（R－1/2）＝lna－blnS，以消除小样本估算中的有偏性，R 代表城市在区域内部以经济活力排序的位次，a 为常数，S 为各城市经济活力数据，b 为待估系数。Zipf 指数等于 1 时，表明城市体系内经济活力发展合理，大、中、小等各级城市搭配合理；Zipf 指数大于 1 时，表明城市体系中经济活力发展平均，大城市发育不足；Zipf 指数小于 1 时，表明城市经济发展分布集中，中小城市发育不足。通过观察表6－23 的数据可以发现，我国全部城市的经济活力水平总体偏低，大城市的经济活力发展较为领先，而中小城市发育不足，城市之间经济活力差距较为明显。这在一定程度上是由于地级市，特别是中西部的地级市近年来发展很不理想，人口增长缓慢，对产业的集聚和吸引能力也不强，地级市的经济发展吸引力和竞争力就被削弱了，因此中小城市经济活力发展尚待提升。

表 6－23　　　　全部城市经济活力的总体情况统计

	城市数量	齐普夫指数	均值	标准差	变异系数	最大值	最大值城市
城市总量	291	0.42905	0.3701	0.1588	0.4292	1	深圳

二　分区域分指标城市经济活力现状

（一）分项指标：经商便利度稳步提升，青年人口差距亟待弥补

经济活力是城市实现可持续发展的重要衡量指标，而经济活力也由多项指标共同衡量。本报告分别采用经商便利度、产权保护、青年人口占比、经济增长率及劳动生产率五项分指标从营商环境角度、人才角度、经济增长角度全方位共同度量我国城市经济活力情况，从而为我国城市实现可持续发展奠定经济基础（见表6－24）。

表6－24　　2020年经济活力各分项指标得分情况汇总

	样本数	均值	中位数	标准差	变异系数
经商便利度	291	0.451	0.439	0.201	0.446
产权保护	291	0.218	0.196	0.131	0.601
青年人口比例	291	0.114	0.071	0.116	1.020
经济增长率	291	0.637	0.692	0.198	0.311
劳动生产率	291	0.424	0.402	0.159	0.375

资料来源：中国社会科学院城市与竞争力研究中心数据库。

从2020年经济活力各分项指标得分情况来看，我国全部城市的经济活力分项指标均值和城市间的差异程度存在较大差别。具体而言，我国各城市经济增长率的均值以0.637位居第一，表明各城市经济增长率水平较高，且变异系数最小为0.311，表明城市整体上在这一方面工作较为到位，经济增长率水平差异较小。反之，各项指标中青年人口比例的均值最小，而变异系数最大，分别为0.114与1.02，表明多数城市在吸引青年劳动力与人才方面的水平仍需要较大提升，人口流动量差距较大，青年劳动力人口缺口较大，需要给予较大的关注。

（二）区域角度：东部城市经济领衔发展，东北城市经济发展困难凸显

从划分的四大区域经济活力均值与变异系数来看（见图6－16），“十三五”时期我国区域经济活力格局呈现以下新特征：总体上各区域城市的经济活力均呈现较为收敛的分布趋势，中小城市经济活力发展不足。

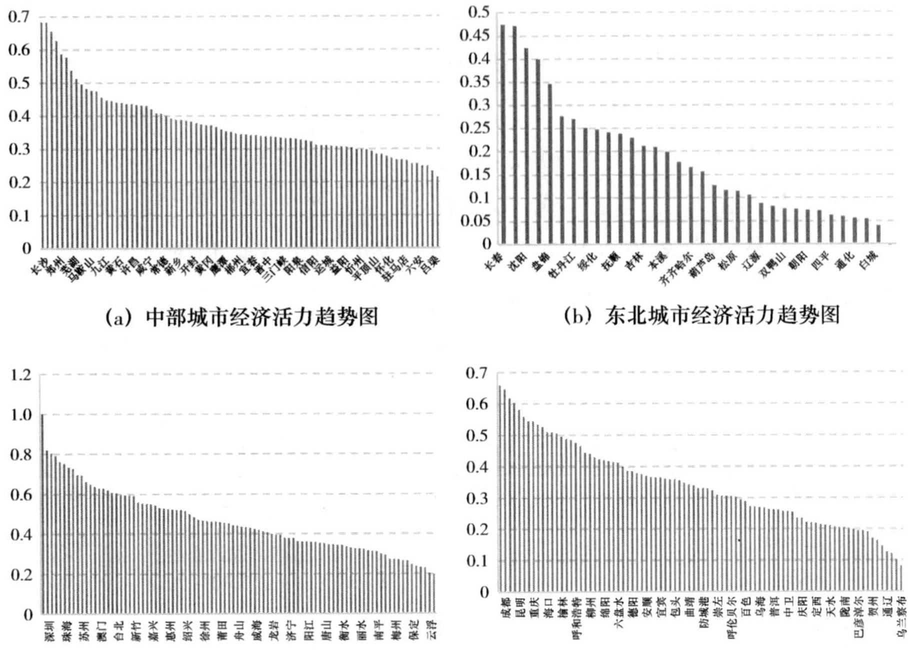

(a) 中部城市经济活力趋势图

(b) 东北城市经济活力趋势图

(c) 东部城市经济活力趋势图

(d) 西部城市经济活力趋势图

图6-16 四大区域城市经济活力趋势图

东部地区城市经济活力领先明显，同时区域内部发展分化仅次于西部。从区域内部看，东部地区增长企稳主要依靠上海、江苏、浙江、福建、广东等东南沿海省市，而齐普夫指数为3.366，大于1，同样突出表现了东部地区大城市经济发展领先优势明显的特征，深圳凭借优越的地理位置与政策优势稳居经济活力排名首位。

中部地区城市经济活力指数次之，发展追赶显著加快，因此中部地区城市经济活力凸显，同时还表现出较强的产业平衡性和区域平衡性。“十三五”时期，中部地区的化工、金属矿物采选冶炼等传统行业的产品产量占全国比重出现了普遍下降，而中部地区、川渝地区的电器制造、电子通信设备制造等下游产业实现了对东部地区的有力承接，进一步推动了中部城市焕发出崭新的经济活力。

西部地区城市经济活力增长极基本形成，与此同时，西部地区向川渝两地集聚发展的态势日益凸显。西部地区城市经济活力的均值较小，齐普夫指数较为接近1，但变异系数较大，这表明西部城市体系中经济活力发展平均，但大城市发育不足，城市经济活力水平有待提升。

东北地区发展困难进一步凸显。从供给侧来看，产业结构特别是工业结构是决定区域增长绩效的重要因素。长期偏重于传统上游工业行业是中国中西部地区、东北地区产业结构的典型特征。这些区域能否提高发展质量、加快发展追赶，关键在于能否推进产业结构调整。

观察表6－25可知，东部地区的城市经济活力良好，经济活力均值位居前列，达0.463，东部与中部地区的差异程度小于西部与东北地区，百强城市在东部地区数量最多，占比最大，达到56.04%，最大值城市深圳发展最好，全国排名第一。东北地区城市数量最少，最大值城市长春排名相对靠后，由此看来，应当加大力度扶持东北地区发展，提升城市经济发展活力。

表6－25　　　　2020年四大区域经济活力指数的统计描述（港澳归属于东部）

	城市数量	齐普夫指数	均值	中位数	标准差	变异系数	百强城市	百强占比	最大值城市	指数	全国排名
东部	91	3.366	0.463	0.440	0.162	0.350	51	56.04%	深圳	1.000	1
中部	80	2.595	0.375	0.344	0.102	0.272	23	28.75%	长沙	0.683	11
西部	86	1.472	0.341	0.331	0.134	0.393	23	26.74%	成都	0.659	14
东北	34	0.049	0.182	0.161	0.128	0.700	3	8.82%	长春	0.474	66

资料来源：中国社会科学院城市与竞争力指数数据库。

三　省域角度：直辖市与特别行政区经济活力领先，东北三省经济活力亟待提升

我国省域城市经济发展是我国城市经济实现高质量发展的关键组成，从图6－17我国各省（市、自治区）经济活力均值趋势变化看，按照各省（市、自治区）城市经济活力指数从高到低排列，基本呈现波浪式的下降趋势，经济活力较强的直辖市与特别行政区尤其是北京、上海、香港和澳门的经济活力指数均值显著领先后续城市的，东北三省经济活力较为落后，亟待提升。

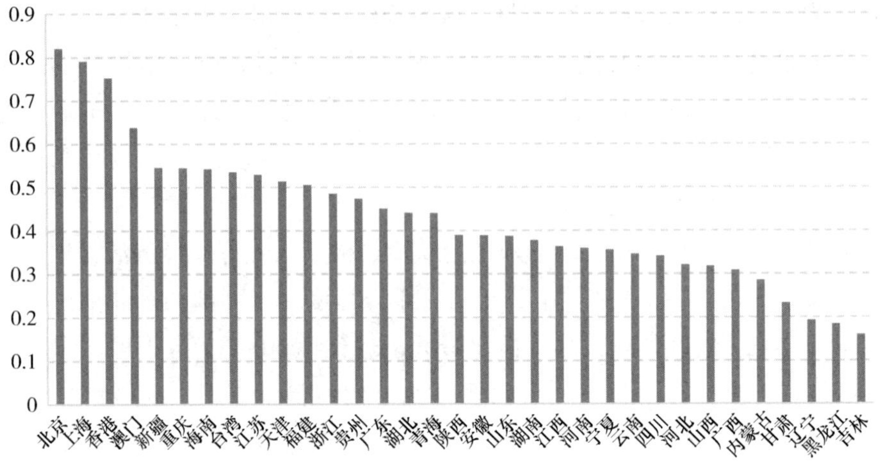

图6－17 各省（市、自治区）经济活力均值趋势变化

从2020年各省（市、自治区）经济活力指数均值趋势变化来看，多数经济活力较强的城市主要集中在直辖市、特别行政区与东部省份，城市经济发展前景较好，而东北三省城市的经济活力发展相对较为滞后，其中，北京与上海的发展势头强劲，经济活力指数均值位居前列（见表6－26）。

表6－26 2020年各省（市、自治区）经济活力指数的统计描述

	城市数量	均值	中位数	标准差	变异系数	百强城市数量	百强城市比例	最大值城市	指数	全国排名
北京	1	0.820	0.820	0.000	0.000	1	100.00%	北京	0.820	2
上海	1	0.791	0.791	0.000	0.000	1	100.00%	上海	0.791	4
香港	1	0.753	0.753	0.000	0.000	1	100.00%	香港	0.753	6
澳门	1	0.638	0.638	0.000	0.000	1	100.00%	澳门	0.638	18
新疆	2	0.545	0.545	0.050	0.092	2	100.00%	乌鲁木齐	0.581	32
重庆	1	0.545	0.545	0.000	0.000	1	100.00%	重庆	0.545	39
海南	2	0.543	0.543	0.023	0.043	2	100.00%	三亚	0.559	35
台湾	5	0.535	0.553	0.075	0.141	5	100.00%	台北	0.607	24
江苏	13	0.530	0.482	0.107	0.203	12	92.31%	南京	0.735	7

续表

	城市数量	均值	中位数	标准差	变异系数	百强城市数量	百强城市比例	最大值城市	指数	全国排名
天津	1	0.514	0.514	0.000	0.000	1	100.00%	天津	0.514	51
福建	9	0.505	0.460	0.124	0.245	7	77.78%	厦门	0.694	10
浙江	11	0.485	0.457	0.130	0.268	8	72.73%	杭州	0.728	8
贵州	4	0.474	0.451	0.106	0.225	2	50.00%	贵阳	0.618	23
广东	21	0.451	0.393	0.205	0.456	9	42.86%	深圳	1.000	1
湖北	12	0.442	0.434	0.095	0.216	7	58.33%	武汉	0.682	12
青海	1	0.441	0.441	0.000	0.000	1	100.00%	西宁	0.441	82
陕西	10	0.390	0.366	0.117	0.299	3	30.00%	西安	0.646	17
安徽	16	0.389	0.375	0.106	0.271	6	37.50%	合肥	0.655	15
山东	16	0.387	0.359	0.112	0.289	4	25.00%	青岛	0.621	22
湖南	13	0.378	0.371	0.114	0.301	3	23.08%	长沙	0.683	11
江西	11	0.364	0.343	0.100	0.274	3	27.27%	南昌	0.587	31
河南	17	0.359	0.335	0.086	0.239	3	17.65%	郑州	0.627	21
宁夏	5	0.355	0.366	0.132	0.371	1	20.00%	银川	0.534	43
云南	8	0.346	0.328	0.135	0.391	2	25.00%	昆明	0.604	26
四川	18	0.341	0.330	0.104	0.306	3	16.67%	成都	0.659	14
河北	11	0.321	0.343	0.102	0.318	1	9.09%	廊坊	0.543	41
山西	11	0.318	0.305	0.093	0.293	1	9.09%	太原	0.577	33
广西	14	0.308	0.309	0.111	0.361	3	21.43%	南宁	0.509	54
内蒙古	9	0.285	0.270	0.140	0.491	2	22.22%	鄂尔多斯	0.494	58
甘肃	12	0.233	0.214	0.125	0.535	1	8.33%	兰州	0.545	40
辽宁	14	0.193	0.178	0.141	0.732	2	14.29%	大连	0.471	67
黑龙江	12	0.184	0.172	0.106	0.573	0	0.00%	哈尔滨	0.400	108
吉林	8	0.160	0.101	0.146	0.911	1	12.50%	长春	0.474	66

观察我国各省（市、自治区）经济活力指数统计描述可知，除直辖市与特别行政区以外，海南、江苏等东部省域的多数城市经济活力较强劲，经济发展基础较好，经济发展水平较高，而甘肃、广西等中西部省

域的城市经济发展水平有待提升。尤其值得注意的是，东北三省的经济活力均值较小，且变异系数较大，城市间差异较为明显，经济活力指数最大值城市在全国排名仍然较为靠后，经济发展活力较为缺乏，需要给予更多的关注，瞄准京津冀、长三角、珠三角产业转移时机主动出击，出台惠商政策，创新招商方式，拓展渠道。

四 城市群角度：经济活力发展呈内敛与聚集趋势，多层级城市嵌套模式显著

新时代，我国城市群发展肩负着不断满足人民对美好生活新期待的历史使命。城市群建设对我国城镇化发展有着显著的助推作用，使我国经济和人口聚集的能力不断增强。全面提升城市群发展质量，要注重发挥聚集效应、协同效应、示范效应和共享效应，要采取纵览全局、质量优先、统筹各方、协同并进的战略举措。

从2020年主要城市群经济活力趋势图变化可知（见图6－18），城市群经济活力均值总体上呈现较为平缓的下降趋势，经济活力发展水平较为接近，这也印证了我国多数城市群的齐普夫指数均大于1，大城市发展相对不足的特征，总体呈收敛趋势分布。

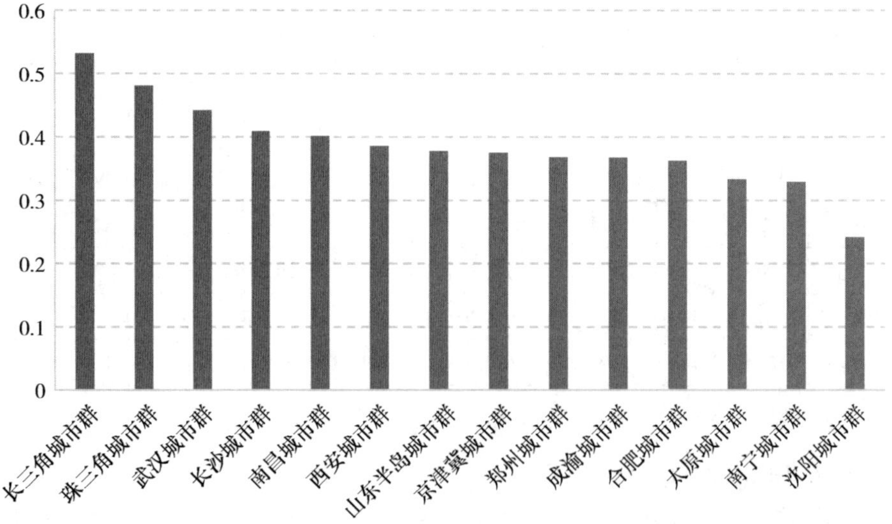

图6－18 2020年主要城市群经济活力趋势图

具体观察2020年主要城市群经济活力指数的统计描述数据可知（见表6－27），长三角城市群的经济活力均值与百强城市比例均位居第一，且变异系数数值较低，为0.236，说明城市群内城市发展状态较好，城市间差异较小，总体经济活力较强。珠三角城市群的整体发展与长三角城市群大致相近，均值和百强城市比例均位居前列，其中深圳在全国排名第一，但其变异系数数值较高，说明城市间发展水平差异较为明显。京津冀城市群整体发展水平居中，变异系数达0.477，城市间发展不平衡，北京在全国城市排名位居第二。沈阳城市群经济活力排名较为落后，其均值较小，而变异系数较大，且最大值城市排名较为靠后，整体上经济活力不足，亟待提升。

表6－27　　　　各城市群经济活力指数的统计描述

	城市数量	齐普夫指数	均值	中位数	标准差	变异系数	百强城市	百强城市比例	最大值城市	指数	全国排名
京津冀城市群	12	2.988	0.376	0.348	0.179	0.477	3	25.00%	北京	0.820	2
沈阳城市群	7	0.683	0.241	0.239	0.156	0.646	2	28.57%	大连	0.471	67
太原城市群	6	2.281	0.333	0.302	0.125	0.377	1	16.67%	太原	0.577	33
西安城市群	8	2.735	0.386	0.366	0.121	0.313	2	25.00%	西安	0.646	17
郑州城市群	14	2.675	0.368	0.345	0.093	0.252	3	21.43%	郑州	0.627	21
成渝城市群	14	2.352	0.368	0.348	0.122	0.332	4	28.57%	成都	0.659	14
合肥城市群	8	2.833	0.363	0.317	0.132	0.363	2	25.00%	合肥	0.655	15
南昌城市群	6	2.952	0.402	0.348	0.102	0.253	2	33.33%	南昌	0.587	31
南宁城市群	11	1.501	0.329	0.324	0.111	0.336	3	27.27%	南宁	0.509	54
山东半岛城市群	10	2.526	0.378	0.353	0.130	0.344	2	20.00%	青岛	0.621	22
长三角城市群	23	4.379	0.532	0.519	0.126	0.236	20	86.96%	上海	0.791	4
长沙城市群	8	3.120	0.409	0.399	0.133	0.325	3	37.50%	长沙	0.683	11
武汉城市群	11	3.517	0.442	0.429	0.100	0.226	6	54.55%	武汉	0.682	12
珠三角城市群	23	3.900	0.481	0.418	0.204	0.424	12	52.17%	深圳	1.000	1

资料来源：中国社会科学院城市与竞争力研究中心数据库。

五 各层级城市

稳健而有序的城市层级体系是资源空间合理配置的具体体现，也是实现区域经济协调发展的重要途径。不同层级城市的经济发展程度，反映着城市间经济活力因素的强弱和发展能力的高低。通过分析各层级城市的经济发展状况，可以了解到我国目前城市的发展态势与区域一体化程度，为进一步理解我国经济发展情况提供思路。

从我国各层级城市经济活力变化趋势图来看（见图6－19），第一层级的城市经济活力势头强劲，占据绝对优势，第四层级的城市经济发展能力相对落后，经济活力有待进一步提升，而这也与我国当前各层级城市经济发展基本情况吻合，第一层级城市经济活跃度较高，而其余城市随其分布层级经济活力依次递减。此外，前三层级城市的齐普夫指数均大于1，表明经济发展较好的城市所在层级整体呈现经济活力较为均衡的发展轨迹。

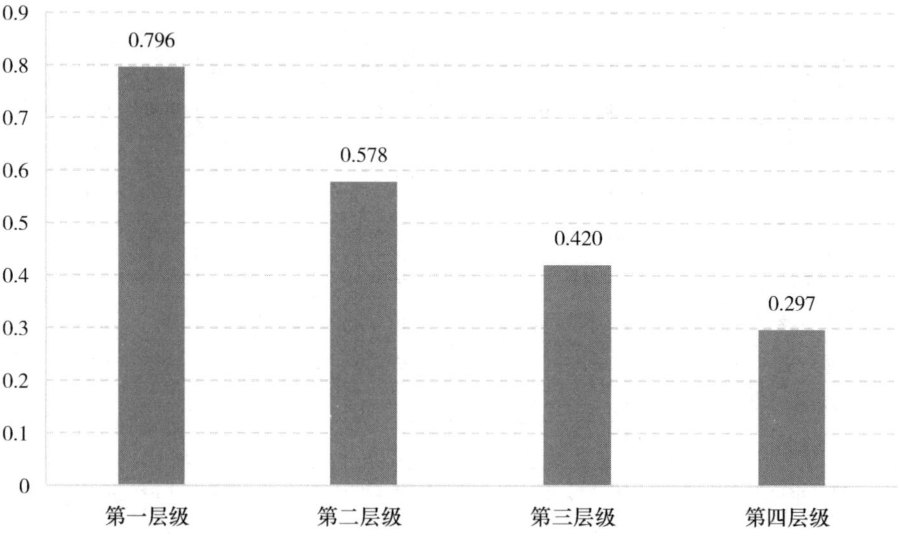

图6－19 主要层级城市经济活力变化趋势图

具体看2020年各层级城市经济活力指数的统计描述数据可知（见表6－28），第一层级城市包括以深圳为代表的6个城市，经济活力均值最高，且变异系数最小，说明内部城市整体发展较为均衡，且齐普夫指数远大于1，这表明由于此类城市经济实力基础较强，均为大型城市，一体化程度较高，经济活力普遍较强。第二、三层级城市的城市数量较多，经济活力均值均维持在0.5左右，变异系数相对较小，南京与珠海作为引领城市，经济活力较强，城市排名靠前，城市经济发展潜力巨大。以三亚为代表的第四层级城市的经济活力均值较小，百强城市占比较少，且变异系数数值为0.365，表明该层级城市的经济活力较为不足，且存在明显的差异，亟须为该层级区域城市的发展注入新的活力，进而提升城市经济发展水平。

表6－28　　2020年各层级城市经济活力指数的统计描述

	城市数量	齐普夫指数	均值	中位数	标准差	变异系数	百强城市	百强占比	最大值城市	指数	全国排名
第一层级	6	7.924	0.796	0.798	0.126	0.159	6	100.00%	深圳	1.00	1
第二层级	35	4.234	0.578	0.595	0.103	0.178	32	91.43%	南京	0.735	7
第三层级	69	1.812	0.420	0.441	0.122	0.291	39	56.52%	珠海	0.763	5
第四层级	181	0.142	0.297	0.310	0.108	0.365	23	12.71%	三亚	0.560	35

六　核心要素分析

城市之间的“人才大战”逐渐升温。这背后，是中国经济正在迈向更高质量发展的深刻时代背景，反映了中国经济转型升级的旺盛活力。实际上，不仅增速换挡、去旧育新需要人才要素支撑，而且区域经济均衡协调发展也要求人才均衡分布。因此，推动各城市经济活力的核心要素之一便是青年人才比例。

从2020年我国各城市青年人才比例趋势图变化可知（见图6－20），各城市青年人才比例指数总体上呈现较为明显的急速下降趋势，青年人才集聚的城市领先优势明显，而中小城市青年人才比例较接近且普遍偏低，这也与我国各城市青年人才比例指数的齐普夫指数小于1相印证，表明青年人才多在经济基础较好，经济活力较强的大城市分布，而中小城市对青年人才的吸引力相对不足。

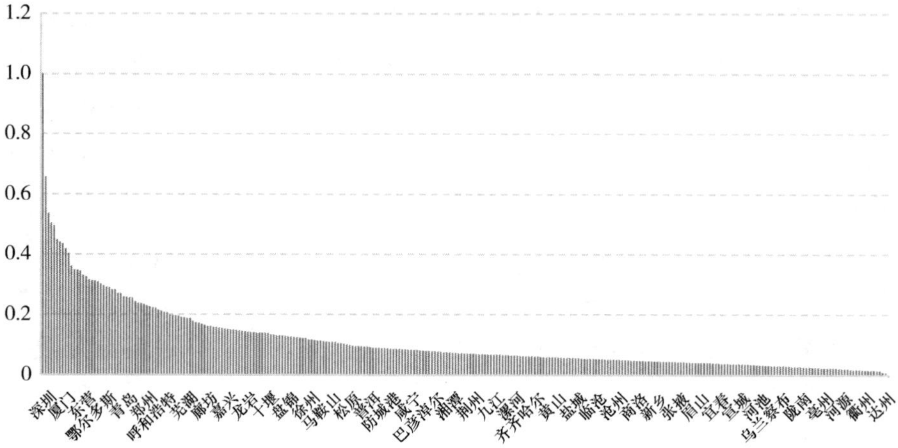

图 6－20　我国各城市青年人才比例指数变化趋势

具体观察青年人才比例指数统计描述数据可知（见表 6－29），在衡量各城市经济活力的各项指标中，青年人才比例的均值相对较低，多数城市总体上青年人才的数量较少，仅有大城市的青年人才集聚较多。且变异系数大于 1，充分表明我国城市间的青年人才比例相差较大，而这不利于实现城市的创新可持续发展，区域人才比例均衡协调发展亟待改善。

表 6－29　　青年人才比例指数统计指标描述

核心要素	城市数量	齐普夫指数	均值	中位数	标准差	变异系数	最大值城市	指数	全国排名
青年人才比例指数	291	0.607	0.114	0.071	0.116	1.020	深圳	1	1

七　结论与建议

（一）结论

通过从我国城市总体经济活力发展水平、区域角度、省域角度、城市群与都市圈角度剖析城市经济活力变化趋势总体上有以下几方面发现。

第一，我国总体上呈现大城市发展领先，中小城市发育不足的多层嵌套城市体系，城市经济活力变化趋势总体呈平缓的收敛趋势，经济活力总体水平仍待提高。

第二，从区域角度看，东部城市经济活力领先优势明显，东北部城市的经济活力不足问题凸显，中部地区城市经济活力指数略低于东部区域，位列第二，西部区域城市经济活力增长极基本形成，总体上与总体城市经济活力趋势相似，各区域城市的经济活力均呈现较为收敛的分布趋势，中小城市经济活力发展不足。

第三，从省域、城市群与城市层级的视角观察可以发现直辖市与行政特区经济活力领先，东北三省经济活力亟待提升，城市经济活力发展呈内敛与聚集趋势，多层级城市嵌套模式显著，大城市的经济带动作用需进一步加强，进而实现大城市带动中小城市共同发展，缩小城市经济发展差距的优势局面。

第四，从影响城市经济活力的核心要素之一的青年人才比例观察可知，我国各城市青年人才比例差异较为明显，青年人才多在经济实力较强的大城市集聚，而中小城市对人才的吸引力亟待加强。

（二）对策建议

1. 夯实经济发展基础实力，发挥大中小城市经济发展互补作用

探索三大产业融合的经济发展模式。实力比较强的中小城市，可以把一些大城市受发展空间、生产成本等因素限制没办法做的产业和项目吸引过来并发展壮大，提升自身经济竞争力；处于人口低密度的农业地区，应该结合自身实际，大力发展绿色经济，实现生态保护和经济社会可持续发展。解决分化问题，最重要的还是有效推进大中小城市的协调发展，缩小差距，让大中城市和县城在国家现代化进程中发挥不同的、互补的作用，让不同收入人群有更多的选择，促进经济和社会要素多元多向的流动。

2. 积极应对发展形势环境变化，更好发挥区域梯度发展格局蕴含的增长潜力

我国中部地区和西部的川渝地区经济活力发展追赶势头明显加快，使区域发展协调性显著增强。在新的发展时期，面临更加严峻的外部环境，我国更要利用好区域梯度发展格局蕴含的增长潜力。特别是中西部地区的工业化、城镇化还有很大发展空间，在“十四五”规划和相关政策制定中要注重发挥其在扩内需、稳增长方面的重要作用。未来要持续发挥东部区域经济活力发展优势，利用好其经济发展的带头作用，进一步提高中西部地区的经济发展水平和质量，补足东北区域发展不足，推

动区域实现协调可持续发展。

3. 给予东北老工业基地等转型困难地区更大外力支持

我国东北地区是“十三五”时期经济增速最低、经济发展活力较为不足的区域板块，我国南北发展差距拉大，一半源于东北地区的相对衰退。支持东北地区走出困境、实现全方位振兴，是“十四五”时期区域发展的重要任务。推动东北振兴，需要调整产业结构、优化营商环境，这不光要依靠改革，更重要的是要破解东北地区的财政困境。“十四五”时期，除了按照中央统一部署加快推进养老保险全国统筹等全局性改革之外，还应针对东北地区制定专门的财政纾困方案，在稳妥、有效、节约的原则下，支持东北地区剥离过重的财政负担。

4. 扩大都市圈、城市群新区域战略的合作和辐射范围

党的十八大以来，中央先后提出京津冀协同发展、粤港澳大湾区建设、长三角区域一体化发展等区域发展新战略，这些战略立足于东部区域之间的“强强”合作，为建立更加有效的区域协调发展新机制进行了有益探索。“十四五”时期要继续深入实施区域发展新战略，必须打开发展视野，加强京津冀与“三北”地区的合作，加强长三角地区与长江中游城市群、长江上游川渝地区的合作，加强粤港澳与珠江流域其他省区的合作。通过发挥东部发展优势城市群、都市圈的资金、技术、人才、信息优势，助推中西部地区的工业化、城镇化发展，大力发挥城市群、都市圈的中心城市带头作用，推动区域实现可持续发展。

5. 解决人才后顾之忧，提高中小城市吸引人才能力

城市要想在中国经济版图中占据重要位置，就必须把握好经济高质量发展的升级态势，做好人才吸引工作，促进经济发展与居民生活水平提高形成良性循环。而中小城市的优势是运营成本更低、市场未及开发前景广阔、员工忠诚度较高，有利于维护企业的稳定。各地对人才的需求都十分强烈，然而相当多的地方政府引才手段不免沦为因袭中央优厚政策，且各地相互借鉴，资助条件、福利待遇等愈发趋同，缺乏独特吸引力。中小城市如欲引进海外高端人才，可从解决人才后顾之忧入手，用真诚留住人才。可提供住房补贴与一次性的金钱激励等；为适应海外教育环境、成长模式的归国人才们建立一所国际学校，以满足海外人才子女的就学需求；小范围的海外人才社区也可能自发形成微型社会环境，

满足海外人才社交需求。

八　中国291个城市经济活力竞争力排名

表6-30　　2020年中国291个城市经济活力竞争力指数及排名

	省（市、自治区）	指数	排名		省（市、自治区）	指数	排名
深圳	广东	1.000	1	日照	山东	0.352	147
北京	北京	0.820	2	周口	河南	0.350	148
广州	广东	0.806	3	曲靖	云南	0.347	149
上海	上海	0.791	4	盘锦	辽宁	0.347	150
珠海	广东	0.763	5	潍坊	山东	0.346	151
香港	香港	0.753	6	德州	山东	0.346	152
南京	江苏	0.735	7	郴州	湖南	0.345	153
杭州	浙江	0.728	8	池州	安徽	0.343	154
苏州	江苏	0.695	9	钦州	广西	0.343	155
厦门	福建	0.694	10	吉安	江西	0.343	156
长沙	湖南	0.683	11	衡水	河北	0.343	157
武汉	湖北	0.682	12	金华	浙江	0.342	158
宁波	浙江	0.661	13	宜春	江西	0.341	159
成都	四川	0.659	14	焦作	河南	0.340	160
合肥	安徽	0.655	15	攀枝花	四川	0.340	161
福州	福建	0.650	16	荆州	湖北	0.338	162
西安	陕西	0.646	17	晋中	山西	0.337	163
澳门	澳门	0.638	18	随州	湖北	0.337	164
无锡	江苏	0.630	19	衢州	浙江	0.335	165
东莞	广东	0.629	20	南阳	河南	0.335	166
郑州	河南	0.627	21	三门峡	河南	0.333	167
青岛	山东	0.621	22	抚州	江西	0.331	168
贵阳	贵州	0.618	23	淮北	安徽	0.331	169
台北	台湾	0.607	24	防城港	广西	0.331	170
泉州	福建	0.607	25	南充	四川	0.330	171
昆明	云南	0.604	26	阳泉	山西	0.330	172

续表

	省（市、自治区）	指数	排名		省（市、自治区）	指数	排名
常州	江苏	0. 595	27	茂名	广东	0. 330	173
中山	广东	0. 595	28	广元	四川	0. 330	174
新竹	台湾	0. 593	29	宿州	安徽	0. 327	175
济南	山东	0. 591	30	丽水	浙江	0. 327	176
南昌	江西	0. 587	31	江门	广东	0. 325	177
乌鲁木齐	新疆	0. 581	32	大同	山西	0. 325	178
太原	山西	0. 577	33	崇左	广西	0. 324	179
扬州	江苏	0. 560	34	枣庄	山东	0. 322	180
三亚	海南	0. 559	35	信阳	河南	0. 321	181
高雄	台湾	0. 553	36	潮州	广东	0. 315	182
嘉兴	浙江	0. 552	37	南平	福建	0. 312	183
烟台	山东	0. 549	38	濮阳	河南	0. 312	184
重庆	重庆	0. 545	39	揭阳	广东	0. 311	185
兰州	甘肃	0. 545	40	景德镇	江西	0. 310	186
廊坊	河北	0. 543	41	运城	山西	0. 309	187
芜湖	安徽	0. 537	42	保山	云南	0. 309	188
银川	宁夏	0. 534	43	安庆	安徽	0. 307	189
南通	江苏	0. 530	44	鹤壁	河南	0. 307	190
惠州	广东	0. 529	45	铜川	陕西	0. 306	191
佛山	广东	0. 527	46	呼伦贝尔	内蒙古	0. 306	192
海口	海南	0. 526	47	益阳	湖南	0. 306	193
温州	浙江	0. 523	48	长治	山西	0. 305	194
漳州	福建	0. 520	49	遂宁	四川	0. 305	195
绍兴	浙江	0. 519	50	娄底	湖南	0. 303	196
天津	天津	0. 514	51	乐山	四川	0. 303	197
鄂州	湖北	0. 512	52	河源	广东	0. 300	198
克拉玛依	新疆	0. 510	53	忻州	山西	0. 299	199
南宁	广西	0. 509	54	安阳	河南	0. 298	200
榆林	陕西	0. 506	55	阜阳	安徽	0. 297	201
台中	台湾	0. 497	56	百色	广西	0. 295	202

续表

	省（市、自治区）	指数	排名		省（市、自治区）	指数	排名
宜昌	湖北	0.496	57	菏泽	山东	0.293	203
鄂尔多斯	内蒙古	0.494	58	平顶山	河南	0.293	204
遵义	贵州	0.488	59	自贡	四川	0.288	205
呼和浩特	内蒙古	0.484	60	晋城	山西	0.283	206
马鞍山	安徽	0.483	61	商丘	河南	0.282	207
淮安	江苏	0.482	62	怀化	湖南	0.277	208
襄阳	湖北	0.477	63	佳木斯	黑龙江	0.277	209
湘潭	湖南	0.475	64	梅州	广东	0.272	210
北海	广西	0.475	65	汕尾	广东	0.272	211
长春	吉林	0.474	66	新余	江西	0.272	212
大连	辽宁	0.471	67	广安	四川	0.271	213
徐州	江苏	0.470	68	乌海	内蒙古	0.270	214
玉溪	云南	0.465	69	牡丹江	黑龙江	0.270	215
泰州	江苏	0.465	70	邯郸	河北	0.270	216
盐城	江苏	0.461	71	宝鸡	陕西	0.269	217
宁德	福建	0.460	72	达州	四川	0.267	218
莆田	福建	0.460	73	永州	湖南	0.266	219
台州	浙江	0.457	74	驻马店	河南	0.266	220
九江	江西	0.455	75	肇庆	广东	0.266	221
湖州	浙江	0.453	76	邵阳	湖南	0.265	222
镇江	江苏	0.450	77	保定	河北	0.264	223
洛阳	河南	0.447	78	普洱	云南	0.262	224
株洲	湖南	0.445	79	贵港	广西	0.261	225
柳州	广西	0.443	80	白银	甘肃	0.260	226
舟山	浙江	0.441	81	中卫	宁夏	0.257	227
西宁	青海	0.441	82	安康	陕西	0.256	228
黄石	湖北	0.440	83	亳州	安徽	0.255	229
三明	福建	0.440	84	六安	安徽	0.255	230
十堰	湖北	0.439	85	内江	四川	0.254	231
赣州	江西	0.435	86	大庆	黑龙江	0.251	232

续表

	省（市、自治区）	指数	排名		省（市、自治区）	指数	排名
许昌	河南	0.435	87	朔州	山西	0.248	233
连云港	江苏	0.433	88	临汾	山西	0.248	234
宣城	安徽	0.432	89	绥化	黑龙江	0.247	235
汕头	广东	0.432	90	泰安	山东	0.246	236
滁州	安徽	0.430	91	辽阳	辽宁	0.241	237
咸阳	陕西	0.429	92	抚顺	辽宁	0.239	238
咸宁	湖北	0.429	93	滨州	山东	0.237	239
威海	山东	0.428	94	庆阳	甘肃	0.234	240
台南	台湾	0.424	95	来宾	广西	0.234	241
沈阳	辽宁	0.424	96	吕梁	山西	0.233	242
绵阳	四川	0.423	97	邢台	河北	0.232	243
雅安	四川	0.420	98	白山	吉林	0.229	244
蚌埠	安徽	0.420	99	云浮	广东	0.229	245
韶关	广东	0.418	100	河池	广西	0.220	246
石嘴山	宁夏	0.418	101	定西	甘肃	0.219	247
六盘水	贵州	0.414	102	金昌	甘肃	0.218	248
眉山	四川	0.412	103	萍乡	江西	0.215	249
东营	山东	0.411	104	巴中	四川	0.214	250
荆门	湖北	0.407	105	吉林	吉林	0.212	251
龙岩	福建	0.406	106	天水	甘肃	0.211	252
常德	湖南	0.406	107	营口	辽宁	0.210	253
哈尔滨	黑龙江	0.400	108	昭通	云南	0.210	254
铜陵	安徽	0.400	109	赤峰	内蒙古	0.206	255
商洛	陕西	0.399	110	陇南	甘肃	0.204	256
清远	广东	0.398	111	临沧	云南	0.204	257
湛江	广东	0.393	112	固原	宁夏	0.201	258
石家庄	河北	0.393	113	张家口	河北	0.201	259
岳阳	湖南	0.392	114	本溪	辽宁	0.199	260
新乡	河南	0.388	115	巴彦淖尔	内蒙古	0.198	261
漯河	河南	0.387	116	承德	河北	0.197	262

续表

	省（市、自治区）	指数	排名		省（市、自治区）	指数	排名
德阳	四川	0.386	117	资阳	四川	0.194	263
淮南	安徽	0.385	118	张掖	甘肃	0.194	264
嘉峪关	甘肃	0.385	119	贺州	广西	0.190	265
开封	河南	0.382	120	黑河	黑龙江	0.177	266
济宁	山东	0.379	121	梧州	广西	0.170	267
泸州	四川	0.379	122	齐齐哈尔	黑龙江	0.166	268
衡阳	湖南	0.378	123	玉林	广西	0.162	269
宿迁	江苏	0.377	124	锦州	辽宁	0.157	270
沧州	河北	0.377	125	通辽	内蒙古	0.145	271
安顺	贵州	0.376	126	葫芦岛	辽宁	0.127	272
孝感	湖北	0.374	127	武威	甘肃	0.125	273
黄冈	湖北	0.371	128	酒泉	甘肃	0.121	274
张家界	湖南	0.371	129	七台河	黑龙江	0.117	275
汉中	陕西	0.370	130	松原	吉林	0.114	276
吴忠	宁夏	0.366	131	鸡西	黑龙江	0.106	277
黄山	安徽	0.366	132	乌兰察布	内蒙古	0.101	278
宜宾	四川	0.365	133	辽源	吉林	0.088	279
丽江	云南	0.365	134	铁岭	辽宁	0.082	280
淄博	山东	0.361	135	平凉	甘肃	0.082	281
延安	陕西	0.361	136	双鸭山	黑龙江	0.077	282
阳江	广东	0.361	137	鞍山	辽宁	0.076	283
包头	内蒙古	0.360	138	朝阳	辽宁	0.074	284
聊城	山东	0.360	139	伊春	黑龙江	0.072	285
渭南	陕西	0.359	140	四平	吉林	0.062	286
鹰潭	江西	0.358	141	丹东	辽宁	0.059	287
秦皇岛	河北	0.358	142	通化	吉林	0.056	288
临沂	山东	0.358	143	鹤岗	黑龙江	0.054	289
桂林	广西	0.356	144	白城	吉林	0.040	290
唐山	河北	0.353	145	阜新	辽宁	0.000	291
上饶	江西	0.353	146				

第三节 中国城市环境韧性竞争力报告

环境韧性反映城市环境承受度，本部分综合考虑城市的交通便捷度、城市电力充沛度、城市的生态多样性、城市的气候舒适度指数、城市的环境污染度指数、城市的自然灾害指数等指标全面合成中国291个城市的环境韧性竞争力，相关数据来自Numbeo数据库、网络爬虫数据、夜间灯光地图、全球土地覆盖产品－RROM－GLC10、全球环境信息统计数据库、世界银行数据库（见表6－31）。通过对中国291个城市的环境韧性竞争力研究发现：中国城市环境韧性的分布与正态分布基本重合，呈现“中间大、两头小”的纺锤形分布特征；中国城市环境韧性在区域间主要以东西向分化为主；东部省份城市环境韧性水平较高、内部差异也较小；东部发达地区城市群环境韧性水平较高，但京津冀城市群在东部地区城市群中排名相对较低；加强环境污染治理是提升中国城市环境韧性的关键。

表6－31　城市韧性指标体系

环境韧性	交通便捷度	Numbeo交通数据经城市交通话题舆情爬虫数据调整	Numbeo 网络爬虫数据
	电力充沛度	夜间灯光数据计算	夜间灯光地图
	生态多样性	森林、湖泊、绿地、湿地等10种地貌综合面积	全球土地覆盖产品－RROM－GLC10
	气候舒适度指数	气温、降水、灾害天气、能见度四项指标打分合成计算	全球环境信息统计数据库
	环境污染度指数	PM2.5、人均CO_2排放量、人均SO_2排放量三项指标打分合成计算（地均GDP修正）	全球环境信息统计数据库
	自然灾害指数	根据6种自然灾害的历史数据计算得出	哥伦比亚大学 世界银行

一　总体格局

2020年中国城市环境韧性得分最高的是香港，其他前5名城市为深圳、澳门、台北和东莞，图 6－21 报告了 2020 年中国城市环境韧性的分布，可以发现，中国城市环境韧性的分布与正态分布基本重合，呈现“中间大、两头小”的纺锤形分布特征。这种分布特征意味着中国大部分城市的环境韧性得分处于中间水平，环境韧性得分很高或者很低的城市很少。

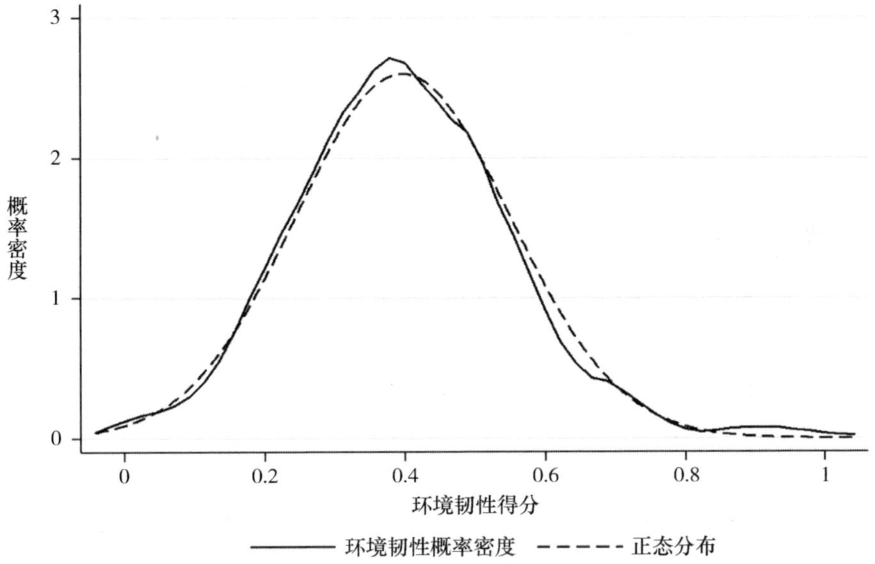

图 6－21　2020 年中国城市环境韧性分布

课题组研究发现，中国城市的环境韧性存在明显的区域差异，具体而言：中国城市环境韧性在区域间主要以东西向分化为主，东西差距要大于南北差距；东部省份城市环境韧性水平较高、内部差异也较小，环境韧性较高的城市主要集中在东部发达地区；尽管东部发达地区城市群环境韧性水平较高，但京津冀城市群在东部地区城市群中排名相对较低；相对于生态多样性、气候舒适度、自然灾害等受城市先天自然地理条件影响较大的因素，加强环境污染治理是提升中国城市环境韧性的最关键因素。

二 中国城市环境韧性在区域间主要以东西向分化为主

图6－22报告了2020年中国不同区域城市环境韧性的平均值。2020年东部、中部、东北和西部地区城市环境韧性的平均得分分别为0.524、0.380、0.311和0.307，呈现梯次递减的态势。其中，东部地区城市环境韧性得分仍然明显高于其他地区，这表明中国城市环境韧性得分仍然存在非常明显的区域差距，这是因为中国东部地区无论在经济发展基础还是自然地理环境上都要优于其他地区。同时，图6－22也报告了中国北方与南方城市韧性的平均得分，可以发现，南方城市的环境韧性总体上要略优于北方城市，比北方城市的平均得分高0.068，作为对比，东部地区比中部、东北以及西部地区城市环境韧性平均得分高了约0.191。因此，中国城市环境韧性主要以东西方向的分化为主。

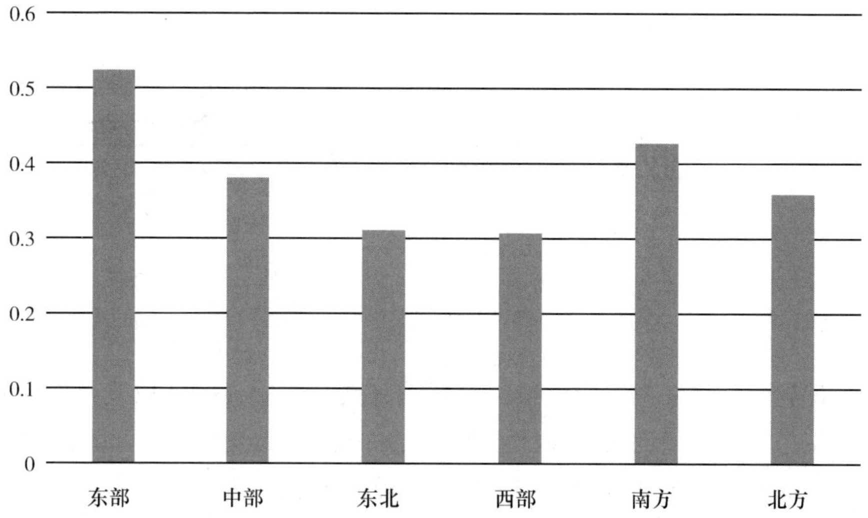

图6－22 2020年中国不同区域城市环境韧性得分

从区域内部差异来看，2020年东部、中部、东北以及西部地区城市环境韧性的变异系数分别为0.268、0.274、0.487、0.352。可以发现，东部地区城市不仅环境韧性的平均水平高，内部差距也是最小的，这意味着相对于其他地区东部地区城市的环境韧性普遍得分较高。内部差距最大的是东北地区，结合图6－22的结果，这表明东北地区仅有少数城市的环境韧性水平较高。

三　东部省份城市环境韧性水平较高、内部差异也较小

表6－32的结果显示，中国城市环境韧性较高的省份主要集中在东部地区，例如城市环境韧性均值排名前十的省份中有9个（除了重庆）都位于东部发达地区；而城市环境韧性均值排名倒数前十的省份全部位于中西部地区。同时，排名靠前的东部地区省份城市环境韧性的变异系数要小于排名相对于靠后的中西部地区省份，这也进一步表明中国城市环境韧性较高的城市主要集中在东部发达地区。

表6－32　　不同省（市、自治区）城市韧性均值与变异系数

	均值	变异系数		均值	变异系数
香港	1.000		河北	0.395	0.238
澳门	0.898		新疆	0.388	0.116
台湾	0.702	0.140	贵州	0.368	0.278
上海	0.663		青海	0.367	
天津	0.557		江西	0.346	0.231
广东	0.553	0.285	陕西	0.345	0.279
江苏	0.548	0.142	湖北	0.324	0.403
北京	0.537		广西	0.323	0.197
海南	0.536	0.086	四川	0.323	0.308
重庆	0.529		宁夏	0.317	0.313
浙江	0.517	0.187	云南	0.302	0.294
山东	0.472	0.114	湖南	0.301	0.351
福建	0.460	0.293	吉林	0.271	0.510
河南	0.445	0.164	内蒙古	0.243	0.613
辽宁	0.433	0.211	甘肃	0.222	0.494
安徽	0.419	0.212	黑龙江	0.194	0.548
山西	0.412	0.132			

四 东部发达地区城市群环境韧性水平较高，但京津冀城市群在东部地区城市群中排名相对较低

图6－23报告了2020年14个主要城市群城市环境韧性的平均得分。可以发现，在14个主要城市群中有11个城市群城市环境韧性的平均得分都高于非城市群城市，这表明中国环境韧性高的城市主要集聚在城市群中。同时，环境韧性高的城市群主要位于东部发达地区，例如排名前三的粤港澳大湾区城市群、长三角城市群以及山东半岛城市群都位于东部发达地区。需要注意的是，尽管京津冀城市群也位于东部地区，但其排名仅在第7位，在所有东部地区城市群中排名最低。

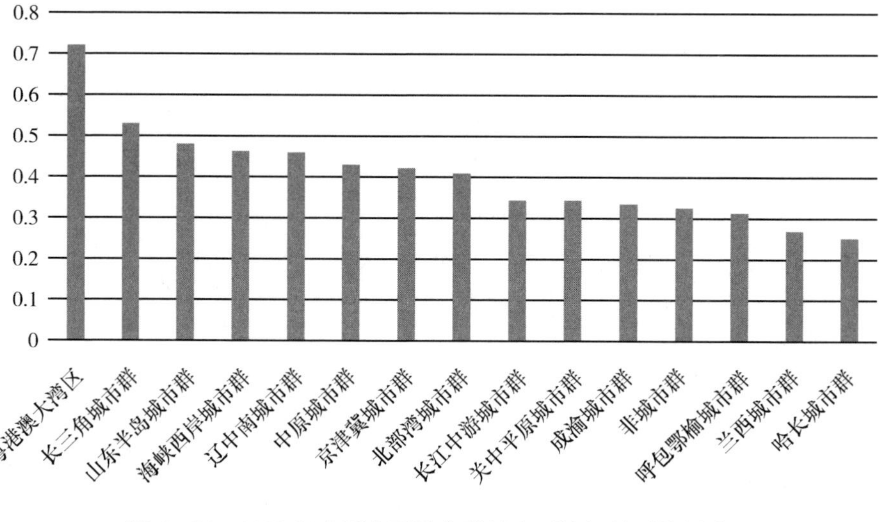

图6－23 2020年中国主要城市群城市环境韧性平均得分

表6－33报告了环境韧性不同维度优势与劣势区域的分布，其中，优势区域指的是某一维度下平均得分最高的城市群，劣势区域指的是某一维度下平均得分最低的城市群。具体来看，东部地区的粤港澳大湾区在电力充沛度、气候舒适度与环境污染度上的优势最明显，是优势领域最多的群；京津冀城市群在交通便捷度与环境污染度上的劣势最明显，兰西城市群在电力充沛度与生态多样性上的劣势最明显，这两个城市群也是劣势领域最多的城市群。

表 6－33　　环境韧性不同维度优势与劣势区域分布

	优势区域	劣势区域
交通便捷度	辽中南城市群	京津冀城市群
电力充沛度	粤港澳大湾区	兰西城市群
生态多样性	哈长城市群	兰西城市群
气候舒适度	粤港澳大湾区	哈长城市群
环境污染度	粤港澳大湾区	京津冀城市群
自然灾害	呼包鄂榆城市群	海峡西岸城市群

五　加强环境污染治理是提升中国城市环境韧性的关键

图 6－24 报告了 2020 年城市环境韧性在交通便捷度、电力充沛度、生态多样性、气候舒适度、环境污染度以及自然灾害六个分维度上的平均得分。在上述六个分维度中，得分最高的是气候舒适度，其平均得分为 0.748，其他维度得分由高到低分别为生态多样性、自然灾害、交通便捷度、电力充沛度与环境污染度。其中，环境污染度的平均得分最低，仅有 0.227，大幅度落后于其他维度。因此，环境污染是制约中国城市环境韧性提升的最关键因素。

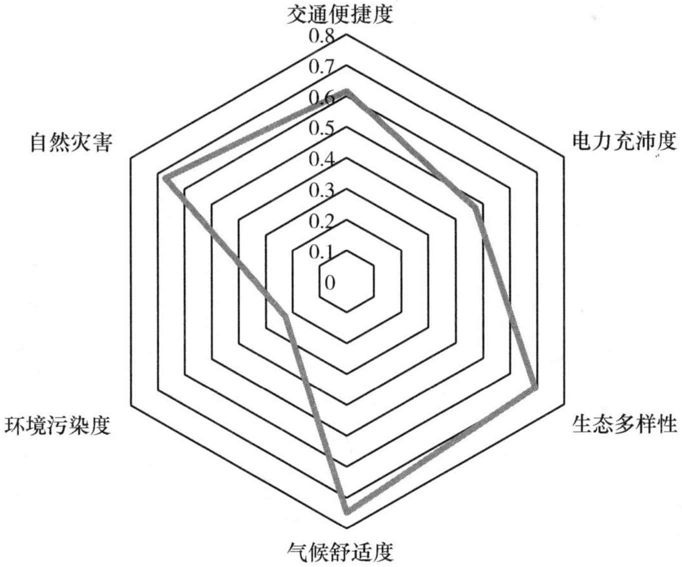

图 6－24　2020 年中国城市环境韧性的不同维度平均得分

表6－34进一步报告了不同区域城市环境韧性分项维度的平均得分。相对于其他地区，东部地区在电力充沛度、气候舒适度两个维度上的优势最明显，东北地区在交通便捷度、生态多样性以及自然灾害三个维度上的优势最明显，西部地区在环境污染度上的优势最明显。东部地区的短板为交通便捷度与自然灾害，中部地区的短板主要为环境污染度，东北地区的短板主要为气候舒适度，西部地区的短板主要为电力充沛度与生态多样性。

表6－34 不同区域城市环境韧性分项维度平均得分

	交通便捷度	电力充沛度	生态多样性	气候舒适度	环境污染度	自然灾害
东部	0.507	0.665	0.740	0.802	0.225	0.589
中部	0.637	0.451	0.716	0.755	0.192	0.660
东北	0.745	0.382	0.746	0.515	0.215	0.814
西部	0.664	0.316	0.591	0.777	0.269	0.715

六 中国291个城市环境韧性排名

表6－35 2020年中国291个城市环境韧性竞争力指数及排名

	省（市、自治区）	指数	排名		省（市、自治区）	指数	排名
香港	香港	1.000	1	梅州	广东	0.386	147
深圳	广东	0.914	2	榆林	陕西	0.385	148
澳门	澳门	0.898	3	通化	吉林	0.381	149
台北	台湾	0.859	4	铜川	陕西	0.379	150
东莞	广东	0.743	5	玉溪	云南	0.379	151
中山	广东	0.732	6	景德镇	江西	0.379	152
新竹	台湾	0.731	7	内江	四川	0.378	153
佛山	广东	0.716	8	安庆	安徽	0.377	154
厦门	福建	0.699	9	三门峡	河南	0.376	155
广州	广东	0.695	10	忻州	山西	0.374	156
珠海	广东	0.687	11	六盘水	贵州	0.374	157

续表

	省（市、自治区）	指数	排名		省（市、自治区）	指数	排名
汕头	广东	0. 681	12	亳州	安徽	0. 374	158
舟山	浙江	0. 674	13	衡水	河北	0. 374	159
台南	台湾	0. 670	14	宣城	安徽	0. 373	160
上海	上海	0. 663	15	南宁	广西	0. 372	161
苏州	江苏	0. 659	16	池州	安徽	0. 372	162
盘锦	辽宁	0. 643	17	运城	山西	0. 371	163
常州	江苏	0. 641	18	抚顺	辽宁	0. 370	164
高雄	台湾	0. 632	19	西宁	青海	0. 367	165
无锡	江苏	0. 631	20	郴州	湖南	0. 364	166
台中	台湾	0. 617	21	邢台	河北	0. 364	167
嘉兴	浙江	0. 611	22	滁州	安徽	0. 362	168
镇江	江苏	0. 610	23	萍乡	江西	0. 360	169
湖州	浙江	0. 579	24	娄底	湖南	0. 360	170
南通	江苏	0. 577	25	丹东	辽宁	0. 358	171
铜陵	安徽	0. 573	26	乌鲁木齐	新疆	0. 356	172
南京	江苏	0. 573	27	鸡西	黑龙江	0. 356	173
惠州	广东	0. 570	28	龙岩	福建	0. 356	174
宁波	浙江	0. 570	29	临汾	山西	0. 355	175
三亚	海南	0. 569	30	三明	福建	0. 355	176
揭阳	广东	0. 569	31	株洲	湖南	0. 352	177
潮州	广东	0. 566	32	延安	陕西	0. 351	178
马鞍山	安徽	0. 566	33	大同	山西	0. 351	179
泉州	福建	0. 563	34	宿州	安徽	0. 350	180
郑州	河南	0. 560	35	来宾	广西	0. 349	181
鄂州	湖北	0. 560	36	岳阳	湖南	0. 349	182
天津	天津	0. 557	37	安顺	贵州	0. 348	183
泰州	江苏	0. 555	38	柳州	广西	0. 348	184
廊坊	河北	0. 555	39	广安	四川	0. 347	185
扬州	江苏	0. 553	40	贵港	广西	0. 344	186
青岛	山东	0. 553	41	朝阳	辽宁	0. 344	187

续表

	省（市、自治区）	指数	排名		省（市、自治区）	指数	排名
莆田	福建	0.547	42	钦州	广西	0.344	188
枣庄	山东	0.545	43	九江	江西	0.342	189
金华	浙江	0.542	44	眉山	四川	0.338	190
辽阳	辽宁	0.541	45	保定	河北	0.335	191
江门	广东	0.539	46	营口	辽宁	0.334	192
北京	北京	0.537	47	兰州	甘肃	0.334	193
芜湖	安徽	0.536	48	宁德	福建	0.333	194
重庆	重庆	0.529	49	七台河	黑龙江	0.330	195
朔州	山西	0.528	50	牡丹江	黑龙江	0.330	196
成都	四川	0.528	51	崇左	广西	0.330	197
淄博	山东	0.527	52	上饶	江西	0.329	198
焦作	河南	0.523	53	南阳	河南	0.326	199
武汉	湖北	0.521	54	襄阳	湖北	0.326	200
许昌	河南	0.521	55	玉林	广西	0.326	201
乌海	内蒙古	0.518	56	河源	广东	0.323	202
徐州	江苏	0.518	57	宝鸡	陕西	0.321	203
鹤壁	河南	0.518	58	丽水	浙江	0.321	204
日照	山东	0.517	59	资阳	四川	0.319	205
漯河	河南	0.517	60	保山	云南	0.318	206
福州	福建	0.517	61	梧州	广西	0.314	207
汕尾	广东	0.517	62	韶关	广东	0.314	208
东营	山东	0.516	63	衡阳	湖南	0.313	209
温州	浙江	0.514	64	十堰	湖北	0.309	210
攀枝花	四川	0.511	65	随州	湖北	0.309	211
淮北	安徽	0.511	66	曲靖	云南	0.304	212
威海	山东	0.510	67	六安	安徽	0.304	213
烟台	山东	0.509	68	阜新	辽宁	0.302	214
绍兴	浙江	0.504	69	南充	四川	0.301	215
海口	海南	0.504	70	自贡	四川	0.300	216
沈阳	辽宁	0.499	71	信阳	河南	0.299	217

续表

	省（市、自治区）	指数	排名		省（市、自治区）	指数	排名
贵阳	贵州	0.498	72	平凉	甘肃	0.298	218
大连	辽宁	0.494	73	宜春	江西	0.298	219
平顶山	河南	0.491	74	宜昌	湖北	0.298	220
湛江	广东	0.489	75	绵阳	四川	0.293	221
杭州	浙江	0.487	76	荆州	湖北	0.291	222
长沙	湖南	0.486	77	南平	福建	0.291	223
唐山	河北	0.485	78	长春	吉林	0.290	224
西安	陕西	0.484	79	黄冈	湖北	0.289	225
台州	浙江	0.484	80	黄山	安徽	0.285	226
太原	山西	0.481	81	达州	四川	0.285	227
漳州	福建	0.478	82	荆门	湖北	0.285	228
濮阳	河南	0.475	83	贺州	广西	0.283	229
昆明	云南	0.474	84	桂林	广西	0.278	230
阳江	广东	0.471	85	张家口	河北	0.275	231
宿迁	江苏	0.469	86	松原	吉林	0.274	232
淮南	安徽	0.468	87	庆阳	甘肃	0.274	233
济南	山东	0.466	88	赣州	江西	0.271	234
南昌	江西	0.466	89	常德	湖南	0.268	235
淮安	江苏	0.461	90	临沧	云南	0.263	236
安阳	河南	0.458	91	鄂尔多斯	内蒙古	0.263	237
连云港	江苏	0.457	92	吴忠	宁夏	0.261	238
湘潭	湖南	0.455	93	益阳	湖南	0.255	239
德阳	四川	0.454	94	天水	甘肃	0.251	240
滨州	山东	0.454	95	广元	四川	0.250	241
济宁	山东	0.450	96	固原	宁夏	0.250	242
秦皇岛	河北	0.449	97	遵义	贵州	0.250	243
合肥	安徽	0.449	98	汉中	陕西	0.246	244
本溪	辽宁	0.447	99	大庆	黑龙江	0.245	245
鞍山	辽宁	0.446	100	普洱	云南	0.242	246
鹰潭	江西	0.444	101	乐山	四川	0.241	247

续表

	省（市、自治区）	指数	排名		省（市、自治区）	指数	排名
嘉峪关	甘肃	0.441	102	吉安	江西	0.241	248
渭南	陕西	0.441	103	泸州	四川	0.241	249
新乡	河南	0.441	104	抚州	江西	0.240	250
聊城	山东	0.440	105	通辽	内蒙古	0.236	251
潍坊	山东	0.439	106	丽江	云南	0.233	252
锦州	辽宁	0.439	107	乌兰察布	内蒙古	0.229	253
石嘴山	宁夏	0.438	108	中卫	宁夏	0.226	254
沧州	河北	0.437	109	承德	河北	0.225	255
肇庆	广东	0.437	110	定西	甘肃	0.223	256
防城港	广西	0.437	111	百色	广西	0.222	257
长治	山西	0.437	112	安康	陕西	0.219	258
新余	江西	0.435	113	金昌	甘肃	0.219	259
黄石	湖北	0.435	114	巴中	四川	0.215	260
邯郸	河北	0.434	115	永州	湖南	0.214	261
茂名	广东	0.431	116	宜宾	四川	0.205	262
周口	河南	0.431	117	商洛	陕西	0.205	263
泰安	山东	0.430	118	昭通	云南	0.204	264
吕梁	山西	0.428	119	包头	内蒙古	0.201	265
葫芦岛	辽宁	0.426	120	佳木斯	黑龙江	0.200	266
四平	吉林	0.425	121	雅安	四川	0.198	267
铁岭	辽宁	0.425	122	双鸭山	黑龙江	0.195	268
商丘	河南	0.424	123	陇南	甘肃	0.195	269
咸阳	陕西	0.423	124	河池	广西	0.194	270
辽源	吉林	0.420	125	赤峰	内蒙古	0.194	271
克拉玛依	新疆	0.420	126	鹤岗	黑龙江	0.184	272
云浮	广东	0.419	127	吉林	吉林	0.181	273
盐城	江苏	0.418	128	孝感	湖北	0.176	274
开封	河南	0.418	129	邵阳	湖南	0.171	275
石家庄	河北	0.414	130	张家界	湖南	0.169	276
阜阳	安徽	0.414	131	绥化	黑龙江	0.165	277

续表

	省（市、自治区）	指数	排名		省（市、自治区）	指数	排名
银川	宁夏	0.412	132	怀化	湖南	0.162	278
阳泉	山西	0.412	133	白山	吉林	0.154	279
清远	广东	0.411	134	白银	甘肃	0.153	280
衢州	浙江	0.406	135	张掖	甘肃	0.145	281
晋城	山西	0.406	136	哈尔滨	黑龙江	0.145	282
呼和浩特	内蒙古	0.404	137	巴彦淖尔	内蒙古	0.137	283
菏泽	山东	0.403	138	武威	甘肃	0.112	284
德州	山东	0.402	139	咸宁	湖北	0.092	285
遂宁	四川	0.401	140	黑河	黑龙江	0.069	286
驻马店	河南	0.400	141	伊春	黑龙江	0.058	287
蚌埠	安徽	0.396	142	齐齐哈尔	黑龙江	0.050	288
洛阳	河南	0.392	143	白城	吉林	0.040	289
晋中	山西	0.389	144	酒泉	甘肃	0.023	290
北海	广西	0.389	145	呼伦贝尔	内蒙古	0.000	291
临沂	山东	0.388	146				

第四节　中国城市社会包容竞争力报告

本部分以城市的历史文化指数、社会安全指数、社会公平指数、居住成本指数、开放度指数、医疗健康机构指数综合合成中国城市社会包容竞争力指数，并对中国291个城市的社会包容竞争力格局进行分析。研究发现：台北、台南、台中、西安、高雄、武汉、南京、杭州、大连、苏州位列社会包容竞争力前10强；中国城市社会包容指数区域差异显著，东部城市社会包容领跑全国，尤以港澳台、东南、环渤海城市为主导；社会包容区域差异呈现“东西、南北”双向分化格局；省域社会包容“马太效应”明显，粤苏鲁城市相对优势较大；城市群社会包容较高，且以东部沿海三大城市群为主导；开放度是社会包容度提升的制约因素，居住成本有待降低。

一 中国城市社会包容指数区域差异显著

东部城市社会包容领跑全国，尤以港澳台、东南、环渤海城市为主导。2020 年社会包容前 20 强城市中，东部地区城市占据 14 席，社会包容指数明显高于全国其他地区的城市。同时，南部城市社会包容高于北部城市，2020 年社会包容前 20 名中，南部城市占 14 席。从省份层次看，台湾、江苏城市社会包容度较高，分别占 5 席、3 席（见表 6－36）。

表 6－36　2020 年社会包容前 20 强城市分布

	城市	省（市、自治区）	指数	排名
东部	台北	台湾	1.000	1
东部	台南	台湾	0.993	2
东部	台中	台湾	0.946	3
西部	西安	陕西	0.936	4
东部	高雄	台湾	0.930	5
中部	武汉	湖北	0.915	6
东部	南京	江苏	0.905	7
东部	杭州	浙江	0.898	8
东北	大连	辽宁	0.890	9
东部	苏州	江苏	0.888	10
西部	成都	四川	0.882	11
东部	新竹	台湾	0.874	12
东部	上海	上海	0.874	13
东部	无锡	江苏	0.867	14
东部	青岛	山东	0.860	15
东北	沈阳	辽宁	0.856	16
东部	北京	北京	0.848	17
西部	重庆	重庆	0.834	18
东部	天津	天津	0.793	19
东部	广州	广东	0.792	20

资料来源：笔者整理。

二 社会包容区域差异呈现“东西、南北”双向分化格局

中国城市社会包容指标区域差异显著，东西差异高于南北差异。社会包容指标基本呈现由东部到中西部，再到东北的梯次递减格局，东部城市占据全球百强的64%。从南北格局来看，南部城市占据百强城市的65%，表明社会包容的“东西、南北”双向差异格局较为显著（见表6－37）。从社会包容指标均值和变异系数来看，东部城市社会包容指数均值高于全国城市平均水平0.142，比中西部、东北城市至少高0.15。且东部城市变异系数相对较小，这在一定程度上表明东部城市社会包容整体水平较高，内部城市间差异较小。此外，南部城市社会包容指标均值高于全国平均水平0.035，小于东部，在一定程度上说明南北差距弱于东西差距。

表6－37　　中国城市社会包容指标的区域分布

	样本	百强城市占比	均值	变异系数	最优城市	指数	排名
东北	34	6%	0.385	0.520	大连	0.890	9
东部	93	64%	0.593	0.300	台北	1.000	1
西部	84	13%	0.347	0.487	西安	0.936	4
中部	80	17%	0.423	0.296	武汉	0.915	6
南部	161	65%	0.486	0.406	台北	1.000	1
北部	130	35%	0.408	0.441	西安	0.936	4
中国	291	34%	0.451	0.428	台北	1.000	1

资料来源：笔者整理。

三 省域社会包容“马太效应”明显，粤苏鲁城市相对优势较大

全国各省市社会包容呈现以东部沿海省份城市引领、其他省市相对落后的格局。从表6－38可以看出，东部沿海省市社会包容均值都高于全国平均水平（0.451）；中西部、东北地区仅有重庆社会包容度均值高于全国平均水平，这说明省域层次社会包容存在显著的“马太效应”。同时，东部沿海省市社会包容变异系数整体小于中西部、东北省市，表明东部省市城市社会包容差异水平较低。

根据表6－38的百强城市占比，以及图6－25可知，粤苏鲁三省百强城市占比达到37%，超过全国百强城市1/3，其中广东、江苏分别有13个城市，3个省市城市引领全国。剩余百强城市分散分布在其他各省市，最高的浙江有8个城市，其他都在5个以下，贵州、海南、甘肃、新疆四省未有城市进入全国百强。长三角省市社会包容指数均值0.717，高于粤港澳大湾区、环渤海省市。此外，从各省市最优城市看，除山东、辽宁、甘肃等省份外，其他省市最优城市均是省会城市，表明省会城市集聚了较多的资源优势。

表6－38　2020年全国各省（市、自治区）社会包容相关指标

	样本量	均值	变异系数	百强城市占比	最优城市	指数	全国排名
北京	1	0.848		1.00%	北京	0.848	17
天津	1	0.793		1.00%	天津	0.793	19
河北	11	0.487	0.225	5.00%	石家庄	0.666	47
山东	16	0.551	0.277	11.00%	青岛	0.860	15
江苏	13	0.679	0.195	13.00%	南京	0.905	7
上海	1	0.874		1.00%	上海	0.874	13
浙江	11	0.597	0.263	8.00%	杭州	0.898	8
福建	9	0.522	0.282	4.00%	厦门	0.731	31
广东	21	0.547	0.294	13.00%	广州	0.792	20
香港	1	0.703		1.00%	香港	0.703	36
澳门	1	0.707		1.00%	澳门	0.707	34
台湾	5	0.949	0.054	5.00%	台北	1.000	1
安徽	16	0.439	0.268	3.00%	合肥	0.785	21
河南	17	0.422	0.298	4.00%	郑州	0.747	27
湖北	12	0.450	0.417	5.00%	武汉	0.915	6
湖南	13	0.432	0.272	2.00%	长沙	0.749	26
江西	11	0.411	0.208	2.00%	南昌	0.590	63
山西	11	0.374	0.282	1.00%	太原	0.620	52
甘肃	12	0.305	0.286	0.00%	酒泉	0.455	120
广西	14	0.323	0.528	2.00%	南宁	0.670	46
贵州	4	0.335	0.479	0.00%	贵阳	0.480	101

续表

	样本量	均值	变异系数	百强城市占比	最优城市	指数	全国排名
海南	2	0.382	0.333	0.00%	海口	0.472	106
重庆	1	0.834		1.00%	重庆	0.834	18
青海	1	0.404		0.00%	西宁	0.404	157
内蒙古	9	0.354	0.394	2.00%	呼和浩特	0.628	50
宁夏	5	0.179	0.424	0.00%	银川	0.315	215
陕西	10	0.410	0.598	4.00%	西安	0.936	4
四川	18	0.391	0.400	3.00%	成都	0.882	11
新疆	2	0.303	0.125	0.00%	乌鲁木齐	0.330	204
云南	8	0.322	0.529	1.00%	昆明	0.681	41
黑龙江	12	0.301	0.624	1.00%	哈尔滨	0.741	29
吉林	8	0.402	0.541	3.00%	长春	0.742	28
辽宁	14	0.448	0.422	2.00%	大连	0.890	9

资料来源：笔者整理。

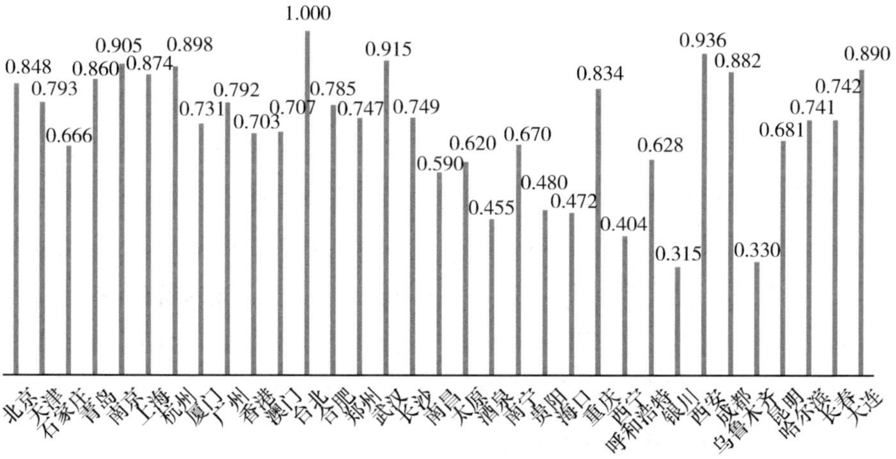

图 6－25　2020 年全国各省（市、自治区）最优城市均值

资料来源：笔者整理。

四　城市群社会包容较高，且以东部沿海三大城市群为主导

图 6－26 报告了城市群和非城市群社会包容指标均值和变异系数。从图 6－26 中可以看出，城市群社会包容均值为 0.506，高于非城市群社会

包容均值0.382，表明城市群整体社会包容度较高；城市群社会包容变异系数为0.361，小于非城市群的0.482，说明城市群内部城市社会包容差异小于非城市群。

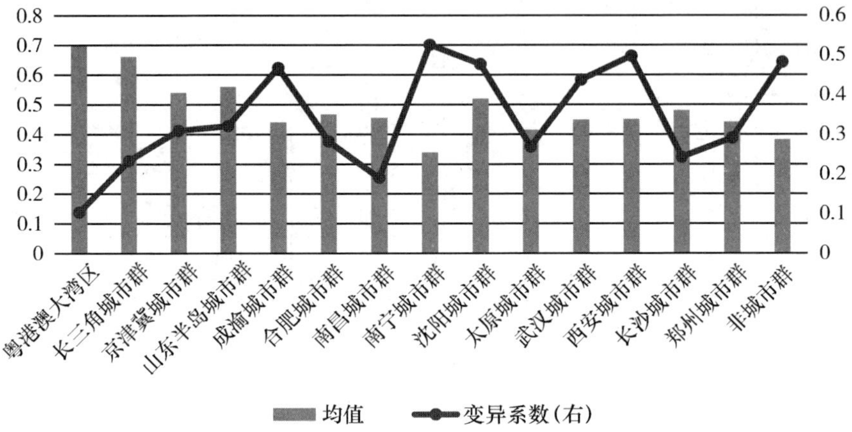

图6－26　2020年中国城市群社会包容均值和变异系数

资料来源：笔者整理。

具体来看，14个城市群中，粤港澳大湾区、长三角城市群、京津冀城市群、山东半岛城市群等4个东部城市群高于其他10个城市群，这也符合社会包容在我国城市间的整体分布。同时，粤港澳大湾区、长三角城市群社会包容变异系数较小，说明这两个城市群内部城市之间的差异较小；与两者相比，京津冀城市群社会包容变异系数相对较大，表明京津冀三地城市间社会包容存在一定的差距。成渝城市群、沈阳城市群、武汉城市群、西安城市群等区域性城市群社会包容均值在区域城市中相对较高，但是城市群内部社会包容差异显著。

五　35个大中城市社会包容比其他城市高，内部城市分化较小

35个大中城市包含4个直辖市、26个省会城市、5个计划单列市，整体的社会包容较高（见表6－39）。从表6－39可知，2020年35个大中城市社会包容均值为0.712，接近全国剩余城市社会包容均值的2倍；同时从社会包容排名来看，35个大中城市在前20名占据13席、在前50名

中占据 26 席，充分说明 35 个大中城市社会包容水平较高。此外，35 个大中城市社会包容变异系数仅为 0.244，说明 35 个大中城市社会包容差异相对较小。

表 6－39　　2020 年 35 个大中城市社会包容均值与变异系数

	均值	变异系数	前 20 名占比	前 50 名占比
35 个大中城市	0.712	0.244	65%	52%
非 35 个大中城市	0.417	0.404	35%	48%

资料来源：笔者整理。

图 6－27 给出了历史文化、社会安全、社会公平、居住成本等 6 项社会包容指标，可知 35 个大中城市社会包容指标分项指标均值均优于非 35 个大中城市，其中历史文化、开放度均值差值较大，分别为 0.25、0.38，同时，可以看到非 35 个大中城市开放度变异系数较大，而 35 个大中城市开放度变异系数较小，说明 35 个大中城市凭借其作为省会、直辖市等优势，对外开放程度较高。

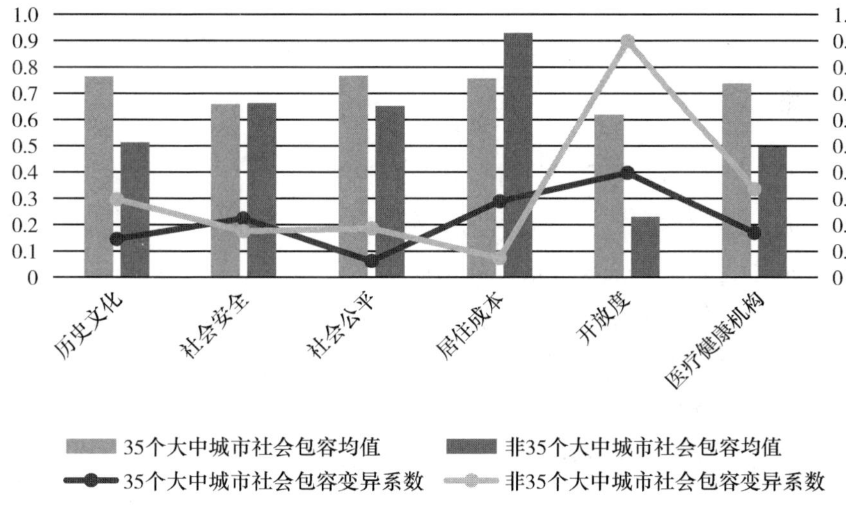

图 6－27　2020 年 35 个大中城市社会包容均值与变异系数

资料来源：笔者整理。

六 开放度是社会包容度提升的制约因素，居住成本有待降低

图6－28给出了社会包容在历史文化、社会安全、社会公平、居住成本、开放度、医疗健康机构6个分项指标的平均值，可以看出居住成本①平均值最高，为0.909，开放度平均值最低，为0.278，且前者变异系数最低、后者变异系数最高，两个指标存在较为鲜明的对比。表明居住成本差异较小，开放度在城市间存在较大的差异，即开放度是影响我国城市社会包容提升的重要制约因素。

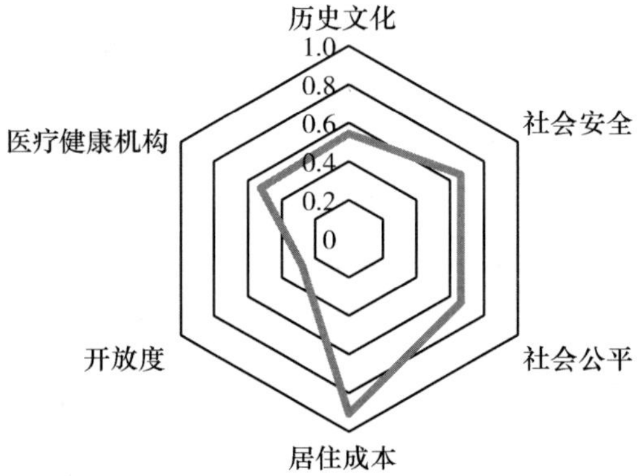

图6－28 2020年中国城市社会包容分项指标均值

资料来源：笔者整理。

表6－40给出了2020年分区域城市社会包容分项指标的均值和变异系数，各分项指标在区域城市间存在较大差异。具体而言，东部地区除了居住成本，剩余5个分项指标的均值均大于其他3个区域。东部地区居住成本均值最低，为0.829，即东部地区城市房价收入比相对较高，抑制了城市社会包容水平的提升。就开放度而言，东部地区的开放度与中西部、东北3个区域的差异最大，相差0.23以上。西部地区城市开放度最低，仅为0.143，且变异系数最大，为1.344，表明西部城市间开放度存

① 本报告用房价收入比衡量城市居住成本，该指标属于逆向指标，即房价收入比越大，居住成本越高，不利于社会包容提升。在指数计算中，本报告将其进行逆向处理，将其转换成正向指标，进而得出其指数。

在较大的差异，整体拉低了我国城市开放度，制约着我国城市社会包容度的提升。其他指标在区域也存在一定的差异，但是相对较小；区域间城市社会安全指标均值相差较小，表明我国城市发展具备较高的安全保障。

表6-40　　2020年分区域社会包容分项指标均值及其变异系数

	指标	历史文化	社会安全	社会公平	居住成本	开放度	医疗健康机构
东部	均值	0.659	0.671	0.721	0.829	0.462	0.616
	变异系数	0.201	0.187	0.194	0.205	0.542	0.241
中部	均值	0.504	0.677	0.651	0.938	0.235	0.533
	变异系数	0.274	0.139	0.136	0.038	0.723	0.237
西部	均值	0.464	0.649	0.647	0.950	0.143	0.441
	变异系数	0.386	0.202	0.160	0.034	1.344	0.458
东北	均值	0.509	0.633	0.606	0.959	0.207	0.471
	变异系数	0.279	0.205	0.176	0.035	1.109	0.372

资料来源：笔者整理。

七　结论

从不同层级、分项指标、核心要素等对社会包容进行了多维分析，本报告研究发现社会包容呈现以下几点趋势和特征。

一是社会包容整体呈现以东部沿海大城市、城市群引领，中西部城市逐步提升的发展格局。东部沿海城市凭借对外开放、历史文化、医疗健康机构等绝对优势，引领我国城市社会包容水平的提升，尤其是城市群社会包容提升相对较快，且多集中于东部沿海地区。

二是区域社会包容存在显著差异，“东西、南北”双向分化逐渐形成，但是东西差异强于南北差距。东部和南部城市社会包容显著高于其他地区，长三角城市群、粤港澳大湾区城市群社会包容度高于京津冀城市群，也高于其他城市群。省域层次分化更加显著，东部沿海粤苏鲁三省强势领跑，中西部省市差距相对较大。就省内层次而言，省会城市社会包容优于其他城市。

三是开放度是社会包容提升的制约因素。社会包容分项指标对社会包容提升存在一定的差异，其中居住成本和开放度是影响社会包容的核心因素。居住成本对于不同层次的城市存在差异化影响，一线城市居住成本较高，抑制了社会包容的进一步提升。此外，开放度对中西部城市社会包容提升的制约效应大于东部地区。

八　2020 年中国城市社会包容竞争力排名

表 6－41　　2020 年中国 291 个城市社会包容竞争力指数及排名

	省（市、自治区）	指数	排名		省（市、自治区）	指数	排名
台北	台湾	1.000	1	阜阳	安徽	0.422	147
台南	台湾	0.993	2	泸州	四川	0.420	148
台中	台湾	0.946	3	荆门	湖北	0.419	149
西安	陕西	0.936	4	信阳	河南	0.416	150
高雄	台湾	0.930	5	驻马店	河南	0.415	151
武汉	湖北	0.915	6	遂宁	四川	0.410	152
南京	江苏	0.905	7	衢州	浙江	0.410	153
杭州	浙江	0.898	8	日照	山东	0.409	154
大连	辽宁	0.890	9	锦州	辽宁	0.409	155
苏州	江苏	0.888	10	兰州	甘肃	0.404	156
成都	四川	0.882	11	西宁	青海	0.404	157
新竹	台湾	0.874	12	邵阳	湖南	0.402	158
上海	上海	0.874	13	焦作	河南	0.400	159
无锡	江苏	0.867	14	抚顺	辽宁	0.400	160
青岛	山东	0.860	15	铜陵	安徽	0.396	161
沈阳	辽宁	0.856	16	宿州	安徽	0.396	162
北京	北京	0.848	17	益阳	湖南	0.395	163
重庆	重庆	0.834	18	定西	甘肃	0.395	164
天津	天津	0.793	19	汉中	陕西	0.395	165
广州	广东	0.792	20	南平	福建	0.392	166
合肥	安徽	0.785	21	淮南	安徽	0.392	167
中山	广东	0.784	22	广元	四川	0.391	168

续表

	省（市、自治区）	指数	排名		省（市、自治区）	指数	排名
佛山	广东	0. 780	23	延安	陕西	0. 391	169
宁波	浙江	0. 756	24	娄底	湖南	0. 389	170
济南	山东	0. 752	25	晋中	山西	0. 388	171
长沙	湖南	0. 749	26	许昌	河南	0. 388	172
郑州	河南	0. 747	27	莆田	福建	0. 383	173
长春	吉林	0. 742	28	黑河	黑龙江	0. 383	174
哈尔滨	黑龙江	0. 741	29	亳州	安徽	0. 381	175
深圳	广东	0. 734	30	抚州	江西	0. 380	176
厦门	福建	0. 731	31	濮阳	河南	0. 380	177
烟台	山东	0. 730	32	滨州	山东	0. 380	178
扬州	江苏	0. 726	33	萍乡	江西	0. 378	179
澳门	澳门	0. 707	34	本溪	辽宁	0. 376	180
吉林	吉林	0. 706	35	龙岩	福建	0. 375	181
香港	香港	0. 703	36	云浮	广东	0. 371	182
常州	江苏	0. 699	37	渭南	陕西	0. 370	183
泉州	福建	0. 699	38	大同	山西	0. 370	184
嘉兴	浙江	0. 696	39	钦州	广西	0. 369	185
淄博	山东	0. 690	40	吕梁	山西	0. 366	186
昆明	云南	0. 681	41	自贡	四川	0. 360	187
珠海	广东	0. 678	42	永州	湖南	0. 359	188
南通	江苏	0. 677	43	舟山	浙江	0. 357	189
福州	福建	0. 676	44	长治	山西	0. 356	190
东莞	广东	0. 674	45	上饶	江西	0. 355	191
南宁	广西	0. 670	46	天水	甘肃	0. 355	192
石家庄	河北	0. 666	47	河池	广西	0. 354	193
绍兴	浙江	0. 654	48	潮州	广东	0. 353	194
潍坊	山东	0. 643	49	咸宁	湖北	0. 350	195
呼和浩特	内蒙古	0. 628	50	聊城	山东	0. 349	196
洛阳	河南	0. 622	51	宣城	安徽	0. 348	197
太原	山西	0. 620	52	安阳	河南	0. 347	198

续表

	省（市、自治区）	指数	排名		省（市、自治区）	指数	排名
江门	广东	0.618	53	新余	江西	0.345	199
淮安	江苏	0.618	54	新乡	河南	0.341	200
惠州	广东	0.613	55	辽阳	辽宁	0.337	201
镇江	江苏	0.612	56	曲靖	云南	0.332	202
台州	浙江	0.611	57	菏泽	山东	0.332	203
宜昌	湖北	0.610	58	乌鲁木齐	新疆	0.330	204
泰州	江苏	0.608	59	白银	甘肃	0.329	205
唐山	河北	0.596	60	宜宾	四川	0.329	206
济宁	山东	0.595	61	景德镇	江西	0.328	207
金华	浙江	0.592	62	朝阳	辽宁	0.326	208
南昌	江西	0.590	63	玉林	广西	0.325	209
绵阳	四川	0.587	64	安康	陕西	0.322	210
盐城	江苏	0.586	65	巴中	四川	0.321	211
芜湖	安徽	0.584	66	郴州	湖南	0.316	212
肇庆	广东	0.583	67	滁州	安徽	0.316	213
桂林	广西	0.580	68	葫芦岛	辽宁	0.315	214
保定	河北	0.579	69	银川	宁夏	0.315	215
连云港	江苏	0.577	70	商丘	河南	0.314	216
湖州	浙江	0.576	71	眉山	四川	0.313	217
漳州	福建	0.573	72	鹤壁	河南	0.310	218
徐州	江苏	0.572	73	张家界	湖南	0.310	219
温州	浙江	0.571	74	通辽	内蒙古	0.309	220
湛江	广东	0.568	75	鹰潭	江西	0.308	221
清远	广东	0.559	76	怀化	湖南	0.307	222
东营	山东	0.555	77	忻州	山西	0.305	223
咸阳	陕西	0.535	78	晋城	山西	0.305	224
泰安	山东	0.533	79	阜新	辽宁	0.304	225
韶关	广东	0.529	80	张掖	甘肃	0.302	226
南充	四川	0.522	81	丽江	云南	0.302	227
威海	山东	0.520	82	孝感	湖北	0.300	228

续表

	省（市、自治区）	指数	排名		省（市、自治区）	指数	排名
荆州	湖北	0.519	83	呼伦贝尔	内蒙古	0.296	229
南阳	河南	0.519	84	牡丹江	黑龙江	0.296	230
襄阳	湖北	0.517	85	赤峰	内蒙古	0.294	231
九江	江西	0.516	86	百色	广西	0.294	232
临沂	山东	0.515	87	三亚	海南	0.292	233
岳阳	湖南	0.513	88	三门峡	河南	0.292	234
廊坊	河北	0.512	89	松原	吉林	0.291	235
汕头	广东	0.512	90	广安	四川	0.291	236
平顶山	河南	0.510	91	平凉	甘肃	0.289	237
包头	内蒙古	0.510	92	绥化	黑龙江	0.289	238
秦皇岛	河北	0.505	93	乌兰察布	内蒙古	0.287	239
黄冈	湖北	0.500	94	内江	四川	0.286	240
白山	吉林	0.495	95	黄石	湖北	0.286	241
黄山	安徽	0.494	96	铁岭	辽宁	0.285	242
宿迁	江苏	0.493	97	白城	吉林	0.285	243
宝鸡	陕西	0.489	98	攀枝花	四川	0.284	244
榆林	陕西	0.487	99	武威	甘肃	0.282	245
枣庄	山东	0.487	100	克拉玛依	新疆	0.276	246
贵阳	贵州	0.480	101	池州	安徽	0.270	247
衡阳	湖南	0.480	102	汕尾	广东	0.268	248
安庆	安徽	0.479	103	阳泉	山西	0.266	249
常德	湖南	0.475	104	河源	广东	0.265	250
柳州	广西	0.473	105	随州	湖北	0.261	251
海口	海南	0.472	106	鄂州	湖北	0.260	252
大庆	黑龙江	0.472	107	庆阳	甘肃	0.259	253
承德	河北	0.471	108	达州	四川	0.254	254
湘潭	湖南	0.466	109	安顺	贵州	0.253	255
德州	山东	0.465	110	资阳	四川	0.251	256
德阳	四川	0.464	111	漯河	河南	0.249	257
开封	河南	0.463	112	四平	吉林	0.248	258

续表

	省（市、自治区）	指数	排名		省（市、自治区）	指数	排名
茂名	广东	0.461	113	昭通	云南	0.246	259
周口	河南	0.461	114	衡水	河北	0.244	260
鞍山	辽宁	0.459	115	佳木斯	黑龙江	0.242	261
张家口	河北	0.458	116	巴彦淖尔	内蒙古	0.242	262
遵义	贵州	0.457	117	朔州	山西	0.241	263
十堰	湖北	0.456	118	雅安	四川	0.239	264
株洲	湖南	0.456	119	保山	云南	0.237	265
酒泉	甘肃	0.455	120	鹤岗	黑龙江	0.231	266
宜春	江西	0.455	121	贵港	广西	0.229	267
临汾	山西	0.455	122	双鸭山	黑龙江	0.228	268
梅州	广东	0.454	123	普洱	云南	0.226	269
蚌埠	安徽	0.453	124	辽源	吉林	0.224	270
邯郸	河北	0.451	125	通化	吉林	0.223	271
丹东	辽宁	0.450	126	嘉峪关	甘肃	0.218	272
马鞍山	安徽	0.448	127	金昌	甘肃	0.211	273
运城	山西	0.446	128	乌海	内蒙古	0.195	274
丽水	浙江	0.446	129	崇左	广西	0.187	275
揭阳	广东	0.444	130	防城港	广西	0.187	276
吉安	江西	0.439	131	来宾	广西	0.178	277
沧州	河北	0.438	132	商洛	陕西	0.170	278
宁德	福建	0.438	133	贺州	广西	0.164	279
六安	安徽	0.437	134	陇南	甘肃	0.160	280
梧州	广西	0.436	135	鸡西	黑龙江	0.156	281
三明	福建	0.435	136	石嘴山	宁夏	0.150	282
阳江	广东	0.435	137	六盘水	贵州	0.150	283
邢台	河北	0.433	138	中卫	宁夏	0.148	284
齐齐哈尔	黑龙江	0.433	139	固原	宁夏	0.142	285
赣州	江西	0.433	140	吴忠	宁夏	0.141	286

续表

	省（市、自治区）	指数	排名		省（市、自治区）	指数	排名
营口	辽宁	0.431	141	临沧	云南	0.123	287
乐山	四川	0.430	142	七台河	黑龙江	0.104	288
玉溪	云南	0.429	143	北海	广西	0.077	289
盘锦	辽宁	0.428	144	伊春	黑龙江	0.041	290
淮北	安徽	0.424	145	铜川	陕西	0.000	291
鄂尔多斯	内蒙古	0.424	146				

第五节　中国城市科技创新竞争力报告

科技创新决定未来城市的可持续发展，特别当前城市是“金融＋科技”的新型城市条件下，科技创新就显得至关重要。本部分以专利申请指数、学术论文指数、科技企业指数、大学指数、文化设施指数等指标反映科技创新指数，并通过该指数对中国291个城市的科技创新竞争力进行研究分析。研究发现：北京、上海、香港、台北、杭州、深圳、武汉、广州、南京、西安位居中国城市科技创新竞争力排名前十；中国城市科技创新指数区域差异显著，“东优于西”“南高于北”现象明显；科技创新分项指标均值和变动幅度差异较为显著，大学、科技企业是制约科技创新度提升的最大因素；城市群科技创新水平总体相对较高，并且内部分化程度大致与平均水平成反比。

一　中国城市科技创新指数区域差异显著，“东优于西”“南高于北”现象明显

北京、上海、香港、台北、杭州、深圳、武汉、广州、南京、西安位居中国城市科技创新竞争力排名前十。东部城市的科技创新实力领先中西部城市。在2020年科技创新前20强城市中，港澳台、东南、环渤海地区分别占据3、6、4席。其中，环渤海地区的北京、东南地区的上海和港澳台地区的香港分列前三，由此可见，东部沿海城市在科技创新方面

占有明显优势。另外，南部城市的科技创新实力要高于北部城市。在2020年科技创新前20名中，南部地区占14席，北部地区仅占6席，两者差距非常明显，由此说明，南方城市在科技创新方面明显好于北方城市（见表6－42）。

表6－42　　　　2020年科技创新前20强城市分布

	省（市、自治区）	城市	指数	排名
环渤海	北京	北京	1.000	1
东南	上海	上海	0.887	2
港澳台	香港	香港	0.841	3
港澳台	台湾	台北	0.802	4
东南	浙江	杭州	0.768	5
东南	广东	深圳	0.755	6
中部	湖北	武汉	0.751	7
东南	广东	广州	0.728	8
东南	江苏	南京	0.724	9
西北	陕西	西安	0.679	10
西南	四川	成都	0.670	11
中部	安徽	合肥	0.626	12
东南	江苏	苏州	0.614	13
环渤海	天津	天津	0.614	14
环渤海	山东	青岛	0.612	15
中部	湖南	长沙	0.611	16
西南	重庆	重庆	0.611	17
环渤海	山东	济南	0.601	18
港澳台	台湾	新竹	0.594	19
东北	辽宁	大连	0.576	20

资料来源：笔者整理。

中国城市科技创新指标呈现区域分化趋势。就科技创新指标均值而言，港澳台地区最高，其指数为0.589，其次是东南地区和环渤海地区，其指数分别为0.322和0.316，东北地区和西北地区的科技创新实力相对最弱，其指数仅为0.188和0.159。就变异系数而言，东北地区的科技创新分化态势最为明显，其变异系数高达 0. 884，其次是西北和西南地区，其变异系数分别为 0. 819 和 0. 795，相对而言，港澳台地区、东南地区、环渤海地区的内部差异相对较小，其变异系数分别为 0. 289、0. 591 和 0. 597。由此可见，东部和南部地区城市的科技创新实力较强，内部差异较小，而中西部地区和北部地区城市的科技创新实力较弱，内部差异较大（见表 6 – 43）。

表 6 – 43　　　　中国城市科技创新指标的区域分布

	样本	百强城市占比	均值	变异系数	最优城市	指数	排名
东北	34	9%	0. 188	0. 884	大连	0. 576	20
东南	55	31%	0. 322	0. 591	上海	0. 887	2
港澳台	7	7%	0. 589	0. 289	香港	0. 841	3
环渤海	29	17%	0. 316	0. 597	北京	1. 000	1
西北	39	7%	0. 159	0. 819	西安	0. 679	10
西南	47	8%	0. 179	0. 795	成都	0. 670	11
中部	80	21%	0. 200	0. 660	武汉	0. 751	7

资料来源：笔者整理。

二　科技创新分项指标均值和变动幅度差异较为显著，大学、科技企业是制约科技创新度提升的最大因素

文化设施是制约我国城市科技创新度提升的最大因素。根据统计，专利申请指数、学术论文指数、科技企业指数、大学指数、文化设施指数的平均值分别为 0. 331、0. 419、0. 158、0. 141、0. 210，可以发现，学术论文指数最高，而大学指数和科技企业指数相对最低，仅为 0. 141 和 0. 158。由此说明，大学教育和科技企业已经成为制约我国城市科技创新的主要因素（见图 6 – 29）。

科技创新各分项指标呈现区域内部分化水平与平均水平成反比的规律。根据 2020 年分区域城市科技创新分项指标的均值和变异系数，可以发现，港澳台地区在专利申请、学术论文、科技企业、大学、文化设施等五个方面均处于首位，而西北地区专利申请、学术论文、大学、文化设施等四个方面均处于落后位置。就内部分化而言，平均水平越高的区

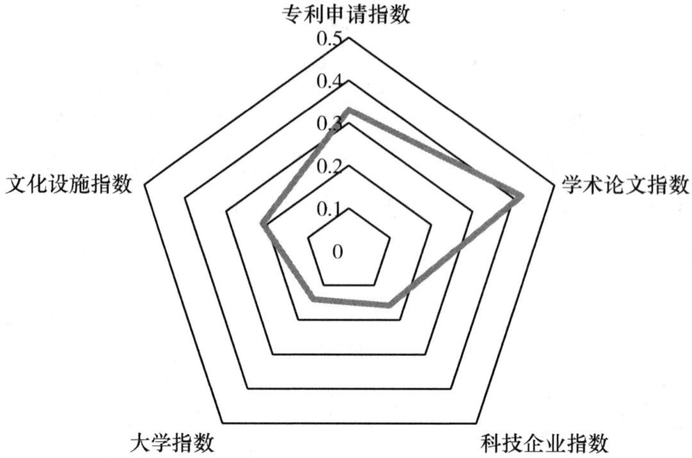

图 6－29 2020 年中国城市科技创新分项指标均值

域，其内部差异相对越小；平均水平越低的区域，其内部差异则相对越大。比如，港澳台地区在专利申请、学术论文、科技企业、大学、文化设施等方面的变异系数明显较小，与此同时，西北地区各分项指标的变异系数则相对较大（见表 6－44）。

表 6－44 2020 年分区域科技创新分项指标均值及其变异系数

	指标	专利申请	学术论文	科技企业	大学	文化设施
东北	均值	0.255	0.368	0.134	0.121	0.180
	变异系数	0.685	0.612	0.707	1.493	0.972
东南	均值	0.495	0.489	0.187	0.204	0.278
	变异系数	0.358	0.389	0.914	1.052	0.775
港澳台	均值	0.549	0.671	0.493	0.513	0.750
	变异系数	0.223	0.148	0.515	0.437	0.272
环渤海	均值	0.416	0.532	0.189	0.216	0.277
	变异系数	0.390	0.291	0.973	1.105	0.689
西北	均值	0.204	0.345	0.139	0.083	0.134
	变异系数	0.688	0.504	0.650	1.513	1.000
西南	均值	0.252	0.370	0.136	0.085	0.175
	变异系数	0.665	0.484	0.704	1.438	0.920

续表

	指标	专利申请	学术论文	科技企业	大学	文化设施
中部	均值	0.307	0.394	0.131	0.106	0.162
	变异系数	0.517	0.415	0.697	1.301	0.825

三　城市群科技创新水平总体相对较高，并且内部分化程度大致与平均水平成反比

城市群科技创新水平总体相对较高。观察 14 个城市群的科技创新指数平均值，可以发现，有 13 个城市群的科技创新指数平均值要高于非城市群的平均水平，只有南宁城市群的科技创新指数平均值低于非城市群的平均值。由此可见，城市群在科技创新方面具有相对明显的优势。

城市群科技创新指数内部分化程度大致与其平均水平成反比。通过对比城市群科技创新指数平均值与变异系数的变化趋势，可以发现，随着城市群科技创新水平的下降，其内部分化程度呈现上升趋势。比如，长三角城市群的科技创新指数平均值为 0.387，在所有城市群中居于首位，但是其变异系数仅为 0.51，在所有城市群中处于较低水平；与此同时，南宁城市群的科技创新指数平均值为 0.161，但是其变异系数却高达 0.782（见图 6－30）。

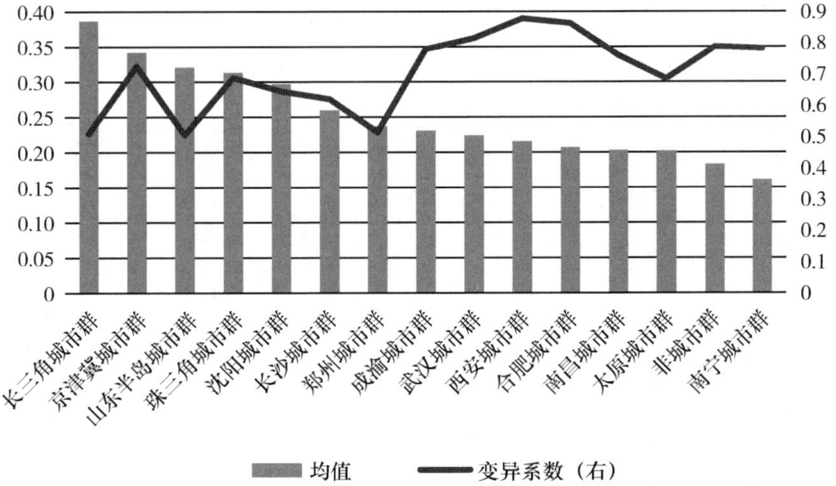

图 6－30　2020 年中国城市群科技创新均值和变异系数

四 35个大中城市的科技创新水平明显很强，代表了我国科技创新的最高水平

35个大中城市的整体科技创新水平较高。35个大中城市包含4个直辖市、26个省会城市、5个计划单列市，因此，在科技创新水平具有较为明显的优势，根据2020年全国城市科技创新指数排名，35个大中城市均位于前100，其中，科技创新水平最低的西宁排名全国第82位；而科技创新水平最高的三个城市依次为北京、上海和杭州，其指数分别为1.000、0.887、0.768，在全国分列第1位、第2位、第5位（见表6－45）。

表6－45 2020年35个大中城市科技创新指数

	科技创新指数	排名		科技创新指数	排名
北京	1.000	1	哈尔滨	0.560	23
上海	0.887	2	沈阳	0.546	24
杭州	0.768	5	郑州	0.543	25
深圳	0.755	6	南昌	0.511	27
武汉	0.751	7	福州	0.510	28
广州	0.728	8	兰州	0.479	32
南京	0.724	9	昆明	0.470	34
西安	0.679	10	宁波	0.463	36
成都	0.670	11	太原	0.458	37
合肥	0.626	12	南宁	0.446	38
天津	0.614	14	石家庄	0.443	39
青岛	0.612	15	贵阳	0.407	45
长沙	0.611	16	乌鲁木齐	0.350	52
重庆	0.611	17	银川	0.337	56
济南	0.601	18	海口	0.331	60
大连	0.576	20	呼和浩特	0.319	63
长春	0.565	21	西宁	0.267	82
厦门	0.563	22			

就分项指标而言，35 个大中城市在专利申请、学术论文、科技企业、大学、文化设施等五个方面均要显著高于其他城市，比如，35 个大中城市的学术论文指数均值为0.754，比其他城市均值高0.381，接近其2 倍。另外，35 个大中城市的变异系数又要明显低于其他城市。比如，在大学指数方面，35 个大中城市的变异系数为0.464，而其他城市的变异系数则为1.296，两者相差非常明显（见图6－31）。

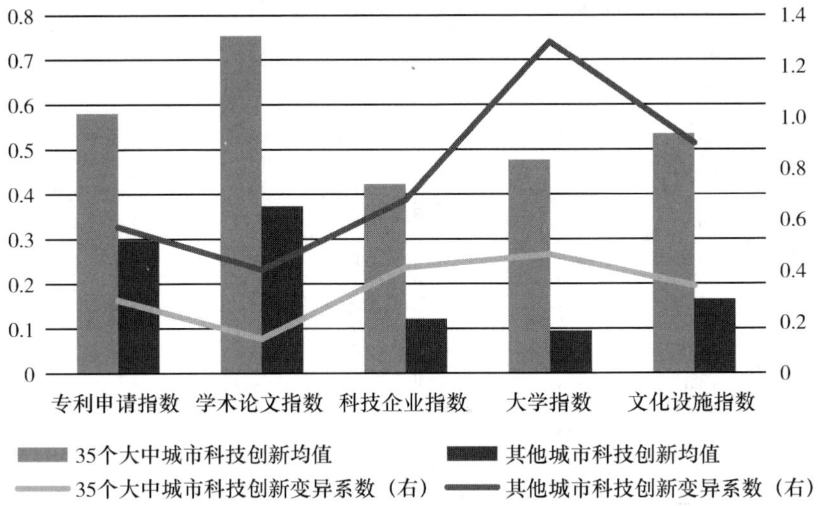

图6－31　2020 年35 个大中城市科技创新均值与变异系数

五　主要研究发现

通过从不同层级、分项指标、核心要素等方面对科技创新所进行的多维分析，本报告研究发现科技创新呈现以下特征：1. 北京、上海、香港、台北、杭州、深圳、武汉、广州、南京、西安位居中国城市科技创新竞争力排名前十。2. 中国城市科技创新指数呈现区域分化趋势，“东优于西”“南高于北”现象明显。3. 大学、科技企业是制约中国城市科技创新竞争力提升的最大因素。4. 从区域视角来看，科技创新指数及各分项指标均呈现区域内部分化水平与平均水平成反比的规律。5. 从城市群视角来看，城市群科技创新水平总体相对较高，并且内部分化程度大致与平均水平成反比。

六 中国城市科技创新竞争力排名

表 6－46 2020 年中国 291 个城市科技创新竞争力指数及排名

	省（市、自治区）	指数	排名		省（市、自治区）	指数	排名
北京	北京	1.000	1	清远	广东	0.182	147
上海	上海	0.887	2	邢台	河北	0.181	148
香港	香港	0.841	3	阜新	辽宁	0.181	149
台北	台湾	0.802	4	庆阳	甘肃	0.180	150
杭州	浙江	0.768	5	宝鸡	陕西	0.179	151
深圳	广东	0.755	6	安庆	安徽	0.177	152
武汉	湖北	0.751	7	阜阳	安徽	0.177	153
广州	广东	0.728	8	沧州	河北	0.176	154
南京	江苏	0.724	9	咸阳	陕西	0.174	155
西安	陕西	0.679	10	玉林	广西	0.174	156
成都	四川	0.670	11	韶关	广东	0.173	157
合肥	安徽	0.626	12	德阳	四川	0.169	158
苏州	江苏	0.614	13	龙岩	福建	0.167	159
天津	天津	0.614	14	汉中	陕西	0.166	160
青岛	山东	0.612	15	牡丹江	黑龙江	0.164	161
长沙	湖南	0.611	16	景德镇	江西	0.164	162
重庆	重庆	0.611	17	梅州	广东	0.164	163
济南	山东	0.601	18	运城	山西	0.162	164
新竹	台湾	0.594	19	本溪	辽宁	0.162	165
大连	辽宁	0.576	20	黄冈	湖北	0.162	166
长春	吉林	0.565	21	赤峰	内蒙古	0.161	167
厦门	福建	0.563	22	荆门	湖北	0.160	168
哈尔滨	黑龙江	0.560	23	宿迁	江苏	0.160	169
沈阳	辽宁	0.546	24	益阳	湖南	0.159	170
郑州	河南	0.543	25	潮州	广东	0.158	171
台南	台湾	0.514	26	宜宾	四川	0.158	172
南昌	江西	0.511	27	滁州	安徽	0.158	173

续表

	省（市、自治区）	指数	排名		省（市、自治区）	指数	排名
福州	福建	0. 510	28	晋城	山西	0. 156	174
高雄	台湾	0. 509	29	眉山	四川	0. 156	175
无锡	江苏	0. 498	30	茂名	广东	0. 156	176
吉林	吉林	0. 491	31	吉安	江西	0. 156	177
兰州	甘肃	0. 479	32	攀枝花	四川	0. 155	178
台中	台湾	0. 474	33	莆田	福建	0. 154	179
昆明	云南	0. 470	34	雅安	四川	0. 154	180
佛山	广东	0. 466	35	中卫	宁夏	0. 154	181
宁波	浙江	0. 463	36	玉溪	云南	0. 154	182
太原	山西	0. 458	37	定西	甘肃	0. 153	183
南宁	广西	0. 446	38	枣庄	山东	0. 152	184
石家庄	河北	0. 443	39	葫芦岛	辽宁	0. 150	185
东莞	广东	0. 426	40	新余	江西	0. 147	186
常州	江苏	0. 425	41	三明	福建	0. 147	187
珠海	广东	0. 422	42	日照	山东	0. 147	188
威海	山东	0. 415	43	三亚	海南	0. 145	189
徐州	江苏	0. 407	44	佳木斯	黑龙江	0. 144	190
贵阳	贵州	0. 407	45	郴州	湖南	0. 142	191
澳门	澳门	0. 390	46	北海	广西	0. 142	192
南通	江苏	0. 389	47	遂宁	四川	0. 140	193
中山	广东	0. 387	48	孝感	湖北	0. 139	194
温州	浙江	0. 379	49	丹东	辽宁	0. 139	195
镇江	江苏	0. 368	50	周口	河南	0. 137	196
潍坊	山东	0. 357	51	贺州	广西	0. 137	197
乌鲁木齐	新疆	0. 350	52	衡水	河北	0. 136	198
洛阳	河南	0. 346	53	上饶	江西	0. 134	199
保定	河北	0. 346	54	营口	辽宁	0. 134	200
淄博	山东	0. 341	55	达州	四川	0. 133	201
银川	宁夏	0. 337	56	宜春	江西	0. 132	202
扬州	江苏	0. 337	57	梧州	广西	0. 131	203
烟台	山东	0. 337	58	内江	四川	0. 130	204

续表

	省（市、自治区）	指数	排名		省（市、自治区）	指数	排名
南阳	河南	0.331	59	安顺	贵州	0.129	205
海口	海南	0.331	60	克拉玛依	新疆	0.127	206
唐山	河北	0.322	61	宣城	安徽	0.126	207
株洲	湖南	0.321	62	娄底	湖南	0.126	208
呼和浩特	内蒙古	0.319	63	盘锦	辽宁	0.123	209
惠州	广东	0.318	64	张掖	甘肃	0.122	210
秦皇岛	河北	0.313	65	曲靖	云南	0.122	211
金华	浙江	0.309	66	濮阳	河南	0.121	212
嘉兴	浙江	0.308	67	宿州	安徽	0.120	213
湘潭	湖南	0.307	68	河源	广东	0.120	214
芜湖	安徽	0.303	69	渭南	陕西	0.120	215
绵阳	四川	0.303	70	石嘴山	宁夏	0.119	216
桂林	广西	0.302	71	安康	陕西	0.118	217
安阳	河南	0.301	72	通辽	内蒙古	0.118	218
泉州	福建	0.294	73	广元	四川	0.117	219
汕头	广东	0.288	74	金昌	甘肃	0.115	220
邯郸	河北	0.276	75	永州	湖南	0.112	221
济宁	山东	0.275	76	辽阳	辽宁	0.112	222
湖州	浙江	0.275	77	鹤壁	河南	0.112	223
盐城	江苏	0.272	78	邵阳	湖南	0.111	224
新乡	河南	0.268	79	鸡西	黑龙江	0.111	225
连云港	江苏	0.268	80	临汾	山西	0.110	226
鞍山	辽宁	0.267	81	资阳	四川	0.110	227
西宁	青海	0.267	82	揭阳	广东	0.109	228
东营	山东	0.266	83	萍乡	江西	0.108	229
包头	内蒙古	0.265	84	松原	吉林	0.107	230
宜昌	湖北	0.262	85	商洛	陕西	0.107	231
绍兴	浙江	0.261	86	乐山	四川	0.106	232
十堰	湖北	0.260	87	丽江	云南	0.105	233
台州	浙江	0.260	88	白城	吉林	0.102	234
开封	河南	0.257	89	鄂州	湖北	0.102	235

续表

	省（市、自治区）	指数	排名		省（市、自治区）	指数	排名
大庆	黑龙江	0. 247	90	铁岭	辽宁	0. 099	236
信阳	河南	0. 247	91	商丘	河南	0. 099	237
常德	湖南	0. 245	92	通化	吉林	0. 098	238
锦州	辽宁	0. 244	93	驻马店	河南	0. 098	239
抚顺	辽宁	0. 237	94	阳江	广东	0. 098	240
马鞍山	安徽	0. 235	95	怀化	湖南	0. 098	241
泰安	山东	0. 234	96	漯河	河南	0. 096	242
临沂	山东	0. 230	97	陇南	甘肃	0. 095	243
衡阳	湖南	0. 228	98	云浮	广东	0. 093	244
江门	广东	0. 227	99	固原	宁夏	0. 093	245
赣州	江西	0. 227	100	抚州	江西	0. 091	246
廊坊	河北	0. 226	101	汕尾	广东	0. 091	247
漳州	福建	0. 225	102	平凉	甘肃	0. 088	248
舟山	浙江	0. 223	103	朝阳	辽宁	0. 086	249
丽水	浙江	0. 223	104	吴忠	宁夏	0. 084	250
泰州	江苏	0. 223	105	池州	安徽	0. 082	251
荆州	湖北	0. 220	106	嘉峪关	甘肃	0. 080	252
保山	云南	0. 219	107	武威	甘肃	0. 079	253
肇庆	广东	0. 217	108	鹰潭	江西	0. 078	254
淮安	江苏	0. 217	109	榆林	陕西	0. 077	255
淮南	安徽	0. 217	110	随州	湖北	0. 076	256
齐齐哈尔	黑龙江	0. 217	111	亳州	安徽	0. 075	257
柳州	广西	0. 212	112	酒泉	甘肃	0. 075	258
遵义	贵州	0. 210	113	阳泉	山西	0. 075	259
宁德	福建	0. 210	114	白银	甘肃	0. 074	260
咸宁	湖北	0. 208	115	百色	广西	0. 073	261
聊城	山东	0. 208	116	张家界	湖南	0. 071	262
南充	四川	0. 208	117	崇左	广西	0. 071	263
湛江	广东	0. 207	118	伊春	黑龙江	0. 071	264
四平	吉林	0. 207	119	广安	四川	0. 069	265
铜陵	安徽	0. 206	120	来宾	广西	0. 068	266

续表

	省（市、自治区）	指数	排名		省（市、自治区）	指数	排名
长治	山西	0. 204	121	鄂尔多斯	内蒙古	0. 067	267
襄阳	湖北	0. 204	122	三门峡	河南	0. 065	268
岳阳	湖南	0. 203	123	六安	安徽	0. 062	269
泸州	四川	0. 203	124	黑河	黑龙江	0. 060	270
滨州	山东	0. 202	125	河池	广西	0. 060	271
蚌埠	安徽	0. 202	126	临沧	云南	0. 060	272
焦作	河南	0. 201	127	吕梁	山西	0. 056	273
承德	河北	0. 199	128	昭通	云南	0. 056	274
平顶山	河南	0. 198	129	普洱	云南	0. 054	275
南平	福建	0. 198	130	呼伦贝尔	内蒙古	0. 054	276
钦州	广西	0. 198	131	朔州	山西	0. 053	277
许昌	河南	0. 197	132	辽源	吉林	0. 052	278
九江	江西	0. 196	133	六盘水	贵州	0. 051	279
晋中	山西	0. 194	134	绥化	黑龙江	0. 050	280
德州	山东	0. 193	135	防城港	广西	0. 049	281
大同	山西	0. 193	136	白山	吉林	0. 049	282
黄山	安徽	0. 191	137	乌海	内蒙古	0. 041	283
自贡	四川	0. 189	138	铜川	陕西	0. 040	284
衢州	浙江	0. 188	139	鹤岗	黑龙江	0. 035	285
忻州	山西	0. 188	140	巴彦淖尔	内蒙古	0. 028	286
天水	甘肃	0. 186	141	乌兰察布	内蒙古	0. 027	287
淮北	安徽	0. 186	142	贵港	广西	0. 027	288
延安	陕西	0. 186	143	巴中	四川	0. 009	289
张家口	河北	0. 185	144	七台河	黑龙江	0. 006	290
菏泽	山东	0. 184	145	双鸭山	黑龙江	0. 000	291
黄石	湖北	0. 183	146				

第六节 中国城市全球联系竞争力报告

随着各城市之间全球联系的不断深化，一个国家内部将形成以城市为节点，以通道为连线，以人流、物流、资金流、信息流等为要素的诸多对象，及其有机联系而形成的一个城市体系。城市体系作为一个比单个城市更复杂的系统，与生俱来就具有内外联系的开放性特征。从全球联系角度看，一个城市与其他城市在商品、要素、产业等方面发生联系程度集中，反映该城市掌控和配置资源的地位与能力。

在全球化不断深入的背景下，单个城市在城市体系中的联系程度实质上体现其在城市体系中的地位和功能。各个城市之间竞争力的比拼，不仅仅是自身的实力，更重要的是该城市和其他城市的联系度。这种联系的内容既囊括商品、服务、人员、资金、技术等，也包含文化、信息等社会联系。由于信息、资本、人力等多种“流”的联结，会形成一个庞大的多层嵌套的城市体系。本书的指标体系能够较好反映城市对外联系的强度，指标体系如表6－47所示。分项指标包括航空联系度、网络热度、科研人员联系度、金融企业联系度、科技企业联系度、航运联系度六个方面。本部分采用的主要分析方法包括：国家—城市群首位率分析、城市群—城市首位率分析、全球联系指数描述性统计分析、全球联系分布绘图分析等。

表6－47　全球联系竞争力指标体系

一级指标	二级指标	指标内容	数据来源
全球联系	航空联系度	机场航班数量	Google网站根据城市查取计算
	网络热度	谷歌趋势 & 百度趋势	网络爬虫数据
	科研人员联系度	合作论文发表数量—联系度计算	根据Web of Science 2018年10万篇论文的作者所在城市计算
	金融企业联系度	75家金融类跨国公司分布—联系度计算	网站查取计算
	科技企业联系度	25家科技类跨国公司分布—联系度计算	网站查取计算
	航运联系度	港口航运连通指数（Port liner shipping connectivity index）经港口吞吐量调整计算	联合国贸发会议（UNCATD）WIKIPEDIA

资料来源：中国社会科学院城市与竞争力指数数据库。

本部分得到以下五个主要观点。

第一，我国整体上已形成一个首位城市发育较强，外溢效应差异较大的多层嵌套城市体系。

第二，全球联系方面，我国城市群可以大致分为以下三类：城市群内首位率偏高、外溢效应较弱组，城市群内首位率较合理、外溢效应较强组，城市群内首位率次高、双核驱动组。

第三，全球联系的东中一体化趋势不断加深，东北和西部城市体系呈现相对趋同和群带集聚的特征。

第四，全球联系整体格局尚未突破胡焕庸线。

第五，长三角、珠三角与京津冀都市圈核心城市的扩散效应显著，成渝城市群和武汉城市群内部的分化格局明显。

一　首位城市发育较强，外溢效应差异较大的多层嵌套城市体系

当前，我国整体上已形成一个首位城市发育较强，外溢效应差异较大的多层嵌套城市体系。本节采用城市竞争力中的全球联系指数进行国家—城市群首位率、城市群—城市首位率分析。

（一）国家—城市群首位率分析

从全球联系角度来看，长三角城市群和珠三角城市群在城市体系中的竞争力最强。通过比较前三大城市群可以发现，按照全球联系指标总得分计算的国家城市群—首位率为13.28%，略高于珠三角城市群在全国的占比11.2%。此外，长三角城市群和珠三角城市群也远高于京津冀城市群的6.07%。同时，在高收入人口增量指标全国占比和高收入人口密度标准化数据两方面，与全球联系指标总得分全国占比格局一致，长三角城市群和珠三角城市群则均高于京津冀城市群（见表6－48）。

表6－48　国家—城市群首位率及前三大城市群的比较　（单位:%）

	全球联系指标总得分全国占比	高收入人口增量指标全国占比	高收入人口密度标准化数据
长三角城市群	13.28	11.89	12.14
京津冀城市群	6.07	4.56	5.58
珠三角城市群	11.2	11.15	10.79

资料来源：中国社会科学院城市与竞争力指数数据库。

（二）城市群—城市首位率分析

从全球联系角度来看，中国城市群体系内部首位城市分布呈现出相对稳定的三级梯度发展格局。通过计算全国规模较大、发育较成熟的若干城市群的城市全球联系首位率可以分为三类。

第一，城市群内首位率偏高、外溢效应较弱组。包括太原城市群、环鄱阳湖城市群、南宁城市群、关中城市群、皖江淮城市群、武汉城市群，这些城市群大部分位于中西部地区。其首位率大多高于30%。首位次位城市之比也大多高于2.5，过高的城区人口首位率和首位次位城市之比表明该城市群内首位城市的外溢效应较弱，中小城市全球联系水平有待提升。

第二，城市群内首位率较合理、外溢效应较强组。包括长三角城市群、珠三角城市群、京津冀城市群、中原城市群。其首位率低于25%，首位次位城市之比也低于1.5。说明在比较成熟的城市群内部，第一大城市的全球联系水平和对城市群联系水平提升的外溢作用较强，中小城市发育相对较强。此外，中原城市群的省内格局也较为合理。

第三，城市群内首位率次高、双核驱动组。该组中，包括山东半岛城市群、辽中南城市群、长株潭城市群、成渝城市群。虽然首位城市的外溢作用仍需提升，但已形成双核驱动趋势。其中，山东半岛城市群双核为青岛和济南，辽中南城市群双核为大连和沈阳，长株潭城市群双核为长沙和株洲，成渝城市群双核为成都和重庆（见表6－49）。

表6－49　城市群—城市首位率及前两大城市全球联系指标比

	城市群—城市首位率	首位城市与次位城市之比
京津冀城市群	21.40%	1.17
太原城市群	45.85%	3.25
辽中南城市群	34.26%	1.68
长三角城市群	11.14%	1.34
南宁城市群	31.30%	3.68
皖江淮城市群	32.82%	2.09
环鄱阳湖城市群	42.40%	2.67
山东半岛城市群	31.2%	1.24

续表

	城市群—城市首位率	首位城市与次位城市之比
中原城市群	19.1%	1.45
武汉城市群	26.95%	2.27
长株潭城市群	36.92%	1.44
珠三角城市群	12.25%	1.11
成渝城市群	28.63%	1.065
关中城市群	40.85%	2.13

资料来源：中国社会科学院城市与竞争力指数数据库。

二 分区域城市全球联系竞争力的发展趋势

（一）分项指标：科技企业联系度和网络热度相对占优，金融企业联系度亟待提升

本报告分别采用航空联系度、网络热度、科研人员联系度、金融企业联系度、科技企业联系度、航运联系度全方位共同度量我国城市全球联系情况。从2020年我国城市全球联系各分项指标得分情况来看，我国全部城市的全球联系分项指标均值和城市间的差异程度存在较大差别。具体而言，我国各城市科技企业联系度和网络热度的均值位居前两位，反之，各项指标中金融企业联系度的均值最小。金融企业联系度的变异系数最低，其差异最小，说明各城市金融企业联系度普遍发展水平较弱（见表6－50）。

表6－50　　2020年全球联系各分项指标得分情况汇总

	样本数	均值	中位数	标准差	变异系数
航空联系度	291	0.166	0.097	0.179	0.927
网络热度	291	0.397	0.359	0.179	2.217
科研人员联系度	291	0.389	0.370	0.213	1.826
金融企业联系度	291	0.082	0.001	0.182	0.451
科技企业联系度	291	0.398	0.300	0.205	1.941
航运联系度	291	0.329	0.279	0.206	1.597

资料来源：中国社会科学院城市与竞争力研究中心数据库。

（二）区域角度：东中一体化趋势明显，东北和西部相对趋同

本部分从分化、收敛、聚集、扩散这四个趋势进行分析，并且与上述多层次嵌套城市体系相结合，研究区域层面是否存在多层级的趋势嵌套结构。基于全球联系竞争力，本部分分别制作四大地区全球联系指数描述性统计表（见表6－51）、全国291个城市全球联系指标分布图（见图6－32）、全国291个城市全球联系排名分布图（见图6－33）。

表6－51　　　　四大地区全球联系指数描述性统计

	均值	方差	变异系数	最大值	最小值
东部地区	0.339	0.217	1.564	1	0.065
中部地区	0.198	0.696	1.453	0.696	0.027
西部地区	0.171	0.160	1.067	0.727	0.011
东北地区	0.171	0.164	1.043	0.702	0

资料来源：中国社会科学院城市与竞争力指数数据库。

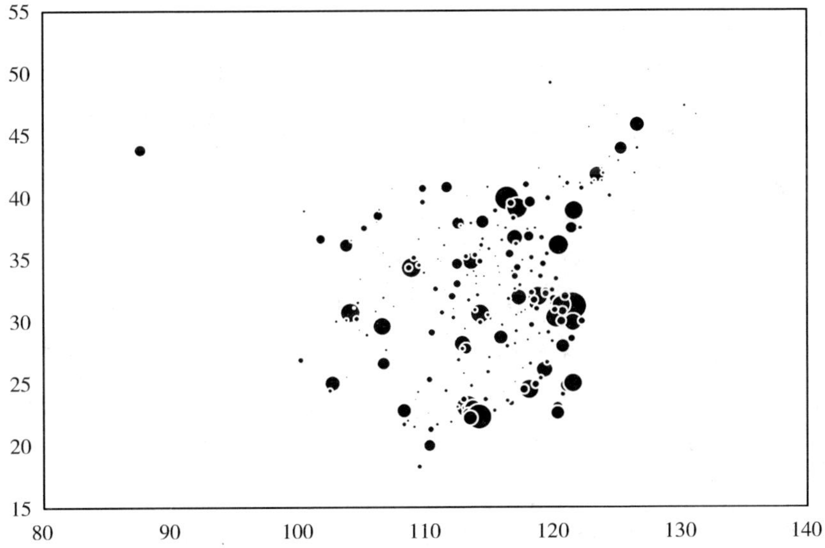

图6－32　全国291个城市全球联系指标分布

资料来源：中国社会科学院城市与竞争力指数数据库。

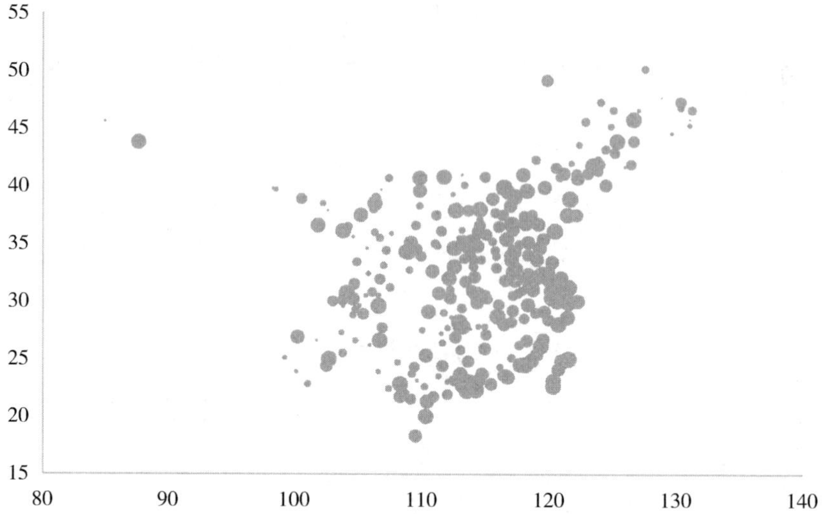

图 6－33 全国 291 个城市全球联系排名分布

资料来源：中国社会科学院城市与竞争力指数数据库。

第一，全球联系的东中一体化趋势不断加深。随着经济的不断发展，在城市体系内部，城市之间的联系会普遍加强。从全国范围来看，东中部城市之间联系的强化尤为突出，体现为东中一体化程度不断加深。从四大地区全球联系指数描述性统计表来看，东部地区均值 0. 339 虽然仍略高于中部地区的 0. 198，但二者的变异系数已相差不大，呈现收敛态势。从全国 291 个城市全球联系指标分布图、全国 291 个城市全球联系排名分布图来看，东中部城市整体上也呈现集聚态势。

第二，东北和西部城市体系呈现相对趋同和群带集聚的特征。从四大地区全球联系指数描述性统计表来看，东北和西部地区的均值和变异系数均十分接近。从区域分布来看，以铁路交通线为发展主轴呈群带状布局，主要围绕大连、长春、哈尔滨、西安、成都、重庆等二线城市形成点状分布。

第三，局部地区城市的全球联系广度及深度明显不足。从区域分布图来看，全国部分城市的对外联系有限，甚至出现断裂现象，主要表现在西北、西南以及东经 110 度线区域的部分城市。在城市体系中的全球联系度较弱，对外联系发生率较低，表明这类城市在全球联系当中的交往较为狭窄，城市发展的封闭特征比较明显。

三　都市圈和城市群角度：尚未突破胡焕庸线，多层级城市嵌套模式显著

基于我国城市的全球联系竞争力，本部分分别制作全国都市圈和城市群、长三角城市群、珠三角城市群、京津冀城市群、武汉城市群、成渝城市群全球联系指数分布图（见图 6－34 至图 6－39）。

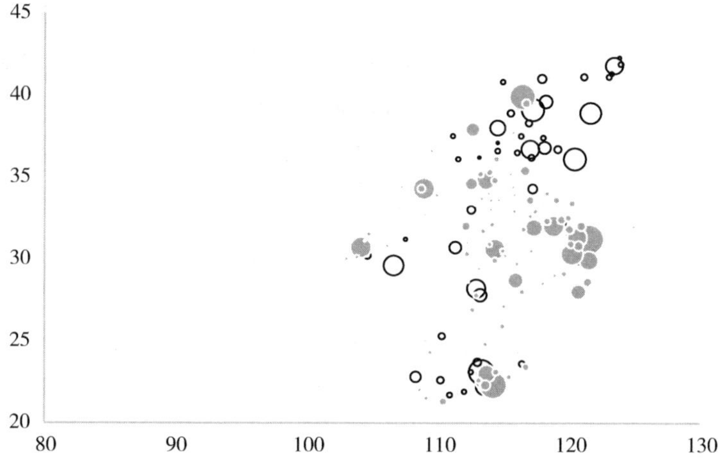

图 6－34　全国主要城市群全球联系指标分布

资料来源：中国社会科学院城市与竞争力指数数据库。

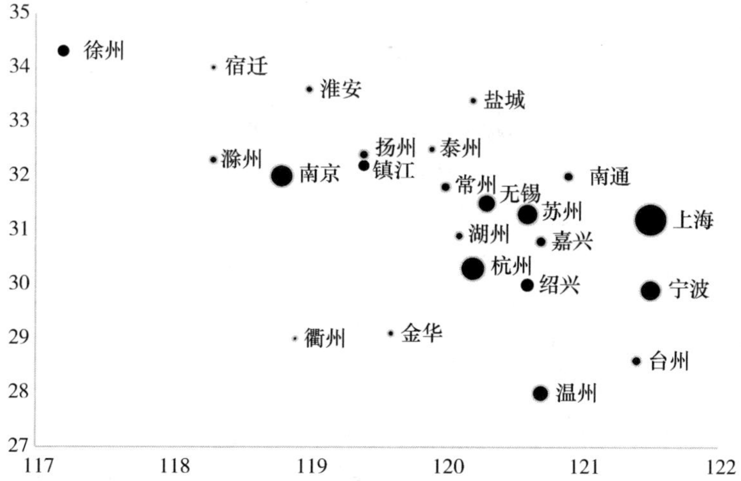

图 6－35　长三角城市群全球联系指数分布

资料来源：中国社会科学院城市与竞争力指数数据库。

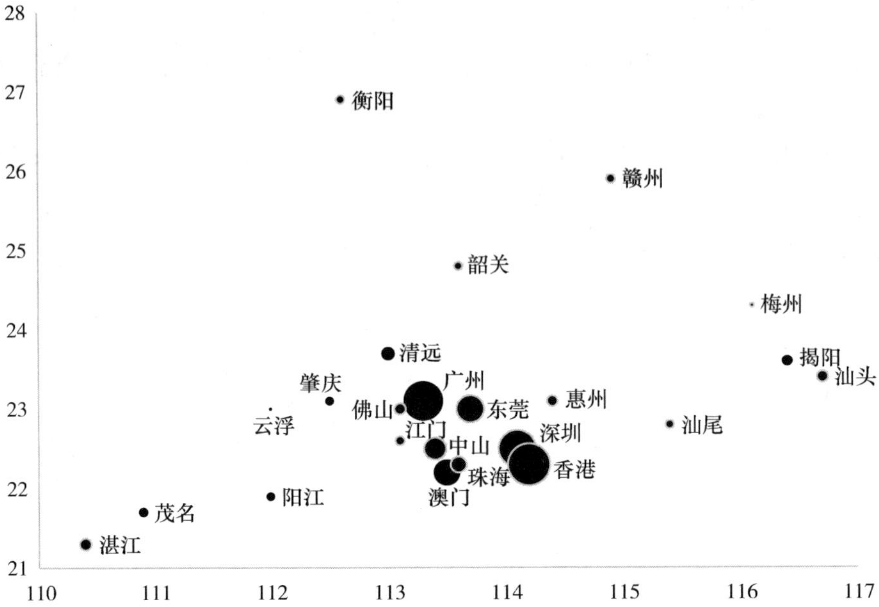

图 6－36 珠三角城市群全球联系指数分布

资料来源：中国社会科学院城市与竞争力指数数据库。

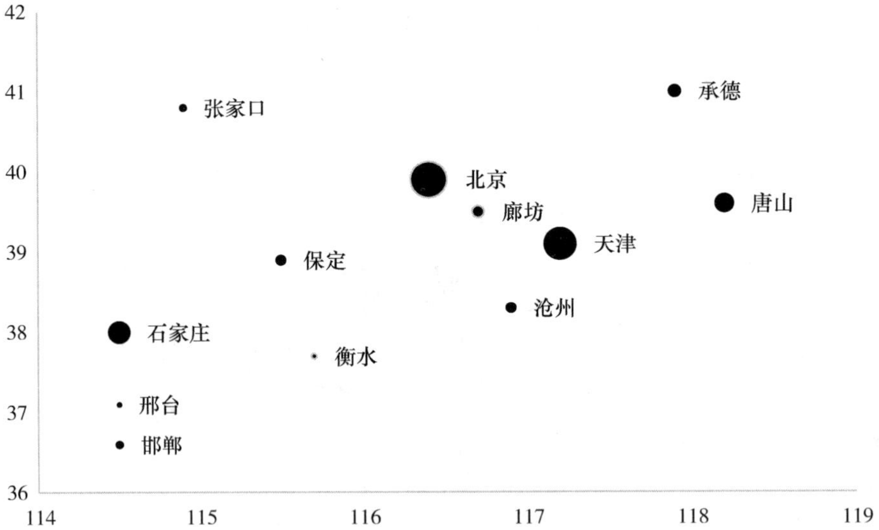

图 6－37 京津冀城市群全球联系指数分布

资料来源：中国社会科学院城市与竞争力指数数据库。

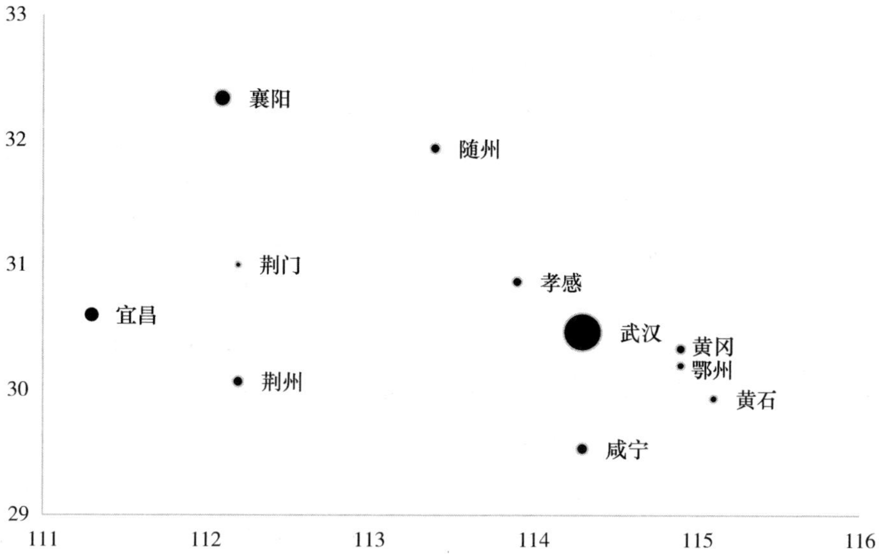

图 6－38　武汉城市群全球联系指数分布

资料来源：中国社会科学院城市与竞争力指数数据库。

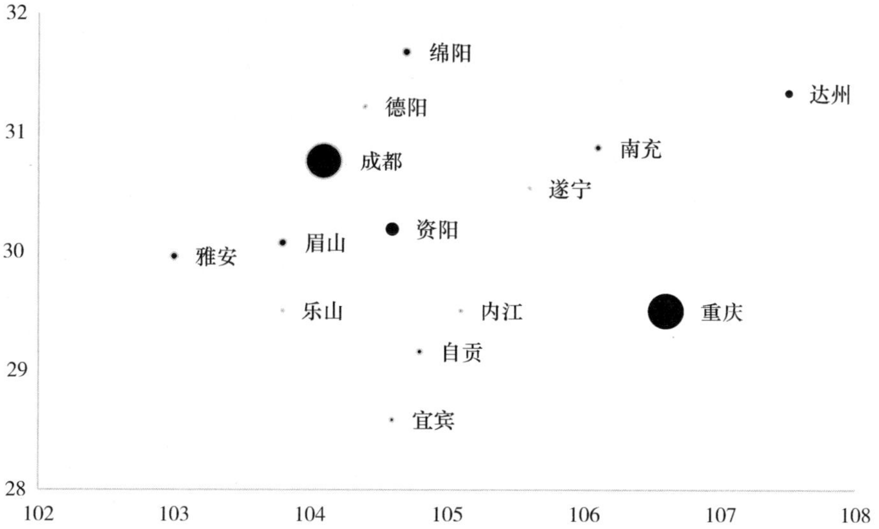

图 6－39　成渝城市群全球联系指数分布

资料来源：中国社会科学院城市与竞争力指数数据库。

从我国城市的全球联系竞争力的分布特征来看，可以发现以下三点。

第一，全球联系整体格局尚未突破胡焕庸线。胡焕庸线即中国地理学家胡焕庸在1935年提出的划分我国人口密度的对比线。胡焕庸线在某种程度上也成为城镇化水平的分割线。从我国城市的全球联系竞争力来看，全球联系整体格局同样尚未突破胡焕庸线。这条线的东南各省区市，绝大多数全球联系水平高于全国平均水平；而这条线的西北各省区，绝大多数低于全国平均水平。

第二，长三角、珠三角与京津冀都市圈核心城市的扩散效应显著。长三角都市圈的常州、宁波、无锡、温州，珠三角都市圈的东莞、惠州、佛山、肇庆，京津冀都市圈的石家庄、承德、唐山，分别在北上广深等核心城市带动下竞争力稳中有进，说明我国三大都市圈地区的核心城市周边中小城市发育速度较快。这在一定程度上表明我国发达都市圈地区首位城市对周边城市的辐射效应进一步增强，正在成为多中心、群网化的城市体系当中至关重要的组成部分。

第三，成渝城市群和武汉城市群内部的分化格局明显。成渝城市群和武汉城市群整体上联系的密度和强度都与东部发达地区存在差距，并且城市群内除成都、重庆、武汉之外，其他城市联系能力相对较弱。同时，这两个城市群历史悠久、文化丰富，开发历史较早，自然条件与其他中西部地区相比较适宜人类居住，近年来发展迅速，未来将通过放大扩散效应，带动我国区域格局进一步由东中一体化发展迈向全国一体化发展。

第四部分

区域报告

第七章

中国（东南地区）城市竞争力报告

刘尚超　张洋子[①]

第一节　中国城市竞争力(上海市)报告

一　经济竞争力稳居全国第三

2020 年上海经济竞争力排名居全国第三，仅落后于深圳和香港，与 2015 年的排名没有发生变化。值得注意的是，上海 2015 年经济竞争力指数仅为 0.941，而 2020 年经济竞争力指数达到了 0.975，说明上海与经济竞争力首位的深圳和第二位的香港之间的差距出现了逐渐缩小的趋势。全国经济竞争力排名第四位的北京指数仅为 0.894，说明上海处于全国前三的第一梯队，领先北京的优势较为明显。从经济竞争力表现的变化来看，上海经济密度由 2015 年的全国第 6 位提升一位至 2020 年的第 5 位，经济增量由 2015 年的全国第 2 位上升至 2020 年的全国第 1 位。

二　上海全球联系、营商硬环境优势明显

2020 年上海经济竞争力各解释性指标的排名均位于全国前十，位居全国第 6 的生活环境是其唯一有进一步提升空间的方面。具体来看，首先当地要素方面，青年人才比例指标是上海的相对短板，剩余融资便利度、论文和专利指数、劳动力数量等指标上海均处于全国顶尖水平；生活环境方面，高昂的居住成本是上海生活环境排名较低的最主要原因，

① 本章上海市、浙江省部分由刘尚超撰写，江苏省、福建省、台湾部分由张洋子撰写。

此外气候舒适度指数也不在全国顶尖水平；营商软环境方面，犯罪率数据较高是唯一短板，此项指标上海排名居全国第232位；营商硬环境方面，上海的交通便利度指数和自然灾害指数得分较低，处于全国末流水平，但航运便利度居全国首位，优势明显；全球联系方面，上海各项指标均位于全国前三，领先优势明显（见表7－1）。

表7－1　　　　上海市经济竞争力分项指标排名

当地要素		生活环境		营商软环境		营商硬环境		全球联系	
指数	排名	指数	排名	指数	排名	指数	排名	指数	排名
0.872	2	0.859	6	0.957	3	1.000	1	1.000	1

资料来源：中国社会科学院城市与竞争力指数数据库。

三　可持续竞争力表现持续较好

2020年上海可持续竞争力指数为0.765，排名全国第4。排名第3的台北市可持续竞争力指数为0.849，排名第5的北京市可持续竞争力指数为0.685，可见台北、上海和北京之间的差距较大，分层结构较为明显。从可持续竞争力的变化看，上海2015年可持续竞争力为全国第4，2020年排名没有发生变化，可持续竞争力指数由2015年的0.740提升至2020年的0.765，但与第3名台北的差距有所扩大。从分项来看，高收入人口增量和高收入人口密度两项指标的指数都有所上升，两个指标的全国排名都没有变化，2015年和2020年高收入人口增量指标均为全国第4，高收入人口密度均为全国第5。

四　环境韧性、自然灾害与社会包容是主要短板

2020年上海可持续竞争力解释指数中全球联系、科技创新和经济活力三项指标领先优势明显，环境韧性和社会包容方面有待进一步提升。从具体三级指标来看，经济活力方面上海青年人才比例和经济增长率两项指标未进入全国前30的水平；环境韧性方面交通便利度处于全国垫底水平，较低的自然灾害指数则是另一个主要的制约因素；社会包容方面，犯罪率数据较高，居住成本指数处于全国倒数水平，代表历史文化的博物馆数量则优势明显，居全国第2；科技创新和全球联系两个方面的各项

指标均居全国前5，优势非常明显（见表7－2）。

表7－2　　上海可持续竞争力分项指标排名

经济活力		环境韧性		社会包容		科技创新		全球联系	
指数	排名	指数	排名	指数	排名	指数	排名	指数	排名
0.791	4	0.663	15	0.874	13	0.887	2	1.000	1

资料来源：中国社会科学院城市与竞争力指数数据库。

第二节　中国城市竞争力(浙江省)报告

一　综合经济竞争力表现及变化

（一）浙江省经济竞争力普遍有较大提升

2020年浙江省各城市的经济竞争力排名普遍出现较大提升，特别是杭州、宁波、湖州、衢州、台州、丽水等城市的经济竞争力排名提升较明显。整体来看，浙江省各市都具有较强的经济竞争力，省内共6个城市全国排名在50名以内，全省仅衢州和丽水的经济竞争力排在100名以外，但相比于2015年的表现已经有了较大的跃升（见图7－1）。

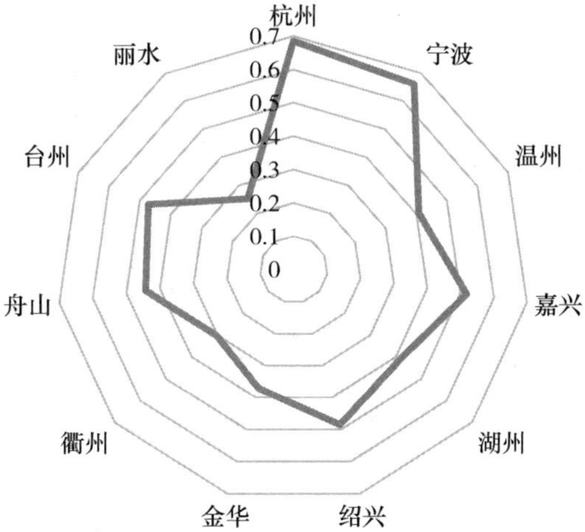

图7－1　2020年浙江省各城市综合经济竞争力指数分布

资料来源：中国社会科学院城市与竞争力指数数据库。

（二）第三梯队城市经济竞争力提升较快

从浙江省省内各城市的经济竞争力格局来看，所有 11 个城市基本可分为三个梯队，杭州、宁波、嘉兴、绍兴、台州和舟山为第一梯队，经济竞争力位于全国前 50 位；湖州、温州和金华属于第二梯队，竞争力排名处于全国第 50 名至第 80 名之间；全国排名相对靠后的衢州和丽水为第三梯队。从经济竞争力的变化来看，相比于 2015 年，除绍兴外，第一梯队、第二梯队和第三梯队的城市均有不同程度的提升，其中湖州和衢州提升幅度较为明显。

二 经济竞争力解释

（一）全省经济竞争力发展较为均衡

从全省经济竞争力的解释性指标来看，浙江省城市经济竞争力各方面的表现都较好，除营商软环境相对表现一般外，当地要素、生活环境、营商硬环境和全球联系这四个方面均有突出表现，生活环境方面的优势尤为明显，8 个城市的生活环境指标均在全国前 50（见表 7－3）。

表 7－3 浙江省各城市经济竞争力分项指标排名

	当地要素		生活环境		营商软环境		营商硬环境		全球联系	
	指数	排名	指数	排名	指数	排名	指数	排名	指数	排名
杭州	0.660	8	0.753	13	0.859	5	0.680	17	0.747	6
宁波	0.539	22	0.673	25	0.612	31	0.804	11	0.639	18
温州	0.462	39	0.648	30	0.509	44	0.490	51	0.516	32
嘉兴	0.416	53	0.666	27	0.492	50	0.611	22	0.330	56
湖州	0.356	88	0.562	46	0.327	111	0.433	81	0.251	80
绍兴	0.404	60	0.621	36	0.484	53	0.481	56	0.341	53
金华	0.387	65	0.658	29	0.297	138	0.385	114	0.200	118
衢州	0.266	161	0.412	123	0.244	177	0.357	129	0.150	168
舟山	0.271	155	0.440	100	0.318	118	0.597	25	0.284	70
台州	0.378	74	0.629	33	0.338	102	0.430	83	0.299	63
丽水	0.299	130	0.477	77	0.200	212	0.320	154	0.176	140

资料来源：中国社会科学院城市与竞争力指数数据库。

(二) 全面发展是提升经济竞争力的关键所在

从解释性指标的省内格局来看，第一梯队中的杭州、宁波、嘉兴和绍兴发展较为全面，无明显短板，但舟山的当地要素得分较低，而其营商硬环境则表现突出，台州较强的经济竞争力则主要得益于其在生活环境方面的突出表现。第二梯队中温州各方面解释竞争力水平均较高，湖州营商软环境短板较为明显，金华的主要优势在其优良的生活环境，其他方面表现有待提升。第三梯队的衢州和丽水各方面表现较为一般，其中主要劣势是其营商软环境。由此可见，优良的生活环境是浙江省的普遍优势，部分城市营商软环境较差导致经济竞争力排名不高。

三　可持续竞争力表现及其变化

(一) 全省可持续竞争力维持在较高水平

2020 年，浙江省各城市的可持续竞争力（见图 7－2）排名较 5 年前普遍出现了不同程度的提升，头部城市杭州和宁波的可持续竞争力排名均小幅上升，丽水的可持续竞争力排名从 5 年前的第 192 位大幅提升至 2020 年的第 148 位，仅舟山的可持续竞争力排名出现略微下降。整体来看，浙江省的可持续竞争力仍处于全国前列，共有 5 个城市处于全国前

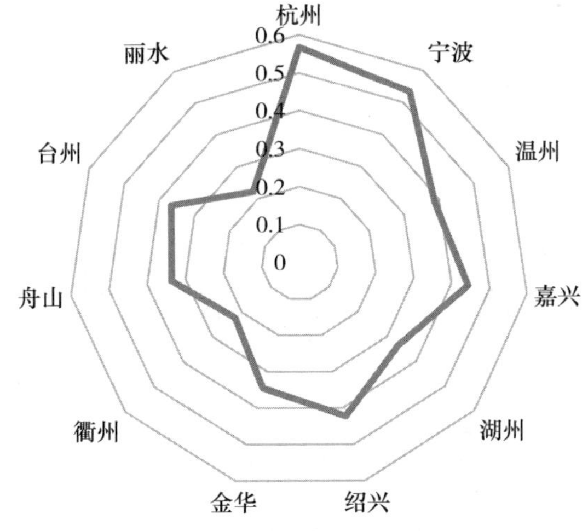

图 7－2　2020 年浙江省各城市可持续竞争力指数分布

资料来源：中国社会科学院城市与竞争力指数数据库。

50位，仅衢州和丽水的可持续竞争力处于全国100位之后。

（二）不同梯队内城市可持续竞争力出现分化

2020年浙江省各市的可持续竞争力排名分布较为均匀，大致可分为两个梯队，杭州、宁波、嘉兴、绍兴、温州、台州、金华、湖州和舟山的可持续竞争力排名基本均匀分布在全国第17位至第66位之间，第二梯队的衢州和丽水可持续竞争力指数较低，全国排名分别为第147位和第148位。整体来看第一梯队中温州和湖州的可持续竞争力提升较为明显，第二梯队的衢州和丽水相比于5年前同样有较大幅度的提升。

四 可持续竞争力解释

（一）可持续竞争力的全省地位及其变化的解释

从可持续竞争力的解释性指标来看（见表7－4），浙江省各方面指标的表现普遍较好，其中经济活力、环境韧性和社会包容三个方面表现较为突出，分别有5个、5个和4个城市居全国前50位。相比于其他方面，科技创新的排名稍有靠后，仅3个城市位于全国排名50名之内。

表7－4　　浙江省各城市可持续竞争力分项指标

	经济活力		环境韧性		社会包容		科技创新		全球联系	
	指数	排名	指数	排名	指数	排名	指数	排名	指数	排名
杭州	0.728	8	0.487	76	0.898	8	0.768	5	0.747	6
宁波	0.661	13	0.570	29	0.756	24	0.463	36	0.639	18
温州	0.523	48	0.514	64	0.571	74	0.379	49	0.516	32
嘉兴	0.552	37	0.611	22	0.696	39	0.308	67	0.330	56
湖州	0.453	76	0.579	24	0.576	71	0.275	77	0.251	80
绍兴	0.519	50	0.504	69	0.654	48	0.261	86	0.341	53
金华	0.342	158	0.542	44	0.592	62	0.309	66	0.200	118
衢州	0.335	165	0.406	135	0.410	153	0.188	139	0.150	168
舟山	0.441	81	0.674	13	0.357	189	0.223	103	0.284	70
台州	0.457	74	0.484	80	0.611	57	0.260	88	0.299	63
丽水	0.327	176	0.321	204	0.446	129	0.223	104	0.176	140

资料来源：中国社会科学院城市与竞争力指数数据库。

（二）环境韧性、社会包容和全球联系城市分化明显

从可持续竞争力解释指标的省内格局来看，环境韧性、社会包容和全球联系三个方面的城市分化较为明显。衢州和丽水各方面指标的全国排名均在100名以外，金华的经济活力和全球联系是其可持续竞争力的主要制约因素。

五　中心城市

杭州市作为浙江省省会，其经济竞争力与可持续竞争力都处于省内第一，在全国35个大中城市里排名中等偏上。从省内的竞争格局来看，浙江省呈现出杭州和宁波的双中心格局，杭州略领先于宁波。从2020年经济竞争力的解释指标排名来看，杭州的营商软环境、全球联系和当地要素均位列全国前10，可持续竞争力的解释指标方面，经济活力、社会包容、科技创新和全球联系位居全国前10，但环境韧性方面的短板较明显，仅为全国第76名（见图7－3和图7－4）。

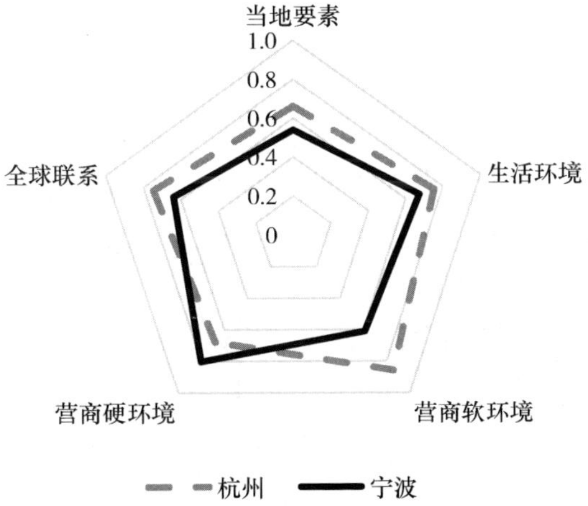

图7－3　杭州与宁波经济竞争力解释性指标对比

资料来源：中国社会科学院城市与竞争力指数数据库。

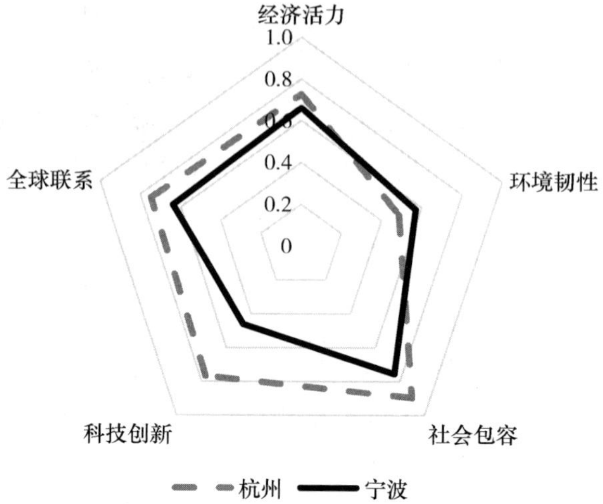

图7－4 杭州与宁波可持续竞争力解释性指标对比

资料来源：中国社会科学院城市与竞争力指数数据库。

第三节 中国城市竞争力(江苏省)报告

一 经济竞争力表现及其变化

（一）全省地位：总体和分项均稳居全国上游水平

2020年江苏省城市竞争力总体处于全国上游水平。省内苏州、南京、无锡、常州、南通等一批城市在综合经济竞争力总体和分项方面均表现优异，只有全球联系相对处于短板地位（见图7－5）。

（二）省内格局：苏北正在崛起，逐步拉近与苏南的差距

近年来，江苏省内格局正在发生重大变化，苏北正在崛起，逐步拉近跟苏南的差距。省内南北发展水平差距虽然历来较大，但南北差异有不断缩小的趋势。2020年的数据与2015年相比，苏中、苏北的宿迁、淮安、盐城、连云港城市经济竞争力指标增幅继续高于全省平均水平，江苏正变得越来越均衡（见表7－5和表7－6）。据统计，2009—2019年江苏经济竞争力增长最快的城市是宿迁。宿迁、徐州、淮安、连云港、盐城正在形成江苏过去10年中增长最迅猛的“苏北板块”，无锡、常州、镇江、泰州、扬州则构成了增长最慢的“沿江板块”。

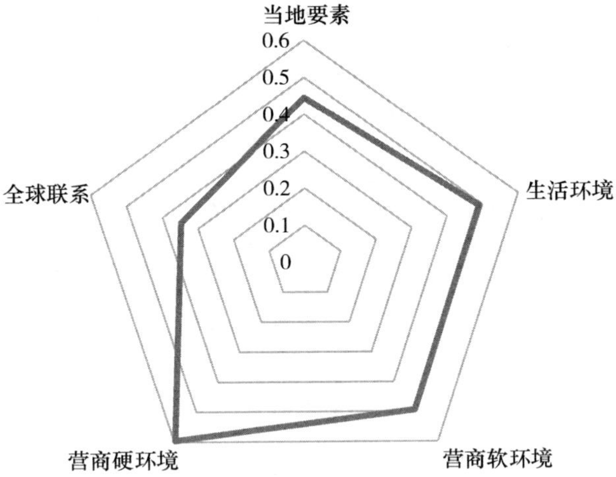

图7-5　江苏省经济竞争力雷达图

资料来源：中国社会科学院城市与竞争力指数数据库。

表7-5　2020年江苏省各城市经济竞争力指数和排名

	指数	排名
苏州	0.749	6
南京	0.708	8
无锡	0.700	10
常州	0.626	18
南通	0.579	25
扬州	0.552	32
泰州	0.541	34
镇江	0.538	35
徐州	0.495	39
盐城	0.432	49
淮安	0.393	66
连云港	0.366	77
宿迁	0.343	91

资料来源：中国社会科学院城市与竞争力指数数据库。

表 7－6 江苏省各城市经济竞争力排名变化情况

	2020 年数据	2020 年排名	2015 年数据	2015 年排名	排名差
宿迁	0.343	91	0.316	111	20
淮安	0.393	66	0.355	85	19
盐城	0.432	49	0.414	63	14
连云港	0.366	77	0.347	90	13
泰州	0.541	34	0.496	46	12
扬州	0.552	32	0.511	42	10
南通	0.579	25	0.554	30	5
常州	0.626	18	0.600	21	3
南京	0.708	8	0.716	10	2
苏州	0.749	6	0.832	7	1
无锡	0.700	10	0.705	11	1
镇江	0.538	35	0.541	34	－1
徐州	0.495	39	0.520	38	－1

资料来源：中国社会科学院城市与竞争力指数数据库。

二 经济竞争力解释

（一）全省地位：围绕“强富美高”新江苏建设目标稳中求进

近年来，江苏省围绕“强富美高”新江苏建设目标稳中求进，已取得显著成效。营商硬环境指标平均分 0.596，当地要素指标平均分 0.445，在全国城市当中相对领先。主要表现在：以推进供给侧结构性改革为主线，主动适应经济发展新常态，积极化解过剩产能，扩大有效需求；强化创新驱动发展，不断加快转型升级步伐；加强环境治理，稳步推进生态文明建设。通过推进城乡区域协调发展，沿江地区融合发展，使长三角区域经济发展一体化深入推进（见表 7－7）。

表 7－7 2020 年江苏省各城市经济竞争力分项指标排名

	当地要素		生活环境		营商软环境		营商硬环境		全球联系	
	指数	排名	指数	排名	指数	排名	指数	排名	指数	排名
南京	0.660	9	0.701	21	0.847	6	0.606	24	0.709	10

续表

	当地要素		生活环境		营商软环境		营商硬环境		全球联系	
	指数	排名	指数	排名	指数	排名	指数	排名	指数	排名
苏州	0.620	14	0.738	16	0.748	15	0.859	8	0.657	17
无锡	0.533	24	0.666	28	0.625	28	0.818	9	0.556	28
常州	0.488	32	0.592	38	0.526	40	0.797	13	0.304	61
徐州	0.475	34	0.426	112	0.468	57	0.540	34	0.300	62
南通	0.458	41	0.507	60	0.492	49	0.539	36	0.307	59
镇江	0.431	48	0.461	87	0.394	81	0.576	28	0.275	74
扬州	0.414	55	0.497	64	0.525	41	0.547	32	0.295	66
盐城	0.408	58	0.364	163	0.395	78	0.459	69	0.224	98
连云港	0.391	64	0.321	209	0.378	86	0.533	40	0.268	75
泰州	0.326	107	0.406	130	0.340	101	0.467	65	0.222	100
宿迁	0.315	120	0.289	231	0.275	150	0.511	44	0.173	142
淮安	0.270	159	0.416	121	0.416	67	0.495	49	0.233	93

资料来源：中国社会科学院城市与竞争力指数数据库。

（二）省内格局：政策红利助推江苏经济稳步发展

随着近年来长三角经济外溢，长江战略和沿海战略、沿海开发、“一带一路”倡议、南北互动等的推进，苏北发展步伐显著加快，结构调整步伐加快，近年产业结构不断优化。省内南北发展差距进一步缩小，区域协调发展将得到增强。同时，借助新一轮对外开放与区域布局的契机，苏南的南京、无锡、苏州等城市与上海共同引领长江经济带发展，深化长三角城市群的一体化建设，有望继续保持第一梯队的竞争优势。

三　可持续竞争力表现及其变化

（一）全省地位：社会包容较为突出，科技创新相对短板

江苏省可持续竞争力各分项水平普遍较好，总体排名处于全国上游。相对来说，社会包容指数和环境韧性指数较强，科技创新能力相对处于短板地位（见图 7－6）。

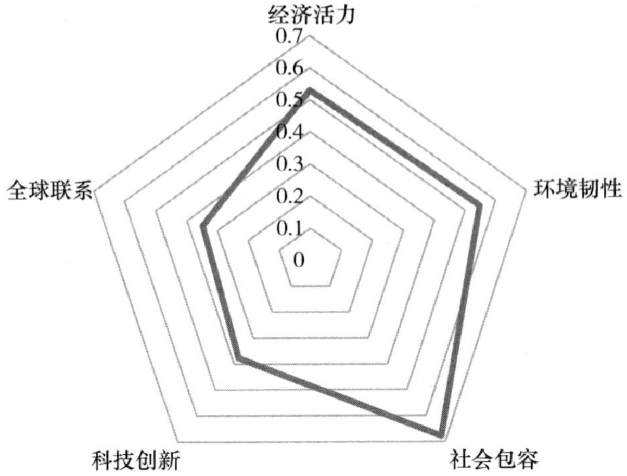

图 7－6 江苏省可持续竞争力雷达图

资料来源：中国社会科学院城市与竞争力指数数据库。

（二）省内格局：长三角都市连绵区内城市表现相对较好

省内前三的苏州、南京、无锡分别位列全国第 7 位、第 8 位和第 11 位，省内最末的宿迁位列全国第 108 位。苏北城市与长三角都市连绵区竞争力整体水平差距仍然较大。与长三角都市连绵区竞争力发达的城市相比，苏北城市的竞争力总体上处于劣势地位，主要体现为经济活力、科技创新和全球联系相对落后（见表 7－8 和表 7－9）。

表 7－8 2020 年江苏省各城市可持续竞争力指数和排名

	指数	排名
苏州	0.656	7
南京	0.630	8
无锡	0.597	11
常州	0.518	24
南通	0.451	31
镇江	0.447	33
扬州	0.420	40
徐州	0.403	46
泰州	0.392	47

续表

	指数	排名
盐城	0.338	63
淮安	0.317	74
连云港	0.305	79
宿迁	0.267	108

资料来源：中国社会科学院城市与竞争力指数数据库。

表7-9　　江苏省可持续竞争力排名变化情况

	2020年数据	2020年排名	2015年数据	2015年排名	排名差
苏州	0.656	7	0.648	8	1
南京	0.630	8	0.613	9	1
无锡	0.597	11	0.556	16	5
常州	0.518	24	0.499	27	3
南通	0.451	31	0.443	37	6
镇江	0.447	33	0.456	33	0
扬州	0.420	40	0.419	45	5
徐州	0.403	46	0.437	40	-6
泰州	0.392	47	0.386	54	7
盐城	0.338	63	0.316	85	22
淮安	0.317	74	0.270	121	47
连云港	0.305	79	0.310	91	12
宿迁	0.267	108	0.248	135	27

资料来源：中国社会科学院城市与竞争力指数数据库。

四　可持续竞争力解释

（一）全省地位：加快转型升级，环境治理能力不断提升

在环境韧性、经济活力方面，江苏城市竞争力稳中有进，环境韧性平均得分0.548，经济活力平均得分0.529，得分相对较高。随着江苏经济产业转型的不断深化，江苏经济受前期发展导向变化、市场需求变动和前期产业布局等因素的影响逐渐减小，江苏省钢铁、水泥、平板玻璃、船舶、光伏等行业近年出现的产能过剩现象有所好转，转型升级阻力逐

步克服，科技创新能力提升，经济活力不断提升，进而提高生态资源环境承载力，降低了污染治理成本（见表7－10）。

表7－10 江苏省各市可持续竞争力分项指标排名

	经济活力		环境韧性		社会包容		科技创新		全球联系	
	指数	排名	指数	排名	指数	排名	指数	排名	指数	排名
南京	0.735	7	0.573	27	0.905	7	0.724	9	0.709	10
苏州	0.695	9	0.659	16	0.888	10	0.614	13	0.657	17
无锡	0.630	19	0.631	20	0.867	14	0.498	30	0.556	28
常州	0.595	27	0.641	18	0.699	37	0.425	41	0.304	61
扬州	0.560	34	0.553	40	0.726	33	0.337	57	0.295	66
南通	0.530	44	0.577	25	0.677	43	0.389	47	0.307	59
淮安	0.482	62	0.461	90	0.618	54	0.217	109	0.233	93
徐州	0.470	68	0.518	57	0.572	73	0.407	44	0.300	62
泰州	0.465	70	0.555	38	0.608	59	0.223	105	0.222	100
盐城	0.461	71	0.418	128	0.586	65	0.272	78	0.224	98
镇江	0.450	77	0.610	23	0.612	56	0.368	50	0.275	74
连云港	0.433	88	0.457	92	0.577	70	0.268	80	0.268	75
宿迁	0.377	124	0.469	86	0.493	97	0.160	169	0.173	142

资料来源：中国社会科学院城市与竞争力指数数据库。

（二）省内格局：省内中小城市各具独特发展优势

江苏省多个中小城市发展情况较为出色。南通、扬州、镇江、常州、淮安等多个中小城市进步幅度较为明显，城市亮点较多（见表7－11）。这些城市同南京、苏州、无锡等城市一起，支撑起江苏省的强大竞争力，在都市圈内形成了多点开花的良好局面，凸显了都市圈内江苏城市发展的均衡性、协调性和可持续性。

表7－11 2020年江苏省部分城市竞争力分项指标排名

	城市竞争力指标
南通	社会包容位居全国第43位
扬州	经济活力位居全国第34位

续表

	城市竞争力指标
镇江	环境韧性位居全国第 23 位
常州	环境韧性位居全国第 18 位
淮安	社会包容位居全国第 54 位

资料来源：中国社会科学院城市与竞争力指数数据库。

五　中心城市

南京城市经济发展水平较高，历史文化悠久，资源丰富，交通便利。经济竞争力排名全国第 8 位，略低于排名全国第 6 位的苏州，在 35 个大中城市中排名第 6 位（见图 7－7）。南京可持续竞争力排名全国第 8 位，略低于排名全国第 7 位的苏州，在 35 个大中城市中排名第 6 位（见图 7－8）。未来需加快提升省会城市功能作用，充分发挥位于“一带一路”倡议交汇点和长江经济带建设、长三角一体化发展战略叠加区的区位优势，抓住国家将南京定位为特大城市的重大机遇，加快提升省会城市功能和中心城市首位度。

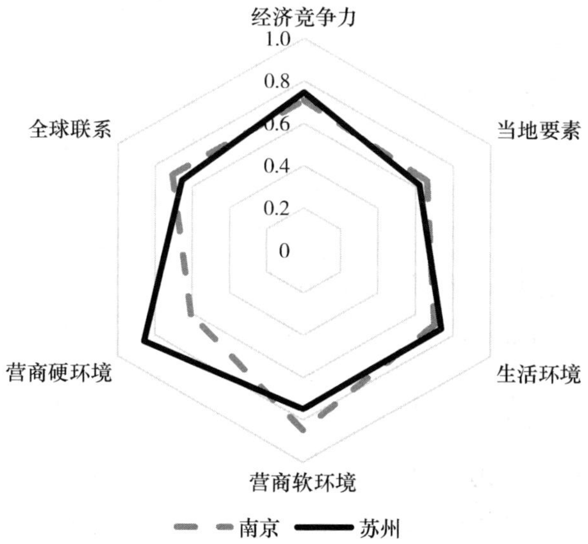

图 7－7　江苏省中心城市经济竞争力比较雷达图

资料来源：中国社会科学院城市与竞争力指数数据库。

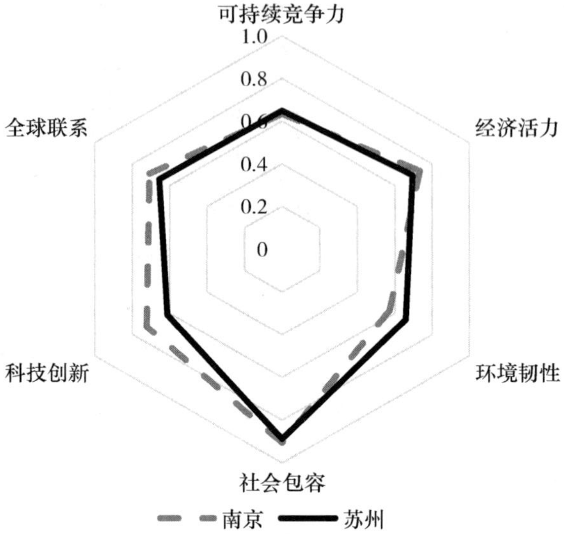

图7－8 江苏省中心城市可持续竞争力比较雷达图

资料来源：中国社会科学院城市与竞争力指数数据库。

第四节 中国城市竞争力（福建省）报告

一 经济竞争力表现及其变化

（一）全省地位：生活环境和营商环境稳居全国前列

2020年度福建省的综合经济竞争力依旧位于全国中上水平，综合经济竞争力整体较强。生活环境和营商环境稳居全国上等水平，但是全球联系和当地要素指标相对较为薄弱（见图7－9）。

（二）省内格局：闽东地区三足鼎立态势稳定，分化程度相对较高

福建省综合经济竞争力总体稳居中上水平，城市间差异较大。其中，厦门、福州、泉州呈三足鼎立态势，分别排在第22、第26和第27位。省内其余城市与这三座城市还存在着较大的差距，漳州等五座城市均排在60名之外，居省内末位的南平排名全国第184位，分化程度相对较高（见表7－12）。

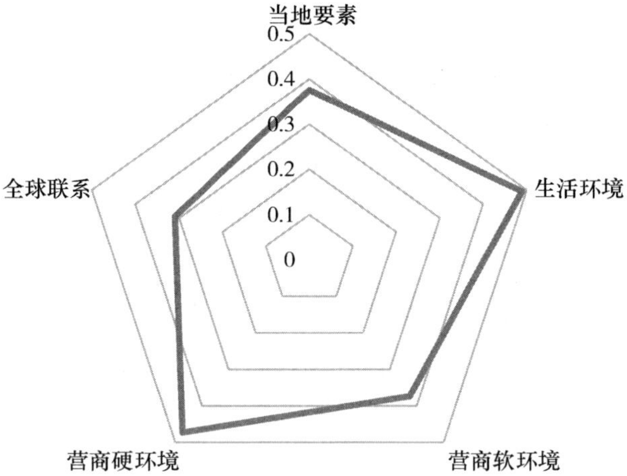

图7－9　福建省经济竞争力雷达图

资料来源：中国社会科学院城市与竞争力指数数据库。

表7－12　福建省各城市经济竞争力数据和排名变化情况

	2020 年数据	2020 年排名	2015 年数据	2015 年排名	排名差
厦门	0.596	22	0.555	29	7
福州	0.576	26	0.512	41	15
泉州	0.570	27	0.535	35	8
漳州	0.409	61	0.351	87	26
莆田	0.382	71	0.321	104	33
宁德	0.341	92	0.304	118	26
龙岩	0.334	100	0.313	114	14
三明	0.324	108	0.263	150	42
南平	0.234	184	0.179	221	37

资料来源：中国社会科学院城市与竞争力指数数据库。

二　经济竞争力解释

（一）全省地位：得天独厚的环境优势创造优良生活条件

福建省具有优越的环境优势。福建省属于暖热湿润的亚热带海洋性季风气候。背山面海，山清水秀，森林茂密，横亘西北的武夷山脉像屏障般挡住北方冷空气入侵。福建大部分地区冬无严寒，夏少酷暑，雨量充沛，季风环流强盛，季风气候显著。省内城市宜居环境优越，并且具有丰富的旅游资源。总体而言，得天独厚的环境优势为福建可持续竞争力的提升创造了优良的生活条件。

（二）省内格局：海峡西岸城市群龙头城市政策扶持是重要因素

海峡西岸城市群龙头城市政策扶持，是闽东地区厦门、泉州、福州三足鼎立态势稳定的重要因素。海峡西岸跨省区城市群规划的完成和实施，对福建乃至海峡西岸城市群来说，是重磅利好消息，是国家层面对海峡西岸城市群的重要规划。依据海峡西岸经济区“延伸两翼、对接两洲，拓展一线、两岸四地，纵深推进、连片发展，和谐平安、服务全局”的基本态势要求，厦门、泉州、福州作为龙头城市正在发挥着有力的带动和引领作用（见表7－13）。

表7－13　　福建省各城市经济竞争力排名

	当地要素		生活环境		营商软环境		营商硬环境		全球联系	
	指数	排名	指数	排名	指数	排名	指数	排名	指数	排名
厦门	0.544	21	0.583	40	0.746	16	0.799	12	0.709	11
福州	0.534	23	0.578	44	0.605	32	0.653	19	0.607	21
泉州	0.474	35	0.625	35	0.520	42	0.609	23	0.298	64
漳州	0.375	76	0.490	67	0.405	74	0.490	50	0.336	55
宁德	0.316	119	0.439	101	0.309	128	0.332	145	0.208	112
南平	0.295	132	0.450	95	0.118	264	0.351	134	0.188	128
龙岩	0.293	136	0.460	88	0.158	246	0.270	194	0.113	219
莆田	0.285	142	0.324	203	0.311	125	0.465	66	0.206	113
三明	0.264	167	0.449	96	0.194	217	0.292	171	0.123	206

资料来源：中国社会科学院城市与竞争力指数数据库。

三　可持续竞争力表现及其变化

（一）全省地位：经济活力和社会包容领先，科技创新相对短板

福建省可持续竞争力水平提升较快，总体排名处于全国中游。其中，福建城市可持续竞争力的经济活力和社会包容领先相对较高。但是，科技创新得分均值较低，是制约福建省可持续竞争力水平提升的重要因素（见图7－10）。

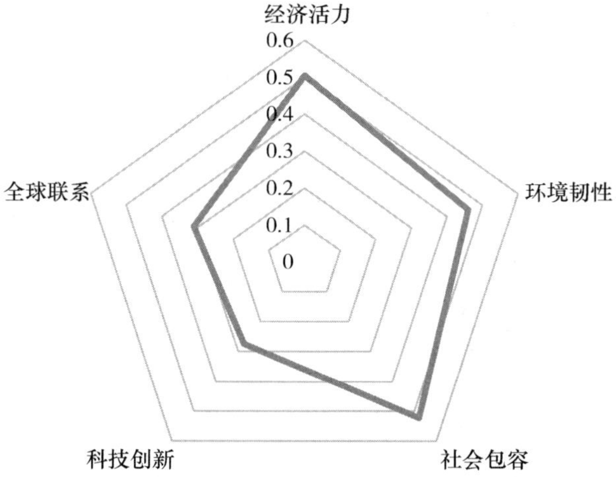

图 7－10　福建省可持续竞争力雷达图

资料来源：中国社会科学院城市与竞争力指数数据库。

（二）省内格局：福州、厦门、泉州各具优势，带动宁德、莆田快速提升

2020 年度福建省可持续竞争水平处全国中游。省内前三的厦门、福州、泉州各具优势。厦门在经济活力和环境韧性方面排名前 10，福州经济活力排名第 16 位、全球联系排名第 21 位，泉州在经济活力方面排名前 30，是可持续竞争力表现的突出亮点，莆田和宁德的排名则分别快速提升，分别比 2015 年的排名上升 26 位和 48 位（见表 7－14 和表 7－15）。

表 7－14　　　福建省各城市可持续竞争力分项排名

	经济活力	环境韧性	社会包容	科技创新	全球联系
福州	16	61	44	28	21
厦门	10	9	31	22	11
莆田	73	42	173	179	113
三明	84	176	136	187	206
泉州	25	34	38	73	64
漳州	49	82	72	102	55
南平	183	223	166	130	128
龙岩	106	174	181	159	219
宁德	72	194	133	114	112

资料来源：中国社会科学院城市与竞争力指数数据库。

表7-15　福建省各城市可持续竞争力排名变化情况

	2020年数据	2020年排名	2015年数据	2015年排名	排名差
厦门	0.578	14	0.581	13	-1
福州	0.436	35	0.422	43	8
泉州	0.419	41	0.411	46	5
漳州	0.313	76	0.322	78	2
莆田	0.305	78	0.288	104	26
宁德	0.232	136	0.203	184	48
龙岩	0.230	140	0.244	141	1
三明	0.215	156	0.230	157	1
南平	0.189	190	0.174	205	15

资料来源：中国社会科学院城市与竞争力指数数据库。

四　可持续竞争力解释

（一）全省地位：政策优势多重叠加，注入持续发展动力

近年来，福建省着力创新驱动促转型，产业加快优化升级；着力开拓发展空间，认真响应"一带一路"倡议，充分发挥侨乡优势、生态优势、沿海开放优势、闽台合作优势。通过加快推进"海丝"核心区建设，稳步推进自贸试验区，加快对台先行先试步伐，效果显著。同时，着力巩固拓展生态优势，打造"清新福建"，建好国家生态文明试验区。政策优势的多重叠加，为本省注入了持续发展动力（见图7-11）。

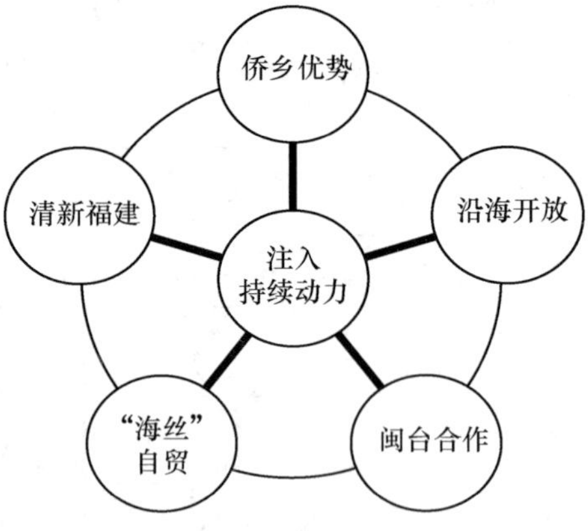

图7-11　福建省城市政策优势多重叠加示意图

资料来源：中国社会科学院城市与竞争力指数数据库。

（二）省内格局：拓宽视野走出福建，紧抓对外开放机遇

福建省厦门、福州、泉州三个领先城市的发展，与深化对外合作、抓住国家新一轮扩大开放重大机遇、推进“海丝”核心区建设、发挥侨乡的优势密不可分。深入推进福州大都市区、厦漳泉大都市区建设，加快建设自贸试验区稳步推行。随着在产能合作、经贸往来、金融合作和人文交流等领域的不断深入发展，走出福建，紧抓对外开放机遇更是福建未来发展的必然选择。

表7－16　　　　福建省各城市可持续竞争力分项指数及排名

	经济活力		环境韧性		社会包容		科技创新		全球联系	
	指数	排名	指数	排名	指数	排名	指数	排名	指数	排名
厦门	0.694	10	0.699	9	0.731	31	0.563	22	0.709	11
福州	0.650	16	0.517	61	0.676	44	0.510	28	0.607	21
泉州	0.607	25	0.563	34	0.699	38	0.294	73	0.298	64
漳州	0.520	49	0.478	82	0.573	72	0.225	102	0.336	55
宁德	0.460	72	0.333	194	0.438	133	0.210	114	0.208	112
莆田	0.460	73	0.547	42	0.383	173	0.154	179	0.206	113
三明	0.440	84	0.355	176	0.435	136	0.147	187	0.123	206
龙岩	0.406	106	0.356	174	0.375	181	0.167	159	0.113	219
南平	0.312	183	0.291	223	0.392	166	0.198	130	0.188	128

资料来源：中国社会科学院城市与竞争力指数数据库。

五　中心城市

厦门：营商环境相对突出，可持续竞争力全面领先。厦门经济竞争力得分0.596，在全国的排名第22位。省内第二城市福州排名26位，主要优势是营商硬环境相对突出。厦门可持续竞争力得分0.578，在全国的排名第14位，省内第二位城市福州得分0.436，排名全国第35位。厦门可持续竞争力全面领先福州。在厦门未来发展中，需要深入研究厦门建设国家中心城市、“一带一路”支点城市以及提升城市国际化水平和国际影响力等重大问题，明确未来厦门在国家战略格局中的地位与作用。要进一步强化经济特区服务全局的使命意识，树立敢为人先、争创一流的进取精神，努力以实际行动当好新时代中国特色社会主义排头兵，更好

地发挥经济特区引领带动作用（见图 7 – 12 和图 7 – 13）。

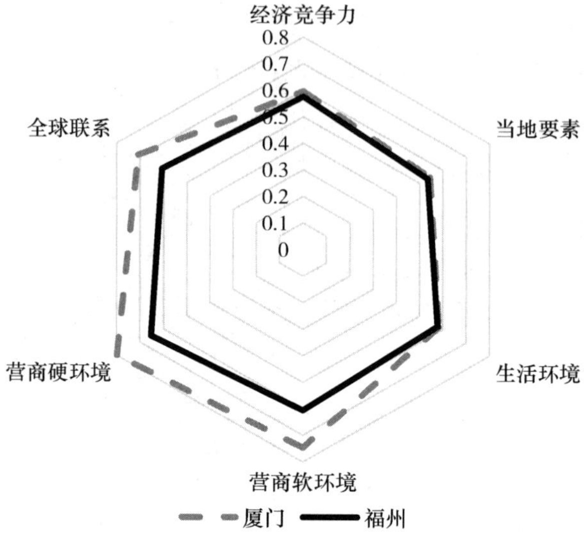

图 7 – 12 福建省中心城市经济竞争力比较雷达图

资料来源：中国社会科学院城市与竞争力指数数据库。

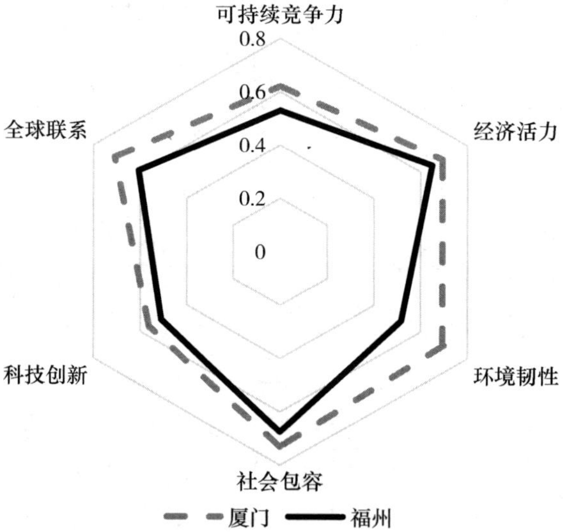

图 7 – 13 福建省中心城市可持续竞争力比较雷达图

资料来源：中国社会科学院城市与竞争力指数数据库。

第五节　中国城市竞争力(台湾省)报告

一　经济竞争力表现及其变化

(一) 总体地位：位居全国前列，生活环境分项最为突出

从城市经济竞争力的总体层面来看，台湾的综合竞争力依旧位于全国前列，综合经济竞争力整体较强。综合经济竞争力分项方面，生活环境指标较强，全球联系和当地要素指标相对较为薄弱。在经历工业化和城镇化的高速发展时期之后，台湾城市表现出经济效率高、生活环境较好，同时经济增长存在放缓的趋势，需要提升全球联系和当地要素，推动台湾城市经济发展转型（见图 7－14）。

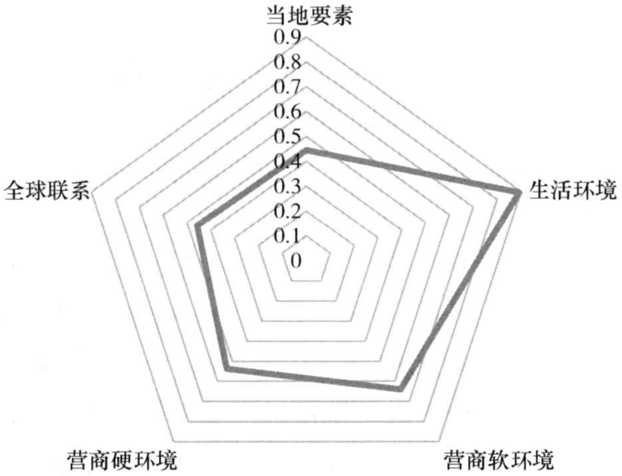

图 7－14　台湾省经济竞争力雷达图

资料来源：中国社会科学院城市与竞争力指数数据库。

(二) 内部格局：台北保持首位优势，内部整体呈收敛态势

从台湾内部来看，在 2015 年和 2020 年当中，台北、新北、高雄、台中、台南等五座城市全部跻身于城市综合经济竞争力的前 50 强。台北表现相对突出，排在竞争力的第 7 位。高雄排在第 23 位，台中市、新竹市和台南市等三座城市位列省内第 3 位至第 5 位。从城市的历史比较来看，2020 年台湾各城市综合经济竞争力排名均较 2015 年出现不同程度的上

升，与“领头羊”台北的差距呈收敛态势（见表7－17）。

表7－17 台湾省各城市经济竞争力过去5年排名变化

	2020年数据	2020年排名	2015年数据	2015年排名	排名差
台北	0.743	7	0.793	8	1
高雄	0.585	23	0.562	28	5
台中	0.552	31	0.549	33	2
新竹	0.523	37	0.514	40	3
台南	0.493	41	0.469	49	8

资料来源：中国社会科学院城市与竞争力指数数据库。

二 经济竞争力解释

（一）总体地位：台湾智慧城市建设引领生活环境持续优化

当前，台湾正向智慧城市建设的终极目标迈进——“运用智慧科技让我们的生活环境永续”。“智慧永续”涵盖了当今城市规划中所提倡的“环境友好、资源节约、城市生态、城市修复”等内容，为台湾经济竞争力提升创造了良好的社会环境。

台湾地区智慧城市的实践已经得到国际社会的广泛关注和肯定。据统计，在国际智能城市评核组织（ICF）进行的全球智慧城市评核13年来，拿过TOP1全球首奖的亚洲城市只有3个，其中2个在台湾地区。台湾地区各个城市正在进行的智慧城市探索和实践，取得了较好的效果。悠游卡是其中的典型代表。据统计，台湾已发数量超过了台湾总人口，在台北市民满意度调查中，对悠游卡的满意率超过了95%。

（二）内部格局：各城市商业定位清晰，竞争力继续追赶台北

从内部竞争力格局来看，各城市商业定位清晰，竞争力继续追赶台北。高雄市和台中市的综合经济竞争力较强，新竹市、台南市的综合经济竞争力也进步明显。其中，台中是台湾中部的商业都会，工商和金融业发达，经济转型趋势增强；高雄是台湾最大的港口城市和国际商埠，工业基础完善，经济发展稳定；台南是台湾的历史文化名城，经济规模相对局限，产业层次和收入水平有待提升。

三　可持续竞争力表现及其变化

（一）总体地位：社会包容指标在可持续竞争力中最为突出

如图7－15所示，台湾城市可持续竞争力的社会包容度较高，均值为0.949，环境韧性指标相对适中，均值为0.702，经济活力、全球联系、科技创新这三项可持续竞争力得分低于前两项，未来提升空间较大。

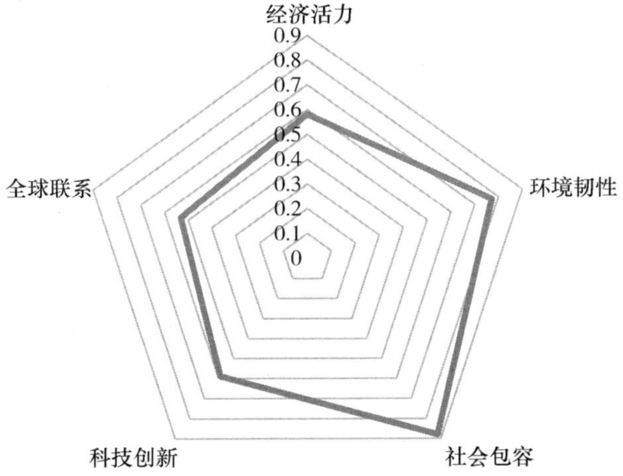

图7－15　台湾省可持续竞争力示意图

资料来源：中国社会科学院城市与竞争力指数数据库。

（二）内部格局：各城市的竞争力格局较为均衡

台湾城市可持续竞争力的特点和优势在于，总体可持续竞争力在全国表现优异，各城市的竞争力格局较为均衡。其中，台南、台中的社会包容分列全国第2位和第3位，台北、新竹的环境韧性指标位列全国第4位和第7位（见表7－18）。

表7－18　　台湾省各城市可持续竞争力分项排名

	经济活力		环境韧性		社会包容		科技创新		全球联系	
	指数	排名	指数	排名	指数	排名	指数	排名	指数	排名
台北	0.607	24	0.859	4	1.000	1	0.802	4	0.690	15
新竹	0.593	29	0.731	7	0.874	12	0.594	19	0.480	40

续表

	经济活力		环境韧性		社会包容		科技创新		全球联系	
	指数	排名	指数	排名	指数	排名	指数	排名	指数	排名
高雄	0.553	36	0.632	19	0.930	5	0.509	29	0.513	33
台中	0.497	56	0.617	21	0.946	3	0.474	33	0.222	99
台南	0.424	95	0.670	14	0.993	2	0.514	26	0.382	49

资料来源：中国社会科学院城市与竞争力指数数据库。

四 可持续竞争力解释

（一）总体地位：社会包容为竞争力提升创造良好环境

台湾城市社会包容为竞争力提升创造良好环境，各城市社会包容平均分达到0.879，台北、台南、台中分列全国1—3位。例如，大多致力于为身心障碍者提供无障碍设施和福利，使身心障碍者出门在外不必步步维艰，乐意融入社会，帮助弱势群体避免悄无声息地被边缘化的危险。各城市积极包容多元文化为城市多元发展创造有利条件，也带动了城市可持续竞争力的提升。

（二）内部格局：城市竞争力提升路径共识程度较高

台湾城市可持续竞争力格局较为均衡，各城市的竞争力提升途径比较一致。岛内城市大多注重统筹均衡发展、提高开放程度、保持文化特色，社会包容平均分达到0.879。注重总结工业化和城市化过程中的经验和教训，明确经济社会与资源环境之间的关系。践行绿色生态城市、智慧城市的理念是省内城市竞争力提升的重要方式，环境韧性均值0.772。同时，台湾城市可持续竞争力也存在相应的问题，主要表现为城市之间的全球联系竞争力有待提升。

五 中心城市

台北：竞争力得分全面领先，与省内第二位城市优势缩小。台北经济竞争力得分0.743，在全国的排名为第7位，省内第二城市高雄排名第23位，台北各分项指标领先于高雄。台北可持续竞争力得分0.815，在全国的排名为第3位，省内第二位城市台中排名全国第12，台北各分项指标领先于台中（见图7－16和图7－17）。目前，台北竞争力和高雄、台中相比仍具有一定的优势。随着高雄的经济竞争力、台中的可持续竞争力的提升，与2015年相比，二者与台北之间的差距有所缩小。

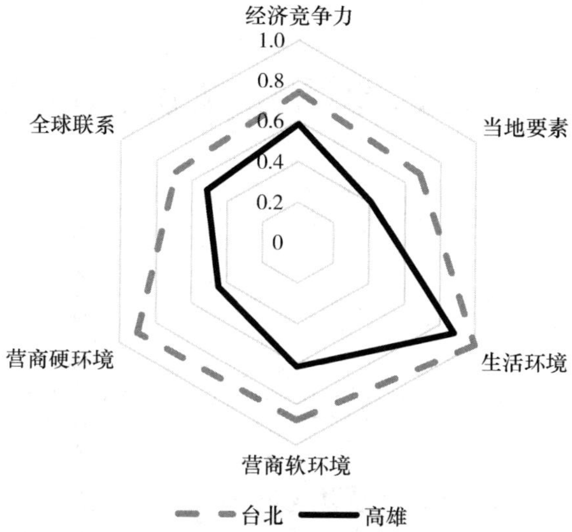

图7－16　台湾省中心城市经济竞争力比较雷达图

资料来源：中国社会科学院城市与竞争力指数数据库。

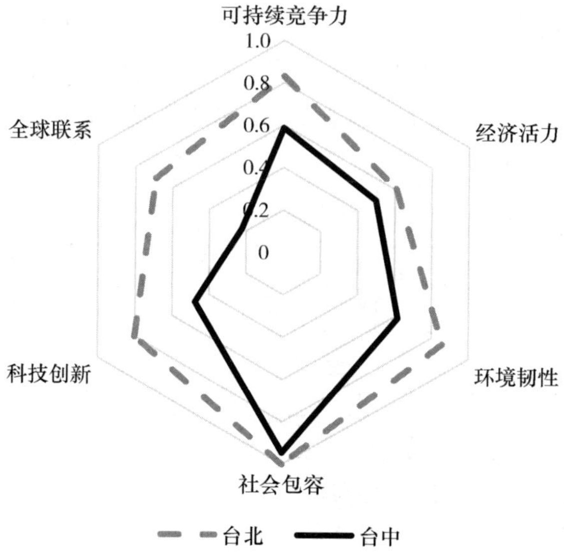

图7－17　台湾省中心城市可持续竞争力比较雷达图

资料来源：中国社会科学院城市与竞争力指数数据库。

第八章

中国（环渤海地区）城市竞争力报告

郭　靖　杨　杰[①]

第一节　中国城市竞争力（北京市）报告

一　北京经济竞争力表现及其变化

2019 年北京市坚持新发展理念，坚持稳中求进工作总基调，以供给侧结构性改革为主线，全面落实高质量发展要求，经济社会保持平稳健康发展，GDP 总量 35371.3 亿元，比上年增加 6.1%，三产结构由 0.4：16.5：83.1 调整为 0.3：16.2：83.5，全省人均 GDP 生产总值为 16.4 万元；全省年末常住人口 2153.6 万人，常住人口比上年年末减少 0.6 万人，其中城镇常住人口 1865 万人，常住人口城镇化率为 86.6%（见表 8－1）。

表 8－1　　2019 年北京市市情信息

土地面积	18.88 万平方公里
常住人口	2153.6 万人
城镇人口占常住人口比重	86.6%
GDP 总量及增长率	35371.3 亿元，6.1%
第一、二、三产业占 GDP 比重	0.3：16.2：83.5

资料来源：《2019 年北京市国民经济和社会发展统计公报》。

① 本章北京市、天津市、河北省部分由郭靖撰写，山东省部分由杨杰撰写。

2020 年北京市整体经济竞争力指数均值为 0.894，在全国除西藏外的 33 个省级行政区中位列第 3，与 2015 年度省级排名保持不变，其中经济密度排名全国第 5，较 5 年前上升 1 名；经济增量排名全国第 2，较 5 年前下降 1 名（见图 8－1）。

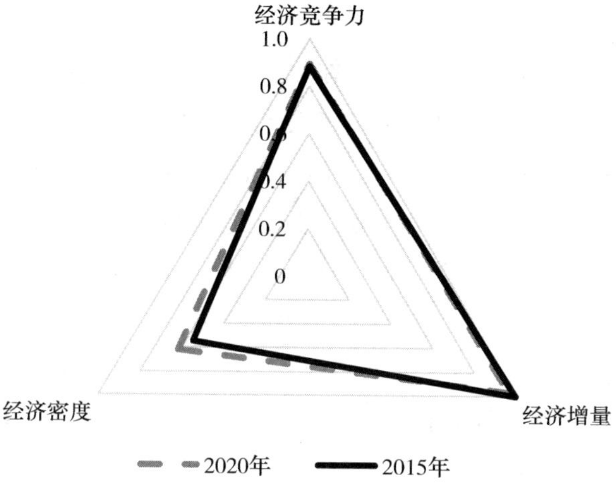

图 8－1　北京市过去 5 年经济竞争力对比

资料来源：中国社会科学院城市与竞争力指数数据库。

二　经济竞争力解释

优质的营商环境需配合充足的当地要素，在全球联系的催化下支撑北京经济竞争力。营商环境是构建高质量经济体系的必要基础，是供给侧结构性改革的重要内容，是建设开放型经济体制的题中之义。“三去一降一补”中的“降成本”和“补短板”都可以看作对改善营商环境的表述。北京市经济竞争力的突出表现，是优质营商环境的塑造，当地要素的培养以及发挥国际交流中心的优势等一系列组合拳综合作用下的结果。

从表 8－2 可以发现，北京市在五大方面的表现都比较突出。其中，营商软环境位居全国第 1，营商硬环境居全国第 4。以“动产担保统一登记试点”“12345 市民服务热线”“指定服务管家”等政策措施为代表，北京在优化营商环境方面，走在全国前列。近年在此方面的进展也取得了国际国内公认的显著成效。

表 8－2 2020 年北京市经济竞争力解释性指标排名

	经济竞争力	当地要素		生活环境		营商软环境		营商硬环境		全球联系	
		指数	排名	指数	排名	指数	排名	指数	排名	指数	排名
北京	0.894	0.810	2	0.754	5	1.000	1	0.891	4	0.877	3

资料来源：中国社会科学院城市与竞争力指数数据库。

当地要素居全国第 2，特别是在金融和科技方面优势明显。2019 年全年专利申请量与授权量分别为 22.6 万件和 13.2 万件，分别比上年增长 7.1% 和 6.7%，每万人口发明专利拥有量为 132 件，比上年增加 20 件，科技水平领先全国。北京市全年证券交易额 946426 亿元，比上年增长 3.8%。其中，股票交易额 185027 亿元，增长 23.4%，全市金融机构存贷款余额均有增加，融资便利度显著提升。

生活环境居全国第 5。截至 2019 年年末，北京共有公共图书馆 24 个，总藏书量 7000 万册；博物馆 183 个；群众艺术馆、文化馆 20 个。年末共有医疗卫生机构 11311 个，比上年年末增加 211 个，床位 12.6 万张，卫生技术人员 28.2 万人。集中了全国范围内优质公共服务资源的北京提供了强大的吸引力。

全球联系居全国第 3，全年地区进出口总值 28663.5 亿元，比上年增长 5.4%，民航运送旅客 2027.1 亿人/公里，同比上升 3.1%。固定互联网宽带接入用户数达到 687.6 万户，增长 8.3%；移动互联网接入流量 30.6 亿 GB，增长 68.5%。作为国际交往中心的北京市，一方面扮演着中国特色大国外交舞台场所供应方的角色，另一方面又需要代表中国参与全球治理，以及同纽约、伦敦、东京等全球城市进行资源竞争。在未来，北京不仅要成为国际的中国城市，也要成为中国的国际城市。

三 可持续竞争力表现及其变化

2020 年北京市可持续竞争力指数均值为 0.727，在全国除西藏外的 33 个省级行政区中位列第 3，与 2015 年的省级排名持平。其中人才增量排名全国第 2，与 5 年前相比排名没有变化；人才密度排名全国第 4，相较 5 年前排名上升 1 名（见图 8－2）。

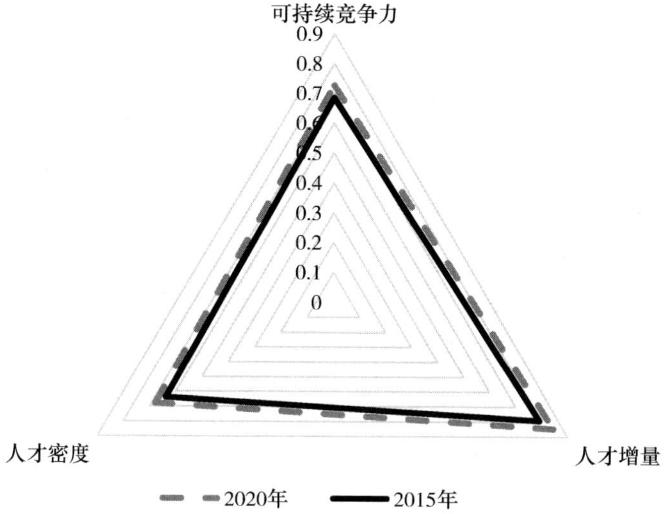

图 8-2　北京市过去 5 年可持续竞争力对比

资料来源：中国社会科学院城市与竞争力指数数据库。

四　可持续竞争力解释

人才、科创、活力，塑造北京可持续竞争力。区域之间竞争的背后是企业的竞争，企业之间竞争的背后是劳动者的竞争。劳动者能力的重要性长久以来被经济学家们反复强调和证明。虽然“世界是平的”，但是专业知识和能力在很多情况下仍然具有高度本地化的特征，古往今来，经济活动的表现在空间上一直呈现出非均质的特征，人才、技术的集聚产生的正外部性也被城市经济、区域经济、新经济地理等理论支撑。

北京市在人才增量方面高居全国第 2，在人才密度方面位列全国第 4，大量人才和人才携带的专业知识，使得北京在经济活力和科技创新方面成为中国城市的双料冠军，塑造了北京的可持续竞争力。有关数据表明，2019 年，北京实现新经济增加值 12765.6 亿元，同比增长 7.5%，在全市 GDP 中占比超过 36%。全年高技术产业增加值达 8630 亿元，同比增长 7.9%，占全市 GDP 比重为 24.4%。战略性新兴产业增加值 8405.5 亿元，占全市 GDP 比重为 23.8%。全年共签订各类技术合同 83171 项，增长 0.8%；技术合同成交总额 5695.3 亿元，增长 14.9%。高质量发展继续深化，新旧动能转化稳步进行。

安居才能乐业，北京市在社会包容方面位居全国第3，处于头部位置。全年城镇新增就业35.1万人，城市失业率调查处于4%—4.2%的较低水平。在公共预算投入方面用于教育、文旅、社保和就业的支出分别增长10.8%、13.8%和16.6%。居住成本调控投入持续加码，保障性住房投资占房地产开发总投资的比重达到27.8%，坚持“房住不炒”总基调，合理控制居住成本。

长久以来，北京市的环境问题一直被人诟病，经过多年的投入和努力，如今北京环境韧性排名全国第8，已进入全国省级行政区前1/3。相关数据表明，2019年，北京全市林木绿化率达到62.0%，森林覆盖率达到44.0%。城市绿化覆盖率为48.46%，全市人均公园绿地面积为16.4平方米；全市污水处理率为94.5%，全市生活垃圾无害化处理率为99.98%；PM2.5年均浓度值为42微克/立方米，下降17.6%，CO_2和SO_2年均浓度值分别为37微克/立方米和4微克/立方米，分别下降11.9%和33.3%，环境治理工作成果显著，环境问题逐步改善（见表8－3）。

表8－3　　2020年北京市可持续竞争力解释性指标排名

	可持续竞争力	经济活力		环境韧性		社会包容		科技创新		全球联系	
		指数	排名	指数	排名	指数	排名	指数	排名	指数	排名
北京	0.727	0.820	1	0.537	8	0.848	3	1.000	1	0.877	3
全国平均	0.260	0.370	146.00	0.400	146.00	0.450	146.00	0.230	146.00	0.230	146.00

资料来源：中国社会科学院城市与竞争力指数数据库。

第二节　中国城市竞争力(天津市)报告

一　天津经济竞争力表现及其变化

2019年天津市经济运行稳中向好，高质量发展扎实推进，动能转换步伐加快，市场活力不断释放，民生福祉持续增进，社会事业发展取得新成效。天津市GDP总量14104.28亿元，比上年增加4.8%，三产结构为1.3∶35.2∶63.5，其中规模以上工业中，战略性新兴产业增加值增长3.8%，快于全市工业0.4个百分点。全市年末常住人口1561.83万人，常住人口增加 2.23 万人，其中城镇常住人口 1303.82 万人，常住人口城镇化率为 83.48%（见表 8－4）。

表 8－4　　2019 年天津市市情信息

土地面积	18.88 万平方公里
常住人口	1561.83 万人
城镇人口占常住人口比重	83.48%
GDP 总量及增长率	14104.28 亿元，4.8%
第一、二、三产业占 GDP 比重	1.3：35.2：63.5

资料来源：《2019 年天津市国民经济和社会发展统计公报》。

2020 年天津市整体经济竞争力指数均值为 0.443，在全国除西藏外的 33 个省级行政区中位列第 9，与 2015 年相比，省级排名下滑 5 名。2018 年 GDP 调整，导致 2019 年 GDP 低于 2014 年水平。而 2019 经济密度排名全国第 6，较 5 年前下滑 1 名；经济增量排名全国第 28，较 5 年前下降 25 名（见图 8－3）。

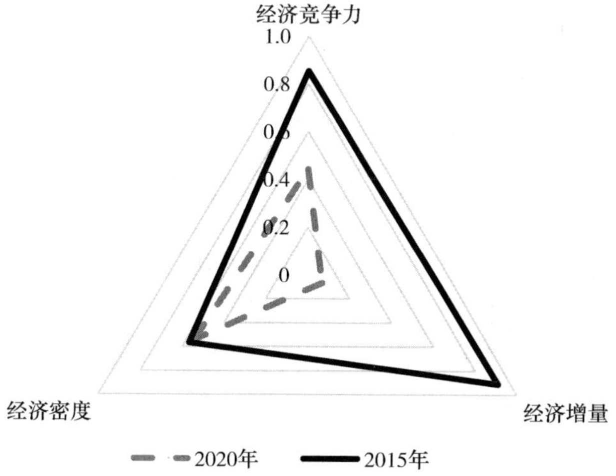

图 8－3　天津市过去 5 年经济竞争力对比

资料来源：中国社会科学院城市与竞争力指数数据库。

二 经济竞争力解释

天津市经济竞争力解释性指标排名见表8－5。

表8－5 2020年天津市经济竞争力解释性指标排名

	经济竞争力	当地要素		生活环境		营商软环境		营商硬环境		全球联系	
		指数	排名	指数	排名	指数	排名	指数	排名	指数	排名
天津	0.443	0.646	4	0.518	9	0.776	4	0.934	3	0.747	4

资料来源：中国社会科学院城市与竞争力指数数据库。

居住成本高企给城市发展带来压力。从五大项指标的排名来看，天津有四项排名位居全国前5。其中，营商软环境位居全国第4，营商硬环境居全国第3。2019年，《天津市优化营商环境条例》颁布实施，“一制三化”改革稳步推进，“天津八条”“民营经济19条”等被深化落实；天津网上办事大厅开通，96%的政务服务事项实现“一网通办”，许多降低企业制度成本的举措切实改善了天津的营商环境。

当地要素居全国第4，金融存贷款余额规模继续扩大，年末余额分别增长2.6%和6.0%；证券市场发展取得新进展，全年新增境内外上市公司6家，年末证券账户554.92万户，同比增长7.4%。教育事业发展取得新成效，7所高职院校、10个专业群入选全国“双高计划”。全年受理专利申请9.60万件；专利授权5.78万件，其中发明专利5025件，年末有效发明专利3.47万件。

全球联系居全国第4，对外开放步伐加快，积极融入“一带一路”，海铁联运快速发展，国际集装箱班列开行491列，11个中欧产业合作项目签约，新设立4个“鲁班工坊”和131家境外企业机构。天津滨海国际机场新增加密航线26条，天津口岸进出口总额13845.06亿元。成功举办“一带一路”海河国际龙舟赛、环团泊湖国际铁人三项赛、第二届中俄青少年冰球友谊赛、天津国际冰壶公开赛等大型国际赛事。

生活环境居全国第9。截至2019年年末，天津共有艺术表演团体198个，文化馆17个，博物馆68个，公共图书馆29个；各类卫生机构5964个，床位6.83万张，卫生技术人员10.96万人，市民生活设施配套方面依然处于全国领先地位。然而本地产业升级速度和市民收入水平增速与房价增长速度失衡，天津市的居住成本在291个样本城市中位列第286位，给城市发展带来了较大的成本压力。

三　可持续竞争力表现及其变化

2020年天津市可持续竞争力指数均值为0.583，在全国除西藏外的33个省级行政区中位列第4，与2015年的省级排名相比进步7名。其中人才增量排名全国第9，相对排名下降4名；人才密度排名全国第6，与5年前持平（见图8－4）。

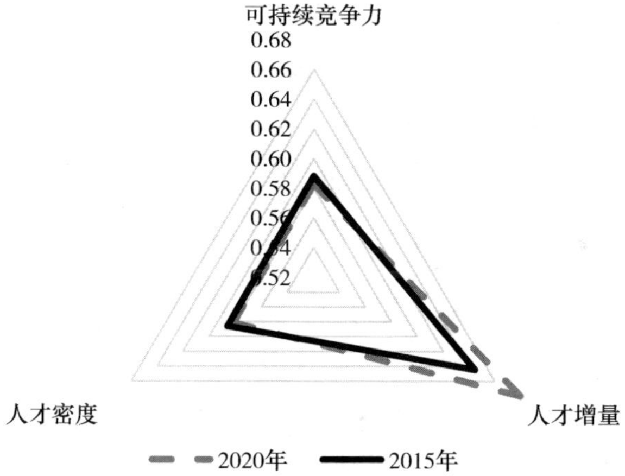

图8－4　天津市过去5年可持续竞争力对比

资料来源：中国社会科学院城市与竞争力指数数据库。

四　可持续竞争力解释

天津可持续竞争力解释性指标排名见表8－6。

表8-6 2020年天津市可持续竞争力解释性指标排名

	可持续竞争力	经济活力		环境韧性		社会包容		科技创新		全球联系	
		指数	排名	指数	排名	指数	排名	指数	排名	指数	排名
天津	0.583	0.514	10	0.557	5	0.793	5	0.614	4	0.747	4

资料来源：中国社会科学院城市与竞争力指数数据库。

科技创新和产业升级推动天津可持续竞争力实现跃升。从分项指标中我们可以看出，天津的经济活力位于全国第10。有关数据表明，2019年，天津市战略性新兴产业增加值增长3.8%，高技术产业和战略性新兴产业增加值占规模以上工业增加值的比重分别达到14.0%和20.8%，产业升级持续进行。全市规模以上服务业中，新服务、高技术服务业、战略性新兴服务业营业收入分别增长14.8%、19.3%和12.4%。“海河英才”行动计划累计引进各类人才24.8万人；启动“海河工匠”建设，在多个先进制造业企业建立205个企业培训中心，覆盖技能工人15.8万人。

科技创新居全国第4，实现新跃升。2019年天津成功举办第三届世界智能大会，新一代超级计算机、国家合成生物技术创新中心等国家级创新平台落户，国家企业技术中心达到63家，国家级重点实验室13个，国家级工程（技术）研究中心12个，全年签订技术合同13977项，合同成交额923亿元，技术交易额508亿元。全市17项科技成果获得国家科学技术奖，科学研究硕果累累。

在社会包容方面位居全国第5。扎实开展援企稳岗“护航行动”，支持青年群体就业创业，新发展见习基地458家，帮助4.38万名就业困难人员再就业。全年新增就业首次突破50万人，达到50.17万人，增长2.39%。居民收支保持平稳增长，城乡居民基础养老金、老年人生活补助继续提高，全市居民人均可支配收入42404元，增长7.3%。社会保障服务能力持续加强，社会救助体系进一步完善。

环境韧性排名全国第5，污染防治力度加大，PM2.5平均浓度总体保持稳定，达到51微克/立方米；水环境治理成效明显，地表水优良水体比例达到50%；渤海综合治理提速推进，近岸海域优良水质比例达到81%；加快推进退耕还湿、土地流转、河湖水系连通，升级保护875平方公里湿地自然保护区，提升153公里海岸线生态功能，新增植树造林40万亩，生态环境显著改善。

第三节　中国城市竞争力(河北省)报告

一　河北竞争力表现及其变化

2019年河北省经济运行稳中有进，转型升级加快推进，发展质量稳步提高，社会事业全面进步，河北GDP总量35104.5亿元，比上年增加6.8%，三产结构由10.3∶39.7∶50.0调整为10.0∶38.7∶51.3，其中第三产业增加值17988.8亿元，增长9.4%，全省人均GDP为46348元，比上年增长6.2%；全省年末常住人口7591.97万人，常住人口增加35.67万人，其中城镇常住人口4374.49万人，常住人口城镇化率为57.62%。全省城镇新增就业89.62万人，比上年增加2.62万人，年末城镇登记失业率为3.12%，保持在较低水平（见表8－7）。

表8－7　　2019年河北省省情信息

土地面积	18.88万平方公里
常住人口	7591.97万人
城镇人口占常住人口比重	57.62%
GDP总量及增长率	35104.5亿元，6.8%
第一、二、三产业占GDP比重	10.0∶38.7∶51.3

资料来源：《2019年河北省国民经济和社会发展统计公报》。

（一）经济竞争力的全省地位及其变化

经济增量和经济密度双下行，河北城市竞争力整体滑坡。2020年河北省11市整体经济竞争力指数均值为0.285，在全国除西藏外的33个省级行政区中位列第20，相比较2015年的省级排名下降5位。下辖城市的经济竞争力排名整体下降，对比5年前，降幅平均达到18.73名，其中经济增量平均下滑12.27名，经济密度平均下滑10.09名（见图8－5）。

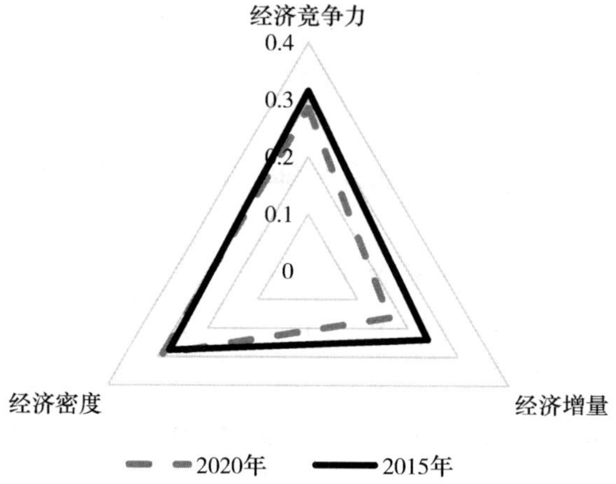

图8－5 河北省整体经济竞争力过去5年对比

资料来源：中国社会科学院城市与竞争力指数数据库。

（二）经济竞争力的省内格局及其变化

河北省各城市过去5年经济竞争力对比见图8－6。

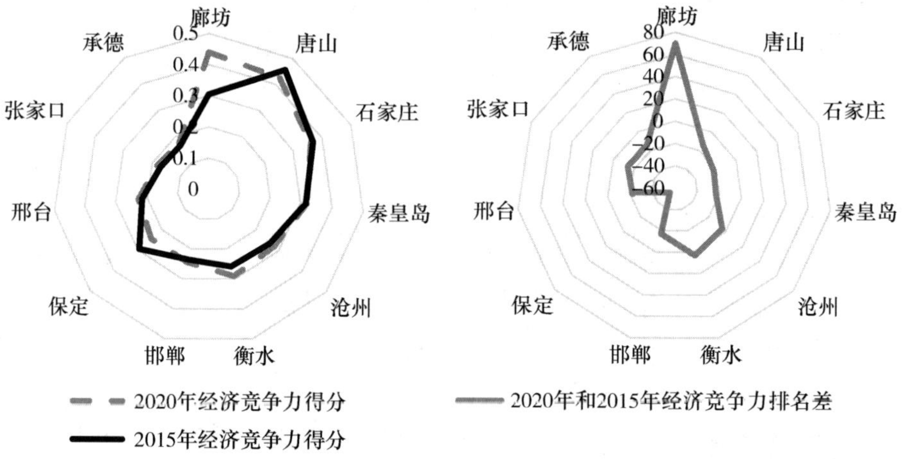

图8－6 河北省各城市过去5年经济竞争力对比

资料来源：中国社会科学院城市与竞争力指数数据库。

廊坊、唐山、石家庄位居三强，省内三梯队格局显现。河北经济竞争力排名前三城市分别是廊坊、唐山、石家庄，廊坊首次位居省内第一。

除廊坊、衡水排名相对进步外，其他各城市均出现不同程度的下滑。省内城市呈现三个梯队的分布。第一梯队为廊坊、唐山和石家庄，均位列中国百强；第二梯队包含秦皇岛、沧州、衡水、邯郸、保定、邢台，位居全国第 101—200 名；第三梯队是张家口和承德，排名在 200 名之外（见表 8－8）。

表 8－8　　河北省各城市经济竞争力显示性指标排名

	梯队	经济竞争力排名	经济密度排名	经济增量排名
廊坊	第一梯队	52	52	62
唐山		55	59	50
石家庄		88	91	84
秦皇岛	第二梯队	127	126	146
沧州		134	151	85
衡水		144	147	148
邯郸		172	183	108
保定		174	182	125
邢台		186	203	124
张家口	第三梯队	227	230	184
承德		231	233	190

资料来源：中国社会科学院城市与竞争力指数数据库。

二　经济竞争力解释

河北省城市经济竞争力解释性指标排名见表 8－9。

表 8－9　　河北省各城市经济竞争力解释性指标排名

	经济竞争力	当地要素		生活环境		营商软环境		营商硬环境		全球联系	
		指数	排名	指数	排名	指数	排名	指数	排名	指数	排名
廊坊	0.425	0.3812	71	0.3615	167	0.4622	58	0.7799	15	0.2868	69
唐山	0.420	0.4144	54	0.4618	86	0.3450	100	0.4121	102	0.4274	45
石家庄	0.351	0.4710	36	0.4874	69	0.5097	43	0.5606	30	0.5024	34
秦皇岛	0.297	0.3330	100	0.4962	65	0.3572	94	0.3557	130	0.2474	83

续表

	经济竞争力	当地要素		生活环境		营商软环境		营商硬环境		全球联系	
		指数	排名	指数	排名	指数	排名	指数	排名	指数	排名
沧州	0. 287	0. 3484	92	0. 3270	200	0. 3575	93	0. 3676	122	0. 2195	105
衡水	0. 273	0. 2600	169	0. 2243	266	0. 2173	195	0. 4801	57	0. 1341	190
邯郸	0. 248	0. 3848	68	0. 3612	168	0. 3115	124	0. 3933	109	0. 1649	149
保定	0. 246	0. 4191	52	0. 4175	118	0. 3592	91	0. 3670	125	0. 2204	104
邢台	0. 233	0. 3251	110	0. 2841	233	0. 2049	205	0. 4588	70	0. 0928	240
张家口	0. 181	0. 2469	182	0. 4303	107	0. 1673	237	0. 2464	210	0. 1521	164
承德	0. 173	0. 2697	160	0. 3489	179	0. 1604	244	0. 1855	244	0. 2803	73
河北均值	0. 248	0. 35	99. 45	0. 38	150. 73	0. 31	134. 91	0. 42	110. 36	0. 25	114. 18
全国平均	0. 285	0. 298	146	0. 408	146	0. 324	146	0. 356	146	0. 232	146

资料来源：中国社会科学院城市与竞争力指数数据库。

“硬”环境建设可圈可点，“软”环境水平有待提升：近年来，伴随主动服务北京非首都功能疏解和雄安新区建设，承接北京非首都功能疏解，河北省在营商硬环境和当地生产要素建设方面持续投入，营商硬环境和当地要素指标高于全国平均水平。但由于产业结构和城市服务能力的限制，缺少高端产业和国际人才，全球联系方面表现平平。同时，在过去的发展过程中，由于对于生活环境和在“软性”设施方面的注意不足也造成了一些问题，在营商软环境和生活环境方面的表现不尽如人意。

廊坊市近水楼台抓机遇，石家庄均衡发展促平衡：今年廊坊市经济竞争力首次位居全省第1，积极抢抓京津冀协同发展的重大机遇，近水楼台地享受了北京的带动效应，在营商硬环境建设上向首都看齐，并在营商软环境和全球联系方面进步较快。而省会石家庄则依然表现强劲，虽然排名相对下滑，但是5个指标均位列全省前三，发展比较均衡，在当地要素、生活环境、营商软环境、全球联系方面依然领先（见图8－7）。排名靠后的承德作为旅游城市，在营商软硬环境方便有待提升；而张家口市在当地要素和营商环境方面的建设也有待加强。

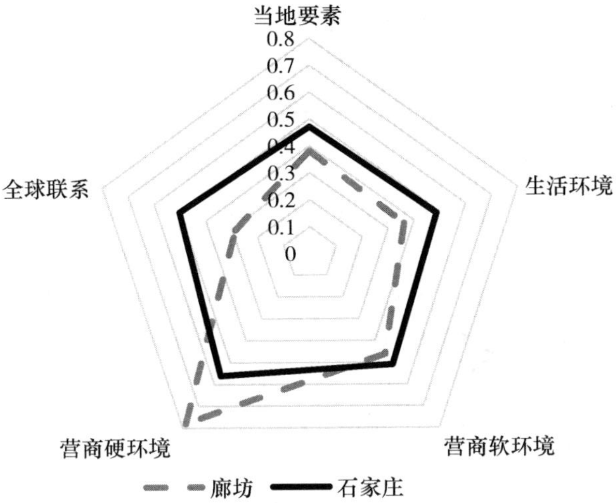

图 8－7　河北省代表性城市经济竞争力对比

资料来源：中国社会科学院城市与竞争力指数数据库。

三　可持续竞争力表现及其变化

河北省过去 5 年可持续竞争力排名对比见图 8－8。

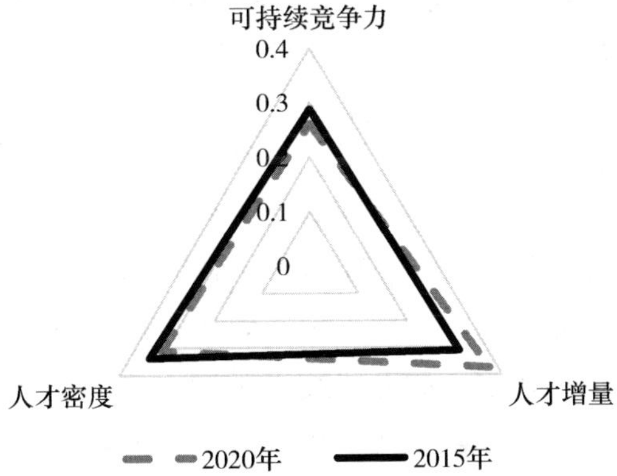

图 8－8　河北省过去 5 年可持续竞争力排名对比

资料来源：中国社会科学院城市与竞争力指数数据库。

人才缺乏，聚集不足，掣肘河北可持续竞争力发展。2020 年河北省 11 市整体可持续竞争力指数均值为 0.261，在全国除西藏外的 33 个省级行政区中位列第 16，相比 2015 年的省级排名下降 3 位，处于全国中游。下辖城市的经济竞争力排名整体下降，对比 5 年前，降幅平均达

10.27 名，其中人才增量平均下滑 4.55 名，人才密度平均下滑 18.09 名（见图 8－9）。人才外流一直是河北发展的一大掣肘，以本地本科以上毕业生流向计算，只有不到半数的毕业生会留在河北省内，这固然是地理、经济、社会等多因素作用下的结果，但客观上造成了人才缺乏和聚集不足的问题，限制了河北的可持续发展。

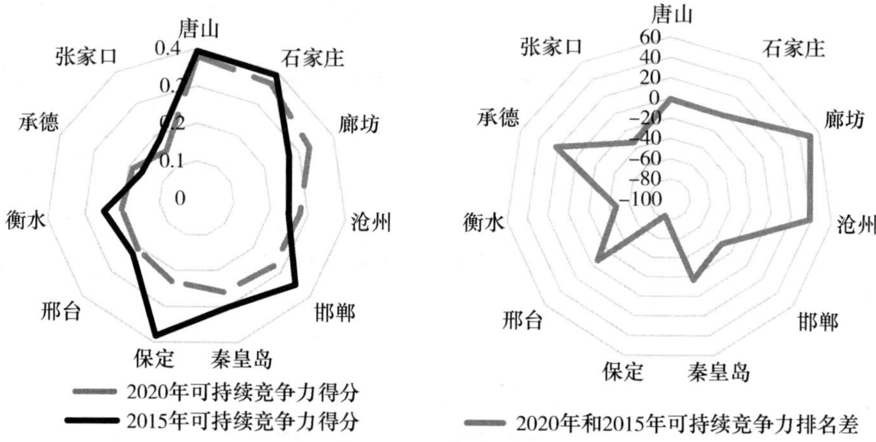

图 8－9 河北省各城市过去 5 年可持续竞争力对比

资料来源：中国社会科学院城市与竞争力指数数据库。

省内城市表现分化，三梯度格局依然明显。河北可持续竞争力排名前三的城市分别是唐山、石家庄和廊坊，廊坊首次跻身可持续竞争力省内前三，全国百强。除廊坊外，沧州与承德相对排名进步，唐山和石家庄基本稳定，其他城市均有一定下滑，城市表现分化。在经济竞争力部分我们提出的三梯队分布，在可持续竞争力方面依然得到了支持。所不同的是，第二梯队的沧州和邯郸亦跻身百强，而第三梯队的承德则进入了前 200（见表 8－10）。

表 8－10 2020 年河北省各城市可持续竞争力显示性指标排名

	梯队	可持续竞争力排名	人才增量排名	人才密度排名
唐山	第一梯队	51	47	58
石家庄		55	49	67

续表

	梯队	可持续竞争力排名	人才增量排名	人才密度排名
廊坊	第一梯队	68	74	65
沧州	第二梯队	96	80	123
邯郸		99	88	124
秦皇岛		114	126	110
保定		139	100	188
邢台		170	142	191
衡水		179	174	174
承德	第三梯队	191	118	228
张家口		232	168	250

资料来源：中国社会科学院城市与竞争力指数数据库。

四　可持续竞争力解释

河北省城市可持续竞争力解释性指标排名见表8－11。

表8－11　　　　河北省各城市可持续竞争力解释性指标排名

	可持续竞争力	经济活力		环境韧性		社会包容		科技创新		全球联系	
		指数	排名	指数	排名	指数	排名	指数	排名	指数	排名
唐山	0.379	0.353	145	0.485	78	0.596	60	0.322	61	0.427	45
石家庄	0.366	0.393	113	0.414	130	0.666	47	0.443	39	0.502	34
廊坊	0.330	0.543	41	0.555	39	0.512	89	0.226	101	0.287	69
沧州	0.279	0.377	125	0.437	109	0.438	132	0.176	154	0.22	105
邯郸	0.275	0.27	216	0.434	115	0.451	125	0.276	75	0.165	149
秦皇岛	0.260	0.358	142	0.449	97	0.505	93	0.313	65	0.247	83
保定	0.231	0.264	223	0.335	191	0.579	69	0.346	54	0.22	104
邢台	0.207	0.232	243	0.364	167	0.433	138	0.181	148	0.093	240
衡水	0.203	0.343	157	0.374	159	0.244	260	0.136	198	0.134	190
承德	0.189	0.197	262	0.225	255	0.471	108	0.199	128	0.28	73
张家口	0.149	0.201	259	0.275	231	0.458	116	0.185	144	0.152	164
河北均值	0.261	0.32	175.09	0.40	142.82	0.49	112.45	0.25	106.09	0.25	114.18
全国平均	0.260	0.37	146	0.40	146	0.45	146	0.23	146	0.23	146

资料来源：中国社会科学院城市与竞争力指数数据库。

供给侧结构性改革持续深化，河北蓄势待发：河北的可持续竞争力的排名得分均处于全国中等。在5个可持续竞争力分项指标中，由于河北省的产业结构以传统产业为主，新动能对经济的支持作用还不显著，经济活力方面略低于全国平均水平，而在社会包容、科技创新以及全球联系方面略高于全国平均，环境韧性则与全国平均水平持平。随着供给侧结构性改革持续深化，河北在去产能、调结构、补短板、促增长方面继续推进，相信会有更好的表现。

唐山位居第一但经济活力有所欠缺，石家庄三项领跑但环境韧性存在短板：唐山位居省内第一，在环境韧性、社会包容、科技创新以及全球联系方面均位列省内前三，全国百强，但经济活力方面有所欠缺，排名全国第145。省会石家庄，在社会包容、科技创新和全球联系方面均引领全省，但环境韧性方面表现差强人意（见图8-10）。廊坊经济活力和环境韧性位居省内第一，全球联系方面也在迅速提高。保定在社会包容和科技创新方面表现可圈可点，但其他三个方面相对较弱。

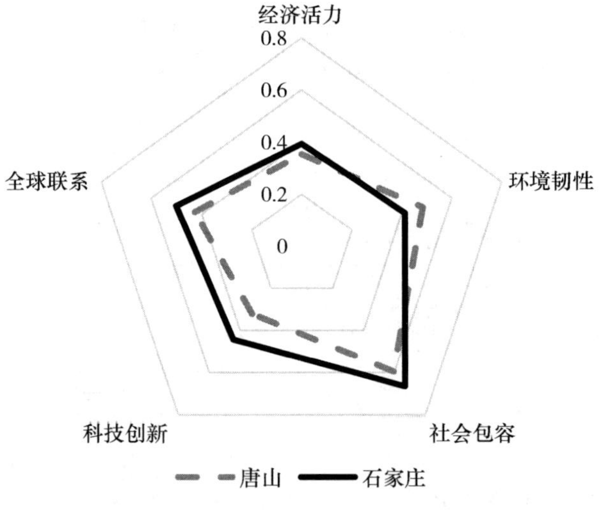

图8-10 河北省代表性城市可持续竞争力对比

资料来源：中国社会科学院城市与竞争力指数数据库。

五　中心城市

石家庄经济竞争力排名全国第 88 名，在 35 个大中城市中排名第 30，处在沈阳与兰州之间。石家庄在培育新经济增长点和有效提高经济集聚方面仍有进步空间，对比近年进步较快的廊坊，石家庄在经济增量和经济密度方面均相对落后（见表 8－12）。

表 8－12　石家庄市经济竞争力分项指标在 35 个大中城市中的排名

	当地要素排名	生活环境排名	营商软环境排名	营商硬环境排名	全球联系排名
石家庄	25	31	29	14	26

从二级分项指标来看，石家庄在 35 个大中城市中，仅有营商硬环境位居前 50%，其他四个方面都相对落后，特别是营商软环境排名第 29，与营商硬环境之间形成强烈对比，说明石家庄在做好公共服务，维护平等公平的市场环境，打造优良营商环境方面亟待加强。

可持续竞争力方面，石家庄在全国排名 55，位居省内第二，与第一名唐山相差 4 名，在 35 个大中城市中排名 27，处在贵阳与昆明之间。对比省内稍稍领先的唐山，石家庄在创造高收入就业岗位，以及吸引和留住人才方面有待加强。

从二级分项指标来看，石家庄在 35 个大中城市中，排名不占优势，其中经济活力方面比较薄弱，被其他城市所超越；在社会包容和全球联系方面均处于第 26 名，有待加强；在社会韧性和科技创新方面也比较靠后（见表 8－13）。整体而言，石家庄的可持续竞争力在多方面均有较大提升空间。

表 8－13　石家庄市可持续竞争力分项指标在 35 个大中城市中的排名

	经济活力排名	环境韧性排名	社会包容排名	科技创新排名	全球联系排名
石家庄	35	27	26	29	26

资料来源：中国社会科学院城市与竞争力指数数据库。

区域竞争背后是产业的竞争和人才的竞争。产业问题和人才问题也一直是困扰整个河北省的核心问题。作为省会的石家庄，借助京津冀协同发展战略东风，围绕区域性中心城市功能，需进一步推进人口和产业聚集，进而引领全省发展。

第四节 中国城市竞争力(山东省)报告

2020 年，山东省经济竞争力和可持续竞争力均较 5 年前有所下降。省内城市分化为三个集团，分别为青岛及其周边城市组成的第一集团、济南及其周边城市组成的第二集团和济宁等省内南部的 4 个城市组成的第三集团，三个集团在经济竞争力和可持续竞争力上均呈现出不同的变动态势。

一 经济竞争力表现及其变化

（一）省内城市经济竞争力总体下降

山东各城市经济竞争力指数见图 8－11。

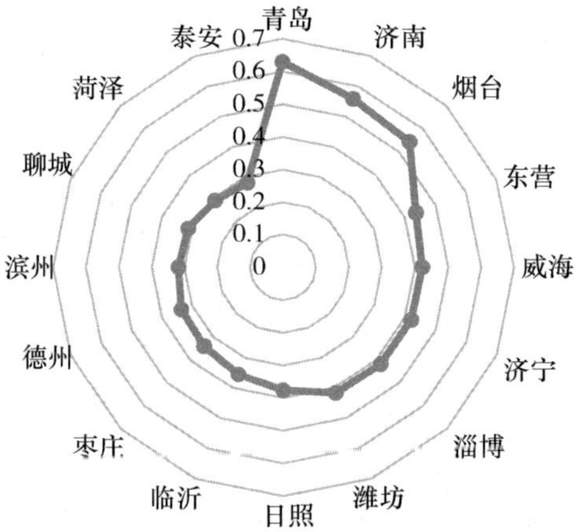

图 8－11 2020 年山东省各城市经济竞争力指数

资料来源：中国社会科学院城市与竞争力指数数据库。

2020 年，山东省城市经济竞争力总体仍居全国较强行列，但较 5 年前有所下降。2020 年，山东省城市总体上的经济竞争力仍处于全国较强行列，全省16个城市中，有12个经济竞争力在全国前100位之内，其余4个城市也均在150位之内。但与5年前相比，山东省城市总体上的经济竞争力有所下降，仅有济宁、临沂、枣庄和菏泽4个城市经济竞争力在全国排名有所上升，其余12个城市经济竞争力全国排名均有不同程度的下降。

（二）省内城市经济竞争力变化呈三分天下格局

山东省内城市经济竞争力变化呈现出三分天下的格局。从5年以来经济竞争力的变化情况来看，山东省内城市在地域上明显地分为三个集团，各自表现差异明显。第一个集团是青岛及其周边城市，包括烟台、威海、潍坊和日照，经济竞争力较5年前略有下降，其中下降幅度最大的是烟台，全国排名下降了9位，且是这一集团中唯一一个省内排名下降的城市，省内排名下降了1位，其余4个城市全国排名降幅均在5位之内，其中有3个城市省内排名不变，有1个城市上升了1位。第二个集团是济南及其周边城市，包括淄博、德州、滨州、聊城、泰安和东营，经济竞争力较5年前降幅较大，其中只有济南和聊城相对降幅较小，全国排名分别下降了2位和3位，其余5个城市全国排名降幅均在15位以上，省内排名方面，集团内有4个城市省内排名下降，2个城市排名不变，只有1个城市排名上升了1位。第三个集团是距离前两个集团核心城市均较远的省内南部的4个城市，包括济宁、临沂、枣庄和菏泽，经济竞争力较5年前有所上升，4个城市全国排名均较5年前上升，其中临沂更是大幅上升了35位，且4个城市的省内排名也均有所上升。

二　经济竞争力解释

山东省各城市经济竞争力分项指标排名见表8－14。

表8－14　　山东省各城市经济竞争力分项指标排名

	当地要素		生活环境		营商软环境		营商硬环境		全球联系	
	指数	排名	指数	排名	指数	排名	指数	排名	指数	排名
济南	0.520	28	0.524	53	0.700	21	0.500	47	0.595	23
青岛	0.628	12	0.667	26	0.749	14	0.663	18	0.738	8

续表

	当地要素		生活环境		营商软环境		营商硬环境		全球联系	
	指数	排名	指数	排名	指数	排名	指数	排名	指数	排名
淄博	0.402	61	0.519	57	0.457	61	0.429	85	0.405	48
枣庄	0.266	162	0.357	169	0.237	183	0.435	80	0.142	183
东营	0.360	87	0.396	135	0.406	70	0.487	53	0.156	158
烟台	0.468	37	0.590	39	0.543	36	0.615	21	0.455	41
潍坊	0.448	43	0.483	73	0.294	140	0.468	62	0.240	90
济宁	0.382	70	0.462	85	0.355	95	0.352	132	0.338	54
泰安	0.325	108	0.344	185	0.388	82	0.470	60	0.203	117
威海	0.373	78	0.583	41	0.506	47	0.502	46	0.204	116
日照	0.278	150	0.324	205	0.269	155	0.484	55	0.211	109
临沂	0.393	63	0.457	91	0.326	114	0.447	72	0.229	94
德州	0.329	103	0.266	249	0.346	98	0.393	110	0.160	152
聊城	0.339	96	0.211	271	0.300	135	0.436	79	0.169	146
滨州	0.325	109	0.322	207	0.166	238	0.367	123	0.158	155
菏泽	0.304	127	0.284	234	0.164	240	0.347	139	0.115	215

资料来源：中国社会科学院城市与竞争力指数数据库。

（一）生活环境因素拖累全省总体经济竞争力

从解释性指标来看，山东省城市经济竞争力总体较强的主要决定因素是当地要素和营商硬环境这两个方面，在这两个指标上，分别有 10 个和 12 个城市的全国排名在 100 位之内，其余城市也基本在 150 位以内。营商软环境和全球联系方面对经济竞争力略有拖累，均有 11 个城市在这两个指标上的全国排名低于自身的经济竞争力全国排名，但对山东省城市经济竞争力拖累最大的因素是生活环境，在这一方面，有 15 个城市的全国排名低于自身的经济竞争力全国排名。

（二）营商环境之外的社会环境方面因素拖累第二集团经济竞争力

省内三个集团经济竞争力呈分化的格局，从解释性指标来看，青岛及其周边城市组成的第一集团在五个解释性指标上全面领先其他两个集团，当地要素、生活环境、营商软环境、营商硬环境和全球联系五个解释性指标指数的中位数分别为0.448、0.583、0.506、0.502和0.240，均高于其他两个集团相应指标指数的中位数。济南及其周边城市组成的第二集团在五个解释性指标中，在三个指标上落后于山东省南部4个城市组成的第三集团，分别是当地要素、生活环境和全球联系，均是营商环境之外的社会环境因素指标，第二集团这三个指标的中位数分别为0.339、0.344和0.169，第三集团则分别为0.343、0.407和0.185，第二集团仅在营商软环境和营商硬环境两个指标上领先，从而第三集团在经济竞争力提升方面的表现要优于第二集团也就不足为奇了。

三　可持续竞争力表现及其变化

（一）省内城市可持续竞争力总体略降

2020年，山东省城市可持竞争力总体仍居全国较强行列，但较5年前略有下降。2020年，山东省城市总体上的可持续竞争力仍处于全国较强行列，全省16个城市中，有14个可持续竞争力在全国前100位之内，其余2个城市排名也居于全国中上水平，分别为第111位和第129位（见图8－12）。但与5年前相比，山东省城市总体上的可持续竞争力略有下降，全国排名上升的城市有7个，排名下降的城市有9个。

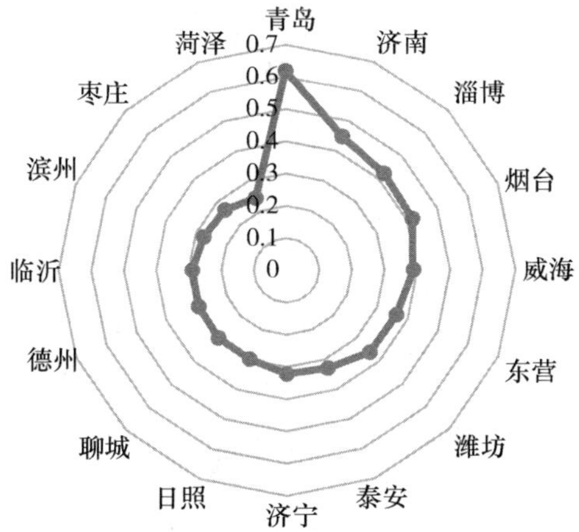

图8－12　2020年山东省各城市可持续竞争力指数

资料来源：中国社会科学院城市与竞争力指数数据库。

（二）省内三个集团可持续竞争力变动趋异

省内三个集团可持续竞争力变化表现各异，第一集团总体稳定，第二集团有所下降，第三集团有所上升。青岛及其周边城市组成的第一集团共包括5个城市，其中集团核心城市青岛可持续竞争力全国排名较5年前上升2位，其余4个城市，2个排名上升，2个下降，总体上呈较稳定的态势。济南及其周边城市组成的第二集团包括7个城市，其中核心城市济南可持续竞争力全国排名较5年前下降了3位，其余6个城市，4个排名下降，2个上升，总体上呈有所下降的态势。济宁等省内南部城市组成的第三集团包括4个城市，其中集团领先城市济宁可持续竞争力全国排名较5年前大幅下降了32位，但临沂和菏泽分别大幅上升了65位和29位，枣庄小幅下降了6位，总体上呈有所上升的态势。

四 可持续竞争力解释

山东省各城市可持续竞争力分项指标排名见表8－15。

表8－15 山东省各城市可持续竞争力分项指标排名

	经济活力		环境韧性		社会包容		科技创新		全球联系	
	指数	排名	指数	排名	指数	排名	指数	排名	指数	排名
济南	0.591	30	0.466	88	0.752	25	0.601	18	0.595	23
青岛	0.621	22	0.553	41	0.860	15	0.612	15	0.738	8
淄博	0.361	135	0.527	52	0.690	40	0.341	55	0.405	48
枣庄	0.322	180	0.545	43	0.487	100	0.152	184	0.142	183
东营	0.411	104	0.516	63	0.555	77	0.266	83	0.156	158
烟台	0.549	38	0.509	68	0.730	32	0.337	58	0.455	41
潍坊	0.346	151	0.439	106	0.643	49	0.357	51	0.240	90
济宁	0.379	121	0.450	96	0.595	61	0.275	76	0.338	54
泰安	0.246	236	0.430	118	0.533	79	0.234	96	0.203	117
威海	0.428	94	0.510	67	0.520	82	0.415	43	0.204	116
日照	0.352	147	0.517	59	0.409	154	0.147	188	0.211	109
临沂	0.358	143	0.388	146	0.515	87	0.230	97	0.229	94
德州	0.346	152	0.402	139	0.465	110	0.193	135	0.160	152
聊城	0.360	139	0.440	105	0.349	196	0.208	116	0.169	146

续表

	经济活力		环境韧性		社会包容		科技创新		全球联系	
	指数	排名	指数	排名	指数	排名	指数	排名	指数	排名
滨州	0.237	239	0.454	95	0.380	178	0.202	125	0.158	155
菏泽	0.293	203	0.403	138	0.332	203	0.184	145	0.115	215

资料来源：中国社会科学院城市与竞争力指数数据库。

（一）经济活力和全球联系不足拖累全省可持续竞争力

从解释性指标来看，山东省城市可持续竞争力总体较强的主要决定因素是环境韧性、社会包容和科技创新这三个方面，在这三个指标上，分别有10个、11个和10个城市的全国排名在100位之内，特别是在环境韧性方面，所有城市均在150名之内。经济活力和全球联系方面对可持续竞争力有所拖累，其中经济活力进入全国排名前100位的城市仅有4个，全球联系方面仅有7个，且排名在150位之后的城市分别达6个和5个。

（二）第三集团在四个方面接近和一个方面反超第二集团

省内三个集团可持续竞争力表现各异，从解释性指标来看，青岛及其周边城市组成的第一集团可持续竞争力大幅领先其他两个集团，在五个解释性指标上，第一集团经济活力指标指数中位数为0.428，高出第二集团指数中位数0.069，环境韧性指标指数中位数为0.510，高出第二集团0.055，社会包容指标指数中位数为0.643，高出第二集团0.110，科技创新指标指数中位数为0.357，高出第二集团0.123，全球联系指标指数中位数为0.240，高出第二集团0.071。相较之下，第二集团和第三集团在各项解释性指标间的差距就较小，反映出第三集团对第二集团的追赶，第二集团在经济活力、环境韧性、社会包容和科技创新四个指标上均小幅领先第三集团，领先幅度分别为0.020、0.028、0.032和0.027，显著小于第一集团对第二集团的领先幅度，在全球联系指标上，第三集团还领先第二集团0.016。

五　中心城市

多年来，青岛一直是山东省竞争力最强的城市，在全国35个大中城市中也居于前列，2020年经济竞争力在全国35个大中城市中排名第11位，可持续竞争力排名第6位。

从省内来看，青岛一马当先，无论是在经济竞争力方面还是在可持续竞争力方面，均大幅领先位列省内第二名的济南。2020 年，青岛经济竞争力位列全国第 17 位，而济南则为第 29 位，青岛可持续竞争力更是进入全国前十位，位列第 9，相较之下，济南为第 32 位。与 5 年前相比，青岛和济南间经济竞争力差距略有收窄，济南的经济竞争力全国排名较 5 年前下降了 2 位，青岛下降幅度更大，下降了 4 位。但可持续竞争力方面的差距却进一步拉大，青岛的可持续竞争力全国排名较 5 年前上升了 2 位，济南却下降了 3 位。

从解释性指标来看，青岛在经济竞争力和可持续竞争力的所有解释性指标上均领先济南。首先是经济竞争力解释性指标方面，领先幅度最大的是在营商硬环境方面，青岛在这方面全国排名第 18 位，大幅领先济南 29 位；其次是生活环境方面，青岛全国排名第 26 位，领先济南 27 位；最后是当地要素、全球联系和营商软环境，青岛全国排名分别为第 12 位、第 8 位和第 14 位，分别领先济南 16 位、15 位和 7 位。可持续竞争力解释性指标方面，青岛大幅领先济南的指标主要是环境韧性，虽然青岛在这一方面的全国排名也并不太高，为第 41 位，但却大幅领先济南 47 位，在其他四个解释性指标上，青岛的领先幅度相对较小，在全球联系、社会包容、经济活力和科技创新上，分别领先济南 15 位、10 位、8 位和 3 位（见图 8 – 13 和图 8 – 14）。

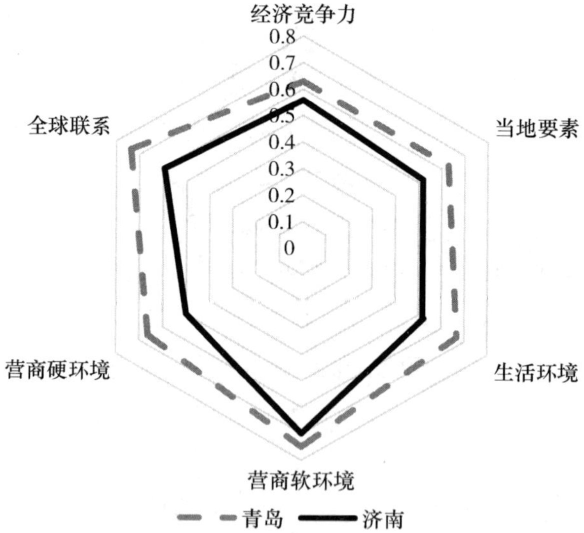

图 8 – 13 青岛和济南经济竞争力及解释性指标对比

资料来源：中国社会科学院城市与竞争力指数数据库。

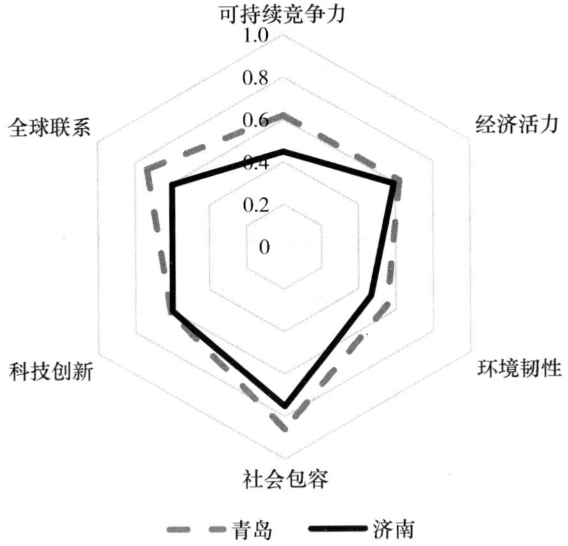

图 8－14　青岛和济南可持续竞争力及解释性指标对比

资料来源：中国社会科学院城市与竞争力指数数据库。

第九章

中国（东北地区）城市竞争力报告

程　栋

第一节　中国城市竞争力(辽宁省)报告

一　辽宁省城市经济竞争力整体表现

辽宁省城市经济竞争力排名整体位居全国中游偏下水平，14 个城市的经济竞争力排名依次是大连、沈阳、盘锦、营口、鞍山、锦州、抚顺、辽阳、本溪、葫芦岛、丹东、朝阳、铁岭、阜新。大连和沈阳两市进入全国前 100 位，进入全国第 101—200 位的城市有 4 个，位居全国第 201—294 位的城市有 8 个。从静态角度来看，作为辽宁省区域经济的双核心，大连和沈阳的区域中心地位稳固，水平接近，其他城市难以替代，省内城市经济竞争力排名靠后的城市排名比较集中。从动态角度来看，辽宁省城市经济竞争力整体下滑趋势明显。近 5 年，辽宁省 14 个城市的经济竞争力排名都存在不同程度的大幅度下滑，下滑幅度最小的是葫芦岛（-7），下滑幅度最大的是鞍山（-111）。更值得关注的是，城市圈的核心城市沈阳和大连排名在持续下滑。辽宁省城市经济竞争力见图 9-1。

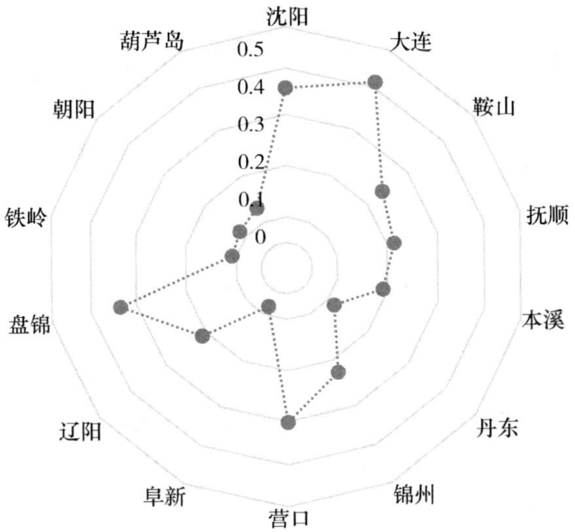

图9－1　辽宁省各城市经济竞争力

资料来源：中国社会科学院城市与竞争力指数数据库。

二　辽宁省城市经济竞争力分项指标表现

从城市经济竞争力的五个分项指标来看，辽宁省的营商硬环境表现突出，该项指标排名在全国上游水平。在全省14个城市中，有8个城市进入全国前100位，3个城市位居第101—150位，3个城市位居全国第201—242位。航运便利度分项指标表现优异，有13个城市进入全国前100位。从交通便捷度来看，有10个城市进入全国前100位，6个城市进入全国前50位。从生活环境排名来看，4个城市进入全国前100位，8个城市居全国第101—200位。受自然地理位置和冬季供暖的影响，气候舒适度和环境污染两项指标表现较差，没有城市进入全国前100位。青年人才比例指标也表现欠佳，除盘锦（第85位）外，有13个城市居全国第200位之后。其余各分项指标的详细情况见表9－1。

表9－1　辽宁省各城市经济竞争力分项指标

	经济竞争力		当地要素		生活环境		营商软环境		营商硬环境		全球联系	
	指数	排名	指数	排名	指数	排名	指数	排名	指数	排名	指数	排名
大连	0.402	63	0.547	20	0.689	24	0.754	13	0.577	27	0.702	13

续表

	经济竞争力		当地要素		生活环境		营商软环境		营商硬环境		全球联系	
	指数	排名	指数	排名	指数	排名	指数	排名	指数	排名	指数	排名
沈阳	0.353	87	0.504	30	0.633	32	0.708	20	0.524	42	0.572	25
鞍山	0.238	178	0.339	95	0.470	79	0.152	247	0.442	76	0.170	143
锦州	0.226	190	0.322	113	0.330	197	0.216	197	0.472	58	0.209	111
抚顺	0.214	207	0.287	139	0.351	178	0.371	89	0.208	233	0.164	151
阜新	0.083	275	0.250	179	0.259	253	0.102	273	0.190	242	0.074	254
营口	0.302	124	0.244	184	0.476	78	0.202	209	0.410	103	0.225	97
盘锦	0.331	103	0.229	192	0.383	142	0.336	105	0.464	67	0.137	187
丹东	0.117	260	0.229	193	0.414	122	0.168	236	0.256	206	0.200	119
本溪	0.191	220	0.207	206	0.344	182	0.337	104	0.441	77	0.133	191
葫芦岛	0.131	251	0.206	207	0.337	193	0.109	267	0.369	121	0.121	207
朝阳	0.116	261	0.197	211	0.330	198	0.104	272	0.326	149	0.155	160
辽阳	0.210	211	0.194	212	0.355	172	0.296	139	0.419	96	0.133	192
铁岭	0.109	264	0.179	224	0.281	237	0.247	176	0.424	90	0.103	227

资料来源：中国社会科学院城市与竞争力指数数据库。

三　辽宁省城市可持续竞争力整体表现

辽宁省城市可持续竞争力整体位居全国中游水平，14 个城市的可持续竞争力排名依次是大连、沈阳、盘锦、锦州、鞍山、辽阳、本溪、抚顺、营口、葫芦岛、丹东、阜新、铁岭、朝阳。具体来看，大连和沈阳进入全国前 50 位；进入全国第 101—200 位和第 201—299 位的城市分别有 6 个。相对于经济竞争力排名，辽宁省的城市可持续竞争力表现较好，这得益于辽宁省雄厚的科技、教育实力，相对成熟的社会事业以及对外联系的基础。从排名分布看，具有典型的分段集中分布特征。作为辽宁省区域经济的双核心，大连水平高于沈阳，其他城市差距较大。盘锦、锦州、鞍山 3 个城市集中位于第 101—120 位，在可持续发展方面水平接近。辽阳、本溪、抚顺、营口 4 个城市又集中分布在第 186—213 位；葫芦岛、丹东、阜新、铁岭、朝阳集中分布在第 241—261 位。从动态角度看，辽宁省城市可持续竞争力整体也存在明显的下滑趋势，但下滑的幅度小于经济竞争力（见图 9 - 2）。

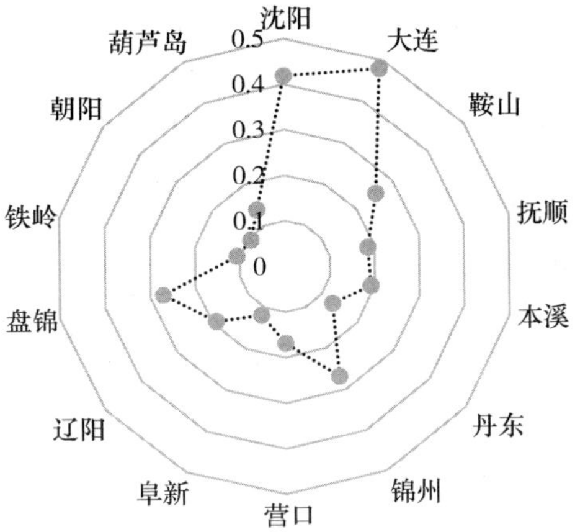

图9－2　辽宁省各城市可持续竞争力

资料来源：中国社会科学院城市与竞争力指数数据库。

四　辽宁省城市可持续竞争力分项指标表现

从城市可持续竞争力的5个分项指标来看，辽宁省表现比较突出的分项指标是全球联系。从全球联系的排名来看，进入全国前100位的有大连、沈阳、营口3个城市，进入第101—200位的城市有8个，仅有3个城市居200位之后。从科技创新的分项指标来看，辽宁省表现依旧强势。进入全国前100位的城市有5个，大连（第20位）和沈阳（第24位）进入全国前50位；进入第101—200位的城市有5个，其余4个城市均集中分布在第200—249位。从社会包容分项指标来看，辽宁省表现依旧亮眼，大连和沈阳分别居全国第9位和第16位，进入全国第100—200位的城市有7个；其余5个城市居全国200位之后。

经济活力是拉低辽宁省城市可持续竞争力排名的主要分项指标。在经济活力分项指标中，大连（第67位）和沈阳（第96位）进入全国前100位，盘锦（第150位）居第101—200位，其余11个城市居第230位之后，其中有7个城市集中分布在第270—291位。经济活力得分最低的分项指标是经济增长率指数和青年人才比例指数。从经济增长率的分项指标来看，有14个城市均居全国200位之后。从青年人才比例指数来看，仅大连和盘锦进入全国前100位，沈阳和营口居第101—200位，其余10个城市均居第200—294位。因此，辽宁省当前经济政策的重点仍然在吸引年轻劳动力，促进经济高质量增长。其余各分项指标的详细情况见表9－2。

表9－2　　辽宁省各城市可持续竞争力分项指标排名

	可持续竞争力		经济活力		环境韧性		社会包容		科技创新		全球联系	
	指数	排名	指数	排名	指数	排名	指数	排名	指数	排名	指数	排名
沈阳	0.419	42	0.424	96	0.499	71	0.856	16	0.546	24	0.572	25
大连	0.480	29	0.471	67	0.494	73	0.890	9	0.576	20	0.702	13
鞍山	0.254	117	0.076	283	0.446	100	0.459	115	0.267	81	0.170	143
抚顺	0.185	195	0.239	238	0.370	164	0.400	160	0.237	94	0.164	151
本溪	0.192	187	0.199	260	0.447	99	0.376	180	0.162	165	0.133	191
丹东	0.132	243	0.059	287	0.358	171	0.450	126	0.139	195	0.200	119
锦州	0.269	106	0.157	270	0.439	107	0.409	155	0.244	93	0.209	111
营口	0.169	213	0.210	253	0.334	192	0.431	141	0.134	200	0.225	97
阜新	0.119	250	0.000	291	0.302	214	0.304	225	0.181	149	0.074	254
辽阳	0.192	186	0.241	237	0.541	45	0.337	201	0.112	222	0.133	192
盘锦	0.272	103	0.347	150	0.643	17	0.428	144	0.123	209	0.137	187
铁岭	0.107	257	0.082	280	0.425	122	0.285	242	0.099	236	0.103	227
朝阳	0.094	261	0.074	284	0.344	187	0.326	208	0.086	249	0.155	160
葫芦岛	0.139	241	0.127	272	0.426	120	0.315	214	0.150	185	0.121	207

资料来源：中国社会科学院城市与竞争力指数数据库。

五　中心城市

从城市体系上看，大连市作为辽宁省区域经济的双核心之一，目前在经济总量、经济竞争力排名和城市可持续竞争力排名中都居于辽宁省第1位。本部分选择大连市和沈阳市做对比分析，进一步明确大连市城市竞争力的表现。

（一）大连市城市经济竞争力对比表现

大连市和沈阳市的经济竞争力排名分别居全国第63位和第87位，大连市领先24位，但是近5年两市排名大幅下滑，分别下滑了46位和65位，两市的差距也有所扩大。大连市的营商软环境和全球联系在全国仍然优势明显，两项排名均居全国第13位；当地要素、生活环境和营商硬环境排名分别居全国第 20、第 24、第 27 位。大连市在城市经济竞争力的 5 个分项指标的表现均不同程度地优于沈阳市，当地要素、生活环境、营商软环境、营商硬环境和全球联系领先位次分别为 10 位、8 位、7 位、15 位和 12 位。两市的分项指标对比情况见图 9－3。

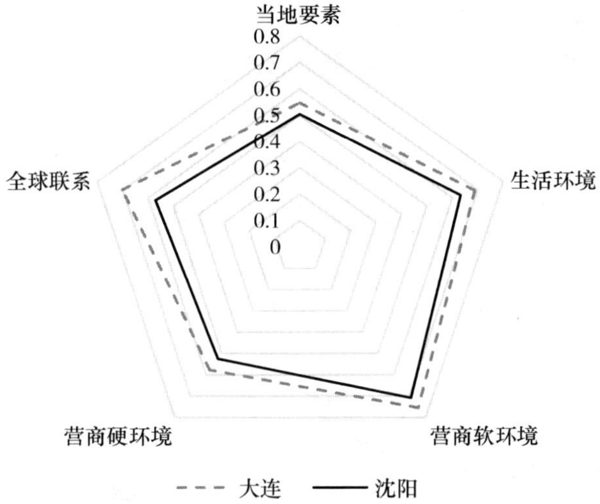

图 9－3　大连市和沈阳市经济竞争力分项指标对比

资料来源：中国社会科学院城市与竞争力指数数据库。

从分项指标的具体情况来看，大连表现比较突出的指标有营商硬环境分项指标中的自然灾害指数（第 1 位，领先 38 位）、航运便利度（第 8 位，领先 72 位）；营商软环境分项指标中的社会安全指数（第 8 位，领先 16 位）、经商便利度指数（第 16 位，领先 2 位）、产权保护指数（第 19 位，领先 2 位）、市场化指数（第 19 位，领先 2 位）、开放度指数（第 22 位，落后 2 位）。全球联系分项指标中表现最突出的是金融企业联系度（第 7 位，领先 12 位）、航运联系度（第 10 位，领先 161 位）和科技企业联系度（第 20 位，落后 11 位）。表现相对较差的分项指标是有直接市场融资便利度（第 59 位，落后 19 位）、青年人才比例指数（第 53 位，领先 57 位）、劳动力总人数（第 57 位，落后 31 位）。生活环境分项指标中的环境污染指数（第 182 位，领先 43 位）、气候舒适度指数（第 230 位，落后 29 位）和居民生活成本指数（第 253 位，落后 24 位）。

（二）大连市城市可持续竞争力对比表现

大连市和沈阳市的可持续竞争力排名居全国第29位和第42位，大连市领先13位。近5年两市排名均有小幅下滑，分别下滑了7位和12位，排名差距略微有所扩大。从分项指标排名来看，大连市的经济活力分项指标排名居全国第67位，环境韧性排名居全国第73位，这两项是拉低总体排名的主要指标。大连市表现比较突出的分析指标是社会包容（第9位）和全球联系（第13位），科技创新排名居全国第20位。从大连市和沈阳市分项指标的对比来看，除了环境韧性沈阳市领先大连市2位之外，经济活力、社会包容、科技创新和全球联系全面落后，落后位次依次为29位、7位、4位和12位。具体分项指标对比见图9－4。

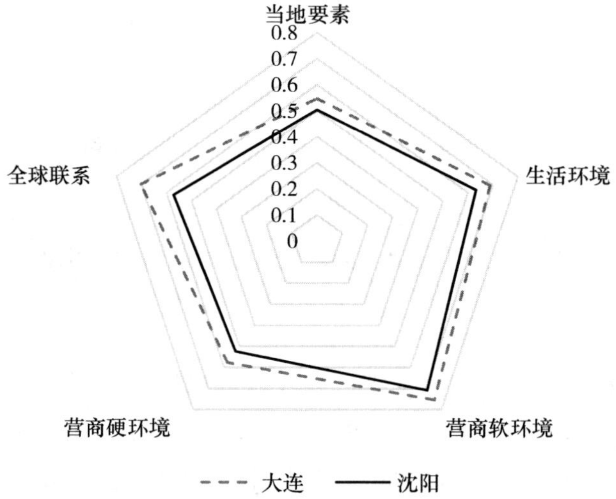

图9－4 大连市和沈阳市可持续竞争力分项指标对比

资料来源：中国社会科学院城市与竞争力指数数据库。

从分项指标来看，大连市表现突出的指标有经济活力指标中的经商便利度（第19位，领先2位）和产权保护指数（第19位，领先2位），社会包容中的社会安全指数（第8位，领先18位）、历史文化指数（第21位，落后2位）、医疗健康机构指数（第16位，落后3位）、开放度指数（第22位，落后2位）和社会公平指数（第24位，领先82位），科技创新指数中的科技企业指数（第20位，落后8位）、大学指数（第21

位，领先2位)、学术论文指数（第23位，落后2位）和专利申请指数（第29位，领先7位)，环境韧性中的生态多样性（第26位，落后23位）和全球联系中的金融企业联系度（第7位，领先12位)、航运联系度（第10位，领先161位)、网络热度（第19位，领先14位)、科技企业联系度（第20位，落后11位)、科研人员联系度（第26位，领先1位)。表现比较差的分项指标主要有：经济活力指标中的劳动生产率（第35位，领先54位)、青年人才比例指数（第53位，领先57位）和经济增长率指数（第273位，落后6位)，环境韧性中的交通便捷度（第246位，领先16位)、电力充沛度（第95位，落后19位)、气候舒适度指数（第230位，落后29位)、环境污染指数（第182位，领先43位)，社会包容中的居住成本指数（第253位，落后24位)。

（三）结论与政策建议

从城市经济竞争力和可持续竞争力的指标对比来看，第一，大连市在劳动生产率、青年人才、航运便利程度、社会公平、环境污染防控等方面大幅度领先沈阳市；第二，大连市的劳动力总人数、气候舒适度指数、居民生活成本指数、生态多样性、科技创新指数和科技企业联系度等指标的表现不及沈阳市。值得关注的是，大连和沈阳在市场化水平、高等教育、专利指数、历史文化、社会医疗、产权保护和开放度等指标十分接近。总体来看，大连市科学技术、人才资源储备雄厚，社会事业具有良好的基础，历史文化底蕴丰厚，科技基础雄厚，但是受限于地理位置居住成本较高，气候环境舒适度不高，经济活力相对较差。利用自贸试验区制度创新优势，加快体制机制改革，促进科技创新、学术论文、科研人员等科技要素加快转化，依托现有产业基础和未来战略性新兴产业发展方向，适度吸引增加青年人才当地就业。加强历史文化旅游自由的开放和宣传，采取有效措施降低生活成本，吸引更多人才流入。

第二节 中国城市竞争力（吉林省）报告

一 吉林省城市经济竞争力整体表现

吉林省城市经济竞争力排名整体位居全国下游水平，8个城市的经济竞争力排名依次是长春、吉林、辽源、松原、白山、通化、四平、白城

（见图9－5）。在全国291个城市中，仅有长春市（第60位）进入全国前100位，其余7个城市均分布在全国第201—294位。从静态角度来看城市体系，作为吉林省区域经济的单核心，长春的区域中心地位稳固，其他城市都与长春差距较大。从动态角度来看，吉林省城市经济竞争力整体下滑趋势明显。从近5年经济竞争力排名来看，8个城市都存在不同程度的大幅度下滑，其中长春下滑17位，吉林和松原排名分别下滑120位和129位。

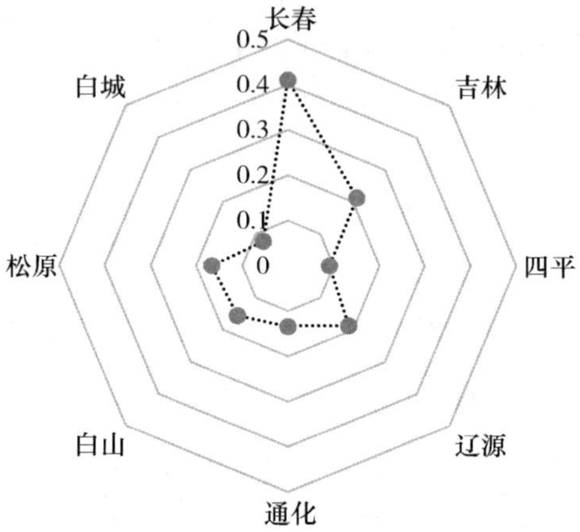

图9－5 吉林省各城市经济竞争力

资料来源：中国社会科学院城市与竞争力指数数据库。

二 吉林省城市经济竞争力分项指标表现

从城市经济竞争力的分项指标来看，表现较差的分项指标是生活环境。在生活环境中，排名最高的是吉林（第110位），除了长春（第144位）外，其余6个城市均集中分布在第215—287位，差距不大。当地要素分项指标排名进入全国前100位的有长春（第25位）和吉林（第44位），四平居第146位，其余5个城市均位于第201—282位。营商软环境分项排名中长春（第27位）、吉林（第52位）进入全国前100位，白山居第151位，其余5个城市均居全国第221—287位。营商硬环境排名仅长春（第78位）进入全国前100位，3个城市居全国第101—200位，3个城市居第202—270位。全球联系排名，长春（第36位）进入全国前100位，3个城市居第101—200位，其余4个城市居第209—283位。各指标排名见表9－3。

表9-3　　吉林省各城市经济竞争力分项指标

	经济竞争力		当地要素		生活环境		营商软环境		营商硬环境		全球联系	
	指数	排名	指数	排名	指数	排名	指数	排名	指数	排名	指数	排名
长春	0.411	60	0.527	25	0.382	144	0.631	27	0.439	78	0.495	36
吉林	0.212	209	0.443	44	0.428	110	0.490	52	0.344	140	0.170	144
四平	0.091	271	0.281	146	0.277	241	0.189	221	0.216	227	0.121	209
辽源	0.187	223	0.134	250	0.250	259	0.024	287	0.301	167	0.145	178
通化	0.134	249	0.194	213	0.305	215	0.072	280	0.291	173	0.029	283
白山	0.156	241	0.059	282	0.111	284	0.274	151	0.268	199	0.144	179
松原	0.166	234	0.153	242	0.241	263	0.163	241	0.263	202	0.089	244
白城	0.077	277	0.103	264	0.079	287	0.066	281	0.136	270	0.121	208

资料来源：中国社会科学院城市与竞争力指数数据库。

三　吉林省城市可持续竞争力整体表现

吉林省城市可持续竞争力排名居全国中游偏下水平，但是整体表现要强于经济竞争力排名。从各城市的具体排名来看，排名依次为长春、吉林、四平、松原、通化、辽源、白山、白城。长春市（第44位）进入全国前100位，吉林（第115位）和四平（第150位）进入全国第101—200位，其余5个城市居全国第201—294位（见图9-6）。

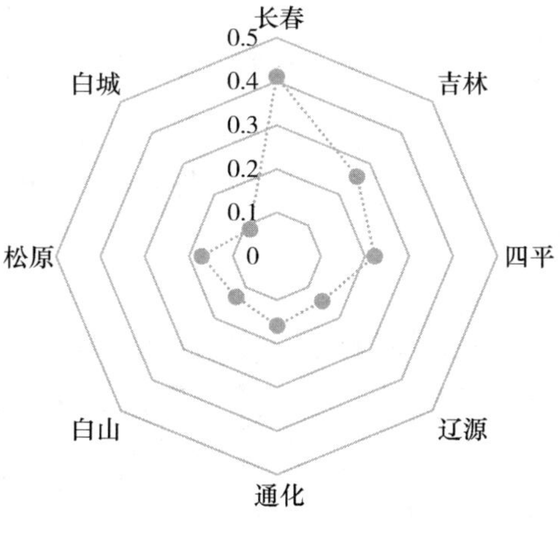

图9-6　吉林省各城市可持续竞争力

资料来源：中国社会科学院城市与竞争力指数数据库。

相对于经济竞争力表现，吉林省的城市可持续竞争力表现相对较好。除了长春市外，其余7个城市的经济竞争力排名的集中分布在200位之后。城市可持续竞争力长春市单一核心地位稳固，其余7个城市具有一定的分化特征。吉林和四平集中位于第115—150位，在可持续竞争力方面水平接近。松原、通化、辽源、白山、白城5个城市又集中分布在第210—265位，可持续竞争力水平差距不大，但是在全国的排名整体靠后。从动态角度看，吉林省城市可持续竞争力整体也存在明显的下滑趋势，但下滑的幅度远远小于经济竞争力，其中四平市上升了4位，长春市下降了8位，其余6个城市的下滑幅度在16—91位。

四 吉林省城市可持续竞争力分项指标表现

从城市可持续竞争力的分项指标来看（见表9－4），经济活力指标和环境韧性指标是拉低吉林省城市可持续竞争力的主要因素。其中，环境韧性指标排名中，吉林省8个城市均没有进入全国前100位，排名最靠前的是四平（第121位）。辽源（第125位）和通化（第149）进入第101—200位，其余5个城市，包括长春（第242位）均居第224—289位，整体发展水平居全国末尾位置。从经济活力指标来看，全省仅长春市（第66位）进入全国前100位，其余7个城市均集中分布在第244—290位，整体发展水平差距不大，但整体落后。从社会包容指数来看，两极分化严重。长春、吉林、白山3个城市进入全国前100名，其中长春居全国第28位。其余5个城市均居全国第235—271位，两极分化特征十分突出。科技创新指标表现相对突出。长春（第21位）和吉林（第31位）进入全国前100名，5个城市均集中分布在全国第230—282位，差距较小，整体落后。

表9－4 吉林省各城市可持续竞争力分项指标

	可持续竞争力		经济活力		环境韧性		社会包容		科技创新		全球联系	
	指数	排名	指数	排名	指数	排名	指数	排名	指数	排名	指数	排名
长春	0.411	44	0.474	66	0.290	224	0.742	28	0.565	21	0.495	36
吉林	0.258	115	0.212	251	0.181	273	0.706	35	0.491	31	0.170	144

续表

	可持续竞争力		经济活力		环境韧性		社会包容		科技创新		全球联系	
	指数	排名	指数	排名	指数	排名	指数	排名	指数	排名	指数	排名
四平	0.222	150	0.062	286	0.425	121	0.248	258	0.207	119	0.121	209
辽源	0.145	234	0.088	279	0.420	125	0.224	270	0.052	278	0.145	178
通化	0.159	221	0.056	288	0.381	149	0.223	271	0.098	238	0.029	283
白山	0.131	245	0.229	244	0.154	279	0.495	95	0.049	282	0.144	179
松原	0.171	210	0.114	276	0.274	232	0.291	235	0.107	230	0.089	244
白城	0.087	265	0.040	290	0.040	289	0.285	243	0.102	234	0.121	208

资料来源：中国社会科学院城市与竞争力指数数据库。

五　中心城市

长春是吉林省的省会、中心城市，是全国35个大中城市之一。作为吉林省城市体系的头部城市、区域经济的唯一核心城市，长春各项指标在省内遥遥领先。但是在全国大中城市中的排名有所下滑。本部分选择长春市和吉林市做对比分析，进一步明确长春市经济竞争力的表现。

（一）长春市城市经济竞争力对比表现

长春市的经济竞争力排名全国第60位。从分项指标排名来看，依次是当地要素（第25位）、营商软环境（第27位）、全球联系（第36位）、营商硬环境（第78位）和生活环境（第144位），吉林市前四项指标分别落后19位、25位、208位和62位，但生活环境领先34位。两市分项指标对比见图9－7。

具体看各分项指标，长春市表现相对突出的有当地要素中的间接市场融资便利度（第14位，领先66位）、学术论文指数（第19位，落后1位）和劳动力总数（第34位，领先84位），营商软环境分项指标中的大学指数（第19位，领先3位）、产权保护指数（第28位，领先86位）、开放度指数（第36位，领先3位）和市场化指数（第45位，领先68位），全球联系分项指标中的科研人员联系度（第15位，领先66位）、科技企业联系度（第21位，领先36位）和金融企业联系度（第31位，领先59位）。表现相对较差的有生活环境分项指标中的市民消费水平指数（第

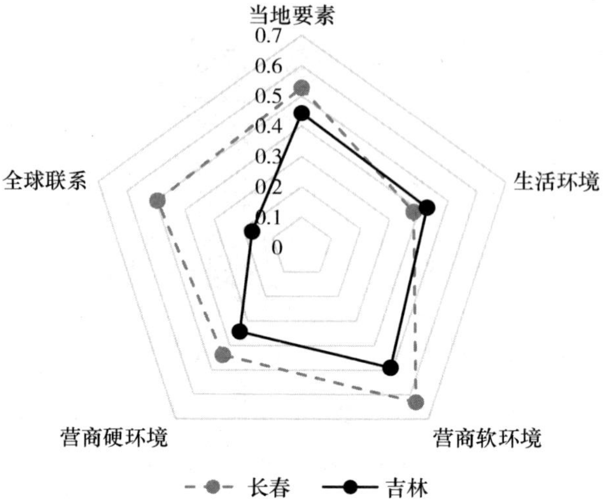

图9－7 长春市和吉林市经济竞争力分项指标对比

资料来源：中国社会科学院城市与竞争力指数数据库。

103位，领先123位）、健体休闲设施指数（第103位，落后45位）、环境污染度指数（第240位，落后23位）、居住成本指数（第247位，落后83位），营商软环境分项指标中的社会安全指数（第95位，领先80位）以及营商硬环境中的电力充沛度（第116位，领先86位）、交通便捷度（第275位，落后19位）、直接市场融资便利度（第44位，领先57位）、专利申请指数（第42位，领先1位）、青年人才比例指数（第40位，领先49位）。

（二）长春市城市可持续竞争力对比表现

长春市和吉林市的可持续竞争力排名分别居全国第44位和第115位。从5个分项指标表现来看，依次是科技创新（第21位）、社会包容（第28位）、全球联系（第36位）、经济活力（第66位）和环境韧性（第224位），吉林市分别落后10位、7位、108位、185位和49位。两市分项指标的对比见图9－8。

具体看各分项指标，长春市表现相对突出的有经济活力分项指标中的产权保护指数（第28位，领先86位）和青年人才比例指数（第40位，领先79位），环境韧性分项指标中的生态多样性（第9位，领先24位），社会包容分项指标中的社会公平指数（第27位，领先85位）、开放度指数（第36位，领先3位）和医疗健康机构指数（第36位，领先

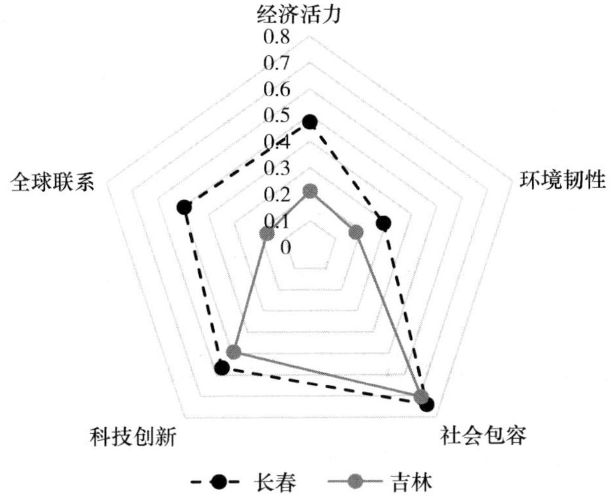

图9－8　长春市和吉林市可持续竞争力分项指标对比

资料来源：中国社会科学院城市与竞争力指数数据库。

110位），科技创新分项指标中的学术论文指数（第19位，落后1位）、大学指数（第19位，领先3位）、文化设施指数（第21位，落后6位）和科技企业指数（第25位，领先48位）以及全球联系分项指标中的科研人员联系度（第15位，领先36位）、科技企业联系度（第21位，领先66位）、金融企业联系度（第31位，领先59位）。表现相对较差的指标有劳动生产率（第91位，领先82位）、经济增长率（第233位，领先47位）、交通便捷度（第275位，落后19位）、电力充沛度（第116位，领先86位）、环境污染度指数（第240位，落后23位）、居住成本指数（第247位，落后83位）、航运联系度（第240位，领先9位）。

（三）结论与政策建议

从城市经济竞争力和可持续竞争力的指标对比来看，第一，长春市在劳动力与青年人才、劳动生产率、市场化水平、电力能源保障、产权保护与企业融资便利、居民消费水平以及社会医疗等方面大幅度领先吉林市；第二，长春市作为省会城市在居住成本、健体休闲文化等设施、环境污染治理方面显著落后于吉林市，应当着力改善，这没有体现出省会城市应有的城市治理水平；第三，值得关注的是，长春市在大学、科技人员、科技企业方面显著领先于吉林市，但是在学术论文方面的表现却略微落后于吉林市。总体来看，长春市高等教育和科技人才储备丰富，科技创新基础条件雄厚，社会医疗等基础条件优势明显，生物多样性和文化资源丰厚，但是气候舒适度较差，环境污染比较严重，经济活力不强。采取有力措施降低生活成本和改善环境，吸引高校毕业生本地就业。利用现有科技基础，培养新的高技术产业。发挥长春市科技人才和创新成果优势，加快转化为经济增长动力，加快产业结构调整步伐。

第三节 中国城市竞争力（黑龙江省）报告

一 黑龙江省城市经济竞争力整体表现

黑龙江省城市经济竞争力居于全国比较落后的位置。从最新的排名来看，黑龙江省12个城市的经济竞争力排名依次为哈尔滨、大庆、佳木斯、齐齐哈尔、牡丹江、绥化、七台河、双鸭山、鸡西、黑河、鹤岗和宜春（见图9－9）。没有城市进入全国前100名，哈尔滨（第141位）和大庆（第165位）进入全国第101—200位，其余10个城市均集中分布在全国第235—291位，其中5个城市集中分布在第235—252位，各城市发展水平差距不大，整体落后。

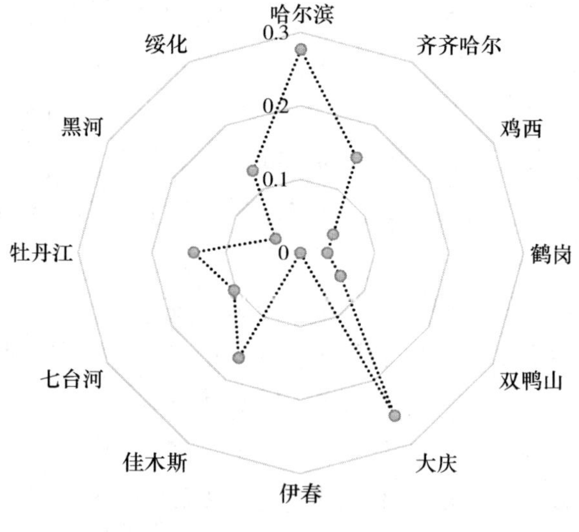

图9－9 黑龙江省各城市经济竞争力

资料来源：中国社会科学院城市与竞争力指数数据库。

二 黑龙江省城市经济竞争力分项指标表现

从城市经济竞争力的分项指标来看，经济活力指标和环境韧性指标是制约黑龙江省城市经济竞争力指标提升的主要因素。从经济活力指标来看，黑龙江省没有城市进入全国前100名，除哈尔滨（第108位），其余11个城市均居第200位之后。从环境韧性指标来看，同样没有城市进入全国前100位，除鸡西（第173位）、七台河（第195位）和牡丹江（第196位），其余9个城市均位居第245—288位，分布非常集中，城市间差异很小。从社会包容指标来看，仅哈尔滨（第29位）进入全国前100位，3个城市居全国第101—200位，8个城市居全国第230—290位。科技创新表现相对较好，哈尔滨（第23位）和大庆（第90位）进入全国前100名，3个城市居全国第101—200位。从全球联系来看，哈尔滨（第27位）进入全国前100名，除鹤岗（第161位）外，其余10个城市均居全国211位之后。各指标情况见表9－5。

表9－5 黑龙江省各城市经济竞争力分项指标

	经济竞争力		当地要素		生活环境		营商软环境		营商硬环境		全球联系	
	指数	排名	指数	排名	指数	排名	指数	排名	指数	排名	指数	排名
哈尔滨	0.277	141	0.511	29	0.437	102	0.670	24	0.320	153	0.566	27
齐齐哈尔	0.150	242	0.327	106	0.120	283	0.192	218	0.259	204	0.105	224
鸡西	0.051	284	0.104	263	0.308	214	0.074	279	0.174	248	0.058	265
鹤岗	0.036	287	0.008	290	0.013	289	0.075	277	0.282	182	0.154	161
双鸭山	0.062	281	0.000	291	0.034	288	0.057	282	0.289	176	0.118	211
大庆	0.255	165	0.349	91	0.226	265	0.286	143	0.264	201	0.101	230
伊春	0.000	291	0.033	288	0.000	291	0.028	286	0.214	229	0.003	290
佳木斯	0.165	235	0.218	199	0.132	281	0.135	259	0.290	174	0.090	242
七台河	0.103	265	0.052	284	0.243	261	0.018	290	0.171	250	0.000	291
牡丹江	0.144	245	0.252	176	0.355	173	0.203	207	0.282	183	0.050	276
黑河	0.038	286	0.063	280	0.161	277	0.108	269	0.172	249	0.102	228
绥化	0.129	252	0.124	257	0.009	290	0.252	170	0.285	180	0.044	277

资料来源：中国社会科学院城市与竞争力指数数据库。

三 黑龙江省城市可持续竞争力整体表现

黑龙江省的城市可持续竞争力表现稍好于经济竞争力，但仍然处于全国下游水平。从城市的具体排名来看，排名依次为哈尔滨、鹤岗、双鸭山、齐齐哈尔、黑河、大庆、佳木斯、鸡西、牡丹江、绥化、伊春和七台河。仅哈尔滨（第70位）进入全国前100位，大庆（第104位）和佳木斯（第199位）居全国第101—200位，其余11个城市均集中分布在全国第236位之后。黑龙江省各城市可持续竞争力见图9－10。

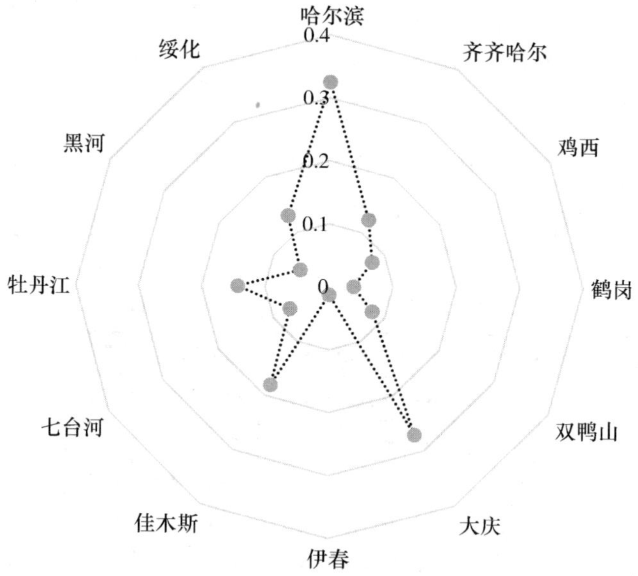

图9－10 黑龙江省各城市可持续竞争力

资料来源：中国社会科学院城市与竞争力指数数据库。

四 黑龙江省城市可持续竞争力分项指标表现

从城市可持续竞争力的分项指标来看，经济活力和环境韧性两项指标是拉低黑龙江省城市可持续竞争力排名的主要因素，这两项指标没有城市进入全国前100位。从经济活力指标来看，仅哈尔滨（第108位）进入前200位，其余11个城市均集中分布在第209—289位，其中8个城市居第266—289位。从环境韧性指标来看，鸡西、七台河、牡丹江进入全国前200位，其余11个城市集中分布在全国第249—288位。科技创新指数是相对强势分项指标。哈尔滨（第23位）和大庆（第90位）进入全国前100位，齐齐哈尔、牡丹江和佳木斯居全国第101—200位，其余7个城市均居全国第225位之后。社会包容指标表现相对较好。哈尔滨（第29位）进入全国前100位，大庆、齐齐哈尔和黑河居全国第101—200位，其余8个城市集中分布在第230—275位。从全球联系指标来看，哈尔滨（第27位）进入全国前100位，除鹤岗（第161位），其余10个城市均居全国第211—291位（见表9－6）。

表9－6　　　　黑龙江省各城市可持续竞争力分项指标

	可持续竞争力		经济活力		环境韧性		社会包容		科技创新		全球联系	
	指数	排名	指数	排名	指数	排名	指数	排名	指数	排名	指数	排名
哈尔滨	0.325	70	0.400	108	0.145	282	0.741	29	0.560	23	0.566	27
大庆	0.271	104	0.251	232	0.245	245	0.472	107	0.247	90	0.101	230
佳木斯	0.181	199	0.277	209	0.200	266	0.242	261	0.144	190	0.090	242
牡丹江	0.143	236	0.270	215	0.330	196	0.296	230	0.164	161	0.050	276
绥化	0.130	246	0.247	235	0.165	277	0.289	238	0.050	280	0.044	277
齐齐哈尔	0.123	248	0.166	268	0.050	288	0.433	139	0.217	111	0.105	224
双鸭山	0.078	270	0.077	282	0.195	268	0.228	268	0.000	291	0.118	211
鸡西	0.078	271	0.106	277	0.356	173	0.156	281	0.111	225	0.058	265
七台河	0.070	275	0.117	275	0.330	195	0.104	288	0.006	290	0.000	291
黑河	0.052	282	0.177	266	0.069	286	0.383	174	0.060	270	0.102	228
鹤岗	0.039	287	0.054	289	0.184	272	0.231	266	0.035	285	0.154	161
伊春	0.013	290	0.072	285	0.058	287	0.041	290	0.071	264	0.003	290

资料来源：中国社会科学院城市与竞争力指数数据库。

五　中心城市

哈尔滨市是黑龙江省的省会城市、中心城市，是全国35个大中城市之一。本部分选择哈尔滨市对城市竞争力作进一步分析。作为黑龙江省城市体系的头部城市、区域经济的唯一核心城市，哈尔滨市多项指标在省内遥遥领先，大幅度领先原来作为双核心之一的大庆市。但从全国35个大中城市的排位来看，位次有所下滑。

（一）哈尔滨市城市经济竞争力对比表现

哈尔滨市和大庆市的经济竞争力分别居全国第141位和第165位，近5年两市排名大幅度下滑，分别下滑76位和117位。大庆市受限于资源型城市转型、新旧动能转换的影响，排名大幅落后。从分项指标来看，哈尔滨市的排名依次为营商软环境（第24位）、全球联系（第27位）、当地要素（第29位）、生活环境（第102位）和营商硬环境（第153位），大庆市这5个指标均有较大差距，落后位次分别为119位、203位、62位、163位和48位。两市分项指标对比情况见图9－11。

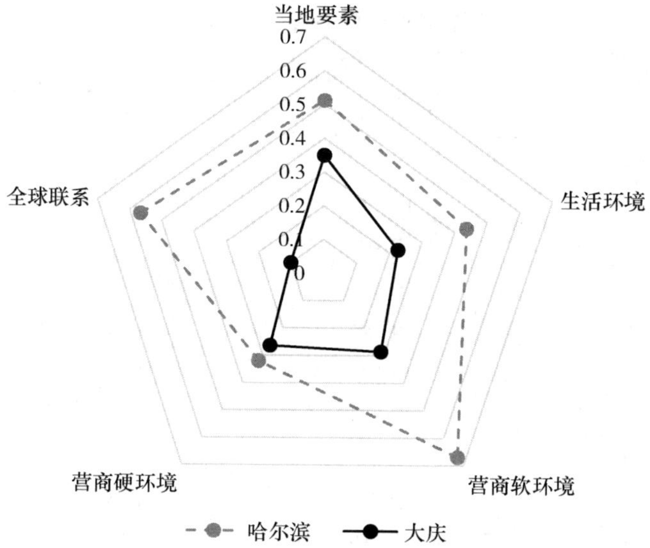

图9－11　哈尔滨市和大庆市经济竞争力分项指标对比

资料来源：中国社会科学院城市与竞争力指数数据库。

具体看各分项指标，哈尔滨市表现相对突出的有当地要素分项指标中的劳动力总数（第10位，领先165位）、学术论文指数（第11位，领先54位），营商软环境分项指标中的大学指数（第9位，领先131位）和经商便利度指数（第30位，领先144位），生活环境中分项指标的历史文化指数（第21位，领先140位）和健体休闲设施指数（第30位，领先132位），全球联系分项指标中的科研人员联系度（第14位，领先133位）、网络热度（第15位，领先143位）、金融企业联系度（第23

位，领先67位）和科技企业联系度（第27位，领先30位）。表现相对较差的分项指标有当地要素分项指标中的青年人才比例指数（第66位，落后11位），生活环境分项指标中的市民消费水平指数（第73位，落后13位）、居住成本指数（第204位，落后184位）、环境污染度指数（第228位，落后42位）和气候舒适度指数（第279位，领先5位），以及营商硬环境分项指标中的电力充沛度（第160位，落后28位）和交通便捷度（第277位，落后138位）。

（二）哈尔滨市城市可持续竞争力对比表现

哈尔滨市和大庆市的可持续竞争力排名分别居全国第70位和第104位。近5年两市排名明显下滑，分别下滑12位和60位。大庆市排名下滑幅度更大。从分项指标来看，哈尔滨市的分项指标排名依次为科技创新（第23位）、全球联系（第27位）、社会包容（第29位）、经济活力（第108位）和环境韧性（第282位），前四项指标大庆市分别落后67位、203位、78位和124位，但环境韧性指标领先37位。经济活力和环境韧性两项指标是拉低哈尔滨市可持续竞争力水平的主要分项指标。两市分项指标对比情况见图9－12。

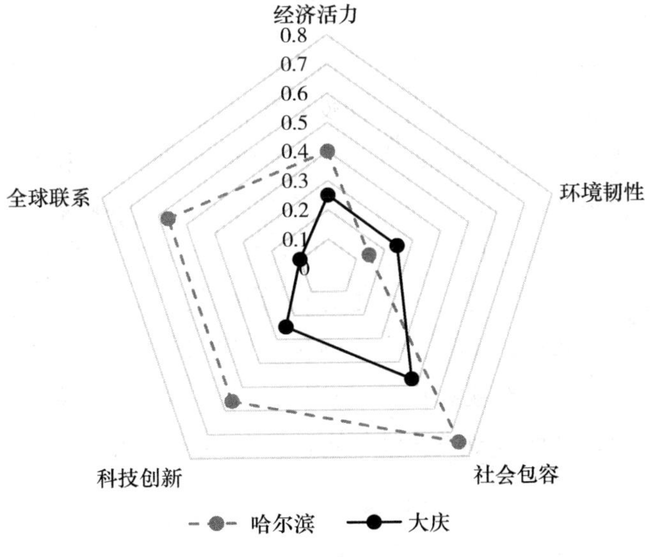

图9－12　哈尔滨市和大庆市可持续竞争力分项指标对比

资料来源：中国社会科学院城市与竞争力指数数据库。

具体看各分项指标，哈尔滨市表现相对突出的有经济活力分项指标中的经商便利度（第30位，领先144位），科技创新分项指标中的大学指数（第9位，领先131位）、文化设施指数（第23位，领先29位），社会包容分项指标中的历史文化指数（第21位，领先140位）和开放度指数（第34位，领先47位），全球联系分项指标中的科研人员联系度指数（第14位，领先133位）、网络热度指数（第15位，领先143位）、金融企业联系度指数（第23位，领先67位）、科技企业联系度指数（第27位，领先67位）和航空联系度（第46位，领先183位）。哈尔滨市相对比较落后的指标有经济活力分项指标中的青年人才比例指数（第66位，落后11位）、劳动生产率（第188位，落后143位）和经济增长率（第250位，领先36位），环境韧性分项指标中的交通便利度（第277位，落后136位）、电力充沛度（第160位，落后28位）、气候舒适度指数（第279位，领先5位）、环境污染度指数（第228位，落后42位），社会包容分项指标中的社会安全指数（第164位，领先105位）、居住成本指数（第204位，落后184位）。

（三）结论与政策建议

从城市经济竞争力和可持续竞争力的指标对比来看，第一，哈尔滨市在科技创新、高等教育、历史文化、市场开放等方面大幅度领先于大庆市；第二，哈尔滨市作为省会城市在生活成本、劳动生产率方面显著落后于大庆市，应当着力改善，这没有发挥出集聚经济带来的好处；第三，哈尔滨市在电力充沛度、青年人才比例、环境污染和经济增长方面的表现略微落后于大庆市，应当给予充分重视。总体来看，根据各项指标的表现，哈尔滨市科技、教育、文化和对外开放基础都有一定的优势，但居住成本高、环境韧性差，青年劳动力和劳动生产率方面等存在明显劣势。基于现有条件，应当充分发挥科技资源优势、加快成果转化，培养新产业、新模式和新业态。利用文化魅力和生态多样性条件发展现代文化旅游产业，采取有效措施降低生活居住成本，吸引更多年轻劳动力在当地就业。

第十章

中国（中部地区）城市竞争力报告

蔡书凯　郭　晗　刘　凯[①]

第一节　中国城市竞争力(江西省)报告

一　经济竞争力表现及其变化

（一）经济竞争力的全省地位及其变化

江西省位于长江中上游地区，近邻长珠闽，生态环境优良，文化资源丰富，2020年江西省城市经济竞争力总体处于全国中游水平。省内南昌、赣州、九江等一批城市在综合经济竞争力总体和分项方面表现相对突出，各城市的生活环境得分较高，但全球联系相对处于短板地位。经济竞争力各维度得分如图10－1所示。

（二）经济竞争力的省内格局及其变化

大南昌都市圈城市的经济竞争力呈上升趋势。如大南昌都市圈的重要成员九江市上升50位。抚州、上饶市的排名分别上升6位和19位。

赣南等原中央苏区和其他革命老区的振兴发展则有了长足的发展。如赣州市的经济竞争力排名提升了34位，吉安市的经济竞争力排名提升了8位。

南昌继续保持一枝独秀。从综合经济竞争力来看，2020年江西城市平均综合经济竞争力仍处于全国省区市中下水平。从城市层面来看，南

① 本章江西省、安徽省部分由蔡书凯撰写，河南省、山西省部分由郭晗撰写，湖北省、湖南省部分由刘凯撰写。

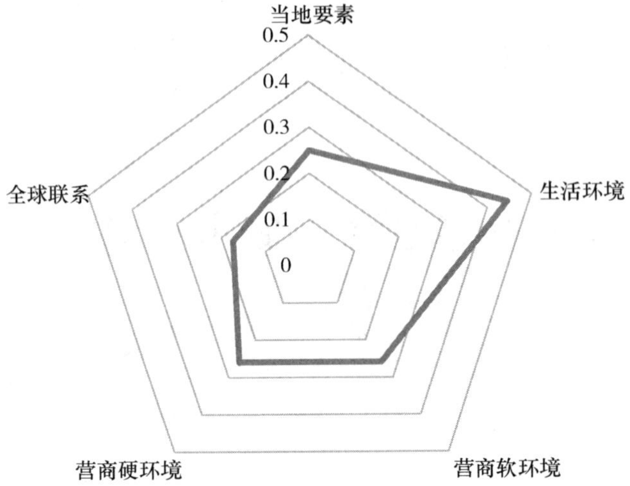

图 10－1 江西省经济竞争力雷达图

资料来源：中国社会科学院城市与竞争力指数数据库。

昌作为江西省的省会，是江西省综合经济竞争力唯一进入前 50 名的城市，各方面发展情况要明显好于其他城市（见表 10－1 和表 10－2）。

表 10－1 江西省各城市经济竞争力指数和排名

	指数	排名
南昌	0. 495	40
鹰潭	0. 334	99
新余	0. 309	117
九江	0. 278	139
赣州	0. 271	146
萍乡	0. 263	158
上饶	0. 260	163
景德镇	0. 222	199
宜春	0. 221	201
吉安	0. 212	210
抚州	0. 178	229

资料来源：中国社会科学院城市与竞争力指数数据库。

表 10－2 江西省各城市经济竞争力排名变化情况

	2020 年数据	2020 年排名	2015 年数据	2015 年排名	排名差
南昌	0.495	40	0.485	47	7
鹰潭	0.334	99	0.290	133	34
新余	0.309	117	0.355	86	－31
九江	0.278	139	0.222	189	50
赣州	0.271	146	0.231	180	34
萍乡	0.263	158	0.297	123	－35
上饶	0.260	163	0.230	182	19
景德镇	0.222	199	0.217	193	－6
宜春	0.221	201	0.182	217	16
吉安	0.212	210	0.181	218	8
抚州	0.178	229	0.162	235	6

资料来源：中国社会科学院城市与竞争力指数数据库。

二 经济竞争力解释

（一）经济竞争力的全省地位及其变化的解释

近年来，江西经济发展的整体效能不断提升，经济竞争力有所提升。江西省先后出台大南昌都市圈发展规划、高铁经济带发展规划和新一轮支持赣东北开放合作、赣西转型升级政策措施，力争把江西省建设成为“富裕、和谐、秀美”的新江西。

大南昌都市圈的九江、抚州、上饶等市经济竞争力表现不佳主要是由于其营商硬环境得分不高，全球联系也有待进一步强化。赣南等原中央苏区和其他革命老区的振兴发展极大地改善了当地的生活环境，有力地提升了其城市经济竞争力，但其在营商硬环境、营商软环境等方面依然存在较大的改善空间（见表 10－3）。

表 10－3 2020 年江西省各城市经济竞争力各分项排名

	当地要素	生活环境	营商软环境	营商硬环境	全球联系
南昌	38	34	35	89	30
景德镇	188	106	193	188	137

续表

	当地要素	生活环境	营商软环境	营商硬环境	全球联系
萍乡	258	149	239	237	286
九江	122	49	99	175	154
新余	190	202	219	131	248
鹰潭	236	220	243	147	156
赣州	82	55	146	224	124
吉安	140	76	190	273	162
宜春	219	129	174	191	259
抚州	265	120	149	253	120
上饶	143	72	223	236	174

资料来源：中国社会科学院城市与竞争力指数数据库。

（二）经济竞争力的省内格局及其变化的解释

南昌市在省内经济竞争力的优势是全方位的，其在当地要素、生活环境、营商软环境、营商硬环境、全球联系等维度均处于全省领跑地位。赣南等原中央苏区和其他革命老区则在生活环境这一指标表现突出。九江虽然经济竞争力在下降，但较好的区位优势、历史底蕴，其在生活环境、营商软环境等指标上依然可以傲视除南昌以外的其他城市。景德镇各项指标均相对均衡，但近几年排名下降较快，主要是由于其无论是在经济上还是在瓷器的知名度上，都大不如从前，对外来人口吸引力也较低。

三 可持续竞争力表现及其变化

（一）可持续竞争力的全省地位及其变化

江西省可持续竞争力水平不佳，总体排名处于全国中下游。相对来说，社会包容指数较强，但科技创新能力和全球联系相对处于短板地位（见图 10－2）。

（二）可持续竞争力的省内格局及其变化

南昌排名一骑绝尘。可持续竞争力排名前 100 的城市中，江西省仅有南昌市名列其中。吉安和抚州位列 200 名开外。省内各城市与省会城市南昌的差距均较大。亮点是九江市、宜春市的可持续竞争力与 2015 年有了

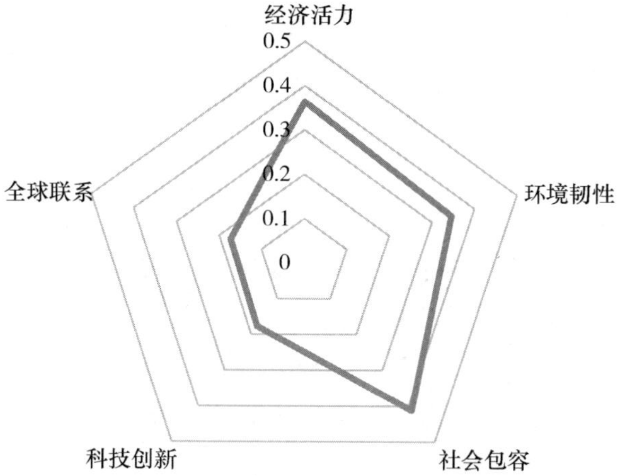

图 10－2　江西省可持续竞争力雷达图

资料来源：中国社会科学院城市与竞争力指数数据库。

很大程度的提升（见表 10－4）。得益于较强的经济活力和社会包容度，九江市的排名提高了 82 位。

表 10－4　　江西省各城市可持续竞争力排名变化情况

	2020 年数据	2020 年排名	2015 年数据	2015 年排名	排名差
南昌	0.429	37	0.438	38	1
景德镇	0.252	118	0.274	115	－3
新余	0.245	125	0.264	125	0
九江	0.244	126	0.172	208	82
萍乡	0.222	151	0.261	128	－23
鹰潭	0.206	172	0.235	151	－21
宜春	0.205	176	0.134	230	54
赣州	0.204	178	0.289	103	－75
上饶	0.193	185	0.239	149	－36
吉安	0.174	209	0.170	209	0
抚州	0.161	218	0.133	232	14

资料来源：中国社会科学院城市与竞争力指数数据库。

大多数城市呈下降趋势。除九江、宜春、抚州外，其他城市的可持续竞争力不断下降。南昌则基本保持不变。说明江西省整体上可持续竞争力状况堪忧。

四 可持续竞争力解释

（一）可持续竞争力的全省地位及其变化的解释

得益于在经济活力、环境韧性、社会包容、科技创新、全球联系等方面均表现较好，南昌市的可持续竞争力在省内一枝独秀。未来，如何把南昌、赣州等中心城市的优势转化为城市的竞争优势，把九江、上饶等城市的交通区位优势转化为发展优势，如何打破景德镇、新余等传统产业城市的创新驱动是提升江西省各城市可持续竞争力需要重点突破的瓶颈。

（二）可持续竞争力的省内格局及其变化的解释

江西省除南昌外，其他城市在经济活力、环境韧性、社会包容、科技创新、全球联系等方面均表现不温不火，均在100名开外，200名左右（见表10－5）。九江经济活力、社会包容分别居第75位、第86位，赣州经济活力居第86位。大多数城市的可持续经济力表现中规中矩，既没有突出亮点也没有特别靠后。

表10－5　　2020年江西省各城市可持续竞争力各分项排名

	经济活力	环境韧性	社会包容	科技创新	全球联系
南昌	31	89	63	27	30
景德镇	186	152	207	162	137
萍乡	249	169	179	229	286
九江	75	189	86	133	154
新余	212	113	199	186	248
鹰潭	141	101	221	254	156
赣州	86	234	140	100	124
吉安	156	248	131	177	162
宜春	159	219	121	202	259

续表

	经济活力	环境韧性	社会包容	科技创新	全球联系
抚州	168	250	176	246	120
上饶	146	198	191	199	174

资料来源：中国社会科学院城市与竞争力指数数据库。

五　中心城市

南昌是江西省的省会，其经济竞争力在全国排名第46位，第二位的鹰潭排名第99位。具体来看，南昌在当地要素、生活环境、营商软环境、营商硬环境、全球联系等分项全面超过鹰潭，但在35个大中城市中的排名比较靠后（见图10-3）。

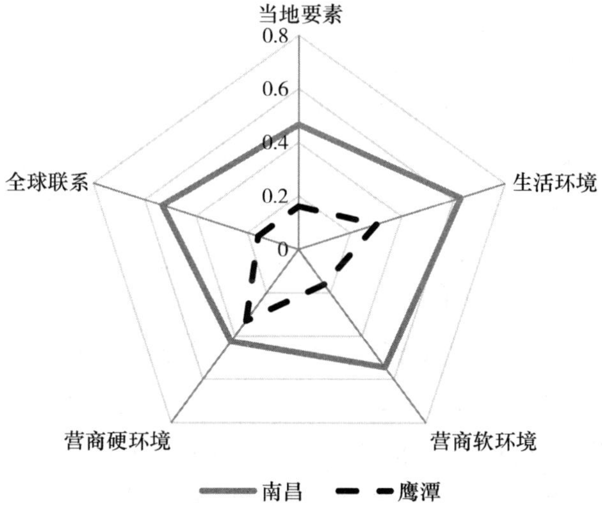

图10-3　江西省经济竞争力排名第一、第二城市雷达图

资料来源：中国社会科学院城市与竞争力指数数据库。

南昌的可持续竞争力在全国排名第37位，第二位的景德镇则排名第118位，南昌的排名遥遥领先。在经济活力、环境韧性、社会包容、科技创新和全球联系等分项指标上，南昌全面领先于景德镇，在35个大中城市中的排名也相对靠后（见图10-4）。

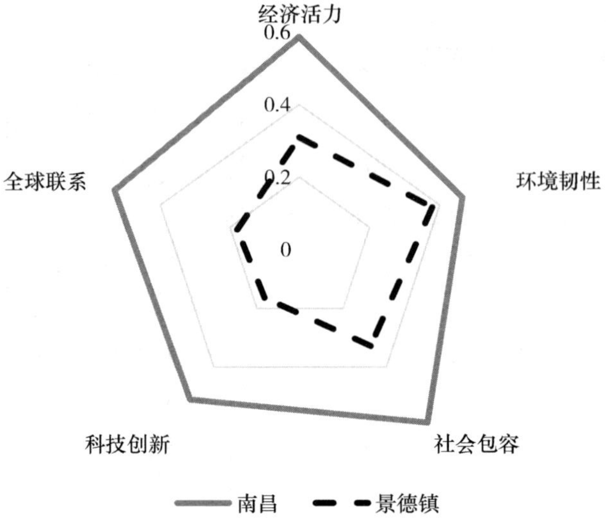

图 10-4 江西省可持续竞争力排名第一、第二城市雷达图

资料来源：中国社会科学院城市与竞争力指数数据库。

未来，需要进一步提升省会南昌的城市集聚能力和辐射带动能力，扩大城市人口规模，强化软环境建设，使其成为带头大南昌都市圈发展的龙头城市，引领江西区域经济高质量发展。出台基于都市圈发展的国土空间、城镇体系、综合交通、产业布局、生态环境等规划，提升“引领圈”首位度。增强都市圈赣风鄱韵和科技支撑，打造高端产业集聚、区域城乡互促、创新创业活跃、宜居宜业宜游的都市圈命运共同体。在做大做强首位城市南昌市的基础上，进一步扶持九江市、新余市、抚州市、宜春市等二级中心城市的建设，进而推动形成区域发展格局的“升级版”——“一圈引领、两轴驱动、三区协同”发展。

第二节 中国城市竞争力（安徽省）报告

一 经济竞争力表现及其变化

（一）经济竞争力的全省地位及其变化

2018 年安徽省城市竞争力总体处于全国中上游水平。省内合肥、芜湖、马鞍山、铜陵等一批城市在综合经济竞争力总体和分项方面均表现优异，特别是在营商硬环境方面表现突出（见图 10－5）。

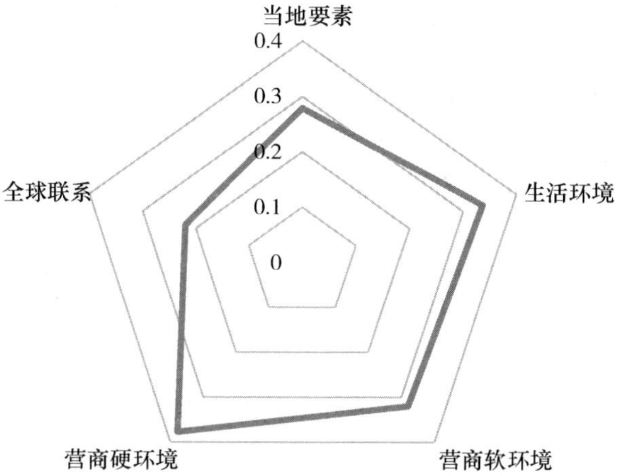

图 10－5　安徽省经济竞争力雷达图

资料来源：中国社会科学院城市与竞争力指数数据库。

（二）经济竞争力的省内格局及其变化

整体均有较大程度提升。与 2015 年相比，安徽省的城市经济竞争力处于不断提升状态。

皖北表现更突出。近年来，安徽省内格局正在发生重大变化，虽然省内南北发展水平差距历来较大，但南北差异有不断缩小的趋势。2015 年与 2020 年数据相比，皖北的宿州、蚌埠、滁州城市经济竞争力指标增幅继续高于全省平均水平，安徽正变得越来越均衡（见表 10－6 和表 10－7）。

表 10－6　　安徽省各城市经济竞争力指数和排名

	指数	排名
合肥	0. 600	21
芜湖	0. 468	44
蚌埠	0. 284	137
淮南	0. 227	189
马鞍山	0. 370	76

续表

	指数	排名
淮北	0. 307	120
铜陵	0. 337	95
安庆	0. 223	197
黄山	0. 208	212
滁州	0. 232	187
阜阳	0. 202	216
宿州	0. 250	169
六安	0. 162	237
亳州	0. 187	222
池州	0. 204	215

资料来源：中国社会科学院城市与竞争力指数数据库。

表 10－7　　安徽省各城市经济竞争力排名变化情况

	2020 年数据	2020 年排名	2015 年数据	2015 年排名	排名差
合肥	0. 600	21	0. 578	26	5
芜湖	0. 468	44	0. 449	54	10
马鞍山	0. 370	76	0. 326	101	25
铜陵	0. 337	95	0. 318	109	14
淮北	0. 307	120	0. 278	141	21
蚌埠	0. 284	137	0. 212	196	59
宿州	0. 250	169	0. 147	243	74
滁州	0. 232	187	0. 172	224	37
淮南	0. 227	189	0. 215	195	6
安庆	0. 223	197	0. 191	211	14
宣城	0. 219	204	0. 170	227	23
黄山	0. 208	212	0. 180	220	8
池州	0. 204	215	0. 168	232	17
阜阳	0. 202	216	0. 158	236	20
亳州	0. 187	222	0. 139	248	26
六安	0. 162	237	0. 128	251	14

资料来源：中国社会科学院城市与竞争力指数数据库。

二　经济竞争力解释

（一）经济竞争力的全省地位及其变化的解释

安徽省各城市在营商硬环境、全球联系方面表现更佳，在当地要素、生活环境等指标方面存在较大的提升空间。

皖北各城市的经济竞争力指标与皖南各城市的差距并不显著。说明皖北各城市正在崛起，逐步拉近与全省平均水平的差距（见表10－8）。

表10－8　　2020年安徽省各城市经济竞争力各分项排名

	当地要素	生活环境	营商软环境	营商硬环境	全球联系
合肥	16	68	19	45	24
芜湖	56	134	54	86	68
蚌埠	118	257	116	120	133
淮南	134	262	83	88	150
马鞍山	166	174	64	26	65
淮北	158	240	162	97	184
铜陵	163	191	201	94	202
安庆	135	113	156	144	186
黄山	177	81	141	161	81
滁州	149	232	107	137	85
阜阳	115	213	173	128	176
宿州	246	251	203	150	72
六安	220	190	152	124	131
亳州	205	264	234	162	220
池州	241	239	180	209	189
宣城	194	104	142	164	91

资料来源：中国社会科学院城市与竞争力指数数据库。

（二）经济竞争力的省内格局及其变化的解释

当地要素方面，除了合肥、芜湖均表现不佳；生活环境方面，除了合肥、黄山外，其他城市排名均在100名开外。

营商软环境表现强于营商硬环境。有6个城市的营商软环境指标排名在100名以内，但只有4个城市的营商硬环境指标排在100名以内。

全球联系的排名与城市经济竞争力排名之间存在脱节。多个城市较高的全球联系排名没有带来经济竞争力排名相应的高度。

三 可持续竞争力表现及其变化

（一）可持续竞争力的全省地位及其变化

安徽省可持续竞争力水平普遍较高，总体排名处于全国中上游水平。相对来说，社会包容指数和环境韧性指数较强，科技创新能力相对处于短板地位（见图10－6）。

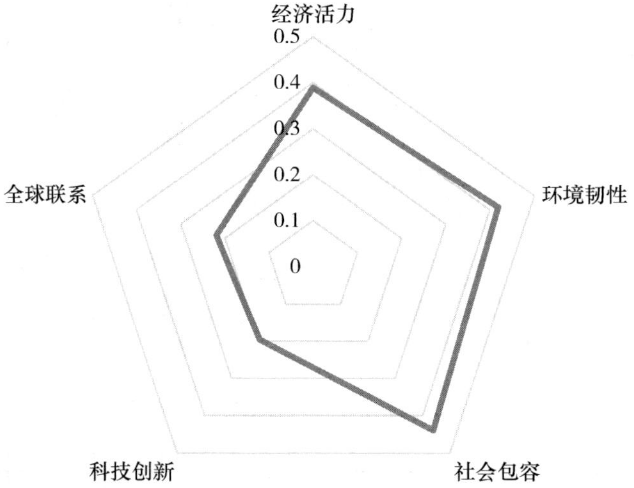

图10－6 安徽省可持续竞争力雷达图

资料来源：中国社会科学院城市与竞争力指数数据库。

（二）可持续竞争力的省内格局及其变化

资源性城市的可持续竞争力整体上在下降。铜陵、淮南、淮北等资源性城市的经济转型依然在进行中，可持续竞争力与2015年相比有一定幅度的下降。

皖南中心城市的可持续竞争力此消彼长。突出表现在芜湖、马鞍山的可持续竞争力与2015年相比有不同幅度的下降。但安庆、滁州、宣城等城市有大幅度的提升。

皖北各城市的可持续竞争力不断提升。宿州、阜阳、亳州等皖北城市的可持续竞争力不断提升，与皖南各城市的整体差距不断缩小（见表 10 –9）。

表 10 –9　　安徽省各城市可持续竞争力排名变化情况

	2020 年数据	2020 年排名	2015 年数据	2015 年排名	排名差
合肥	0. 532	22	0. 512	26	4
芜湖	0. 311	77	0. 356	64	–13
马鞍山	0. 264	112	0. 319	81	–31
蚌埠	0. 251	120	0. 286	107	–13
淮北	0. 228	141	0. 267	122	–19
安庆	0. 228	142	0. 155	218	76
滁州	0. 206	173	0. 134	228	55
黄山	0. 186	193	0. 169	210	17
宿州	0. 182	198	0. 104	250	52
宣城	0. 180	201	0. 122	239	38
淮南	0. 177	205	0. 213	179	–26
铜陵	0. 176	207	0. 232	155	–52
阜阳	0. 171	212	0. 133	231	19
亳州	0. 158	222	0. 108	245	23
六安	0. 156	226	0. 104	251	25
池州	0. 144	235	0. 132	236	1

资料来源：中国社会科学院城市与竞争力指数数据库。

四　可持续竞争力解释

（一）可持续竞争力的全省地位及其变化的解释

经济活力驱动。安徽省各城市的经济活力得分与排名领先于可持续竞争力的得分与排名，可以看出安徽省各城市可持续竞争力的提升是经济活力驱动的结果。

环境韧性得分整体较高。如铜陵高居第 26 位，马鞍山也位居第 33 位（见表 10 –10）。

表 10－10　　2020 年安徽省各城市可持续竞争力各分项排名

	经济活力	环境韧性	社会包容	科技创新	全球联系
合肥	15	98	21	12	24
芜湖	42	48	66	69	68
蚌埠	99	142	124	126	133
淮南	118	87	167	110	150
马鞍山	61	33	127	95	65
淮北	169	66	145	142	184
铜陵	109	26	161	120	202
安庆	189	154	103	152	186
黄山	132	226	96	137	81
滁州	91	168	213	173	85
阜阳	201	131	147	153	176
宿州	175	180	162	213	72
六安	230	213	134	269	131
亳州	229	158	175	257	220
池州	154	162	247	251	189
宣城	89	160	197	207	91

资料来源：中国社会科学院城市与竞争力指数数据库。

（二）可持续竞争力的省内格局及其变化的解释

强省会战略的驱动。长期以来安徽省城市发展水平低，而且缺少首位城市，或者首位城市不够强大，使安徽省在全国排名中处于劣势。安徽省支持合肥进一步提升在全国省会城市中的地位变成了安徽省委省政府的发展目标之一，在一系列政策措施的支持下，强省会战略取得了明显效果，合肥的可持续竞争力远远超过其他城市。

皖北崛起战略的有效实施。安徽省针对皖北地区经济社会发展相对落后的现实，多年来把加快皖北振兴和崛起作为推动区域协调发展的战略重点，加大财税、要素支持和合作共建力度，皖北地区经济社会发展取得显著成就，有力地促进了皖北各城市的可持续竞争力提升。

五　中心城市

合肥是安徽省的省会，其经济竞争力在全国排名第 32 位，第二位的芜湖排名第 44 位。具体来看，合肥在当地要素、生活环境、营商软环境、营商硬环境、全球联系等分项全面超过芜湖。其在 35 个大中城市的排名中处于中等水平（见图 10 – 7）。

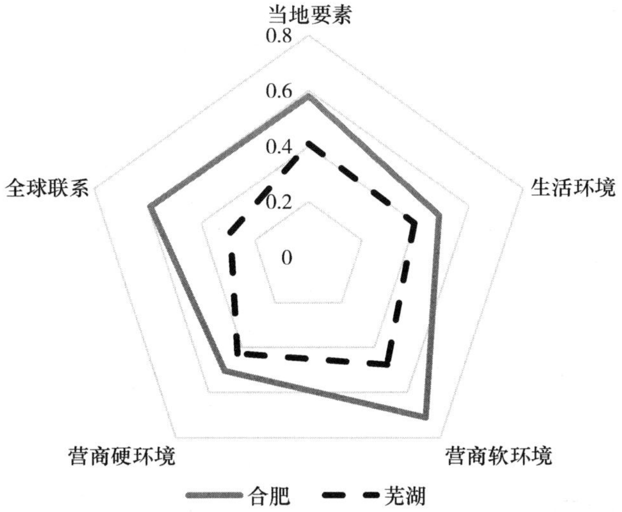

图 10 – 7　安徽省经济竞争力排名第一、第二城市雷达图

资料来源：中国社会科学院城市与竞争力指数数据库。

可持续竞争力方面，合肥在全国排名第 22 位，第二位的芜湖排名第 77 位。具体来看，合肥在经济活力、社会包容、科技创新和全球联系等分项全面超过芜湖，但在环境韧性分项得分要落后于芜湖。合肥在 35 个大中城市的排名中处于中等偏上水平（见图 10 – 8）。

未来需要进一步提升省会城市合肥的首位度，进而发挥合肥省会城市、中心城市对都市圈城市的辐射带动作用，短期内可能会继续放大虹吸效应，但长期来看有助于进一步提升合肥的带动能力和承载能力，强化对周边城市特别是淮南、六安等城市的辐射带动作用。

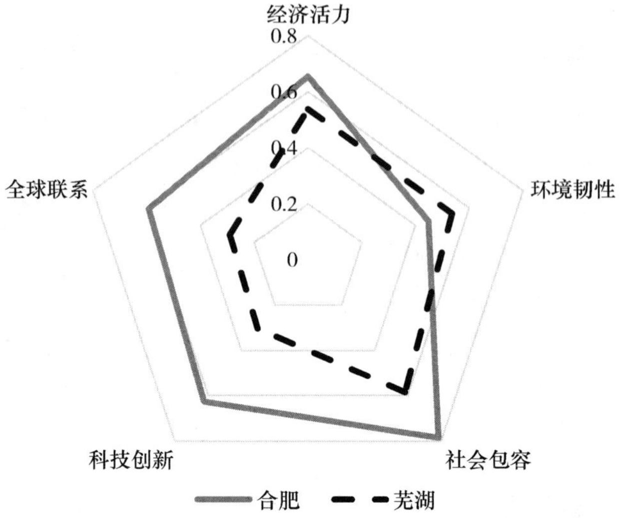

图 10 –8 安徽省可持续竞争力排名第一、第二城市雷达图

资料来源：中国社会科学院城市与竞争力指数数据库。

第三节 中国城市竞争力（河南省）报告

河南省位于我国中东部、黄河中下游，是中华民族和华夏文明的重要发祥地，历史文化悠久。河南省农业在全国处于领先位置，是全国农业大省和粮食转化加工大省；人口众多，劳动力资源丰富，消费市场巨大；同时地理位置优越，是全国重要的综合交通枢纽和人流、物流、信息流中心。河南省 2019 年 GDP 总量达 54259. 2 亿元，比 2018 年增长 7. 0%。三次产业结构为 8. 5 ：43. 5 ：48. 0，第三产业增加值占生产总值的比重比上年提高 0. 7 个百分点。人均生产总值 56388 元，增长 6. 4%。2019 年年末河南省常住人口为 9640 万人，比上年年末增加 35 万人，其中城镇常住人口 5129 万人，常住人口城镇化率 53. 21%，比上年年末提高 1. 50 个百分点。2019 年河南省坚持稳中求进工作总基调，坚持新发展理念，坚持以供给侧结构性改革为主线，奋力推动高质量发展，全省经济社会发展呈现出总体平稳、稳中有进的良好态势，全面建成小康社会取得新的重大进展。

一　经济竞争力表现及其变化

河南省各城市经济竞争力指数见图 10－9。

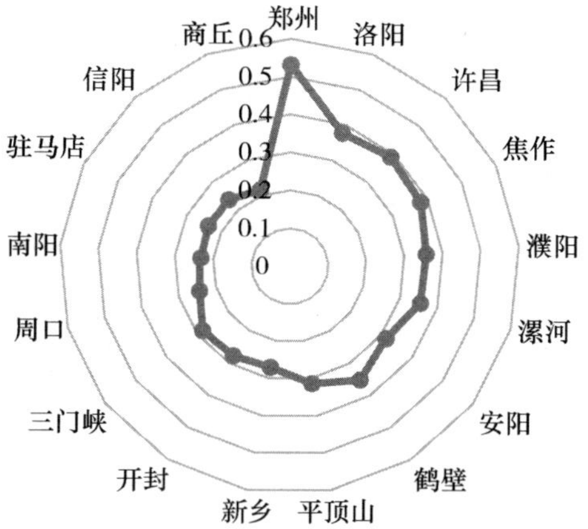

图 10－9　2020 年河南省各城市经济竞争力指数

资料来源：中国社会科学院城市与竞争力指数数据库。

总体经济竞争力有所提升。2020 年河南省内，综合经济竞争力前三名城市为郑州、洛阳、许昌，全国排名分别为第 20 位、第 64 位、第 73 位，郑州作为河南省的中心城市遥遥领先。相较于 2015 年，前三名城市保持不变且在全国的排名分别提升了 5、13、9 个位次。其余城市排名和 2015 年相比，除三门峡和南阳只分别下降 4、5 个位次以外，其他城市排名均有所提升。其中，开封和商丘均提升 41 个位次，进步最大。

南北差距大，中心城市和周边城市分化加剧。从地域分布来看，出现了中心城市和周边城市的分化，中部、北部占地面积较小的城市经济竞争力较强，而南部占地面积较大的周边城市三门峡、周口、南阳、驻马店、信阳、商丘的经济竞争力较弱，排在后六名（见表 10－11）。

表 10－11　　2020 年河南省各城市综合经济竞争力指数排名

	综合经济竞争力		经济密度		经济增量	
	指数	排名	指数	排名	指数	排名
郑州	0.604	20	0.532	31	0.459	13

续表

	综合经济竞争力		经济密度		经济增量	
	指数	排名	指数	排名	指数	排名
洛阳	0. 395	64	0. 376	81	0. 260	41
许昌	0. 378	73	0. 390	71	0. 196	76
焦作	0. 359	81	0. 381	77	0. 168	103
濮阳	0. 329	105	0. 357	94	0. 143	137
漯河	0. 316	112	0. 354	98	0. 117	183
安阳	0. 310	116	0. 316	129	0. 171	99
鹤壁	0. 303	123	0. 352	100	0. 091	213
平顶山	0. 301	125	0. 314	131	0. 155	123
新乡	0. 277	140	0. 271	159	0. 179	92
开封	0. 275	143	0. 278	153	0. 160	113
三门峡	0. 263	157	0. 283	149	0. 125	169
周口	0. 262	159	0. 244	184	0. 192	78
南阳	0. 262	160	0. 232	199	0. 213	61
驻马店	0. 251	168	0. 237	193	0. 182	89
信阳	0. 250	170	0. 236	196	0. 180	91
商丘	0. 234	182	0. 215	212	0. 182	88

资料来源：中国社会科学院城市与竞争力指数数据库。

二 经济竞争力解释

河南省经济竞争力分化的重要因素：营商硬环境。郑州作为河南省经济竞争力的第一名，其 5 个分项指标当地要素、生活环境、营商软环境、营商硬环境和全球联系都处于领先地位；第二名的洛阳，除营商硬环境指数排名为第 115 名之外，其余四项指数均在 80 名以内；第三名的许昌则和洛阳相反，虽然其余四项指标排名均在 100 名以后，但是营商硬环境指数大幅度提升了其经济竞争力，排在第 61 名（见表 10 – 12）。分布在中心的城市经济竞争力较强是得益于营商硬环境指数较高，均在 100 名之内，因为电力充沛度和机场设施指数较高。分布在南部的经济竞争力较弱的周边城市，其营商硬环境指数排名都在第 100—200 名，因为网络信息传输速度和航运便利度指数较低。

表 10－12　　2020 年河南省各城市经济竞争力解释性指标排名

	当地要素		生活环境		营商软环境		营商硬环境		全球联系	
	指数	排名	指数	排名	指数	排名	指数	排名	指数	排名
郑州	0.525	26	0.580	43	0.640	26	0.539	37	0.619	19
南阳	0.456	42	0.409	126	0.327	110	0.269	197	0.323	57
洛阳	0.424	51	0.530	50	0.405	73	0.383	115	0.426	46
安阳	0.404	59	0.267	247	0.203	206	0.467	63	0.210	110
新乡	0.364	83	0.299	224	0.337	103	0.424	91	0.228	95
信阳	0.330	102	0.343	186	0.271	154	0.317	156	0.188	129
焦作	0.323	112	0.353	177	0.228	185	0.420	93	0.217	106
许昌	0.321	114	0.303	217	0.329	109	0.468	61	0.127	198
平顶山	0.321	117	0.321	210	0.263	158	0.417	98	0.139	185
开封	0.307	124	0.268	246	0.409	69	0.317	157	0.245	86
濮阳	0.251	178	0.214	269	0.182	227	0.405	106	0.174	141
商丘	0.225	196	0.290	229	0.180	228	0.339	141	0.127	199
漯河	0.216	201	0.282	236	0.262	159	0.446	74	0.137	188
周口	0.198	210	0.304	216	0.327	112	0.414	101	0.126	203
驻马店	0.164	233	0.302	218	0.162	242	0.382	116	0.127	200
鹤壁	0.118	259	0.202	272	0.173	233	0.430	84	0.105	223
三门峡	0.096	267	0.354	175	0.184	225	0.322	152	0.098	236

资料来源：中国社会科学院城市与竞争力指数数据库。

三　可持续竞争力表现及其变化

河南省各城市可持续竞争力指数见图 10－10。

郑州遥遥领先，焦作超越洛阳。2020 年河南省内可持续竞争力排名前三位城市分别是郑州、焦作、洛阳，全国排名分别为第 25 名、第 65 名、第 67 名，其中焦作在全国的排名相较于 2015 年的第 133 名进步了 68 名，有较大提高，进入河南省内可持续竞争力排名前三名，郑州和洛阳全国排名也均有所进步，省会城市郑州依然排在河南省内首位。河南

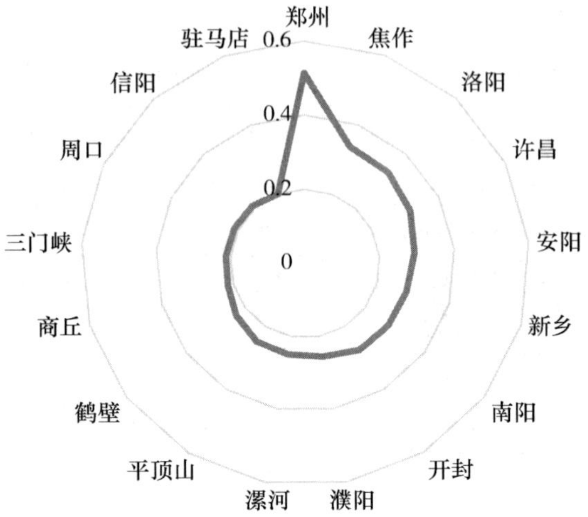

图 10－10 2020 年河南省各城市可持续竞争力指数

资料来源：中国社会科学院城市与竞争力指数数据库。

省内可持续竞争力全国排名进步最大的是商丘，从 2015 年的第 235 名上升到第 158 名，提高了 77 名。河南省内可持续竞争力排名倒数三位城市分别是周口、信阳、驻马店，全国排名均在 160 名以后（见表 10－13）。

表 10－13 2020 年河南省各城市可持续竞争力指数排名

	可持续竞争力		人才增量		人才密度	
	指数	排名	指数	排名	指数	排名
郑州	0.513	25	0.584	22	0.549	27
焦作	0.337	65	0.379	92	0.433	52
洛阳	0.333	67	0.436	57	0.376	82
许昌	0.315	75	0.366	102	0.408	63
安阳	0.294	87	0.361	105	0.378	79
新乡	0.282	95	0.370	97	0.349	102
南阳	0.278	97	0.419	64	0.300	140
开封	0.275	98	0.348	117	0.358	95
濮阳	0.256	116	0.316	151	0.353	99

续表

	可持续竞争力		人才增量		人才密度	
	指数	排名	指数	排名	指数	排名
漯河	0.250	121	0.294	188	0.363	90
平顶山	0.247	124	0.331	135	0.325	122
鹤壁	0.231	137	0.259	226	0.362	91
商丘	0.215	158	0.313	155	0.287	159
三门峡	0.213	160	0.303	170	0.292	149
周口	0.211	163	0.313	156	0.281	166
信阳	0.209	166	0.329	139	0.263	192
驻马店	0.200	182	0.309	163	0.265	189

资料来源：中国社会科学院城市与竞争力指数数据库。

四　可持续竞争力解释

河南省可持续竞争力分化的重要因素：环境韧性。郑州可持续竞争力排在河南省内首位，其在经济活力、环境韧性、社会包容、科技创新、全球联系5个分项方面也都排在河南省内首位，原因在于郑州作为河南省省会城市，在环境、科技、开放等方面实力显著强于省内其他城市。焦作在环境韧性方面排名全国第53位，省内排名仅次于郑州，说明焦作在环境韧性方面具备较强的竞争力。洛阳在经济活力、社会包容、科技创新、全球联系四个方面排名均为河南省内第二名，且都位于全国100名以内，但其环境韧性排名较为落后，接近全国第150名（见表10－14），这主要是因为洛阳的交通便捷度较低。河南省内可持续竞争力排名最后的驻马店经济活力较差，与郑州、洛阳等城市差距较大，主要原因在于经商便利度较低、青年人才较少。

表10－14　　2020年河南省各城市可持续竞争力解释性指标排名

	经济活力		环境韧性		社会包容		科技创新		全球联系	
	指数	排名	指数	排名	指数	排名	指数	排名	指数	排名
郑州	0.627	21	0.560	35	0.747	27	0.543	25	0.619	19
洛阳	0.447	78	0.392	143	0.622	51	0.346	53	0.426	46

续表

	经济活力		环境韧性		社会包容		科技创新		全球联系	
	指数	排名	指数	排名	指数	排名	指数	排名	指数	排名
许昌	0.435	87	0.521	55	0.388	172	0.197	132	0.127	198
新乡	0.388	115	0.441	104	0.341	200	0.268	79	0.228	95
漯河	0.387	116	0.517	60	0.249	257	0.096	242	0.137	188
开封	0.382	120	0.418	129	0.463	112	0.257	89	0.245	86
周口	0.350	148	0.431	117	0.461	114	0.137	196	0.126	203
焦作	0.340	160	0.523	53	0.400	159	0.201	127	0.217	106
南阳	0.335	166	0.326	199	0.519	84	0.331	59	0.323	57
三门峡	0.333	167	0.376	155	0.292	234	0.065	268	0.098	236
信阳	0.321	181	0.299	217	0.416	150	0.247	91	0.188	129
濮阳	0.312	184	0.475	83	0.380	177	0.121	212	0.174	141
鹤壁	0.307	190	0.518	58	0.310	218	0.112	223	0.105	223
安阳	0.298	200	0.458	91	0.347	198	0.301	72	0.210	110
平顶山	0.293	204	0.491	74	0.510	91	0.198	129	0.139	185
商丘	0.282	207	0.424	123	0.314	216	0.099	237	0.127	199
驻马店	0.266	220	0.400	141	0.415	151	0.098	239	0.127	200

资料来源：中国社会科学院城市与竞争力指数数据库。

五 中心城市

经济竞争力中心城市格局：郑州全面领先，洛阳在生活环境维度具备相对优势。郑州作为河南省的中心城市，是河南省省会，位于河南省中部偏北，地处国家“两横三纵”城镇化战略格局中陆桥通道和京哈京广通道交汇处，是中原城市群核心城市，另外还是新亚欧大陆桥经济走廊主要节点城市。2020 年郑州跨入特大城市行列，进入新发展阶段。2020 年郑州的综合经济竞争力在全国排名第 20 位，在 35 个大中城市中排名第 12 位，比省内排名第二的城市洛阳靠前 44 个位次。从经济竞争力五个维度来看，2020 年郑州市在当地要素、生活环境、营商软环境、营商硬环境和全球联系五个方面的全国排名依次为第 26 位、第 43 位、第 26 位、第 37 位、第 19 位，均处于靠前位置，省内各项排名均为第一，总体经济竞争力强。洛阳在生活环境维度与郑州接近，其他方面相差较大。

可持续竞争力中心城市格局：郑州全面领先，焦作在环境韧性维度具备相对优势。郑州的可持续竞争力在全国的排名为第25位，在35个大中城市中的排名为第14位，比省内排名第二的城市焦作高出40个位次。从可持续竞争力五个维度来看，2020年郑州市在经济活力、环境韧性、社会包容、科技创新和全球联系五个方面的全国排名依次为第21位、第35位、第27位、第25位、第19位，排名也都较为靠前，省内排名各项均是第一，可持续竞争力较强，焦作在环境韧性维度与郑州接近，其余维度相差较大。郑州近年来发展较快，未来需要加快发展步伐，发挥引领带动作用，带动中原城市群一体化发展和支撑中部地区崛起（见图10－11）。

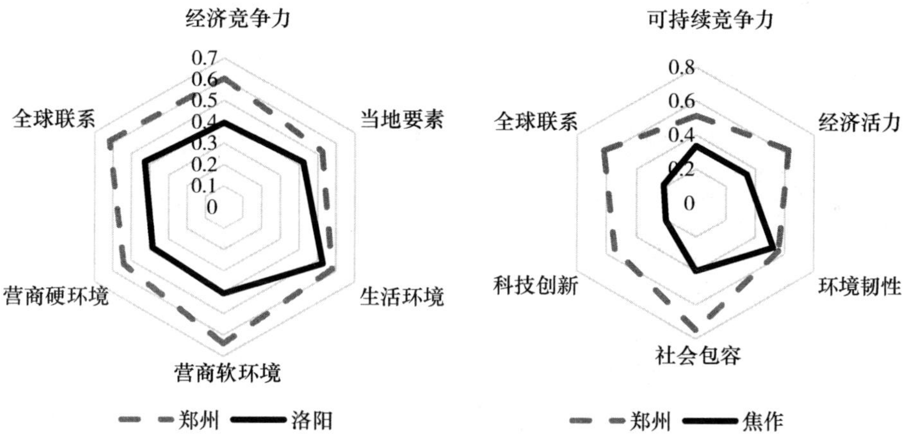

图10－11　郑州和洛阳、焦作经济竞争力和可持续竞争力对比

资料来源：中国社会科学院城市与竞争力指数数据库。

第四节　中国城市竞争力(山西省)报告

山西，简称“晋”，古称河东，是中华民族发祥地之一。东有太行山，西有吕梁山，山区面积约占全省总面积的80%以上。山西省2019年GDP总量达17026.68亿元，比2018年增长6.2%，人均地区生产总值

45724元。2019年年末全省常住人口3729.22万人，比上年年末增加10.88万人，其中，城镇常住人口2220.75万人，占常住人口比重为59.55%，比上年年末提高1.14个百分点。2019年山西省全面贯彻落实党的十九大和十九届二中、三中、四中全会精神，深入学习贯彻习近平总书记“三篇光辉文献”精神，坚持新发展理念，落实高质量发展要求，全省经济平稳健康运行，转型发展呈现良好态势，人民生活福祉持续增进，各项社会事业积极进步，决胜全面建成小康社会迈出坚实步伐。

一 经济竞争力表现及其变化

山西省各城市经济竞争力指数见图10－12。

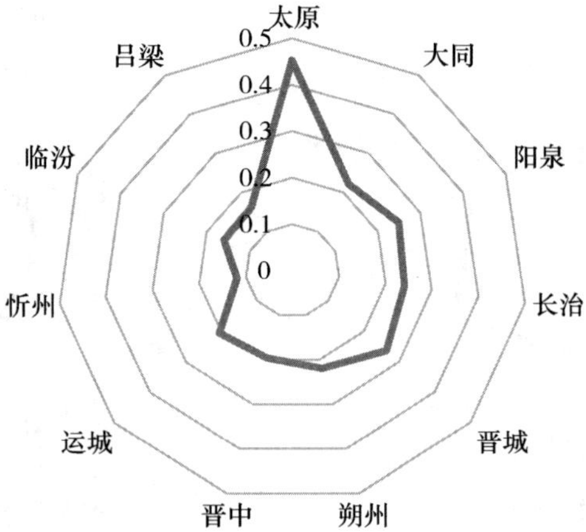

图10－12 2020年山西省各城市经济竞争力指数

资料来源：中国社会科学院城市与竞争力指数数据库。

太原领跑，朔州落后，总体格局东强西弱。山西省综合经济竞争力前三名城市为太原、晋城、阳泉，全国排名分别为第45、155、171位；相比于2015年，全国排名变化幅度最大的为太原和朔州，太原排名提升了23个位次，继续领跑全省，领先第二名晋城110个位次，而朔州排名下降了71个位次，从省内第二名下降为第六名；其余省份排名变化幅度不大，仍处于第130—260位。山西省内以太原为中心，大致呈现东部城市如大同、阳泉、长治、晋城等经济竞争力较强，而西部城市如吕梁、临汾、运城、忻州等经济竞争力较弱的局面（见表10－15）。

表10－15　　2020年山西省各城市综合经济竞争力指数排名

	综合经济竞争力		经济密度		经济增量	
	指数	排名	指数	排名	指数	排名
太原	0.453	45	0.455	50	0.249	43
晋城	0.263	155	0.287	148	0.119	179
阳泉	0.249	171	0.293	144	0.074	234
长治	0.241	176	0.253	173	0.128	160
大同	0.221	200	0.236	195	0.113	188
朔州	0.220	203	0.248	178	0.088	214
运城	0.205	214	0.208	217	0.127	166
晋中	0.196	218	0.195	224	0.130	154
吕梁	0.162	238	0.160	241	0.116	185
临汾	0.159	240	0.157	242	0.113	189
忻州	0.119	258	0.111	268	0.106	198

资料来源：中国社会科学院城市与竞争力指数数据库。

二　经济竞争力解释

山西经济竞争力分化的重要因素：营商硬环境。根据经济竞争力各项指数排名可以发现，太原在当地要素、生活环境、营商软环境、营商硬环境和全球联系五项指数排名均处于领先位置，其余城市各项指数均不容乐观；朔州排名下降很大的原因在于仅营商硬环境指数排名第二，其余四项指数均为倒数；全球联系指数排名除太原排名第39名外，其余城市排名第140—270名，两极差异明显；整体来看，东部城市的营商硬环境指数排名均高于西部城市，这是造成经济竞争力呈现东强西弱的重要原因（见表10－16）。

表 10-16　　2020 年山西省各城市经济竞争力解释性指标排名

	当地要素		生活环境		营商软环境		营商硬环境		全球联系	
	指数	排名	指数	排名	指数	排名	指数	排名	指数	排名
太原	0.459	40	0.492	66	0.529	39	0.489	52	0.482	39
运城	0.283	144	0.356	170	0.297	137	0.381	117	0.117	212
大同	0.282	145	0.330	196	0.278	147	0.351	135	0.099	234
忻州	0.278	148	0.353	176	0.188	222	0.280	186	0.057	267
长治	0.277	151	0.367	160	0.228	184	0.426	87	0.089	245
晋中	0.261	168	0.447	98	0.252	171	0.420	92	0.133	194
晋城	0.259	172	0.325	201	0.121	262	0.323	151	0.071	256
临汾	0.170	229	0.363	164	0.257	167	0.275	189	0.148	172
阳泉	0.157	239	0.192	273	0.283	144	0.447	73	0.170	145
吕梁	0.081	275	0.371	152	0.202	210	0.405	107	0.143	182
朔州	0.081	276	0.301	222	0.146	252	0.462	68	0.058	266

资料来源：中国社会科学院城市与竞争力指数数据库。

三　可持续竞争力表现及其变化

太原一城独大，分化格局明显。2020 年山西省内可持续竞争力排名前三位城市分别是太原、晋城、长治，全国排名分别为第 45 名、第 164 名、第 171 名。晋城为山西省内可持续竞争力全国排名进步最大的城市，从 2015 年的全国排名第 187 名提高到第 164 名，进步了 23 名，进入省内排名前三。太原在全国的可持续竞争力排名进步了 6 名，依旧为山西省内首位，且山西省只有太原的排名在 50 名以内，其余 10 个城市排名均在 150 名以后。长治全国排名虽然退步了 2 名，但省内排名由第 4 名进步到第 3 名。山西省内可持续竞争力全国排名倒退较大的 3 个城市是朔州、大同、阳泉，相较于 2015 年分别退步了 53 名、32 名、24 名，朔州和大同也因此退出了省内前三名。山西省内可持续竞争力排名倒数三位城市分别是忻州、吕梁、临汾，但这 3 个城市的全国排名都有所上升（见图 10-13 和表 10-17）。

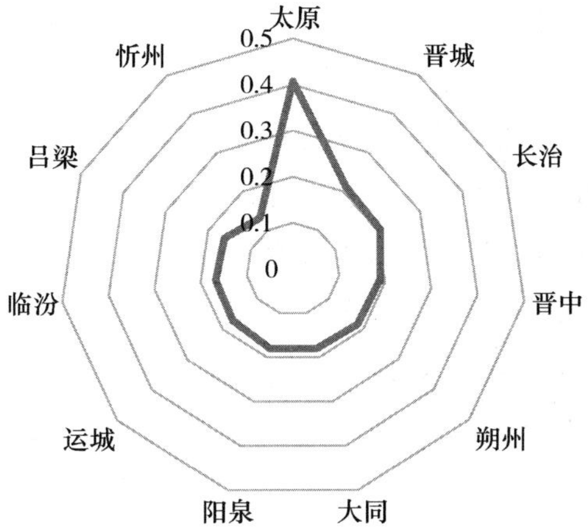

图 10－13　2020 年山西省各城市可持续竞争力指数

资料来源：中国社会科学院城市与竞争力指数数据库。

表 10－17　　2020 年山西省各城市可持续竞争力指数排名

	可持续竞争力		人才增量		人才密度	
	指数	排名	指数	排名	指数	排名
太原	0.408	45	0.475	48	0.468	44
晋城	0.211	164	0.300	179	0.292	148
长治	0.207	171	0.318	148	0.268	186
晋中	0.187	192	0.308	164	0.245	205
朔州	0.183	196	0.288	201	0.256	199
大同	0.180	200	0.300	177	0.240	209
阳泉	0.180	202	0.241	243	0.291	150
运城	0.171	211	0.294	190	0.230	216
临汾	0.168	214	0.303	171	0.216	226
吕梁	0.162	217	0.299	181	0.210	234
忻州	0.131	244	0.272	217	0.183	253

资料来源：中国社会科学院城市与竞争力指数数据库。

四　可持续竞争力解释

太原全面发展，朔州仅具备环境韧性优势。山西省内可持续竞争力排名第一位的是太原市，太原是山西省省会，在经济增长、科技创新、对外交流等方面相比于其他城市实力更强，因此太原在经济活力、社会包容、科技创新、全球联系四个分项方面都排在山西省内首位，环境韧性排在省内第二位，因为太原在交通、气候方面有所不足。朔州的环境韧性排名为全国第50位，省内排名第一，但朔州其他四项排名都在全国200名以后，说明朔州在环境韧性方面具备较强的竞争力，但在经济、科技、对外联系方面比较落后。吕梁可持续竞争力省内排名较差，原因在于相对于省内其他10个城市，吕梁山区经济困难，缺少高素质人才，科技创新能力弱，经济活力和科技创新排名较落后（见表10－18）。

表10－18　2020年山西省各城市可持续竞争力解释性指标排名

	经济活力		环境韧性		社会包容		科技创新		全球联系	
	指数	排名	指数	排名	指数	排名	指数	排名	指数	排名
太原	0.577	33	0.481	81	0.620	52	0.458	37	0.482	39
晋中	0.337	163	0.389	144	0.388	171	0.194	134	0.133	194
阳泉	0.330	172	0.412	133	0.266	249	0.075	259	0.170	145
大同	0.325	178	0.351	179	0.370	184	0.193	136	0.099	234
运城	0.309	187	0.371	163	0.446	128	0.162	164	0.117	212
长治	0.305	194	0.437	112	0.356	190	0.204	121	0.089	245
忻州	0.299	199	0.374	156	0.305	223	0.188	140	0.057	267
晋城	0.283	206	0.406	136	0.305	224	0.156	174	0.071	256
朔州	0.248	233	0.528	50	0.241	263	0.053	277	0.058	266
临汾	0.248	234	0.355	175	0.455	122	0.110	226	0.148	172
吕梁	0.233	242	0.428	119	0.366	186	0.056	273	0.143	182

资料来源：中国社会科学院城市与竞争力指数数据库。

五　中心城市

经济竞争力中心城市格局：太原全面领先晋城，在全球联系和营商软环境方面优势明显。太原作为山西省省会，是山西省政治、经济、文化中心，目前正在经历从资源型城市向宜居城市转型。太原的综合经济竞争力在全国的排名为第45位，在35个大中城市中的排名为第20位，比省内排名第二的城市晋城高出 110 个位次。从经济竞争力五个维度来看，2020 年太原市在当地要素、生活环境、营商软环境、营商硬环境和全球联系五个方面的全国排名依次为第 40 位、第 66 位、第 39 位、第 52 位、第 39 位，省内排名各项均为第一。相对晋城而言，太原的优势尤其体现在营商软环境和全球联系两个方面，均超越晋城 200 个位次以上。

可持续竞争力中心城市格局：太原在省内全面领先，但在全国中心城市相对靠后。太原的可持续竞争力在全国的排名为第 45 名，比省内排名第二的城市晋城高出 119 个位次。从可持续竞争力五个维度来看，2020 年太原市在经济活力、环境韧性、社会包容、科技创新和全球联系五个方面的全国排名依次为第 33 位、第 81 位、第 52 位、第 37 位、第 39 位，环境韧性方面稍弱于其他四项。太原的可持续竞争力在 35 个大中城市中排名第 24 位，排名中间偏后，落后于其他多数大中城市。转型之路必然会是艰难的，但成功转型后必将迎来新机遇和新的发展动能，未来的太原将走上高质量发展道路，千年古城终将焕发生机与活力（见图 10－14）。

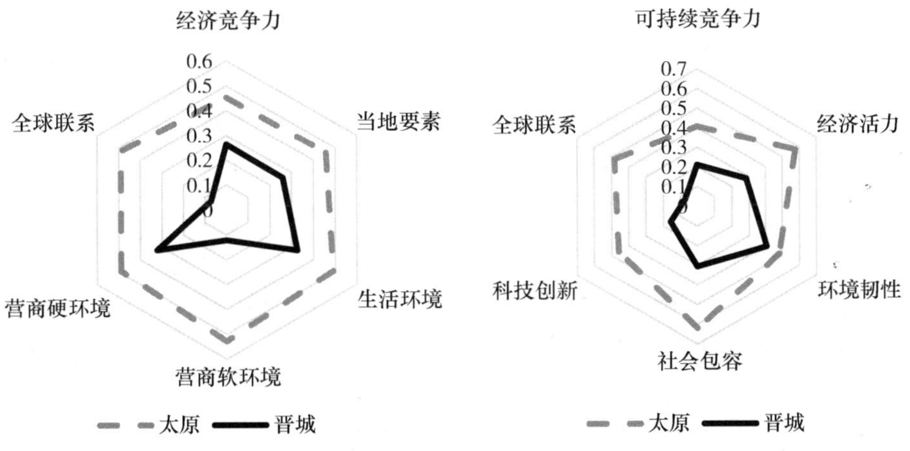

图 10－14　太原和晋城经济竞争力和可持续竞争力对比

资料来源：中国社会科学院城市与竞争力指数数据库。

第五节 中国城市竞争力(湖北省)报告

一 经济竞争力表现及其变化

(一) 全省经济竞争力表现良好且续航能力强劲

湖北省位于中部地区，是我国中部崛起、长江经济带等国家战略的重要支点。湖北省从综合经济发展水平来看，经济发展总体平稳、稳中有进，省内各个城市总体上经济密度、经济增量全国排名均有所上升，但区域经济发展不平衡的情况依然存在，武汉市经济竞争力排名遥遥领先其他地级市（见图 10 - 15）。

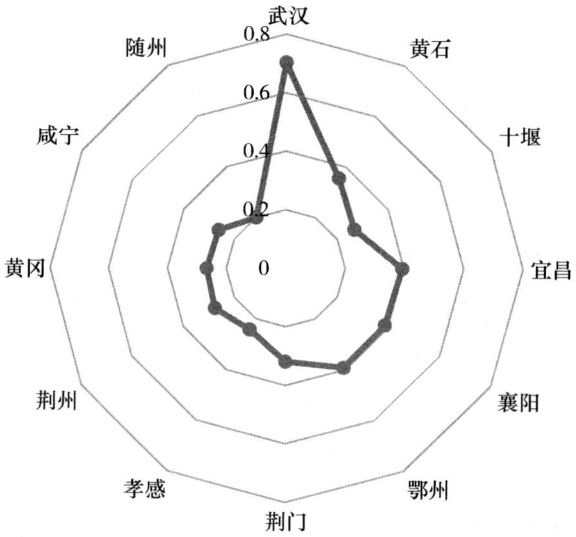

图 10 - 15 湖北省各城市经济竞争力指数

资料来源：中国社会科学院城市与竞争力指数数据库。

(二) 省内区域发展呈现分化状态

湖北省省内武汉一家独大，遥遥领先，与其他城市的差距较大，除武汉外，武汉核心城市圈内（武汉、鄂州、黄冈、黄石、仙桃、咸宁、孝感、潜江、天门）其他城市表现欠佳，省内格局处于分化状态。

二　经济竞争力表现及其变化原因

(一) 湖北整体经济竞争力分项指标表现良好

湖北的中心城市武汉的经济竞争力的五项解释性指标全国排名均较为靠前，尤其是当地要素与营商软环境及全球联系三项指标，分别排名全国第13位、第9位和第14位。省内其他城市相比武汉有所不足，但整体上处于中游水平。

(二) 武汉各项指标首位度高

由表10-19可知，从经济竞争力的综合水平来看，武汉在核心城市圈内部处于绝对领先地位，全国排名第9。但与武汉相邻的城市表现较差，除黄石外，其他城市排名在100名开外。在当地要素、生活环境、营商软环境、营商硬环境、全球联系等方面，武汉也均遥遥领先城市圈的其他城市，分别排名第13位、第20位、第9位、第48位、第14位，而省内其他城市与武汉相比，差距较大。不仅区域经济竞争力不均衡，区域内部影响经济竞争力的五项指标的发展水平也不均衡，以武汉为例，营商软环境表现最好，排名第9，营商硬环境则还有进一步发展的空间，排名第48。省内其他城市同样如此，各项竞争力指标发展不均衡（见表10-19）。

表10-19　湖北省各城市经济竞争力及解释性指标

	经济竞争力		当地要素		生活环境		营商软环境		营商硬环境		全球联系	
	指数	排名	指数	排名	指数	排名	指数	排名	指数	排名	指数	排名
武汉	0.704	9	0.624	13	0.712	20	0.807	9	0.500	48	0.696	14
黄石	0.355	85	0.290	137	0.340	187	0.304	131	0.390	112	0.144	181
十堰	0.266	153	0.376	75	0.390	139	0.325	115	0.105	277	0.241	89
宜昌	0.395	65	0.372	80	0.451	94	0.473	56	0.299	168	0.221	102
襄阳	0.388	68	0.360	85	0.371	153	0.382	85	0.251	207	0.306	60
鄂州	0.391	67	0.189	216	0.259	254	0.315	120	0.373	119	0.146	175
荆门	0.319	110	0.294	133	0.404	131	0.257	166	0.229	217	0.114	217
孝感	0.242	175	0.259	171	0.127	282	0.257	168	0.364	126	0.182	134
荆州	0.275	142	0.329	104	0.380	147	0.305	130	0.250	208	0.199	121

续表

	经济竞争力		当地要素		生活环境		营商软环境		营商硬环境		全球联系	
	指数	排名	指数	排名	指数	排名	指数	排名	指数	排名	指数	排名
黄冈	0. 267	152	0. 232	191	0. 411	124	0. 309	127	0. 287	177	0. 178	138
咸宁	0. 261	161	0. 305	126	0. 099	285	0. 307	129	0. 301	166	0. 212	108
随州	0. 200	217	0. 158	238	0. 317	211	0. 189	220	0. 234	215	0. 186	132

资料来源：中国社会科学院城市与竞争力指数数据库。

三 可持续竞争力表现及其变化

（一）全省可持续竞争力稳步提高，潜力充足

与经济竞争力类似，湖北省可持续竞争力排名较为靠前。与2015年相比，省内人才密度与人才增量均有所提升，为可持续竞争力的续航提供了大量的人力储备。但在全省内部，武汉可持续竞争力仍远高于其他城市（见图10－16）。

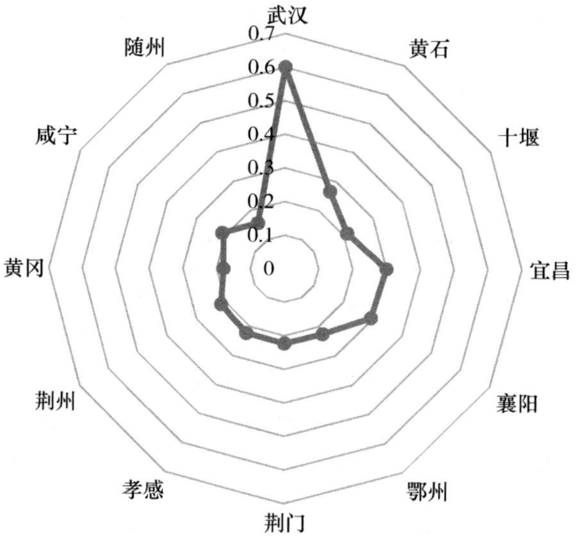

图10－16 湖北省各城市可持续竞争力指数

资料来源：中国社会科学院城市与竞争力指数数据库。

（二）省内武汉占据主导地位，牵引作用凸显

第一，省内可持续竞争力呈现分化状态，武汉处于核心领先地位，

相对其他地级市表现出绝对优势；第二，可持续竞争力与2015年相比，整体各项指标均有上升。

四　可持续竞争力表现及其变化原因

（一）全省可持续竞争力解释性指标整体表现良好

湖北的中心城市武汉在经济活力、社会包容、科技创新、全球联系这四项可持续竞争力的二级解释性指标中的全国排名均较为靠前，分别为全国第12位、第6位、第7位、第14位，环境韧性指标排名略微靠后。综合来看，省内其他城市相比武汉有所不足，但整体上在全国所有城市中处于中游水平。

（二）武汉各项指标"一枝独秀"，在省内具有明显优势

由表10－20可知，从可持续竞争力的综合水平来看，武汉在湖北省内部仍处于绝对领先地位，全国排名第10，且经济活力、环境韧性、社会包容、科技创新、全球联系等各项指标排名均遥遥领先城市圈的其他城市，且在整个中部地区也处于前列，分别排名第12位、第54位、第6位、第7位、第14位；同时，各个城市内部影响可持续竞争力的五项指标的发展水平也不均衡。

表10－20　　湖北省各城市可持续竞争力及解释性指标

	可持续竞争力		经济活力		环境韧性		社会包容		科技创新		全球联系	
	指数	排名	指数	排名	指数	排名	指数	排名	指数	排名	指数	排名
武汉	0.601	10	0.682	12	0.521	54	0.915	6	0.751	7	0.696	14
黄石	0.266	110	0.440	83	0.435	114	0.286	241	0.183	146	0.144	181
十堰	0.212	162	0.439	85	0.309	210	0.456	118	0.260	87	0.241	89
宜昌	0.300	83	0.496	57	0.298	220	0.610	58	0.262	85	0.221	102
襄阳	0.294	89	0.477	63	0.326	200	0.517	85	0.204	122	0.306	60
鄂州	0.225	144	0.512	52	0.560	36	0.260	252	0.102	235	0.146	175
荆门	0.223	146	0.407	105	0.285	228	0.419	149	0.160	168	0.114	217
孝感	0.222	149	0.374	127	0.176	274	0.300	228	0.139	194	0.182	134
荆州	0.215	157	0.338	162	0.291	222	0.519	83	0.220	106	0.199	121
黄冈	0.179	204	0.371	128	0.289	225	0.500	94	0.162	166	0.178	138

续表

	可持续竞争力		经济活力		环境韧性		社会包容		科技创新		全球联系	
	指数	排名	指数	排名	指数	排名	指数	排名	指数	排名	指数	排名
咸宁	0.212	161	0.429	93	0.092	285	0.350	195	0.208	115	0.212	108
随州	0.157	224	0.337	164	0.309	211	0.261	251	0.076	256	0.186	132

资料来源：中国社会科学院城市与竞争力指数数据库。

五 中心城市

（一）中心城市武汉经济竞争力表现优异

湖北的中心城市武汉在经济竞争力方面，全国排名第9，在35个大中城市中居于第6位；省内第二城市宜昌居全国第65位，与武汉差距较大。这主要是因为，从经济竞争力的5个分项指标来看，武汉的当地要素、生活环境、营商软环境、营商硬环境与全球联系均位于全国前列，排名分别为第13名、第20名、第9名、第48名、第14名，省内第二城市宜昌的经济竞争力及分项指标与之相比，仍有较大追赶空间（见图10－17）。

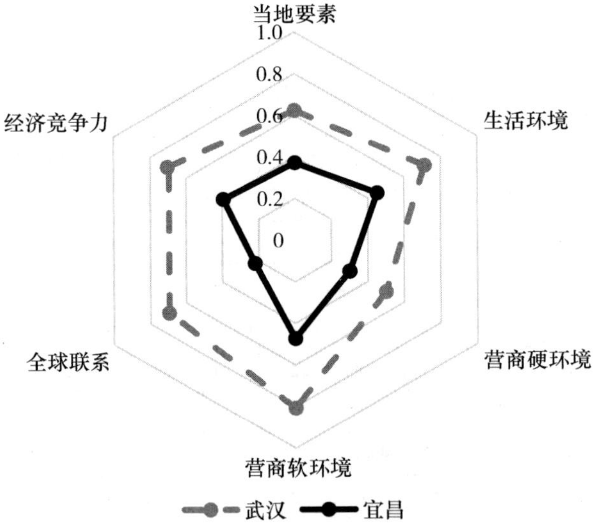

图10－17 武汉、宜昌经济竞争力与分项指标

资料来源：中国社会科学院城市与竞争力指数数据库。

（二）武汉可持续竞争力发展势头强劲

在可持续竞争力方面，武汉综合可持续竞争力全国排名第10，在全国35个大中城市中排名第7；省内第二城市宜昌全国排名第83，与武汉相差较大。这主要是因为武汉可持续竞争力5个分项指标全国排名靠前，社会包容、科技创新、经济活力、全球联系与环境韧性分别为全国第6名、第7名、第12名、第14名、第54名，均领先于省内第二城市宜昌(见图10－18)。

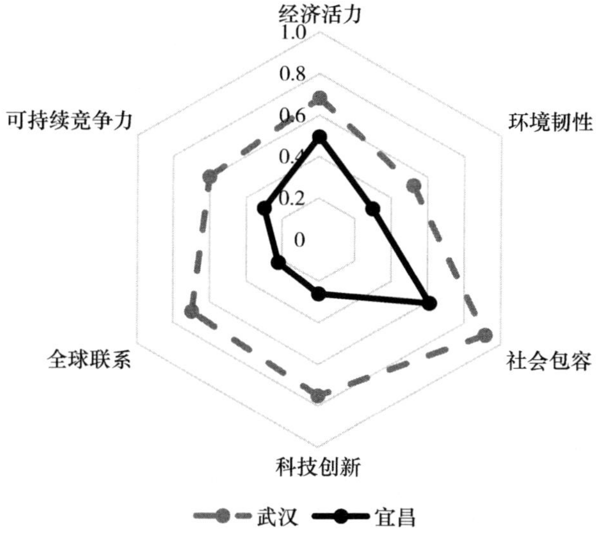

图10－18 武汉、宜昌可持续竞争力与分项指标

资料来源：中国社会科学院城市与竞争力指数数据库。

第六节 中国城市竞争力(湖南省)报告

一 经济竞争力表现及其变化

（一）湖南整体经济竞争力呈现东强西弱的趋势

湖南位于长江中游、洞庭湖以南，是我国东南腹地。近年来，湖南经济水平保持总体平稳、稳中向好的发展态势。长沙城市圈经济竞争力整体呈现“阶梯式”格局，长沙遥遥领先，湘潭、株洲、岳阳、衡阳、常德处于中间水平，张家界、怀化和永州发展则较为落后。

（二）岳阳成为仅次于长株潭地区的第二个发展极

在湖南的各个地级市当中，岳阳的经济竞争力是第二位，仅次于长沙（见图10－19）。在湖南版图上面，长沙—株洲—湘潭是一个一体化区域，也是湖南经济的第一支柱。因此，位于洞庭湖畔的岳阳取得好的位次，对于湖南有着特别的意义，可以和中心城市彼此促进，共同崛起。

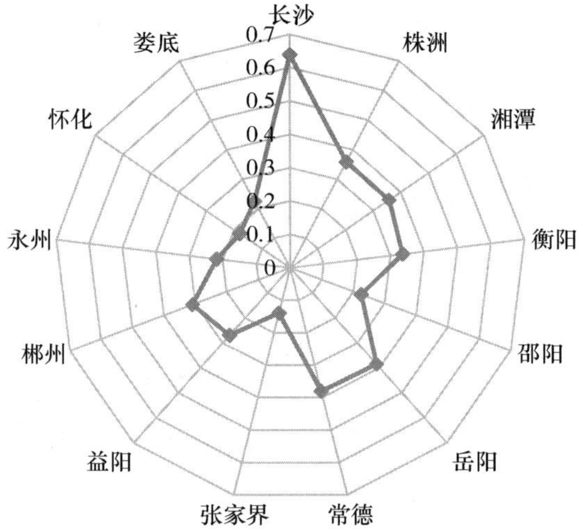

图10－19 2020年湖南省各城市经济竞争力

资料来源：中国社会科学院城市与竞争力指数数据库。

二 经济竞争力表现及其变化原因

（一）整体上看东部城市分项指标表现良好

2020年湖南经济竞争力实力最强的是长沙，排名第16位，在当地要素、生活环境、营商环境以及全球联系这些因素中，长沙都遥遥领先于省内其他城市；另外，个别城市表现亮眼，株洲、湘潭、衡阳、岳阳以及常德这些城市，经济竞争力都在100名以内。有些城市如永州、怀化、张家界排名在200位以后，主要是当地要素以及营商软、硬环境比较差所导致的。

（二）省内城市中岳阳各分项指标有优势

从表10－21可看出，岳阳在当地要素、生活环境、营商环境以及全球联系这些指标上都落后于长沙，但差距大小并不一样。在营商硬环境、当地要素指标中，岳阳和长沙差距不大；但是在全球联系、生活环境以及营商软环境这 3 个指标上，两城市存在较大的差距。其中在五大指标中，岳阳在全球联系指标上表现尤为不佳，说明在今后岳阳应明确定位，合理发展。

表 10 – 21　　湖南省各城市经济竞争力及解释性指标

	经济竞争力		当地要素		生活环境		营商软环境		营商硬环境		全球联系	
	指数	排名	指数	排名	指数	排名	指数	排名	指数	排名	指数	排名
长沙	0.639	16	0.577	17	0.730	19	0.718	17	0.408	105	0.609	20
株洲	0.358	82	0.386	67	0.422	115	0.419	65	0.296	169	0.425	47
湘潭	0.358	83	0.337	98	0.410	125	0.457	60	0.361	127	0.198	123
衡阳	0.337	96	0.356	89	0.443	99	0.347	97	0.178	247	0.187	130
邵阳	0.225	195	0.176	225	0.301	221	0.184	224	0.109	275	0.052	272
岳阳	0.386	70	0.372	79	0.376	150	0.302	134	0.317	158	0.132	195
常德	0.381	72	0.370	81	0.430	108	0.313	121	0.217	226	0.100	232
张家界	0.139	247	0.125	256	0.363	165	0.264	157	0.145	265	0.295	67
益阳	0.269	148	0.280	147	0.367	161	0.196	214	0.191	241	0.055	271
郴州	0.309	118	0.285	141	0.278	238	0.272	153	0.228	220	0.133	193
永州	0.218	205	0.172	227	0.292	227	0.152	248	0.196	238	0.091	241
怀化	0.180	228	0.128	254	0.370	155	0.200	211	0.050	288	0.083	250
娄底	0.225	194	0.164	232	0.302	219	0.239	181	0.286	179	0.080	252

资料来源：中国社会科学院城市与竞争力指数数据库。

三　可持续竞争力表现及其变化

（一）可持续竞争力呈现两极化发展的断层现象

湖南可持续竞争力相对于经济竞争力稍显不足，从全国来看，除了长沙可持续竞争力排第 26 名，大多数城市都在 150 名以外，说明湖南的可持续竞争力发展水平失衡。

（二）湘潭的亮眼表现反映出两强城市追赶趋势

整体来看，长沙城市圈竞争力呈现“一超两强”的格局，长株潭地区发展水平在城市圈内处于领先地位。从图 10 – 20 可看出，湘潭是省内可持续竞争力排名第2位的城市，说明株洲、湘潭“两强追赶”的趋势也在逐步形成。

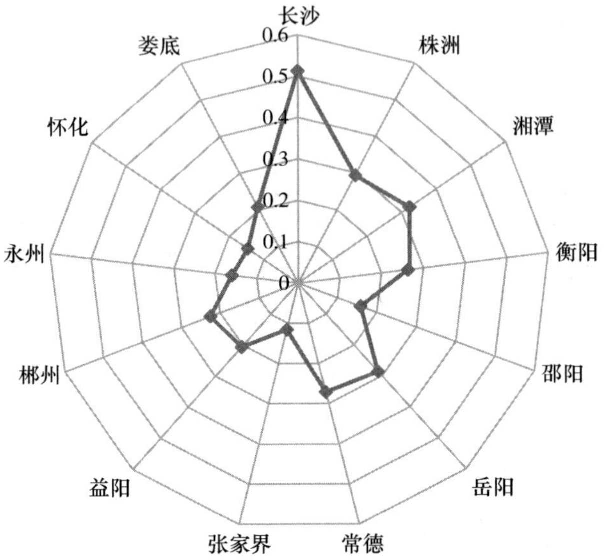

图10－20 2020年湖南省各城市可持续竞争力

资料来源：中国社会科学院城市与竞争力指数数据库。

四 可持续竞争力表现及其变化原因

（一）各城市可持续竞争力各项指标差距明显

从单个城市的角度来看，2020年可持续竞争力最强的是长沙，排名第26位，在经济活力、环境韧性、社会包容、科技创新以及全球联系这些因素中，长沙都遥遥领先于省内其他城市；可持续竞争力最弱的城市张家界排名第253位，主要是上述因素相对于其他省内城市比较差导致的。从区域角度来看，长株潭、岳阳经济竞争力较为领先，其他地区较落后，如永州、怀化、邵阳、张家界等排名在200位以后。

（二）湘潭分项指标呈现不均匀的发展趋势

湘潭在经济活力、环境韧性、社会包容、科技创新、全球联系这五项指标都落后于长沙，所以长沙在可持续竞争力方面都领先于湘潭。另外，在环境韧性这一指标上，两城市差距很小，排名只相差16位，但是在社会包容、科技创新以及全球联系这三项指标中，两城市相差比较大

(见表 10－22)。

表 10－22　　　　湖北省各城市可持续竞争力及解释性指标

	可持续竞争力		经济活力		环境韧性		社会包容		科技创新		全球联系	
	指数	排名	指数	排名	指数	排名	指数	排名	指数	排名	指数	排名
长沙	0.513	26	0.683	11	0.486	77	0.749	26	0.611	16	0.609	20
湘潭	0.322	72	0.475	64	0.455	93	0.466	109	0.307	68	0.198	123
株洲	0.294	88	0.445	79	0.352	177	0.456	119	0.321	62	0.425	47
岳阳	0.286	93	0.392	114	0.349	182	0.513	88	0.203	123	0.132	195
常德	0.272	102	0.406	107	0.268	235	0.475	104	0.245	92	0.100	232
衡阳	0.263	113	0.378	123	0.313	209	0.480	102	0.228	98	0.187	130
郴州	0.225	145	0.345	153	0.364	166	0.316	212	0.142	191	0.133	193
娄底	0.208	167	0.303	196	0.360	170	0.389	170	0.126	208	0.080	252
益阳	0.205	175	0.306	193	0.255	239	0.395	163	0.159	170	0.055	271
永州	0.160	219	0.266	219	0.214	261	0.359	188	0.112	221	0.091	241
邵阳	0.159	220	0.265	222	0.171	275	0.402	158	0.111	224	0.052	272
怀化	0.147	233	0.277	208	0.162	278	0.307	222	0.098	241	0.083	250
张家界	0.115	253	0.371	129	0.169	276	0.310	219	0.071	262	0.295	67

资料来源：中国社会科学院城市与竞争力指数数据库。

五　中心城市

长沙优势十分明显，在经济竞争力方面全国排名第 16，在 35 个大中城市中居于第 10 位。另外，省内第二大城市岳阳全国排名第 70，长沙仍然保持更高水平。这主要是因为，从经济竞争力的 5 项解释指标来看，长沙的当地要素、生活环境、营商软环境、全球联系 4 个指标都表现亮眼，排名分别为第 17 位、第 19 位、第 17 位、第 20 位，对于岳阳只有当地要素、生活环境保持在 100 名以内，另外 3 个指标都在 100 名开外，仍需要提高。

在可持续竞争力方面，长沙可持续竞争力排名全国第 26，在 35 个大中城市中，居于第 11 位。对于同属于长株潭城市群的湘潭，“两强追赶”的趋势也在逐步形成，湘潭排名第 72，和省会长沙相比，仍然具有差距，这主要是因为长沙在社会包容、科技创新、经济活力、全球联系与环境韧性各项指标中都保持优势地位（见图 10－21）。

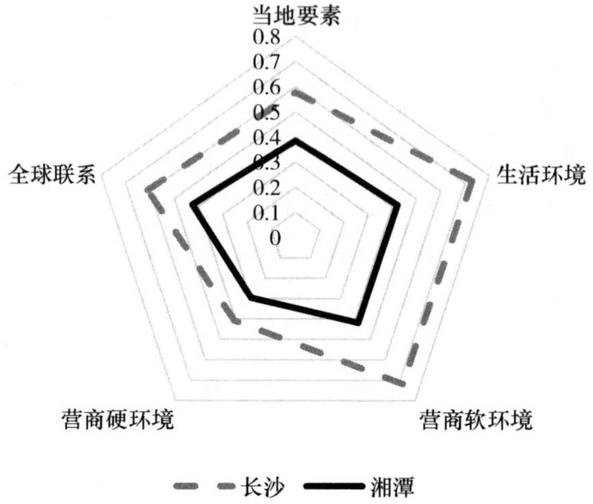

图 10－21　2020 年长沙和湘潭可持续竞争力分项指标

资料来源：中国社会科学院城市与竞争力指数数据库。

第十一章

中国（西南地区）城市竞争力报告

张安全　刘笑男[①]

第一节　中国城市竞争力（广西壮族自治区）报告

一　经济竞争力表现及其变化

全区经济竞争力有所提升。从整体上来看，广西经济密度和经济增量的得分都偏低，经济竞争力得分在省级行政区域中排名靠后，属于下游水平。与2015年相比，2020年广西经济竞争力得分有所提升，但是提升幅度较小。

一轴强、两翼弱，柳州直逼南宁。从空间上来看，南宁和柳州的经济竞争力最强，在全国分别排名第86位和第109位，其次是钦州和北海这两个城市的经济竞争力相对较强。以南宁、柳州、钦州和北海这几个城市为轴线，位于其东西两侧的其他城市的经济竞争力指数都相对较低。其中，柳州在经济密度和经济增量上的得分都相对较高，其经济竞争力指数和排名近年来呈现上升趋势，且直逼南宁（见图11－1）。

① 本章广西壮族自治区、四川省、重庆市部分由张安全撰写，海南省、贵州省、云南省部分由刘笑男撰写。

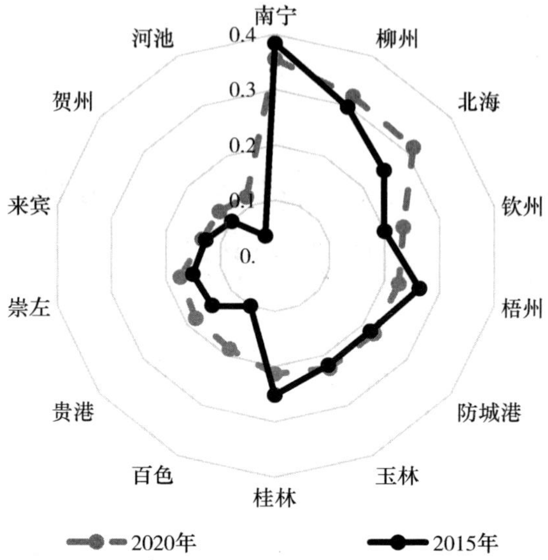

图 11-1 广西壮族自治区各城市经济竞争力指数

资料来源：中国社会科学院城市与竞争力指数数据库。

二 经济竞争力解释

得分全面偏低，提升整体较慢。除了南宁、柳州和桂林等城市外，其余城市在当地要素、生活环境、营商软环境、营商硬环境和全球联系五个方面的得分都相对较低（见表 11-1），这是导致大多数城市经济竞争力相近且偏低、整体提升不明显的内在原因。由于区内资源过度分散，各个城市资源禀赋差异较大，大部分城市的经济竞争力短期内难以实现快速提升。

表 11-1 广西壮族自治区各城市经济竞争力解释性指标

	当地要素		生活环境		营商软环境		营商硬环境		全球联系	
	指数	排名	指数	排名	指数	排名	指数	排名	指数	排名
南宁	0.428	50	0.594	37	0.574	33	0.327	148	0.543	29
桂林	0.386	66	0.582	42	0.457	62	0.258	205	0.263	78
柳州	0.339	97	0.546	47	0.312	122	0.240	214	0.147	173

续表

	当地要素		生活环境		营商软环境		营商硬环境		全球联系	
	指数	排名	指数	排名	指数	排名	指数	排名	指数	排名
梧州	0.247	183	0.381	146	0.197	213	0.226	221	0.080	253
北海	0.242	185	0.324	206	0.239	182	0.318	155	0.156	157
贺州	0.204	208	0.324	204	0.019	288	0.154	258	0.178	139
玉林	0.200	209	0.422	116	0.077	276	0.218	225	0.098	235
钦州	0.189	218	0.420	117	0.215	198	0.281	185	0.145	177
河池	0.159	237	0.388	140	0.104	271	0.083	283	0.082	251
贵港	0.154	240	0.246	260	0.145	253	0.232	216	0.043	278
百色	0.128	253	0.427	111	0.141	255	0.085	282	0.063	262
崇左	0.087	270	0.356	171	0.222	194	0.273	190	0.089	247
来宾	0.070	279	0.347	181	0.113	266	0.281	184	0.104	226
防城港	0.047	285	0.322	208	0.176	232	0.292	172	0.205	114

资料来源：中国社会科学院城市与竞争力指数数据库。

柳州工业基础好，发展有潜力。南宁在当地要素、生活环境、营商软环境和全球联系方面具有明显的优势，因此其经济竞争力最强。而柳州作为广西最大的工业城市，其城市发展比较全面，不仅工业比较发达，且生态环境良好，在当地要素、生活环境和营商软环境方面的得分也都相对较高。虽然柳州在全球联系上的得分相对偏低，但是柳州也是重要的交通枢纽。因此，柳州经济发展快速，经济竞争力不断增强。

三 可持续竞争力表现及其变化

全区可持续竞争力在减弱。人才密度和人才增量得分偏低几乎是所有城市面临的共同问题，只有南宁、柳州和桂林 3 个城市在人才增量上的得分相对较高。从可持续竞争力的得分和排名来看，整体上有所下降，目前只有南宁、柳州、桂林和北海这 4 个城市的可持续竞争力处于中上游水平，其余城市的可持续竞争力在全国均处于下游水平。

梧州、玉林得分大降，桂林、北海名次互换。南宁、柳州、桂林和北海的可持续竞争力得分相对较高，位列全区前四；其余城市得分相对偏低，且差异不大。与2015年相比，梧州和玉林的得分降幅较大，全区排名退出前五位；北海得分有所下降，桂林得分有所上升，桂林超越北海位居全区第三（见图11－2）。

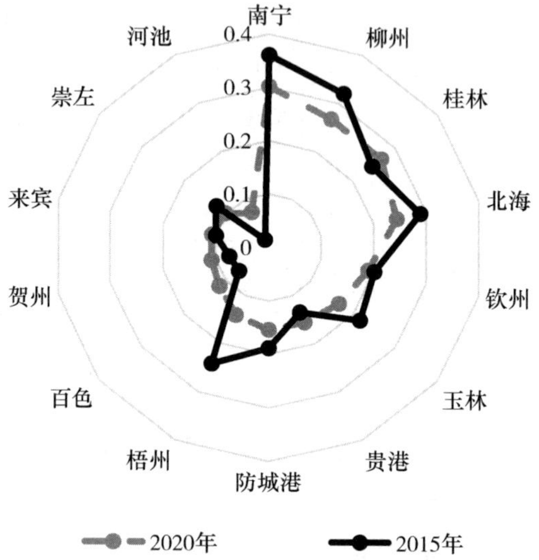

图11－2 广西壮族自治区各城市可持续竞争力指数

资料来源：中国社会科学院城市与竞争力指数数据库。

四 可持续竞争力解释

可持续竞争力整体提升面临诸多挑战。绝大部分城市在经济活力、环境韧性、社会包容、科技创新和全球联系几个解释性指标上的得分在全国都处于中下游水平。即便是排名相对靠前的4个城市中，也仅有南宁在各指标上的表现相对较好，而北海、柳州和桂林仅在个别指标上的得分相对较高。全区可持续竞争力的提升在多个维度受到制约，整体水平难升易降。

单点突破，实现区内可持续竞争力排名提升。无论是从全区内部城市间的横向比较来看，还是从单个城市的纵向变化来看，当各个城市在可持续竞争力各个解释性指标上得分都较低时，往往少数几个因素的变化对于城市可持续竞争力具有较大的影响。例如，梧州、玉林在经济活力和全球联系上等指标上的得分较低，导致其可持续竞争力得分大幅下降；桂林在社会包容、科技创新和全球联系等指标上表现相对较好，可持续竞争力反超北海（见表11－2）。

表11－2　　广西壮族自治区各城市可持续竞争力解释性指标

	经济活力		环境韧性		社会包容		科技创新		全球联系	
	指数	排名	指数	排名	指数	排名	指数	排名	指数	排名
南宁	0.509	54	0.372	161	0.670	46	0.446	38	0.543	29
北海	0.475	65	0.389	145	0.077	289	0.142	192	0.156	157
柳州	0.443	80	0.348	184	0.473	105	0.212	112	0.147	173
桂林	0.356	144	0.278	230	0.580	68	0.302	71	0.263	78
钦州	0.343	155	0.344	188	0.369	185	0.198	131	0.145	177
防城港	0.331	170	0.437	111	0.187	276	0.049	281	0.205	114
崇左	0.324	179	0.330	197	0.187	275	0.071	263	0.089	247
百色	0.295	202	0.222	257	0.294	232	0.073	261	0.063	262
贵港	0.261	225	0.344	186	0.229	267	0.027	288	0.043	278
来宾	0.234	241	0.349	181	0.178	277	0.068	266	0.104	226
河池	0.220	246	0.194	270	0.354	193	0.060	271	0.082	251
贺州	0.190	265	0.283	229	0.164	279	0.137	197	0.178	139
梧州	0.170	267	0.314	207	0.436	135	0.131	203	0.080	253
玉林	0.162	269	0.326	201	0.325	209	0.174	156	0.098	235

资料来源：中国社会科学院城市与竞争力指数数据库。

五　中心城市

南宁的经济竞争力在全国排第86位，在35个大中城市中排第28位，营商硬环境是制约经济竞争力的主要短板。南宁的可持续竞争力在全国排第81位，在35个大中城市中排第32位，环境韧性是制约可持续竞争力的主要短板。与区内第二大城市柳州相比，南宁的经济竞争力和可持续竞争力在全国的排名分别领先23位和26位，主要是因为南宁在营商软环境、营商硬环境、全球联系、社会包容和科技创新等方面具有较大的相对优势。总体来看，南宁的经济竞争力和可持续竞争力还相对较弱，需要凝心聚力打基础，全面提升城市竞争力，确保南宁首位度（见图 11－3）。

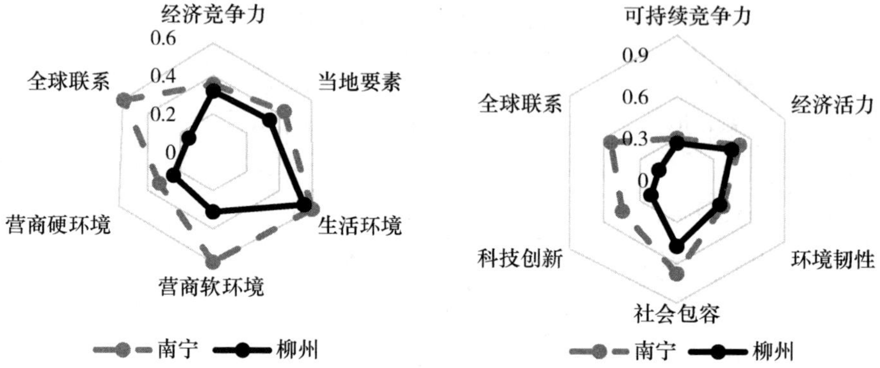

图 11－3 南宁与柳州经济竞争力和可持续竞争力及其分项对比

资料来源：中国社会科学院城市与竞争力指数数据库。

第二节 中国城市竞争力（四川省）报告

一 经济竞争力表现及其变化

全省经济竞争力有提升，但总体排名较靠后。近年来全省的经济竞争力有所提升，其中经济密度的得分和排名变化相对较小，主要是经济增量的得分和排名整体上有较大的提升。但是，由于省内大部分城市的经济竞争力较低，因此四川经济竞争力在全国省级行政区域中排名较为靠后。

成都一城独大格局不变，各城市经济竞争力普遍提升，但资阳和达州有所下降。成都的经济竞争力在全国排名第 12 位，其他城市的排名都在 100 位以后，一城独大的现象没有改善。各城市 2020 年的经济竞争力指数相较于 2015 年基本都呈现上升态势，但资阳和达州的经济竞争力排名分别下降了 69 个名次和 24 个名次。其中，达州是因为经济密度的得分下降，资阳主要是因为经济增量的得分下降（见图 11－4）。

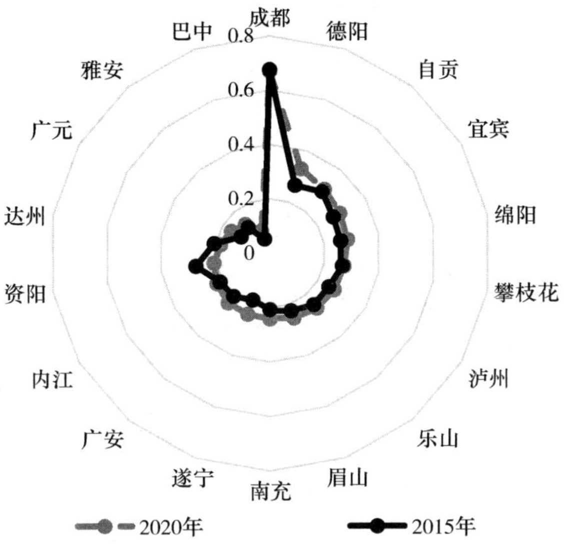

图 11－4　四川省各城市经济竞争力指数

资料来源：中国社会科学院城市与竞争力指数数据库。

二　经济竞争力解释

经济竞争力解释性指标总体得分偏低。四川在当地要素、生活环境、营商软环境、营商硬环境和全球联系等指标上的总体得分不高，这是四川的整体经济竞争力在全国的排名并不是特别靠前的内在原因。也正是由于四川在各个解释性指标上的表现整体较弱，所以经济竞争力指数虽然有增长，但是整体的增幅相对较小。

成都遥遥领先，其他城市在竞争中进步。成都在当地要素、生活环境、营商软环境、营商硬环境和全球联系等各个方面的得分都非常高，省内其他城市与之差距较大，这是其他城市的经济发展难以与成都竞争的内在原因。除成都以外，其他城市相互之间的差距相对较小，相互之间存在竞争，各个城市的经济竞争力也正是在竞争中整体有了提升，但个别城市有下降（见表 11－3）。

表 11－3 四川省各城市经济竞争力解释性指标

	当地要素		生活环境		营商软环境		营商硬环境		全球联系	
	指数	排名	指数	排名	指数	排名	指数	排名	指数	排名
成都	0.664	7	0.733	18	0.767	12	0.559	31	0.708	12
绵阳	0.384	69	0.429	109	0.395	79	0.194	239	0.160	153
泸州	0.312	121	0.369	157	0.333	106	0.214	230	0.168	147
宜宾	0.306	125	0.340	188	0.259	164	0.156	256	0.089	246
德阳	0.299	129	0.394	137	0.253	169	0.213	232	0.071	257
南充	0.296	131	0.448	97	0.303	133	0.347	138	0.128	196
自贡	0.273	153	0.257	256	0.214	199	0.213	231	0.104	225
眉山	0.264	165	0.362	166	0.319	117	0.229	218	0.156	159
遂宁	0.248	181	0.381	145	0.178	229	0.222	223	0.051	273
达州	0.239	186	0.293	226	0.217	196	0.243	211	0.115	214
攀枝花	0.237	187	0.382	143	0.222	192	0.135	271	0.018	287
乐山	0.233	189	0.387	141	0.183	226	0.143	268	0.050	274
内江	0.219	197	0.273	243	0.222	191	0.312	160	0.056	269
广元	0.139	249	0.368	159	0.208	204	0.161	251	0.061	263
资阳	0.130	252	0.224	267	0.331	108	0.229	219	0.222	101
雅安	0.092	269	0.344	183	0.359	92	0.093	279	0.150	167
广安	0.081	277	0.369	156	0.133	260	0.287	178	0.064	261
巴中	0.040	287	0.315	212	0.136	256	0.045	289	0.151	166

资料来源：中国社会科学院城市与竞争力指数数据库。

三 可持续竞争力表现及其变化

可持续竞争力得分总体保持不变。四川的整体可持续竞争力相对偏低，在省级行政区域中排名也相对靠后。与 2015 年相比，2020 年四川在人才密度上的得分较为稳定，在人才增量上的得分有显著提升，但是全省可持续竞争力总体得分和排名并没有显著变化。

川东北城市排名提升较大。与 2015 年相比，2020 年有 7 个城市的排名提升，11 个城市的排名下降。其中，遂宁、南充、巴中和广安的排名提升幅度最大，分别提升了 41 位、27 位、22 位和 11 位。主要是川东北城市的排名整体有提升，但是在全省的排名基本上都处于中下游水平。总体上来看，可持续竞争力成都一城独大的格局依然保持不变（见图 11－5）。

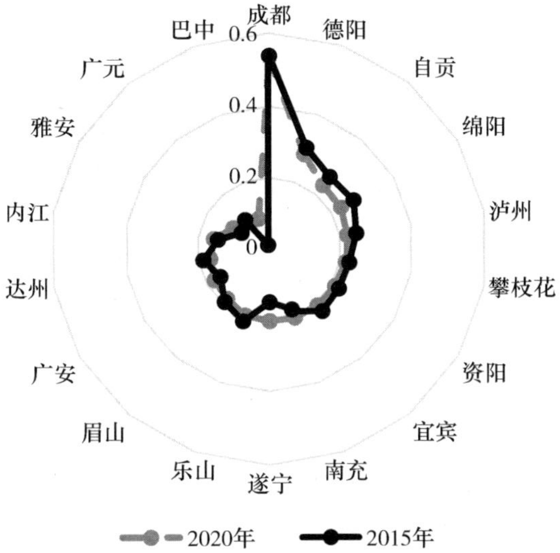

图 11－5　四川省各城市可持续竞争力指数

资料来源：中国社会科学院城市与竞争力指数数据库。

四　可持续竞争力解释

科技创新和全球联系是弱项。除了成都和绵阳，其他城市在经济活力、环境韧性、社会包容、科技创新和全球联系上的得分都比较接近。总体来看，全省在经济活力、环境韧性和社会包容上的排名得分都相对较高，但是在科技创新和全球联系上的得分相对偏低。科技创新对于城市可持续发展非常重要，这可能是制约全省可持续竞争大幅提升的重要原因。

川东北城市经济活力弱、社会包容强。虽然川东北城市的经济活力得分普遍较低，导致可持续竞争力相对较弱，但是社会包容得分相对较高，是其优势，这在一定程度上有助于集聚资源，增强可持续发展能力（见表 11－4）。

表 11－4　　四川省各城市可持续竞争力解释性指标

	经济活力		环境韧性		社会包容		科技创新		全球联系	
	指数	排名	指数	排名	指数	排名	指数	排名	指数	排名
成都	0. 659	14	0. 528	51	0. 882	11	0. 670	11	0. 708	12
绵阳	0. 423	97	0. 293	221	0. 587	64	0. 303	70	0. 160	153
雅安	0. 420	98	0. 198	267	0. 239	264	0. 154	180	0. 150	167
眉山	0. 412	103	0. 338	190	0. 313	217	0. 156	175	0. 156	159
德阳	0. 386	117	0. 454	94	0. 464	111	0. 169	158	0. 071	257
泸州	0. 379	122	0. 241	249	0. 420	148	0. 203	124	0. 168	147
宜宾	0. 365	133	0. 205	262	0. 329	206	0. 158	172	0. 089	246
攀枝花	0. 340	161	0. 511	65	0. 284	244	0. 155	178	0. 018	287
南充	0. 330	171	0. 301	215	0. 522	81	0. 208	117	0. 128	196
广元	0. 330	174	0. 250	241	0. 391	168	0. 117	219	0. 061	263
遂宁	0. 305	195	0. 401	140	0. 410	152	0. 140	193	0. 051	273
乐山	0. 303	197	0. 241	247	0. 430	142	0. 106	232	0. 050	274
自贡	0. 288	205	0. 300	216	0. 360	187	0. 189	138	0. 104	225
广安	0. 271	213	0. 347	185	0. 291	236	0. 069	265	0. 064	261
达州	0. 267	218	0. 285	227	0. 254	254	0. 133	201	0. 115	214
内江	0. 254	231	0. 378	153	0. 286	240	0. 130	204	0. 056	269
巴中	0. 214	250	0. 215	260	0. 321	211	0. 009	289	0. 151	166
资阳	0. 194	263	0. 319	205	0. 251	256	0. 110	227	0. 222	101

资料来源：中国社会科学院城市与竞争力指数数据库。

五　中心城市

成都的经济竞争力和可持续竞争力较强，在全国地级城市中分别排第 12 位和第 20 位，在 35 个大中城市中分别排第 8 位和第 11 位。排名在成都之前的城市均是中东部强市，与成都并称“西部三强”的重庆和西安的经济竞争力和可持续竞争力排名均在成都之后。从这一点来看，成都是当之无愧的西部强市。但是，成都作为四川的中心城市，一直以来都是一城独大，无论是经济竞争力还是可持续竞争力，在全国的排名都领先省内第二大城市绵阳 100 位左右，这种格局一直没有改善。需要进一步发挥好成都的辐射带动作用，实现区域协调发展（见图 11－6）。

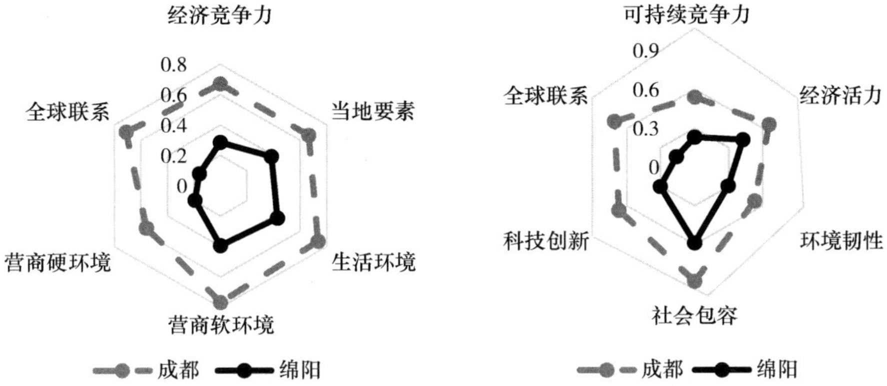

图 11－6　成都与绵阳经济竞争力和可持续竞争力及其分项对比

资料来源：中国社会科学院城市与竞争力指数数据库。

第三节　中国城市竞争力(重庆市)报告

一　经济竞争力表现及其变化

重庆经济竞争力排名下降。2020 年重庆经济竞争力得分是 0. 56，在全国地级城市中排名第 30 位，相比 2015 年下降了 10 个名次。由于天津的经济竞争力得分出现大幅下降，2020 年重庆的经济竞争力得分反超天津，在 4 个直辖市中排名第三（见图 11－7）。2020 年，重庆经济密度的得分提升到 0. 35，在全国地级城市中排名第 104 位，比 2015 年上升了 17 个名次；经济增量的得分是 0. 69，有大幅下降，这是重庆经济竞争力得分和排名下降的主要原因。

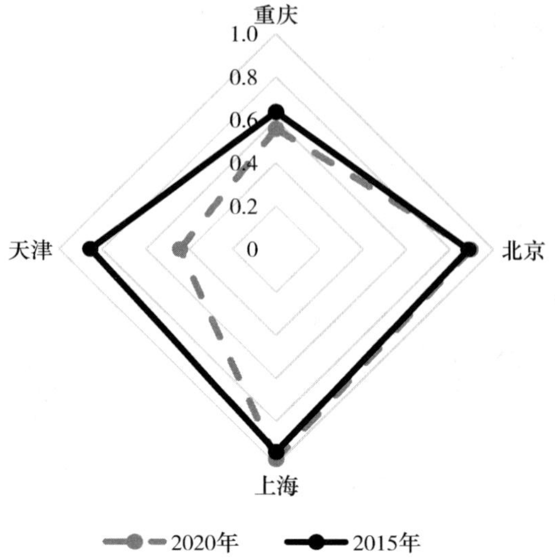

图 11－7 重庆市和其他直辖市经济竞争力指数

资料来源：中国社会科学院城市与竞争力指数数据库。

二 经济竞争力及其变化解释

经济发展基础好，营商环境需优化。虽然 2020 年的经济竞争力得分有所下降，但是总体来讲，重庆在经济竞争力各个解释性指标上的表现整体较好。其中，当地要素、生活环境和全球联系的得分较高，在全国地级城市中均排名前 20；在营商软环境和营商硬环境上的得分略微较低，在全国地级城市中排名分别是第 22 位和第 41 位。相比之下，重庆经济发展的短板主要是营商硬环境和营商软环境（见表 11－5）。

表 11－5 重庆市经济竞争力解释性指标

	当地要素		生活环境		营商软环境		营商硬环境		全球联系	
	指数	排名	指数	排名	指数	排名	指数	排名	指数	排名
重庆	0.644	11	0.745	15	0.698	22	0.525	41	0.665	16

资料来源：中国社会科学院城市与竞争力指数数据库。

三 可持续变化

可持续竞争力持续向好。相对于经济竞争力，重庆可持续竞争力得分相对偏低，但可持续竞争力呈现上升趋势，重庆2020年可持续竞争力在全国地级城市中排名第36位，相比2015年提升了19个名次。其中，人才增量和人才密度在全国地级城市中排名分别是第14名和第86名，分别上升了13个名次和24个名次。但是，重庆在4个直辖市中的排名依然最低，与北京、天津和上海的差距依然较大，人才密度的排名比较靠后是重庆可持续竞争力排名落后的主要原因（见图11－8）。

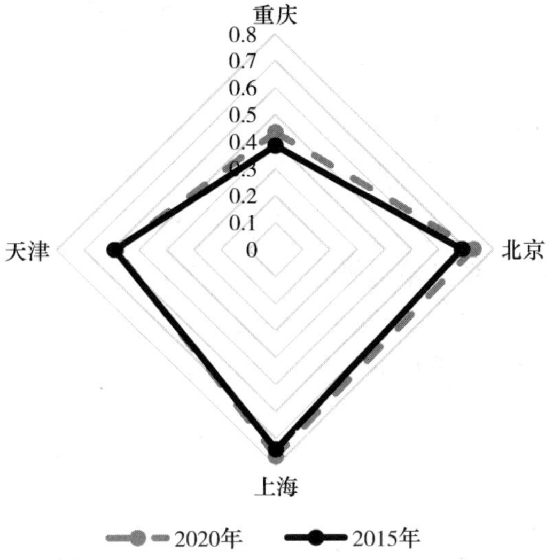

图11－8 重庆市和其他直辖市可持续竞争力指数

资料来源：中国社会科学院城市与竞争力指数数据库。

四 可持续竞争力解释

经济活力对可持续竞争力的排名影响较大。五个解释性指标中，社会包容、科技创新和全球联系的得分较高，在全国地级城市中的排名均在前20名内；环境韧性的得分最低，在全国地级城市中的排名第49位，但是在这一指标上重庆与其他几个直辖市的差距并不大；经济活力的得分虽然不是最低，在全国地级城市中排名第39位，但是重庆在这一指标上与北京和上海存在较大差距。要提升可持续竞争力的排名，重庆需要在环境韧性和经济活力上有提升，尤其是需要在经济活力上有提升（见表11－6）。

表 11－6　　重庆市可持续竞争力解释性指标

	经济活力		环境韧性		社会包容		科技创新		全球联系	
	指数	排名	指数	排名	指数	排名	指数	排名	指数	排名
重庆	0.545	39	0.529	49	0.834	18	0.611	17	0.665	16

资料来源：中国社会科学院城市与竞争力指数数据库。

五　中心城市

虽然重庆的经济竞争力和可持续竞争力在全国地级城市中的排名比较靠前，但是在35个大中城市中分别排名第18位和第20位，处于中下游水平；在4个直辖市中，重庆的经济竞争力和可持续竞争力也相对最弱。另外，在西部城市中，重庆的经济竞争力和可持续竞争力的排名均落后于成都和西安，但是总体差距并不明显。重庆与成都在经济竞争力和可持续竞争力上的得分情况极为相似，两个城市的发展具有很多共性。重庆可以通过成渝地区双城经济圈建设，与成都携手深入合作，不断提升重庆的经济活力和营商环境，推动重庆的高质量发展（见图11－9）。

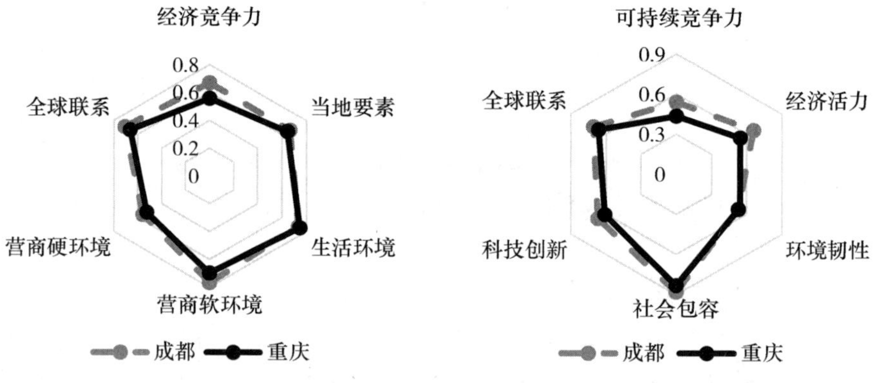

图 11－9　重庆与成都经济竞争力和可持续竞争力及其分项对比

资料来源：中国社会科学院城市与竞争力指数数据库。

第四节　中国城市竞争力(海南省)报告

海南位于中国的华南地区，空气质量优良，生态环境美好。海南是中国的经济特区和自由贸易试验区，在全国社会经济发展中享有重要的战略优势地位。2019 年年末海南常住人口为 944.72 万人，比 2018 年年末增加 10.4 万人，其中城镇常住人口 559.56 万人，常住人口城镇化率 59.23%，比 2018 年年末提高 0.17 个百分点。GDP 总量达 5308.94 亿元，比 2018 年增长 5.8%。三次产业结构优化为 20.1：20.6：59.3，第三产业增加值占生产总值的比重比 2018 年提高 0.9 个百分点，对经济增长的贡献约 75%。人均生产总值 56507 元，增长 4.7%。固定资产投资占地区生产总值的比重下降至 59.6%，非房地产投资占比提升至 58.4%。高新技术企业数量不断增强，科技创新实力不断提升。2019 年海南继续推进供给侧改革，坚持稳中求进工作总基调，坚持创新、协调、绿色、开放、共享的发展理念，奋力推进高质量发展，全省经济社会发展呈现总体平稳、稳中有进的良好发展态势，全面建成小康社会取得新的重大进展。

一　经济竞争力表现及其变化

海南各城市经济竞争力整体提升，经济密度优势明显。2020 年，海口和三亚经济竞争力指数分别为 0.363 和 0.299，排名全国第 80 位和第 126 位。相比于 2015 年，海口和三亚的经济竞争力上升了 26 位和 30 位。海口和三亚经济密度表现较好，海口和三亚分别排名全国第 64 位和第 93 位，均比 2015 年提升了十多个位次，海南的经济密度在全国处于中等偏上水平，经济集聚程度在全国具有相对较高的竞争优势。海南经济增量的表现相对较弱，但是增长势头强劲，未来具有良好的发展态势（见表 11－7）。

表 11－7　　2020 年海南省各城市综合经济竞争力及其分项

	经济竞争力		经济密度		经济增量	
	指数	排名	指数	排名	指数	排名
海口	0.363	80	0.402	64	0.139	141
三亚	0.299	126	0.358	93	0.071	243

资料来源：中国城市与竞争力研究中心数据库。

二 经济竞争力解释

海口经济竞争力的集聚效应突出，分散效应不足。从海南各城市经济竞争力解释性指标的表现来看，海南各城市经济竞争力解释性指标的差异比较明显，且海口经济竞争力各分项解释性指标明显优于三亚城市。海口和三亚的当地要素和全球联系这两个解释性指标的差距相对最大，2020 年海口的当地要素和全球联系在全国的排名依次为第 84 位和第 42 位，远高于三亚的位次，依次为 119 位和 65 位。海口的生活环境、营商软环境、营商硬环境均位于全国 100 强，其中，海口的生活环境和营商硬环境均比三亚高出 44 个位次，营商软环境高出三亚 20 个位次（见表 11－8）。

表 11－8　　2020 年海南省各城市经济竞争力解释性指标

	当地要素		生活环境		营商软环境		营商硬环境		全球联系	
	指数	排名	指数	排名	指数	排名	指数	排名	指数	排名
海口	0.363	84	0.479	75	0.473	55	0.467	64	0.453	42
三亚	0.213	203	0.417	119	0.401	75	0.396	108	0.213	107

资料来源：中国社会科学院城市与竞争力指数数据库。

三 可持续竞争力表现及其变化

海南各城市可持续竞争力分化较大，人才密度竞争力高于人才增量竞争力。2020 年海口和三亚的可持续竞争力指数为 0.343 和 0.241，全国排名第 62 位和第 130 位，全国排名均比 2015 年高出约 20 个位次。2020 年海口和三亚的人才增量在全国的排名为第 104 位和第 227 位，相比于 2015 年，海口提升 6 个位次，三亚下降 18 个位次。然而，海口和三亚的人才密度竞争力的全国排名均比 2015 年有所提升，提升的位次依次为 18 位和 40 位，三亚的人才密度竞争力增长趋势明显（见表 11－9）。

表 11－9　　2020 年海南省各城市可持续竞争力及其分项

	可持续竞争力		人才增量		人才密度	
	指数	排名	指数	排名	指数	排名
海口	0.343	62	0.365	104	0.457	46
三亚	0.241	130	0.257	227	0.379	78

资料来源：中国社会科学院城市与竞争力指数数据库。

四　可持续竞争力解释

科技创新、社会包容和全球联系差距较大是导致可持续竞争力两极分化的重要因素。海口和三亚在经济活力和环境韧性的表现相对接近，且三亚在这两个方面的表现优于海口，主要差距集中表现在科技创新、社会包容和全球联系差距上，这三项指标的排名差距分别为 129 个位次、127 个位次和 65 个位次（见表 11－10）。具体来看，大学指数、文化设施指数、科技企业数、医疗健康机构指数、历史文化指数、航运联系度、科研人员联系度、金融企业联系度等指标存在较大差距。

表 11－10　　2020 年海南省各城市可持续竞争力解释性指标

	经济活力		环境韧性		社会包容		科技创新		全球联系	
	指数	排名	指数	排名	指数	排名	指数	排名	指数	排名
海口	0.526	47	0.504	70	0.472	106	0.331	60	0.453	42
三亚	0.559	35	0.569	30	0.292	233	0.145	189	0.213	107

资料来源：中国社会科学院城市与竞争力指数数据库。

五　中心城市

2020 年海口的经济竞争力和可持续竞争力分别排名全国第 80 位和第 62 位，在 35 个大中城市中分别排名第 27 位和第 29 位，在西南地区中排名较为靠后，与成都、重庆尚有很大的发展距离，但优于南宁。与海南省第二大城市三亚相比，海口的经济竞争力和可持续竞争力在全国的排名分别领先 46 位和 68 位，但是在产权保护、青年人才占比、经济增长率、劳动生产率、生态多样性、气候舒适度等方面，海口并没有比三亚更具有比较优势，未来尚有很大的提升空间。未来海口应以“一带一路”

和自由贸易试验区建设为契机，加快推进经济结构优化、全面提升创新驱动发展实力，积极推动区域经济协调发展，全方位多层次地提升城市综合经济竞争力（见图 11 －10）。

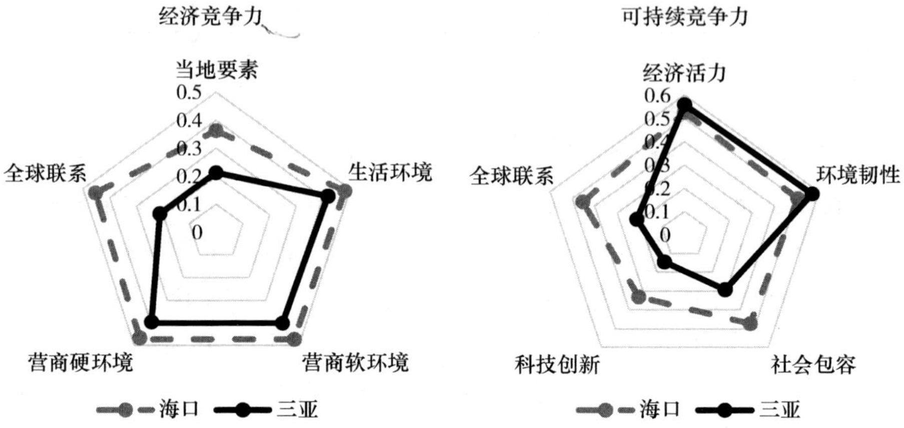

图 11 －10　海口与三亚经济竞争力和可持续竞争力分项对比

资料来源：中国社会科学院城市与竞争力指数数据库。

第五节　中国城市竞争力(贵州省)报告

一　经济竞争力表现及变化

从总体表现上来看，贵州城市综合经济竞争力偏低，但整体向好趋势明显（见图 11 －11）。2020 年贵州各城市的综合经济竞争力、经济密度和经济增量的全国排名均优越于 2015 年的排名。2020 年贵州有 1 个城市进入全国前 50 强，2 个城市进入全国前 100 强。与西南区域的其他省份相比，贵州是西南省份进入前 100 强经济竞争力最多的省份。

从省内城市经济竞争力的格局来看，贵阳市一枝独秀的格局不变，其他城市增长势头强劲，遵义表现尤为突出。2020 年遵义的综合经济竞争力、经济密度和经济增量在全国的排名依次为第 97 位、第 127 位和第 49 位，相比于 2015 年，在全国的排名依次提升了 116 位、120 位和 44 位。除此之外，六盘水和安顺的经济竞争力及其分项指标在全国的排名也均提升了 30 位以上。

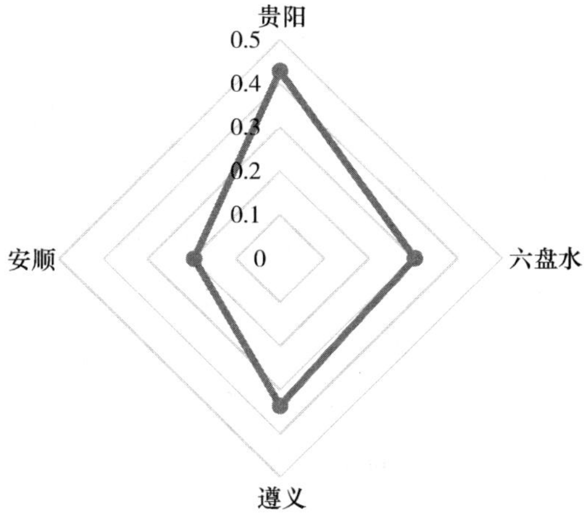

图 11－11　2020 年贵州省各城市经济竞争力指数

资料来源：中国社会科学院城市与竞争力指数数据库。

二　经济竞争力解释

经济竞争力解释性指标整体偏低且分化严重。观察各城市经济竞争力解释性指标的表现可知，经济竞争力解释性指标总体得分偏低，贵州城市经济竞争力 5 个分项中，只有 2 个城市进入全国前十，即贵阳和遵义。贵州各城市生活环境的高低得分分布不均衡，贵阳和遵义的生活环境位于全国的中等偏上发展水平，而安顺和六盘水的生活环境位于全国的中等偏下水平，城市间的生活环境分化较为严重。贵阳集聚了贵州很多优质的资源，而贵州其他城市的当地要素、营商软环境、营商硬环境、全球联系等要素资源在全国的排名总体偏低，分化较为严重（见表 11－11）。

表 11－11　　2020 年贵州省各城市经济竞争力解释性指标

	当地要素		生活环境		营商软环境		营商硬环境		全球联系	
	指数	排名	指数	排名	指数	排名	指数	排名	指数	排名
贵阳	0.430	49	0.530	51	0.507	46	0.448	71	0.488	37
遵义	0.328	105	0.508	59	0.303	132	0.215	228	0.149	169
六盘水	0.189	217	0.152	278	0.210	200	0.145	267	0.071	255
安顺	0.211	204	0.335	194	0.150	249	0.145	266	0.042	279

资料来源：中国社会科学院城市与竞争力指数数据库。

三 可持续竞争力表现及变化

可持续竞争力整体偏低但发展趋势向好。观察贵州可持续竞争力的综合表现可知：2020 年贵州可持续竞争力总体得分偏低，处于全国中等偏下水平，但总体具有向好发展的趋势。2020 年贵州人才增量和人才密度总体上处于全国中等偏下水平。相比较于 2015 年，六盘水的人才增量和人才密度均略微下降，从而六盘水的可持续竞争力降低。与此同时，贵州省其他城市的人才增量、人才密度均得到不同程度的提升，从而可持续竞争力也得到不同程度的提升（见图 11－12）。

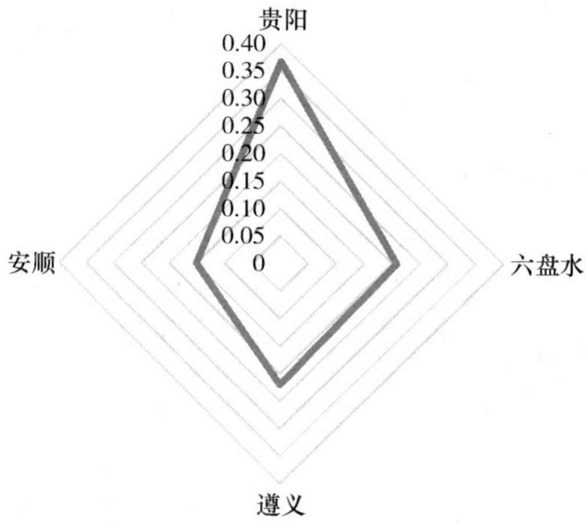

图 11－12 2020 年贵州省各城市可持续竞争力指数

资料来源：中国社会科学院城市与竞争力指数数据库。

四 可持续竞争力解释

科技创新和全球联系制约城市可持续竞争力的提升。2020 年除了贵阳的可持续竞争力的各个解释性指标总体排名位于全国前 100 强之外，其他各城市的可持续竞争力解释性指标总体排名位于全国中游偏下水平。贵州各城市间的可持续竞争力解释性指标的分化较为严重。2020 年贵州可持续竞争力解释性指标中科技创新和全球联系的总体表现较弱，从具体指标来看，贵州省的专利申请指数、大学指数、文化设施指数、航空联系度、航运联系度等指标表现较弱，未来有待于进一步提升（见表 11－12）。

表 11－12　　2020 年贵州省各城市可持续竞争力解释性指标

	经济活力		环境韧性		社会包容		科技创新		全球联系	
	指数	排名	指数	排名	指数	排名	指数	排名	指数	排名
贵阳	0.618	23	0.498	72	0.480	101	0.407	45	0.488	37
遵义	0.488	59	0.250	243	0.457	117	0.210	113	0.149	169
六盘水	0.414	102	0.374	157	0.150	283	0.051	279	0.071	255
安顺	0.376	126	0.348	183	0.253	255	0.129	205	0.042	279

资料来源：中国社会科学院城市与竞争力指数数据库。

五　中心城市

2020 年贵阳的经济竞争力和可持续竞争力分别排名全国第 50 位和第 54 位，在全国 35 个大中城市中，贵阳的经济竞争力和可持续竞争力的排名依次为第 22 位和第 26 位。在西南区域中，贵阳的经济竞争力和可持续竞争力虽然不及成都和重庆，但是贵阳的经济竞争力和可持续竞争力优于昆明、海口和南宁，贵阳称得上西南区域的次区域中心。与贵州的第二大城市遵义相比，贵阳领先于遵义的经济竞争力和可持续竞争力的排名是 47 位和 99 位。作为贵州的中心城市，贵阳一直以来都是一枝独秀，贵阳的经济竞争力、可持续竞争力及其对应的分项解释性指标均遥遥领先于其他城市，不同城市间的分化较为严重。贵阳未来需要发挥辐射引领作用，全方位多层面地提升城市竞争力，实现区域经济协调发展（见图 11－13）。

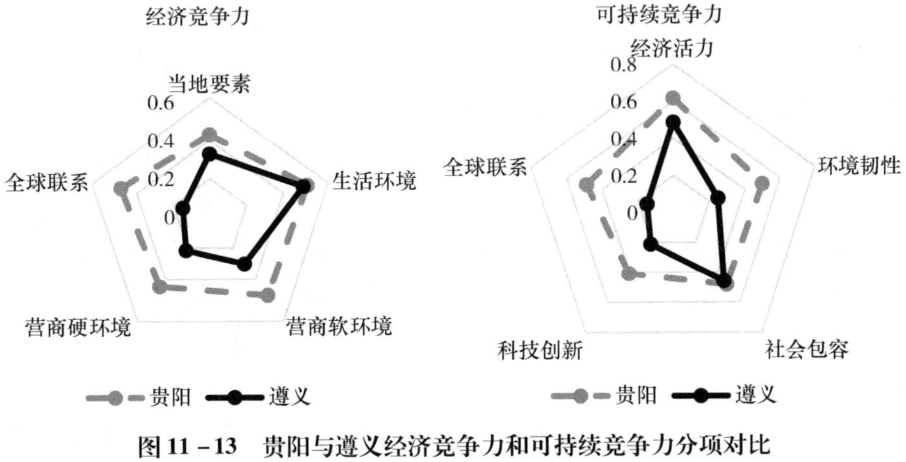

图 11－13　贵阳与遵义经济竞争力和可持续竞争力分项对比

资料来源：中国社会科学院城市与竞争力指数数据库。

第六节 中国城市竞争力(云南省)报告

云南简称云或滇，位于中国的西南地区，是中国的西南边陲，地形以山地高原为主，山地面积约占全省总面积的88.64%。云南2019年的GDP总量达到23223.75亿元，比2018年增长8.1%，高于全国2.0个百分点。人均生产总值为47944元，比2018年增长7.4%。云南产业结构不断优化，一、二、三产业结构由2018年的13.97：38.91：47.11优化升级为13.1：34.3：52.6。不含农户的全年固定资产投资同比增长8.5%，一、二、三产业投资增长率依次为25.5%、11.8%、7.0%，全年房地产开发投资4151.41亿元，比2018年增长27.8%。2019年年末全省常住人口4858.3万人，比2018年年末增加28.8万人，其中，城镇常住人口2376.2万人，全省城镇化率达48.91%，比2018年提高1.1个百分点。2019年云南全面贯彻落实党的十九大精神，坚持稳中求进工作总基调，坚持新发展理念，坚持以供给侧结构性改革为主线，按照高质量发展的要求统筹做好经济社会发展各项工作，全省经济社会运行呈现稳中有进、稳中向好的发展态势，民生福祉持续改善，三大攻坚战成效明显，各项社会事业繁荣发展，全面建成小康社会取得新的重大进展。

一 经济竞争力表现及变化

云南各城市经济竞争力排名有升有降，升幅大于降幅，但全省经济竞争力排名整体偏低。近年来除玉溪和曲靖的经济竞争力排名有所下降之外，全省其他城市的经济竞争力均有不同程度的提升，排名上升的位次均在30位以内。进一步分析云南各城市的经济密度和经济总量可知，经济密度的排名最高上浮位次在30位以内（玉溪的经济密度略有下降），经济总量的排名最高上浮位次在50位以内（曲靖的经济总量略有下降）。由于近年来省内很多城市的经济竞争力整体偏低，短期内大幅提升城市经济竞争力的排名也比较困难，全省城市经济竞争力仍然呈现较低的分布格局。

昆明的经济竞争力一枝独秀，遥遥领先于全省其他城市。2020年昆明的经济竞争力在全国的排名为第58位，比2015年提升了8个位次。其中，昆明市的经济密度和经济增量在全国的排名分别为第 75 位和第 33 位，比 2015 年分别提升了 12 个位次和 7 个位次。保山、普洱、丽江、昭通的经济竞争力排名上升趋势明显，5 年间排名提升的位次依次为 14 位、19 位、19 位、28 位。其中，经济密度排名提升的位次依次为 8 位、18 位、25 位、28 位，经济增量排名提升的位次依次为 48 位、41 位、7 位、34 位（见图 11－14）。

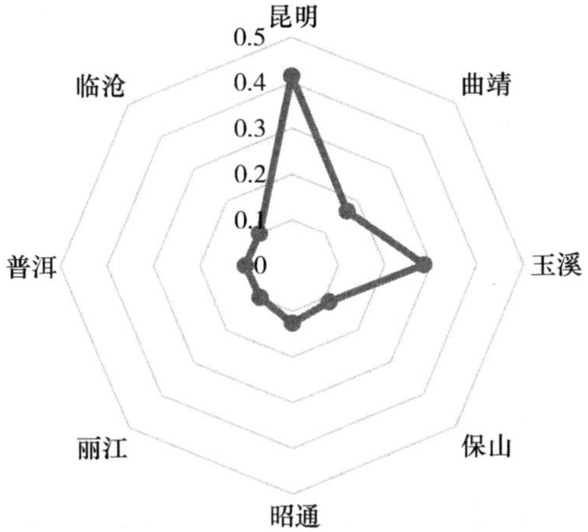

图 11－14　2020 年云南省各市经济竞争力指数

资料来源：中国社会科学院城市与竞争力指数数据库。

二　经济竞争力解释

云南各城市经济竞争力各解释性指标总体得分偏低，在全国的排名较为靠后。云南的当地要素、营商硬环境、全球联系等经济竞争力解释性指标的总体得分并不是特别高，处于全国的中等偏下水平，这也是云南整体经济竞争力在全国的排名并不是特别靠前的内在原因。从云南经济竞争力三级解释性指标的表现来看，云南的直接市场融资便利度、青年人才比例指数、历史文化指数、医疗健康机构指数、网络信息传输速度、航运便利度、机场设施指数、航运联系度等指标整体表现较差，制约了云南整体经济竞争力的提升。

昆明经济竞争力各解释性指标的整体表现较优秀。除营商硬环境在全国的排名位于第 59 位，昆明的当地要素、生活环境、营商软环境和全球联系等经济竞争力解释性指标的排名均位于全国前50强。昆明的各项经济竞争力解释性指标均领先于全省城市的发展，位于全省各项城市排名的第一位。与此同时，云南城市各项经济竞争力解释性指标排名第二位及以后的城市，与昆明的各项指标差距非常大，不同城市间的经济竞争力解释性指标的差异较大，内部分化较为严重（见表11－13）。

表11－13　　2020年云南省各城市经济竞争力解释性指标

	当地要素		生活环境		营商软环境		营商硬环境		全球联系	
	指数	排名	指数	排名	指数	排名	指数	排名	指数	排名
昆明	0.481	33	0.748	14	0.618	29	0.472	59	0.570	26
玉溪	0.257	173	0.485	71	0.377	88	0.334	143	0.192	126
曲靖	0.265	164	0.433	105	0.350	96	0.316	159	0.114	216
昭通	0.167	230	0.301	223	0.149	250	0.108	276	0.070	258
保山	0.213	202	0.452	93	0.159	245	0.207	235	0.056	270
普洱	0.086	271	0.370	154	0.094	275	0.124	274	0.097	239
临沧	0.086	272	0.264	250	0.050	284	0.076	285	0.050	275
丽江	0.181	223	0.469	80	0.259	163	0.149	261	0.243	87

资料来源：中国社会科学院城市与竞争力指数数据库。

三　可持续竞争力表现及变化

除个别城市可持续竞争力排名下降外，全省城市可持续竞争力排名略有上升，但全省城市可持续竞争力整体排名较靠后。2020年玉溪可持续竞争力在全国的排名为177位，比2015年下降了67个位次，一直以来在云南的可持续竞争排名中处于第二位。全省其他城市的可持续竞争力排名略有上升，但是上升幅度不大，可持续竞争力上升幅度比较高的是普洱、昭通、保山和曲靖，上升幅度依次为10位、13位、14位和19位。具体分析可知，云南人才增量上升幅度总体上高于人才密度上升幅度。由于省内大部分城市的可持续竞争力偏低，云南各城市经济竞争力在全国省级行政区域中排名较为靠后。

进一步分析云南城市的可持续竞争力可知，昆明遥遥领先于全省其他城市，近年来昆明在全国的排名基本处于平稳发展状态。2020年昆明的可持续竞争力指数为0.399，位于全国排名的第59位，与2015年的排名基本上处于持平状态。具体分析昆明的可持续竞争力分项指标可知，相较于2015年，昆明的人才增量排名提升2个位次，而人才密度排名基本上没有变动（见图11－15）。

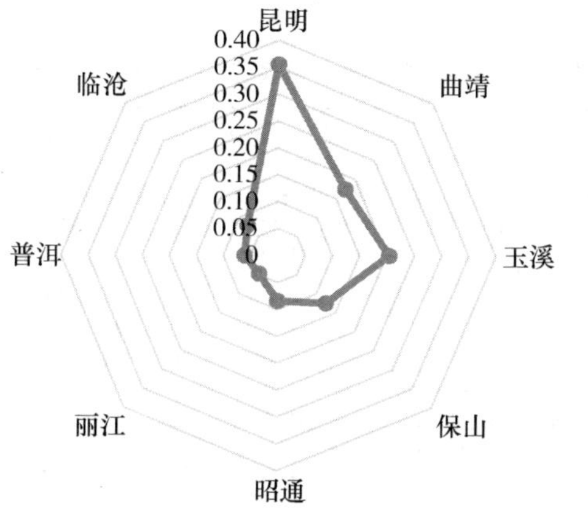

图11－15　2020年云南省各市可持续竞争力指数

资料来源：中国社会科学院城市与竞争力指数数据库。

四　可持续竞争力解释

从可持续竞争力的解释性指标来看（见表11－14），云南可持续竞争力解释性指标总体得分偏低。云南五大可持续竞争力的任何一个二级分项解释性指标中尚未出现有超过2个城市进入全国城市的前100强。其中，在经济活力和全球联系方面，各有2个城市进入全国前100强，依次是昆明和玉溪、昆明和丽江。除此之外，在环境韧性、社会包容、科技创新等方面，只有昆明进入全国的前100强，其他城市的各项表现均较差，有不少城市的可持续竞争力的二级解释性指标在全国的排名在第200位左右。进一步分析可持续竞争力的三级解释指标可知，云南的经济增长率、劳动生产率、交通便利度、电力充沛度、生态多样性、社会安全指数、专利申请数、学术论文指数、大学指数等多项指标表现不佳。

昆明遥遥领先，其他城市在竞争中进步。昆明在经济活力、环境韧性、社会包容、科技创新和全球联系等各个方面的得分都非常高，省内其他城市与之差距较大，这是其他城市的经济发展难以与昆明竞争的内在原因。除昆明以外，其他城市相互之间的差距相对较小，相互之间存在竞争，各个城市的可持续竞争力也正是在竞争中整体有了提升，但个别城市有下降。

表 11－14　　2020 年云南省各城市可持续竞争力解释性指标

	经济活力		环境韧性		社会包容		科技创新		全球联系	
	指数	排名	指数	排名	指数	排名	指数	排名	指数	排名
昆明	0.604	26	0.474	84	0.681	41	0.470	34	0.570	26
玉溪	0.465	69	0.379	151	0.429	143	0.154	182	0.192	126
曲靖	0.347	149	0.304	212	0.332	202	0.122	211	0.114	216
昭通	0.210	254	0.204	264	0.246	259	0.056	274	0.070	258
保山	0.309	188	0.318	206	0.237	265	0.219	107	0.056	270
普洱	0.262	224	0.242	246	0.226	269	0.054	275	0.097	239
临沧	0.204	257	0.263	236	0.123	287	0.060	272	0.050	275
丽江	0.365	134	0.233	252	0.302	227	0.105	233	0.243	87

资料来源：中国社会科学院城市与竞争力指数数据库。

五　中心城市

2020 年昆明的经济竞争力和可持续竞争力分别排名全国第 58 位和第 59 位，而在全国 35 个大中城市中，昆明的经济竞争力和可持续竞争力的排名依次为第 23 位和第 28 位。昆明的经济竞争力和可持续竞争力在西南区域中排名第 4，仅次于贵阳市。对经济竞争力和可持续竞争力的解释性分项指标进行分析可知，昆明的生活环境、经济活力和全球联系在全国的排名依次为第 14 位、第 26 位和第 26 位，而在全国 35 个大中城市中排名依次为第 6 位、第 18 位和第 22 位，在西南地区排名依次为第 1 位、第 3 位和第 3 位。与云南第二大城市玉溪相比，昆明领先于玉溪的经济竞争力和可持续竞争力排名依次是 78 位和 118 位，并且在经济竞争力和可持竞争力的解释性指标排名中也领先玉溪很多。昆明自身具有比较强的竞争优势，在云南享有比较高的地位，未来尚需要发挥中心城市的辐射引领作用，带动全省其他城市的发展，积极推动区域经济协调发展（见图 11－16）。

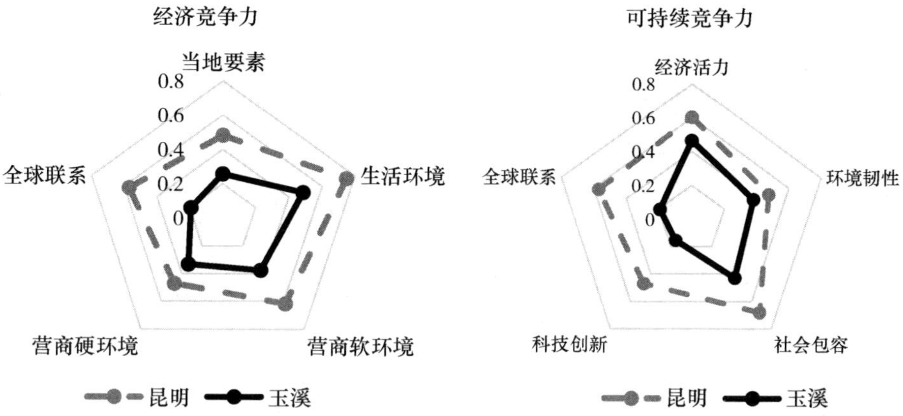

图 11－16　昆明与玉溪经济竞争力和可持续竞争力分项对比

资料来源：中国社会科学院城市与竞争力指数数据库。

第十二章

中国（西北地区）城市竞争力报告

魏　婕　李　冕[①]

第一节　中国城市竞争力（内蒙古自治区）报告

内蒙古自治区的首府为呼和浩特，自治区下辖9个地级市。内蒙古资源储量丰富，有“东林西矿、南农北牧”之称，草原、森林和人均耕地面积居全中国第一，也是中国最大的草原牧区，同时其稀土金属储量居世界首位。2019年内蒙古认真落实新发展理念，坚持稳中求进工作总基调，坚持以供给侧结构性改革为主线，推动高质量发展，扎实做好“六稳”工作，全区经济社会持续健康发展。初步核算，2019年地区生产总值为17212.5亿元，增长5.2%，全国排名第20位，比2018年进步一名。城乡常住居民人均可支配收入分别为40782元和15283元，分别增长了6.5%和10.7%，取得了优异的成绩。

一　经济竞争力表现及其变化

经济竞争力的全区地位及其变化：全区整体呈现回落态势，城市间差距继续扩大。对2015年和2020年内蒙古各城市经济竞争力排名分析发

① 本章内蒙古自治区、陕西省、甘肃省部分由魏婕撰写，青海省、宁夏回族自治区、新疆维吾尔自治区部分由李冕撰写。

现：内蒙古全区城市经济竞争力有着下降的趋势，全区城市在2020年分别出现了几十名左右的退步。虽然降幅有高有低，但是全区大多数城市在排名上一起下滑，从侧面反映出内蒙古城市经济竞争力整体呈现回落趋势。

经济竞争力的区内格局及其变化：城市经济竞争力呈现集团化聚集和分化。从2020年内蒙古城市经济竞争力雷达图中可以看出（见图12－1），内蒙古自治区9个地级市在经济竞争力上可以明显划分为两个集团，第一集团包括呼和浩特、包头、乌海和鄂尔多斯，这4个城市的经济竞争力指数均为0.2—0.3，排名均在全国前200名，放眼全国来看，处于中等水平；第二集团包括赤峰、通辽、呼伦贝尔、巴彦淖尔和乌兰察布，这5个城市的经济竞争力指数均为0.1左右，在全国排260名之后。从分布结果来看，内蒙古城市竞争力呈现集团化聚集和分化，并且两集团差距继续呈现拉大的趋势。

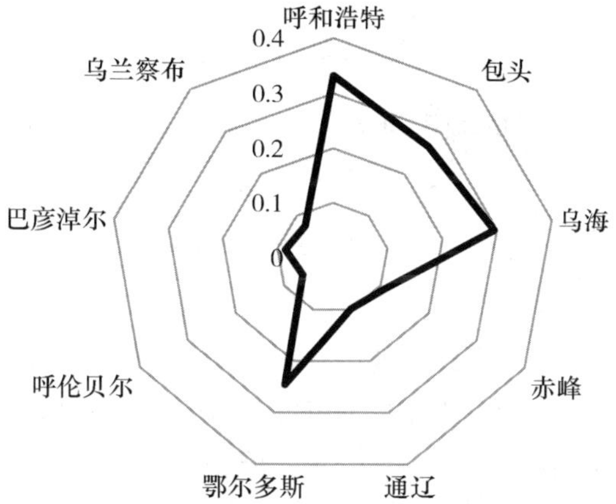

图12－1　2020年内蒙古自治区各城市经济竞争力雷达图

资料来源：中国社会科学院城市与竞争力指数数据库。

二　经济竞争力解释

2020年内蒙古自治区各城市综合经济竞争力指数排名见表12－1。

表 12－1 2020 年内蒙古自治区各城市综合经济竞争力指数排名

	经济竞争力		当地要素		生活环境		营商软环境		营商硬环境		全球联系	
	指数	排名	指数	排名	指数	排名	指数	排名	指数	排名	指数	排名
呼和浩特	0.332	101	0.360	86	0.499	62	0.534	38	0.537	39	0.441	43
包头	0.266	154	0.341	93	0.453	92	0.400	77	0.279	187	0.322	58
乌海	0.295	129	0.107	262	0.254	258	0.171	235	0.350	136	0.018	288
赤峰	0.110	263	0.271	154	0.378	148	0.209	202	0.296	170	0.125	204
通辽	0.098	269	0.162	234	0.348	180	0.195	215	0.241	213	0.090	243
鄂尔多斯	0.246	173	0.226	195	0.458	90	0.384	84	0.179	246	0.242	88
呼伦贝尔	0.061	282	0.107	261	0.088	286	0.300	136	0.189	243	0.181	135
巴彦淖尔	0.086	274	0.053	283	0.275	242	0.145	254	0.155	257	0.107	222
乌兰察布	0.076	278	0.041	286	0.260	252	0.108	268	0.153	259	0.028	285

资料来源：中国社会科学院城市与竞争力指数数据库。

经济竞争力的全区地位及其变化的解释：当地现代要素有限成为基本制约。内蒙古全区城市在经济竞争力排名中，没有能够进入全国排名前 100 的城市，有一半的城市排名在 200 名之后，当地现代因素有限成为制约发展的最基本原因。全区共有 5 个城市排名在全国垫底，从分项上来看，内蒙古地区在市场的融资便捷度、科技创新能力、人才的培养和吸引以及劳动人口的总量等基本的经济活动指标上的表现呈现明显的“散而不强”的特征，这制约了内蒙古城市经济竞争力的提升。

经济竞争力的区内格局及其变化的解释：城市营商软环境的显著差异成为城市强弱分明的主要根源。呼和浩特是内蒙古城市竞争力首位，主要得益于其在营商环境方面的优良表现。呼和浩特在两项营商环境指标排名分别为全国第 38 位和第 39 位，这对于一个地处内陆的城市实属不易。相对来说，其他城市在城市营商环境方面的表现普遍不佳，鲜有排名进入前 150 位的城市。这表明内蒙古各地级市经济竞争力水平的分化主要原因在于营商环境建设方面的巨大差异。

三 可持续竞争力表现及其变化

可持续竞争力的全区地位及其变化：区内领先城市位于全国中流，

整体可持续竞争力偏弱。内蒙古城市可持续竞争力较强的3个城市虽然在自治区内遥遥领先于其他城市，但是在全国横向对比中，排名位于全国中流，表现中规中矩。其中表现最好的城市——呼和浩特全国排名仅为第82位。虽然包头和鄂尔多斯在内蒙古处于领先地位，但是距离国内第一集团还有着不小的差距。除此之外，区内其他城市排名位于全国后列，以至于内蒙古城市整体可持续竞争力相对较弱（见图12－2）。

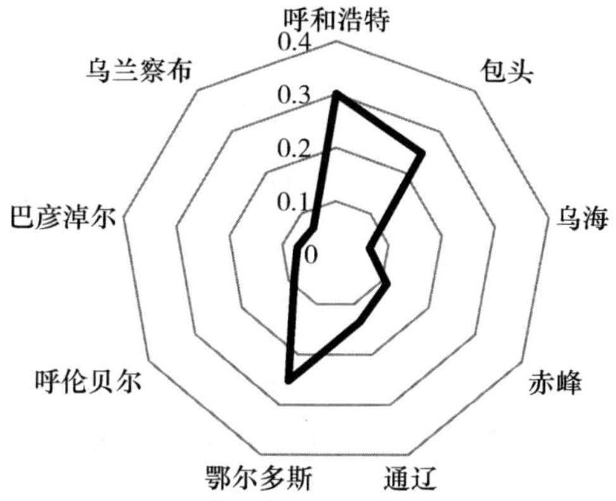

图12－2　2020年内蒙古自治区各城市可持续竞争力雷达图

资料来源：中国社会科学院城市与竞争力指数数据库。

经济可持续竞争力的区内格局及其变化的解释：城市强弱分明，寻求新动能是趋势。内蒙古各城市可持续竞争力的分布比较明晰，呼和浩特、包头、鄂尔多斯3个城市可持续竞争力在区内处于绝对领先的地位，其余6个城市的可持续竞争力表现相对较弱，均在0.1附近徘徊。以传统农牧业为主导的城市在可持续发展中存在短板，需要考虑摒弃传统的农牧业的增长方式，寻求城市发展的新动能，从而提升本地区的可持续竞争力。

四　可持续竞争力解释

2020年内蒙古自治区各城市可持续竞争力指数排名见表12－2。

表 12－2　　2020 年内蒙古自治区各城市可持续竞争力指数排名

	可持续竞争力		经济活力		环境韧性		社会包容		科技创新		全球联系	
	指数	排名	指数	排名	指数	排名	指数	排名	指数	排名	指数	排名
呼和浩特	0.301	82	0.484	60	0.404	137	0.628	50	0.319	63	0.441	43
包头	0.248	123	0.360	138	0.201	265	0.510	92	0.265	84	0.322	58
乌海	0.064	278	0.270	214	0.518	56	0.195	274	0.041	283	0.018	288
赤峰	0.111	254	0.206	255	0.194	271	0.294	231	0.161	167	0.125	204
通辽	0.134	242	0.145	271	0.236	251	0.309	220	0.118	218	0.090	243
鄂尔多斯	0.252	119	0.494	58	0.263	237	0.424	146	0.067	267	0.242	88
呼伦贝尔	0.088	264	0.306	192	0.000	291	0.296	229	0.054	276	0.181	135
巴彦淖尔	0.072	273	0.198	261	0.137	283	0.242	262	0.028	286	0.107	222
乌兰察布	0.065	277	0.101	278	0.229	253	0.287	239	0.027	287	0.028	285

资料来源：中国社会科学院城市与竞争力指数数据库。

经济可持续竞争力的全区地位及其变化的解释：经济活力有限以及环境韧性的“双轮”制约成为城市可持续竞争力提升的障碍。内蒙古全区在经济可持续竞争力方面，呼和浩特、包头和鄂尔多斯 3 个城市排名在前 150 位，其余城市的排名均在全国 240 名之外，处于最后一个梯队。全区除呼和浩特和鄂尔多斯凭借政策和资源方面的优势在经济活力方面表现较好之外，其他各地级市均表现一般。同时除了乌海，包括首府呼和浩特，内蒙古各个城市在环境韧性方面的排名相对比较靠后，说明内蒙古城市在处理城市可持续发展与环境保护方面仍存在短板。可以说，经济活力的有限以及环境韧性方面的表现不佳成为目前制约内蒙古各城市可持续发展道路上的障碍。

经济可持续竞争力的区内格局及其变化的解释：科技创新层面的差距是城市集团化分化的根本所在。内蒙古城市在持续竞争力方面，呼和浩特、赤峰和鄂尔多斯 3 个城市领先于区内其他城市，呈现“三强并立”的格局。这主要是这 3 个城市与其他城市在经济活力、对外联系和社会包容等方面的差异所致。城市之间在科技创新方面的差距是形成两大集团分裂的根本原因。“三强”城市在专利申请数量、对科技企业的吸引能力方面以及对科研机构的支持力度上均领先于其他城市，从而形成了科技引领城市持续发展的良性循环。

五　中心城市

呼和浩特是中华人民共和国内蒙古自治区的首府，政治、经济、文化中心，国务院批复确定的中国北方沿边地区重要的中心城市。2020 年呼和浩特的经济竞争力在全国排第 101 位，在 35 个大中城市中排第 32 名，在 33 个省中心城市中（包含港澳台）排第 30 位，排名靠后。内蒙古经济竞争力排名第二的城市是乌海，在全国排第 129 名。在可持续竞争力方面，呼和浩特在全国排第 82 名，在 35 个大中城市中排第 33 名，在 33 个省中心城市中（包含港澳台）排第 31 位，与省内第二名鄂尔多斯没有拉开大的差距。说明目前内蒙古几大城市的发展并没有拉开过大的差距，属于齐头并进的发展模式。未来呼和浩特以及自治区内其他几大城市应该突出抓重点、补短板、强弱项，把政府债务率降到合理水平，把守住不发生系统性风险的底线作为工作重点。要以供给侧结构性改革为主线，统筹推进稳增长、促改革、调结构、惠民生、防风险各项工作，深化改革开放，推动质量变革、效率变革、动力变革。加快建设实体经济、科技创新、现代金融、人力资源协同发展的产业体系，强化制度保障，建设现代化经济体系。在全面建成小康社会的基础上，乘势而上，开启全面建设现代化新征程，推动经济社会更高水平、更高质量发展。加快呼和浩特、鄂尔多斯和包头三大城市发展，争取形成内蒙的三大都市圈，共同促进内蒙古城市圈的发展。

内蒙古经济竞争力排名前两位的城市分别是呼和浩特和乌海。在经济可持续竞争力方面，呼和浩特与省内排名第二的乌海并没有拉开很大的差距，这主要得益于两个城市均没有发现明显的短板。乌海在城市营商硬环境上的表现较好，唯一的不足是在全球联系这一项上表现不佳，拉低了整体的排名。乌海其他方面与呼和浩特差距不是很大，整体表现比较均衡（见图 12－3）。

在可持续竞争力方面，区内排名前两位的城市变成了呼和浩特和鄂尔多斯。鄂尔多斯与呼和浩特的排名相差也不大，呼和浩特在各项指标上均有小幅领先，尤其是在社会包容方面表现优异。鄂尔多斯的表现也可圈可点，在环境方面的表现，鄂尔多斯甚至超过了呼和浩特，说明经过这几年的发展，鄂尔多斯在推行经济转型方面取得了比较优异的成绩。鄂尔多斯虽然在经济竞争力方面被乌海超越，但是在对外联系、经济活

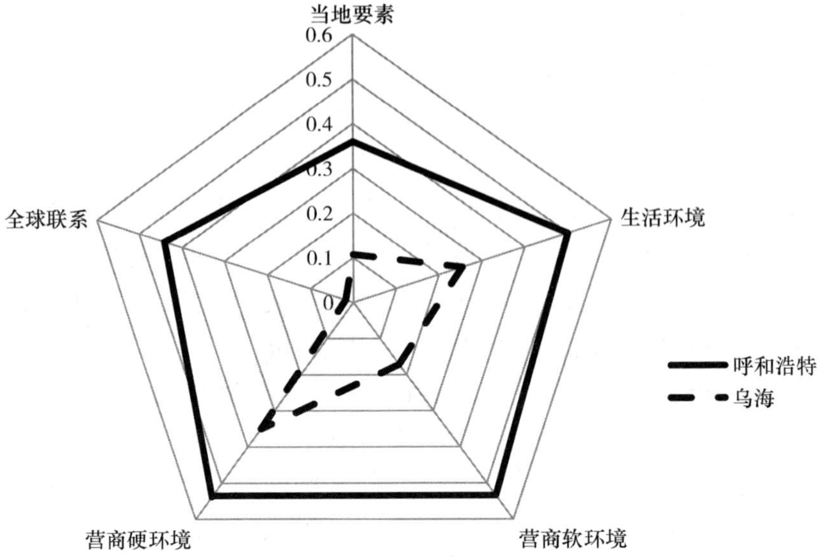

图 12－3 2020 年内蒙古自治区前两位城市综合经济竞争力雷达图

资料来源：中国社会科学院城市与竞争力指数数据库。

力等方面实现了反超，拥有较强的可持续竞争力。目前转型的阵痛已经逐渐过去，未来鄂尔多斯将会迎来大的发展（见图 12－4）。

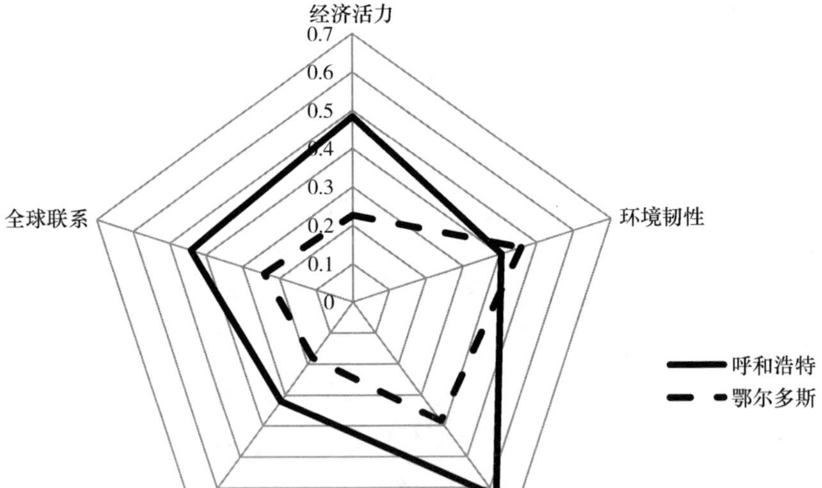

图 12－4 2020 年内蒙古自治区前两位城市可持续竞争力雷达图

资料来源：中国社会科学院城市与竞争力指数数据库。

第二节　中国城市竞争力(陕西省)报告

陕西位于黄河中游，地处中国内陆腹地，是中国大西北的门户，同时连接东、中部地区和西北、西南地区，是国内邻接省区数量最多的省份，具有承东启西、连接西部的区位之便。2019 年是中华人民共和国成立 70 周年，也是陕西面对风险和挑战，团结一致、砥砺奋进的一年。陕西以习近平新时代中国特色社会主义思想为指导，坚持稳中求进工作总基调和“巩固、增强、提升、畅通”八字方针，紧扣追赶超越定位和“五个扎实”要求，推动高质量发展，着力稳增长、促改革、调结构、惠民生、防风险、保稳定，保持了经济社会持续健康发展。

一　经济竞争力表现及其变化

经济竞争力的全省地位及其变化：城市经济竞争力弱于经济实力。2019 年陕西 GDP 增长率为 6%，总量达到 25793.17 亿元，在全国 31 个省市区（不含港澳台）中排名第 14 位。GDP 总量排名相比于 2018 年前进一位，基本稳定在全国的中游水平。从陕西城市经济竞争力雷达图来看（见图 12－5），西安作为典型的“强省会”型城市，在经济竞争力的表现方面遥遥领先于省内其他城市。总体来看，陕西各城市的经济竞争力呈现典型的“一超两极”现象。“一超”是强省会西安，西安的各项经济指标均大幅领先于省内其他城市。“两极”分别指省内的关中地区和其余地区，可以看出经济竞争力排名靠前的城市主要分布于省内的关中地区（除榆林），延安和陕南地区城市的竞争力在历年中的排名均靠后。陕西城市之间的分化程度比较大，经济竞争力的提升主要依靠西安，省内其他城市的经济竞争力落后于陕西总的经济实力。

经济竞争力的省内格局及其变化：2020 年陕西综合经济竞争力前五名城市为西安、榆林、咸阳、宝鸡、渭南，全国排名分别为第 28 位、第 90 位、第 104 位、第 128 位、第 183 位。从排名的变化上来看，陕北地区得益于其储量丰富的油气资源和政策方面的支持，城市经济竞争力进步幅度明显。咸阳、安康两市相较于 2015 年分别进步了 39 位和 33 位，进步幅度位居全省前两位。由于陕南地区刚迈入绿色发展之路，生态保

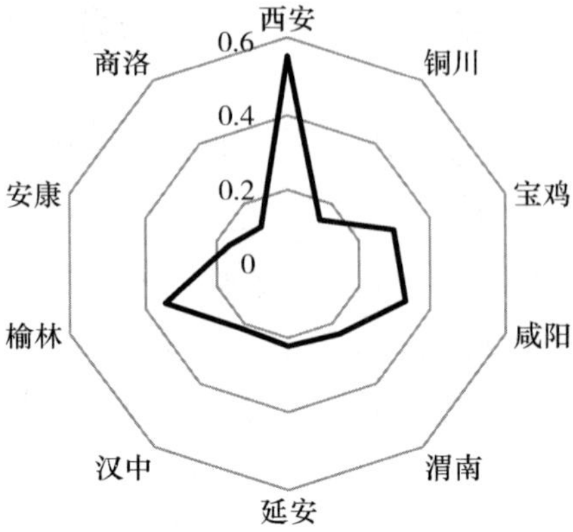

图 12－5 2020 年陕西省各城市经济竞争力雷达图

资料来源：中国社会科学院城市与竞争力指数数据库。

护和经济建设的冲突仍未完全破解，陕南地区的城市在经济竞争力方面就受到了限制，关中地区以共建“大西安”城市圈为导向，使得人口、资源等都集中向西安流动，西安排名相对于 2015 年上升 16 位。

二 经济竞争力解释

2020 年陕西省各城市综合经济竞争力指数排名见表 12－3。

表 12－3 2020 年陕西省各城市综合经济竞争力指数排名

	经济竞争力		当地要素		生活环境		营商软环境		营商硬环境		全球联系	
	指数	排名	指数	排名	指数	排名	指数	排名	指数	排名	指数	排名
西安	0.561	28	0.565	19	0.697	23	0.799	10	0.571	29	0.727	9
铜川	0.146	243	0.017	289	0.283	235	0.195	216	0.193	240	0.227	96
宝鸡	0.297	128	0.307	123	0.463	83	0.105	270	0.142	269	0.116	213
咸阳	0.330	104	0.301	128	0.435	103	0.394	80	0.351	133	0.265	76
渭南	0.234	183	0.171	228	0.396	136	0.312	123	0.260	203	0.198	122
延安	0.222	198	0.219	198	0.401	132	0.247	175	0.267	200	0.126	201
汉中	0.215	206	0.253	175	0.422	114	0.225	188	0.160	252	0.098	237
榆林	0.345	90	0.152	243	0.481	74	0.326	113	0.337	142	0.099	233

续表

	经济竞争力		当地要素		生活环境		营商软环境		营商硬环境		全球联系	
	指数	排名	指数	排名	指数	排名	指数	排名	指数	排名	指数	排名
安康	0. 164	236	0. 128	255	0. 369	158	0. 000	291	0. 156	255	0. 100	231
商洛	0. 123	256	0. 116	260	0. 184	274	0. 309	126	0. 093	280	0. 149	170

资料来源：中国社会科学院城市与竞争力指数数据库。

经济竞争力的全省地位及其变化的解释：营商软环境向好助推经济竞争力的改善。2020 年陕西各城市综合经济竞争力排名中，营商软环境和生活环境这两项排名比较靠前，这两项对提升陕西整体的经济竞争力做出了贡献。近些年陕西加大了招商引资的力度，吸引了三星、华为、中兴等世界五百强企业在陕西投资，营造了比较好的投资环境；对秦岭的生态保护，对陕南生态保护区的修建，对沙漠的治理，等等，这些都对生活环境产生了正向促进作用，助力陕西各城市经济竞争力的提升。相对应的是陕西除西安之外整体的营商硬环境表现较差，大多数城市排名在 200 名之后，对经济竞争力产生了比较大的负面影响。

经济竞争力的省内格局及其变化的解释：对外开放程度的高低成为省内城市分化的主因。西安在五项指标上均表现不错，排名在全国前 30，与其他城市的分化主要体现在全球联系和营商硬环境上。西安作为“世界四大古都”之一，在国际上的知名度很高，各项基础设施和配套设施也都比较完善，再加上近些年各种政策的倾斜和支持，经济发展迅速；但是省内其他城市的国际知名度有限，吸引外资的能力仍较弱，再加上对基础设施的投资不足，经济发展的能力比较弱，没能在经济竞争力的发展上取得比较亮眼的成绩。总体来看，陕西各城市未来要将重点放到对硬件的提升和加强与世界其他国家和地区的联系上。

三　可持续竞争力表现及其变化

可持续竞争力的表现及其变化：一枝独秀，后劲不足。2020 年陕西各城市可持续竞争力雷达图（见图 12 -6）与经济竞争力的雷达图形状相似，西安一枝独秀，遥遥领先省内其他城市。可持续竞争力的分化程度比较大，与2015年相比，除宝鸡和铜川出现了可持续竞争力的排名下降之外，省内其他城市均出现了或多或少的排名上升的现象，排名上升最多的是咸阳，上升了84位；西安也相较于2015年上升了5位。这从另一个角度来看就说明了目前陕西各城市在可持续竞争力方面表现出动力十足。

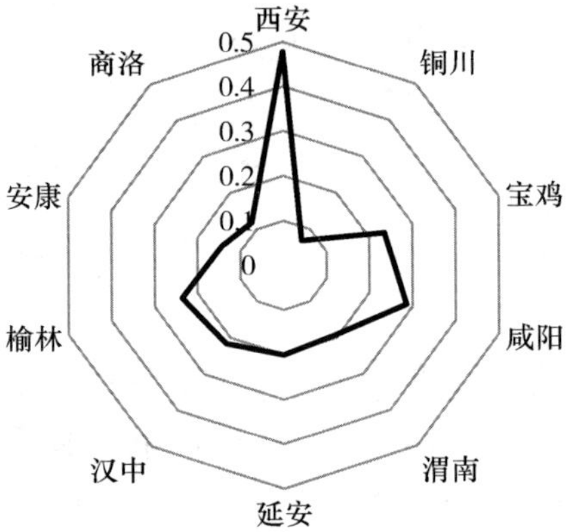

图12－6 2020年陕西省各城市可持续竞争力雷达图

资料来源：中国社会科学院城市与竞争力指数数据库。

四 可持续竞争力解释

2020年陕西省各城市可持续竞争力指数排名见表12－4。

表12－4 2020年陕西省各城市可持续竞争力指数排名

	可持续竞争力		经济活力		环境韧性		社会包容		科技创新		全球联系	
	指数	排名	指数	排名	指数	排名	指数	排名	指数	排名	指数	排名
西安	0.478	30	0.646	17	0.484	79	0.936	4	0.679	10	0.727	9
铜川	0.068	276	0.306	191	0.379	150	0.000	291	0.040	284	0.227	96
宝鸡	0.235	133	0.269	217	0.321	203	0.489	98	0.179	151	0.116	213
咸阳	0.286	92	0.429	92	0.423	124	0.535	78	0.174	155	0.265	76
渭南	0.193	184	0.359	140	0.441	103	0.370	183	0.120	215	0.198	122

续表

	可持续竞争力		经济活力		环境韧性		社会包容		科技创新		全球联系	
	指数	排名	指数	排名	指数	排名	指数	排名	指数	排名	指数	排名
延安	0.201	181	0.361	136	0.351	178	0.391	169	0.186	143	0.126	201
汉中	0.216	155	0.370	130	0.246	244	0.395	165	0.166	160	0.098	237
榆林	0.236	132	0.506	55	0.385	148	0.487	99	0.077	255	0.099	233
安康	0.142	238	0.256	228	0.219	258	0.322	210	0.118	217	0.100	231
商洛	0.119	249	0.399	110	0.205	263	0.170	278	0.107	231	0.149	170

资料来源：中国社会科学院城市与竞争力指数数据库。

经济可持续竞争力的全省地位及其变化的解释：创新能力和经济韧性不足成为制约全省可持续竞争力的关键。陕西整体经济可持续竞争力的发展水平不高的主要原因在于省内各城市的科技创新程度不够、环境韧性不强以及全球韧性较弱。其中西安的各项排名均表现优异，在社会包容、全球联系和科技创新方面甚至跻身于全国前十。但是在最后的综合可持续竞争力上却处在第 30 名，主要原因在于西安的环境韧性指数过低，拉低了整体城市的可持续竞争力。除此之外各城市的排名基本在 200 名之外，拉低了各城市内部以及全省的可持续竞争力。

经济可持续竞争力的省内格局及其变化的解释：内涵式城市发展是可持续竞争力提升的关键，中心城市与周边城市错位发展的模式仍在摸索中。通过对近两年陕西各城市可持续竞争力变化趋势的对比，不难发现咸阳进步显著，咸阳是陕西进步幅度最大的城市，从 2015 年的第 176 名前进到 2020 年的第 132 名。这主要得益于其经济活力、社会包容、全球联系处于较高水平，分别排第 92 名、第 78 名、第 76 名。此外，对比其他城市，建设“大西安”的战略不断推进，省内资源不断向西安倾斜，而西安周边的城市与西安在资源共享、产业对接以及科教互助方面的互动模式仍未形成，从而导致关中地区其他城市的可持续竞争力出现回落，但中心城市与周边城市的错位发展和协同共进仍处于探索中。

五 中心城市

西安是陕西省省会、副省级市、特大城市、关中平原城市群核心城市，国务院批复确定的中国西部地区重要的中心城市，国家重要的科研、教育、工业基地。西安的经济竞争力在全国排第28位，在35个大中城市中排第16名，在33个省中心城市中（包含港澳台）排第15位，位居中游。陕西排名第二的城市是榆林，经济竞争力在全国排第90名。在经济可持续竞争力方面，西安全国排第30名，在35个大中城市中排第17名，在33个省中心城市中（包含港澳台）排第15位，表现良好，大幅领先省内第二城市咸阳（全国排第92位）。得益于优厚的国家政策支持以及陕西省政府对西安发展的大力推动，西安在各项指标上均遥遥领先于省内第二城市。陕西经济竞争力排名第二的城市是咸阳，在全国排第92名，与西安仍存在着不小的差距。总体来看，西安作为陕西省的省会，集合了陕西的各项资源以及政策倾斜，各项发展均处于省内大幅领先的地位。在西安中心城市建设背景下，西安都市圈的建设将成为我国中部地区发展的重要增长点，未来作为全国重要的综合交通枢纽和西部地区经济发展的中心，西安都市圈的建设将能够有效辐射西北、西南等地区，拥有广阔的市场空间和巨大的市场潜力。

陕西排名第一的西安经济竞争力遥遥领先省内排名第二的榆林，在各项指标上均有比较优异的成绩，在营商软环境以及全球联系上的表现尤为突出。这主要得益于陕西省政府的大力支持，再加上国家的一系列政策扶持，使得西安成为陕西第一大城市、西北地区第一大城市。榆林的发展成就也很不错，但是在全球联系和自身经济的发展要素上表现欠佳，总体上距离省内第一城市还有着比较大的差距（见图12－7）。

在可持续竞争力方面，省内排名前二的城市变成了西安和咸阳。其中，西安在社会包容、科技创新和全球联系方面表现优秀，短板是环境韧性。与西安类似，咸阳在环境方面的表现也不佳。得益于近几年西咸一体化的不断加速，咸阳市发展也加快了脚步，虽然在经济的总量上距离榆林还有一段差距，但是在可持续竞争力上，咸阳已经逐渐超过了榆林，未来具有比较大的发展潜力（见图12－8）。

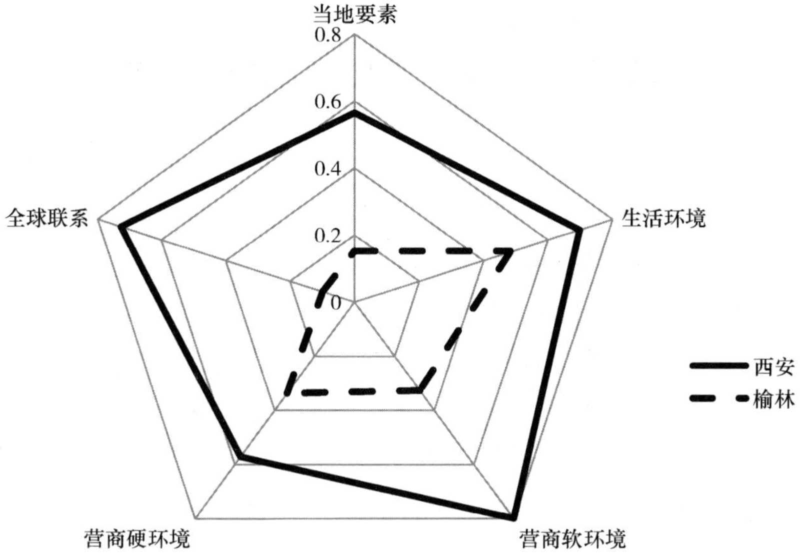

图 12－7　2020 年陕西省前两位城市综合经济竞争力雷达图

资料来源：中国社会科学院城市与竞争力指数数据库。

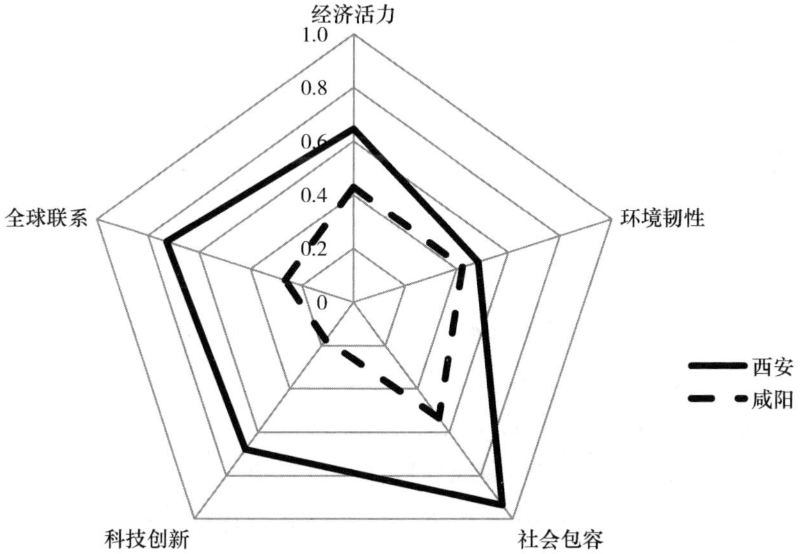

图 12－8　2020 年陕西省前两位城市可持续竞争力雷达图

资料来源：中国社会科学院城市与竞争力指数数据库。

第三节 中国城市竞争力(甘肃省)报告

甘肃地处中国西北地区，下辖12个地级市、2个自治州，面积42.59万平方公里，省内形成了以石油化工、有色冶金、机械电子等为主的工业体系，是中国重要的能源、原材料工业基地。2019年是甘肃发展历程中极为特殊、极不平凡的一年，习近平总书记3月参加全国“两会”甘肃代表团审议，8月亲临甘肃视察，连续两次对甘肃工作作出重要指示。甘肃坚持稳中求进工作总基调，落实高质量发展要求，笃定实干、克难进取，推动各项事业取得明显进步，呈现经济平稳运行、改革有序推进、开放不断扩大、民生持续改善、社会和谐稳定的良好局面。

一 经济竞争力表现及其变化

经济竞争力的全省地位及其变化：城市经济竞争力整体较弱。2019年甘肃省GDP总量达到8718.3亿元，按可比价格计算，比2018年增长6.2%。在全国31个省市区（不含港澳台）中排名第27位，在全国排名靠后。除省会城市兰州，其余城市全部经济规模偏低，全年GDP总量均不足1000亿元，甚至GDP在500亿元以下的城市都有10个。从甘肃城市经济竞争力雷达图来看（见图12－9），甘肃各城市竞争力总体不强，城市竞争力指数均在0.4以下。除省会兰州和嘉峪关之外，其他地级市的城市竞争力指数均在0.1左右，整体表现不尽如人意。

经济竞争力的省内格局及其变化：整体排名居后，缺乏引领城市。2020年甘肃综合经济竞争力前三名城市分别为兰州、嘉峪关、金昌，全国分别排第89名、第162名、第246名。此外，天水进步了26名，进步幅度最大。而其他城市则或多或少地在经济竞争力这一指标上出现了倒退。陇南、定西、酒泉等城市在全国排名垫底。甘肃整体表现不佳的主要原因在于甘肃还没有形成真正规模上的城市圈，并且缺乏特色产业，产业结构单一，经济活力不足，受限于地理环境方面的缺陷，各个城市之间的联系不够紧密，不能起到协同带动甘肃发展的作用。并且省内缺乏带动经济的龙头城市，集群效应仍显不足。

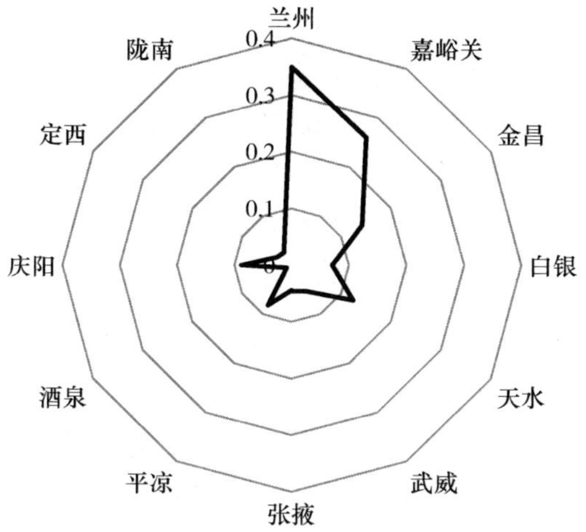

图 12－9　2020 年甘肃省各城市经济竞争力雷达图

资料来源：中国社会科学院城市与竞争力指数数据库。

二　经济竞争力解释

2020 年甘肃省各城市综合经济竞争力指数排名见表 12－5。

表 12－5　　2020 年甘肃省各城市综合经济竞争力指数排名

	经济竞争力		当地要素		生活环境		营商软环境		营商硬环境		全球联系	
	指数	排名	指数	排名	指数	排名	指数	排名	指数	排名	指数	排名
兰州	0.349	89	0.432	47	0.525	52	0.494	48	0.269	196	0.502	35
嘉峪关	0.260	162	0.077	278	0.289	230	0.113	265	0.268	198	0.033	282
金昌	0.142	246	0.082	273	0.271	245	0.074	278	0.091	281	0.084	249
白银	0.071	279	0.167	231	0.298	225	0.282	145	0.134	272	0.124	205
天水	0.124	255	0.273	152	0.338	192	0.135	257	0.077	284	0.037	281
武威	0.054	283	0.161	235	0.266	248	0.050	283	0.076	286	0.011	289
张掖	0.045	285	0.096	268	0.271	244	0.120	263	0.006	290	0.153	163
平凉	0.082	276	0.099	266	0.291	228	0.028	285	0.223	222	0.110	221
酒泉	0.009	290	0.150	244	0.344	184	0.101	274	0.000	291	0.060	264
庆阳	0.088	272	0.191	215	0.257	255	0.203	208	0.208	234	0.057	268
定西	0.029	288	0.173	226	0.218	268	0.260	161	0.151	260	0.042	280
陇南	0.026	289	0.181	222	0.184	275	0.123	261	0.052	287	0.120	210

资料来源：中国社会科学院城市与竞争力指数数据库。

经济竞争力的全省地位及其变化：经济实力和营商环境的不足制约了全省的经济竞争力。从可持续竞争力的各分项指标可以看出，甘肃各城市在营商环境和当地要素两项上的表现较差。尤其是营商硬环境，连省会兰州的排名都在200名左右，说明目前甘肃所面临的一个重要问题就是硬件实力的不足，在吸引企业落户投资发展方面存在明显的短板，这对甘肃的经济竞争力产生了重要的影响。总体而言，甘肃各城市应发挥西部落后地区的政策优势，打造特色的城市营商环境，助力城市经济竞争力的提升。

经济竞争力的省内格局及其变化的解释：整体偏弱的态势为追赶超越提供了空间。甘肃城市之间经济竞争力的格局比较简单，除去兰州外，其余各地级市在经济竞争力的五大分项指标方面均没有出色的表现。尤其是营商硬环境，包括兰州在内的各城市排名均比较靠后，这说明整个甘肃的城市在基础设施、能源供应等营商硬环境指标上距离其他省市有着明显的差距。另外，兰州在全球联系上排名全国第35名，属于第一梯队，但由于甘肃地理层面东西跨度较大，城市之间由于距离原因联系较弱，兰州也没能起到带头引领的作用，并未带动省内其他城市与全球市场对接，共享全球经济的红利。

三 可持续竞争力表现及其变化

可持续竞争力的全省地位及其变化：整体位次较靠后，发展潜力巨大。从雷达图中可以明显看出（见图12－10），整个甘肃的可持续竞争力表现较差，未来仍有潜力可挖。在甘肃除了兰州排名71位之外，其余11个城市均排名在200名之后。相比于2015年仍然出现了“滑坡式”的下降。所以对于甘肃来说，寻找新动能，增强可持续发展的能力是当下亟待解决的重要问题。

经济可持续竞争力的省内格局及其变化的解释：兰州大而不强，全省追赶后劲有限。从雷达图中可以明显看出（见图12－10），兰州的可持续竞争力最强，远远高于省内其他城市。但横向来看，兰州的可持续竞争力指数仅为0.325，这一数据与全国其他城市相比也并不突出，同时兰州的城市排名相较于2015年仅上升了4个名次。省内其他城市的可持续竞争力指数基本上都在0.1以内，11个城市排名在200名之外。相较于

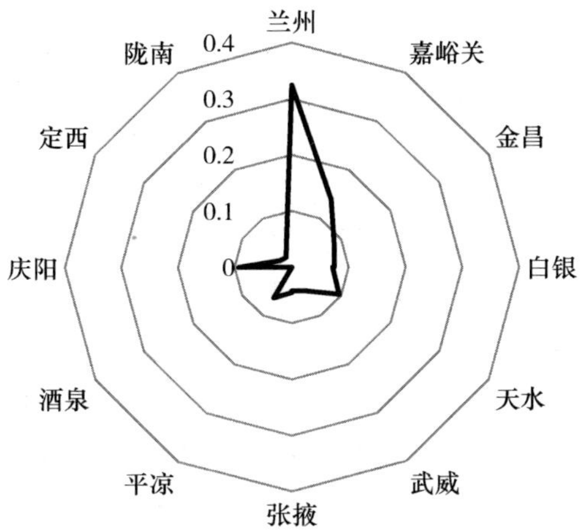

图 12－10　2020 年甘肃省各城市可持续竞争力雷达图

资料来源：中国社会科学院城市与竞争力指数数据库。

2015 年和 2020 年这两年的数据，除去天水和白银排名分别提高 18 位和 2 位之外，其他城市均出现了退步。

四　可持续竞争力解释

2020 年甘肃省各城市可持续竞争力指数排名见表 12－6。

表 12－6　　2020 年甘肃省各城市可持续竞争力指数排名

	可持续竞争力		经济活力		环境韧性		社会包容		科技创新		全球联系	
	指数	排名	指数	排名	指数	排名	指数	排名	指数	排名	指数	排名
兰州	0. 325	71	0. 545	40	0. 334	193	0. 404	156	0. 479	32	0. 502	35
嘉峪关	0. 139	240	0. 385	119	0. 441	102	0. 218	272	0. 080	252	0. 033	282
金昌	0. 086	266	0. 218	248	0. 219	259	0. 211	273	0. 115	220	0. 084	249
白银	0. 072	274	0. 260	226	0. 153	280	0. 329	205	0. 074	260	0. 124	205
天水	0. 096	260	0. 211	252	0. 251	240	0. 355	192	0. 186	141	0. 037	281
武威	0. 048	283	0. 125	273	0. 112	284	0. 282	245	0. 079	253	0. 011	289
张掖	0. 045	285	0. 194	264	0. 145	281	0. 302	226	0. 122	210	0. 153	163
平凉	0. 063	279	0. 082	281	0. 298	218	0. 289	237	0. 088	248	0. 110	221
酒泉	0. 000	291	0. 121	274	0. 023	290	0. 455	120	0. 075	258	0. 060	264
庆阳	0. 093	262	0. 234	240	0. 274	233	0. 259	253	0. 180	150	0. 057	268

续表

	可持续竞争力		经济活力		环境韧性		社会包容		科技创新		全球联系	
	指数	排名	指数	排名	指数	排名	指数	排名	指数	排名	指数	排名
定西	0.024	288	0.219	247	0.223	256	0.395	164	0.153	183	0.042	280
陇南	0.020	289	0.204	256	0.195	269	0.160	280	0.095	243	0.120	210

资料来源：中国社会科学院城市与竞争力指数数据库。

经济可持续竞争力的全省地位及其变化的解释：环境韧性不足成为制约全省经济可持续竞争力提升的瓶颈。在甘肃各城市可持续竞争力的分项指标上，相较于其他指标的表现来看，甘肃在环境韧性这一分项指标的表现上，12 个城市中有 11 个在全国排名垫底，省会兰州也排在全国第 193 位。这说明甘肃城市整体在谋求可持续发展的环境方面的工作仍有明显不足。另外，甘肃地处西北地区，西部地区脆弱的生态环境以及近些年承接从中东部地区转移的高污染、高耗能产业，这使得甘肃在环境建设、生态环境方面的压力较大。

经济可持续竞争力的省内格局及其变化的解释：经济活力的巨大差异是导致省内城市分化的主因。甘肃各城市在可持续竞争力方面差距明显，省内排名第一的兰州居全国第 71 位，省内第二的嘉峪关则居第 240 位，城市之间出现了严重的分化问题。从各分项指标来看，居于领先地位的兰州在环境韧性、社会包容等其他层面与其他地级市的差异十分有限，导致城市之间出现明显分化现象的主要原因在于其他城市与兰州相比经济活力明显不足。甘肃城市整体在经济发展活力激活中仍任重道远。

五 中心城市

兰州是甘肃省省会，国务院批复确定的中国西部地区重要的中心城市之一、西北地区重要的工业基地和综合交通枢纽、丝绸之路经济带的重要节点城市。2020 年兰州的经济竞争力在全国排第 89 位，在 35 个大中城市中排第 31 名，在 33 个省中心城市中（包含港澳台）排第 29 位，排名靠后。甘肃经济竞争力排名第二的城市是嘉峪关，在全国排第 162 名。在可持续竞争力方面，兰州在全国排第 71 名，在 35 个大中城市中排第 31 名，在 33 个省中心城市中（包含港澳台）排第 29 位，与省内第二名嘉峪关的第240名拉开了较大的差距。未来兰州要以建设成为引领甘肃都市圈作为工作的核心。要以“规划同筹、交通同网、设施同布、生态同建、环境同治”为导向，通过拓展新的城市空间，推进公共设施、基础设施和生态修复的现代化。未来兰州将发挥对全省创新驱动、转型升级的核心引领作用，实现资源型经济成功转型，实现城乡一体化，扭转单中心的空间结构，改善环境质量，提高综合竞争力、文化影响力和辐射带动力，推动甘肃经济高质量发展。

兰州在经济竞争力方面领先于省内的第二大城市嘉峪关。兰州的主要发展短板在于营商硬环境不足，甚至在这一指标上的表现和省内第二的嘉峪关不相上下。虽然在其他方面表现优异，但是基础设施的确拉低了兰州的总体表现。嘉峪关在营商硬环境和生活环境方面表现相对较好，但是在自身的经济发展水平、对外联系以及软环境的营造方面还有极大的发展空间，这限制了嘉峪关目前的发展（见图12－11）。

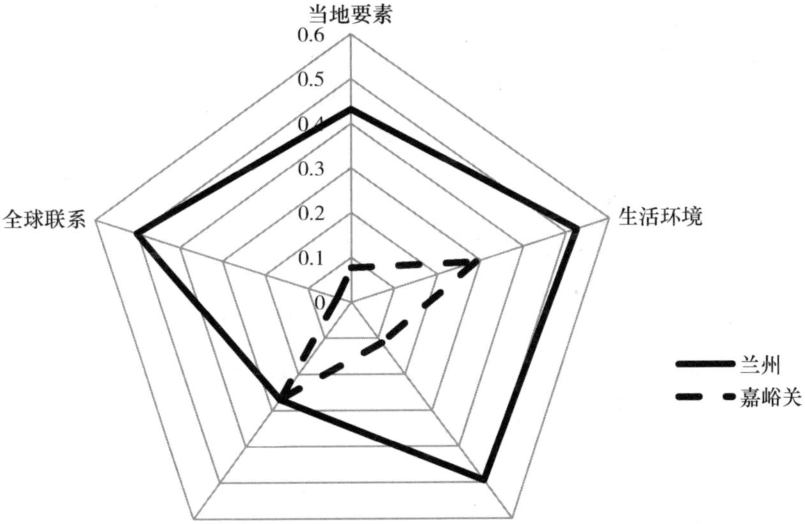

图12－11　2020年甘肃省前两位城市综合经济竞争力雷达图

资料来源：中国社会科学院城市与竞争力指数数据库。

在可持续竞争力方面，排名前两位的依旧是兰州和嘉峪关。除环境韧性之外，兰州在其他方面的表现都比较好；与此相反，环境韧性和经济活力正好是嘉峪关目前的发展优势。主要原因在于：一方面，甘肃全省大力发展兰州的各项事业；另一方面，兰州作为西北地区重要的交通、工业和军事重镇，在计划经济时期打下了坚实的经济基础。过度的发展就忽略了生态环境的保护，导致兰州目前发展不均衡、可持续竞争力不强的局面。嘉峪关在省内的政策和过去发展的底蕴上均不及兰州，与兰州在绝对的经济指标上拉开了比较大的差距，但是在旅游业方面的经营和开发，在环境保护方面所做的努力，使得嘉峪关在可持续竞争力方面超越了省内其他城市，取得了一定的成绩（见图 12－12）。

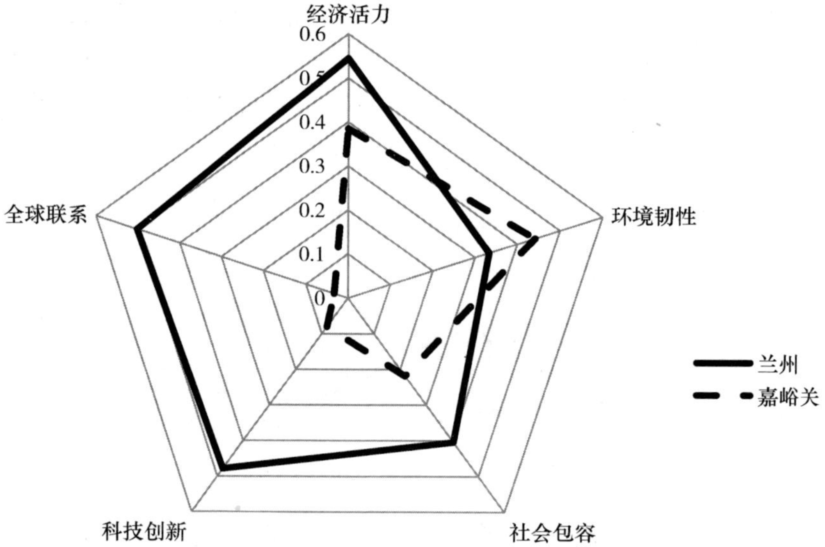

图 12－12 2020 年甘肃省前两位城市可持续竞争力雷达图

资料来源：中国社会科学院城市与竞争力指数数据库。

第四节 中国城市竞争力(青海省)报告

一 经济竞争力表现及其变化

青海经济活动的空间集聚强化，城市经济竞争力表现有所提升。作为以西宁为中心的单核型城市体系，西宁的经济竞争力决定了青海的整体表现。2020 年，西宁经济竞争力指数为 0. 291，排名第 132 位，处于全国中游水平，较5年前提升了7位。西宁经济竞争力的提升主要体现为经济密度的提升，2020年西宁经济密度指数为0.324，较5年前提升了3位，经济的空间集聚程度进一步增强。

二　经济竞争力解释

营商软环境和全球联系是支撑经济竞争力的主要因素。从经济竞争力5项解释性指标来看，西宁营商软环境和全球联系分别排名第90位和第51位，均处于全国中游偏上水平。其中，经商便利度指数、金融企业联系度、科技企业联系度等指标表现良好。当地要素和生活环境分别排名全国第111位和第127位，均处于全国中游水平，与经济竞争力整体表现基本一致。

营商硬环境是经济竞争力提升的主要掣肘。西宁营商硬环境仅排名第212位，处于全国下游水平，在省会城市中竞争力严重不足，特别是交通便捷度、网络信息传输速度、航运便利度等指标均排名全国200位以外，交通、信息化等基础设施配套建设亟待加强。

三　可持续竞争力表现及其变化

人才吸引力相对不足，可持续竞争力表现下降。2020年，西宁可持续竞争力指数为0.244，排名第128位，处于全国中游水平，较5年前下降15位。西宁可持续竞争力下降主要体现为人才吸引力相对不足，人才增量排名全国第138位，较5年前大幅下降了29位。

四　可持续竞争力解释

解释性指标表现均衡，助力可持续竞争力保持在全国中游水平。西宁可持续竞争力虽然有所下降，但仍稳定在全国中游水平。从解释性指标来看，经济活力、科技创新和全球联系均跻身全国前100位，处于中游偏上水平，其中，青年人才比例、科技企业等指标表现较为突出。

环境韧性是可持续竞争力的主要短板。在5项解释性指标中，西宁环境韧性表现相对靠后，排名第165位，其中，交通便捷度和气候舒适度均排在200位以外。“十四五”期间，青海要更加重视生态环境、空间资源的保护利用，完善软硬件配套建设，以环境质量提升为抓手稳步提升可持续竞争力。

五 中心城市

西宁：城市竞争力全面提升任重道远。在全国35个大中城市中，西宁的经济竞争力排名倒数第二位，表现仅好于哈尔滨，解释性指标中当地要素、营商软环境和全球联系三项垫底；可持续竞争力排名垫底，解释性指标均在第30位之后，其中科技创新和全球联系两项垫底。总体来看，西宁与全国主要城市的竞争力差距是全方位的，特别是基础设施、环境治理等领域存在薄弱环节，创新不足、开放不够等短板突出。

未来西宁要以融入“一带一路”和对接兰西城市群建设为契机，加快构建“大西宁”发展格局，推动区域重大基础设施建设，加快对内对外双向开放，吸引技术、人才等高端要素集聚，全方位提升城市竞争力水平。

第五节 中国城市竞争力（宁夏回族自治区）报告

一 经济竞争力表现及其变化

宁夏经济竞争力整体处于全国中下游水平，但各城市均呈现上升势头。银川和石嘴山的经济竞争力处于全国中游水平，吴忠、中卫和固原均排名全国250位之后，处于下游水平，但这5个城市的经济竞争力均较5年前有所提升，其中石嘴山和吴忠提升幅度均超过10位。

未来银川有望跻身全国前100强，带动全区经济竞争力格局由“2+3”迈向“1+1+3”。银川经济竞争力排名全国第106位，较5年前提升了9位，未来有望跻身全国前100强，形成“1+1+3”的梯度分布格局，进而充分发挥龙头带动作用，加强对中、低梯度城市的接续带动，实现更加均衡的区域经济竞争力格局。

二 经济竞争力解释

营商硬环境决定了宁夏经济竞争力的区域格局。从解释性指标来看，营商硬环境的区域格局与整体经济竞争力表现高度一致，区内前两位的银川和石嘴山处于全国中游水平，后三位的吴忠、中卫和固原均排名全国250位之后，处于下游水平。这进一步表明，对西北地区城市而言，完善基础设施等营商硬环境是发挥后发优势、提升经济竞争力的重要抓手（见表12－7）。

表12－7　　宁夏回族自治区各城市经济竞争力分项指数排名

	当地要素		生活环境		营商软环境		营商硬环境		全球联系	
	指数	排名	指数	排名	指数	排名	指数	排名	指数	排名
银川	0.339	94	0.507	61	0.378	87	0.330	146	0.379	50
石嘴山	0.186	221	0.167	276	0.257	165	0.270	193	0.128	197
中卫	0.141	247	0.142	280	0.147	251	0.148	263	0.283	71
吴忠	0.082	274	0.151	279	0.226	187	0.148	262	0.113	218
固原	0.062	281	0.212	270	0.018	289	0.098	278	0.101	229

当地要素和生活环境是制约宁夏经济竞争力的主要短板。除了首府城市银川外，其他4个城市的当地要素和生活环境均排名全国200位之后，特别是学术论文指数、医疗健康机构指数、市民消费水平指数等存在较大差距，未来要进一步完善教育、医疗等公共服务配套，补齐要素和环境短板。

三　可持续竞争力表现及其变化

两极分化明显，银川一枝独秀。银川可持续竞争力较5年前大幅提升24位，跻身全国前100强，但其他城市均排在全国200位之后，其中中卫和固原处于全国尾部行列，全区整体可持续竞争力表现堪忧。

人才向银川集聚，区域分化进一步加剧。从趋势来看，石嘴山、中卫和固原的可持续竞争力均较5年前有所下降，其中石嘴山大幅下降了25位，可持续竞争力分化不断加剧。这主要体现在人才增量方面，石嘴山和中卫的人才增量分别较5年前大幅下降了31位和22位，而银川提升了16位，区内人才向银川集聚的态势明显。

四 可持续竞争力解释

科技创新是推动城市可持续发展的重要动力。从解释性指标来看，科技创新与可持续竞争力的区域格局基本一致，银川的科技创新跻身全国前100强，其他城市中，除了中卫排名全国第181位外，其他城市均排在200位之后。创新是发展的源泉，宁夏等西部地区的城市在由要素驱动迈向创新驱动的过程中面临诸多困难，政府需要进一步加大投入，充分调动各方力量，以科技创新为长期发展赋能（见表12－8）。

表12－8　宁夏回族自治区各城市可持续竞争力分项指数排名

	经济活力		环境韧性		社会包容		科技创新		全球联系	
	指数	排名	指数	排名	指数	排名	指数	排名	指数	排名
银川	0.534	43	0.412	132	0.315	215	0.337	56	0.379	50
石嘴山	0.418	101	0.438	108	0.150	282	0.119	216	0.128	197
吴忠	0.366	131	0.261	238	0.141	286	0.084	250	0.113	218
中卫	0.257	227	0.226	254	0.148	284	0.154	181	0.283	71
固原	0.201	258	0.250	242	0.142	285	0.093	245	0.101	229

社会包容度不足制约宁夏可持续竞争力整体提升。宁夏所有城市的社会包容表现均居全国200位之后，是制约可持续竞争力的主要短板，具体来看，表征文化包容度的博物馆数量和表征社会开放度的麦当劳、星巴克、沃尔玛数量等指标与发达城市存在较大差距。

五 中心城市

银川：区内首位度较高，全国层面仍存较大差距。银川在宁夏的竞争力格局中具有较高的首位度，其中经济竞争力高出区内第二位的石嘴山58个位次，可持续竞争力高出石嘴山141个位次（见图12－13和图12－14）。但在全国35个大中城市中，银川的经济竞争力和可持续竞争力仅排名第33位和第34位，当地要素、营商软环境、全球联系等解释性指标均排名靠后，与全国主要城市的差距明显。

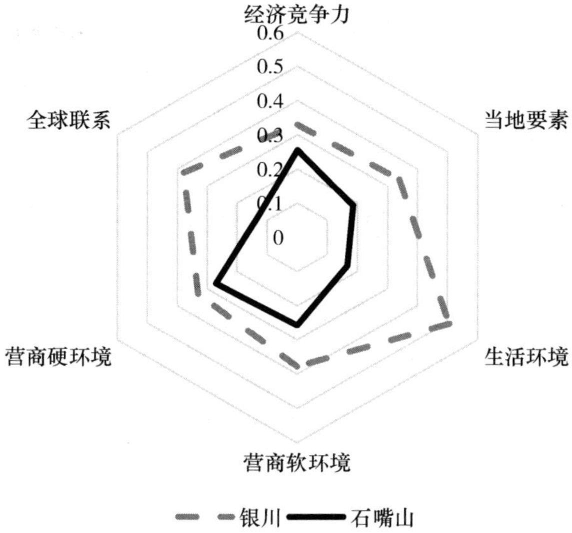

图 12－13　银川与石嘴山的经济竞争力及其分项比较

资料来源：中国社会科学院城市与竞争力指数数据库。

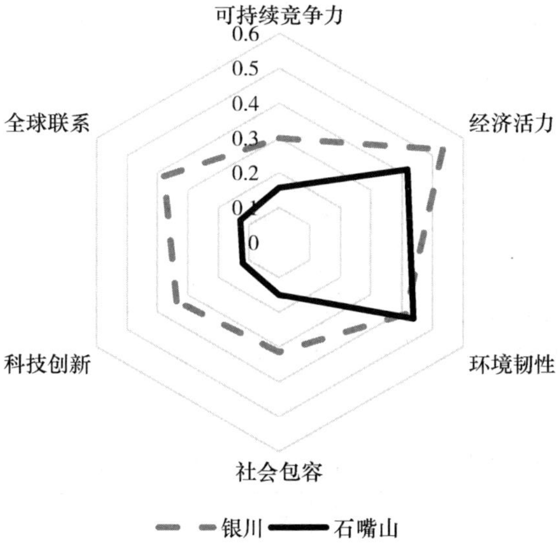

图 12－14　银川与石嘴山的可持续竞争力及其分项比较

资料来源：中国社会科学院城市与竞争力指数数据库。

未来银川一方面要积极对标西安、重庆、成都等西部地区的中心城市，加快打造"一带一路"重要节点城市，提升在国家向西开放中的战略地位，不断缩小与先进城市的竞争力差距；另一方面要在区内发挥龙头优势和辐射带动作用，推动宁夏沿黄城市群整体加快发展。

第六节 中国城市竞争力(新疆维吾尔自治区)报告

一 经济竞争力表现及其变化

新疆经济集聚程度较高，经济竞争力整体处于全国中游偏上水平。2020 年，乌鲁木齐和克拉玛依经济竞争力指数分别为 0. 387 和 0. 338，排名全国第 69 位和第 94 位，均处于中游偏上水平。其中，经济密度表现较好，乌鲁木齐和克拉玛依分别排名全国第 65 位和第 62 位，经济集聚程度在全国具有一定优势。

均衡中存在分化，乌鲁木齐经济竞争力优势有所增强。新疆 2 个城市经济竞争力均跻身全国前 100 名，表现较为均衡，但均衡中存在分化，乌鲁木齐较 5 年前提升了 9 位，而克拉玛依保持不变，乌鲁木齐的经济竞争力优势进一步增强。克拉玛依经济竞争力停滞不前主要体现为经济增量体量较小，仅排名全国第 223 位，与乌鲁木齐差距明显。

二 经济竞争力解释

营商硬环境较差是西北地区很多城市的共性问题。营商硬环境是制约新疆经济竞争力的主要短板，乌鲁木齐和克拉玛依均排名 200 位以后，这在西北地区具有一定共性。新疆需要加强交通等关键领域基础设施建设，以加快改善营商硬环境为抓手提升经济竞争力（见表 12 -9）。

表 12 -9 新疆维吾尔自治区各城市经济竞争力分项指数排名

	当地要素		生活环境		营商软环境		营商硬环境		全球联系	
	指数	排名	指数	排名	指数	排名	指数	排名	指数	排名
乌鲁木齐	0. 432	46	0. 524	54	0. 406	71	0. 147	264	0. 438	44
克拉玛依	0. 144	245	0. 332	195	0. 277	148	0. 157	254	0. 028	284

解释性指标的差距反映出经济竞争力的区域分化可能进一步加剧。从5项解释性指标来看，有4项差距巨大，乌鲁木齐的排名大幅领先克拉玛依，其中营商软环境差距超过50位，当地要素和生活环境差距超过100位，全球联系差距超过200位。按照这样的发展趋势，未来经济竞争力的区域分化可能加剧，乌鲁木齐在新疆的经济首位度将进一步提升。

三　可持续竞争力表现及其变化

可持续竞争力分化明显。乌鲁木齐排名全国第53位，处于中游偏上水平，较5年前提升了33位，未来有望跻身全国前列。克拉玛依排名全国第203位，较5年前下降了23位，跌入全国下游行列。

人才增量差距扩大，表明乌鲁木齐可能对全区人才具有一定虹吸效应。可持续竞争力的两极分化主要体现为人才增量的巨大差距，乌鲁木齐的人才增量排名跻身全国前列，高出克拉玛依188个位次，排名差距较5年前扩大了92个位次。

四　可持续竞争力解释

科技创新和全球联系差距较大是导致可持续竞争力分化的重要因素。乌鲁木齐和克拉玛依在经济活力、环境韧性和社会包容方面的表现相对接近，主要差距集中在科技创新和全球联系上，两项指标的排名差距分别为154个和240个位次。具体来看，大学指数、文化设施指数、网络热度、科研人员联系度等指标存在较大差距（见表12－10）。

表12－10　新疆维吾尔自治区各城市可持续竞争力分项指数排名

	经济活力		环境韧性		社会包容		科技创新		全球联系	
	指数	排名	指数	排名	指数	排名	指数	排名	指数	排名
乌鲁木齐	0.581	32	0.356	172	0.330	204	0.350	52	0.438	44
克拉玛依	0.510	53	0.420	126	0.276	246	0.127	206	0.028	284

经济活力是增强可持续竞争力的重要支撑。新疆的经济活力总体位

于全国中游偏上水平，乌鲁木齐和克拉玛依分别排名全国第 32 位和第 53 位。新疆作为丝绸之路经济带核心区，在深度融入“一带一路”进程中经济活力充分释放，未来进一步深化改革开放、改善营商环境，可持续竞争力有望进一步提升。

五　中心城市

乌鲁木齐：西北地区次中心城市，当地要素、经济活力和全球联系跻身全国前列。乌鲁木齐的经济竞争力和可持续竞争力分别排名全国第 69 位和第 53 位，在 35 个大中城市中分别排名第 26 位和第 25 位，在西北地区仅次于西安，已经成为西北地区次中心城市。具体来看，乌鲁木齐的当地要素、经济活力和全球联系均跻身全国前 50 强，青年人才比例、经商便利度等指标表现突出，具有一定的比较优势（见图 12－15 和图 12－16）。

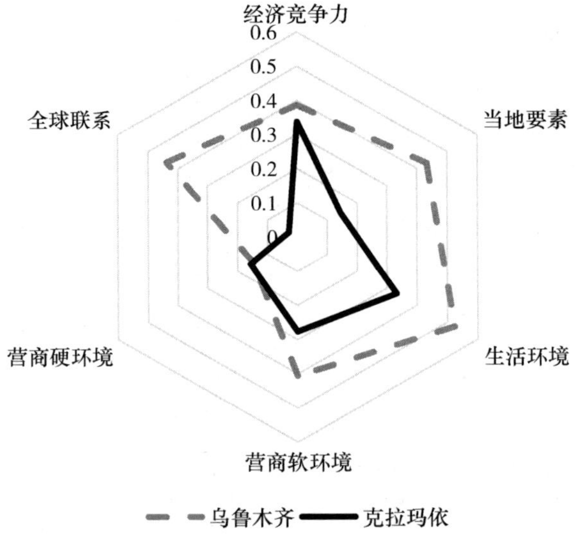

图 12－15　乌鲁木齐与克拉玛依的经济竞争力及其分项比较

资料来源：中国社会科学院城市与竞争力指数数据库。

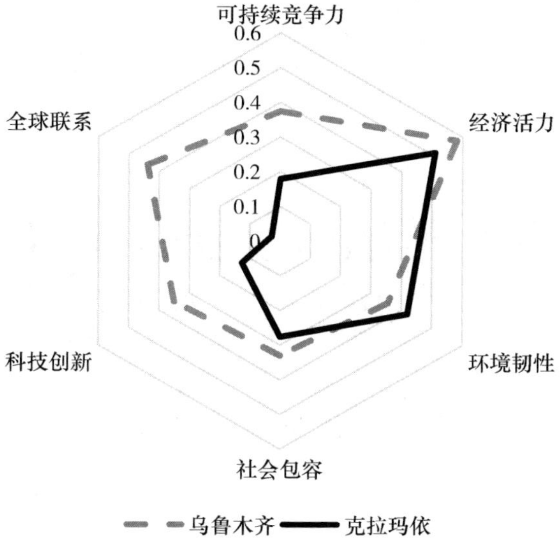

图 12－16 乌鲁木齐与克拉玛依的可持续竞争力及其分项比较

资料来源：中国社会科学院城市与竞争力指数数据库。

未来乌鲁木齐一方面要加快补齐短板，高质量推进交通等领域重大基础设施建设，提升互联互通水平，同时积极推进工业互联网、大数据中心等新型基础设施建设，助力营商硬环境改善；另一方面要进一步做强长板，加快推进国际陆港、空港和商贸中心的“两港一中心”建设，培育对外开放新高地，打造最具活力的向西开放城市，更好利用国际国内两个市场、两种资源，充分激发经济活力，进一步提升城市竞争力水平。

第十三章

中国（粤港澳地区）城市竞争力报告

沈建法　周晓波　刘成昆[①]

第一节　中国城市竞争力（广东省）报告

一　经济竞争力表现及其变化

（一）经济竞争力整体表现优异、头部城市表现突出

从总体上来看，广东城市经济竞争力整体表现优异（见图 13－1），有 9 个城市进入全国前 100。与全国其他先进省份比较，除了江苏有 3 个城市进入全国前 10 外，接下来进入全国前 10 的城市最多的仅有广东省，即深圳和广州，全国排名分别是第 1 和第 5，且排名均高于江苏的头部城市。尽管广东是中国经济第一强省，从经济竞争力进入全国前 100 的城市数量看，广东与浙江并列全国第三，落后于江苏的 13 个城市和山东的 12 个城市。

（二）珠三角核心区城市与非珠三角核心区城市差距轻微扩大

从经济竞争力的省内格局看：1. 珠三角核心区的城市继续发挥广东发展的核心和主引擎作用。除了肇庆经济竞争力在全国 100 名开外，珠三角核心区的其他城市均进入全国前 100 名，其中广州、深圳的经济总量之

---

① 本章广东省、香港特别行政区部分由沈建法、周晓波撰写，澳门特别行政区部分由刘成昆撰写。

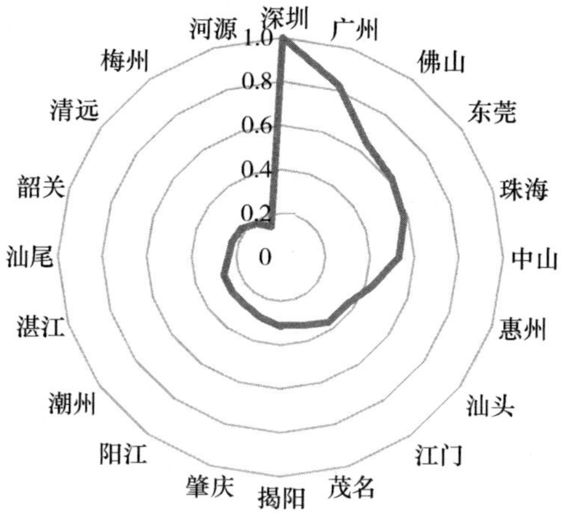

图 13－1　2020 年广东省各城市经济竞争力雷达图

资料来源：中国社会科学院城市与竞争力指数数据库。

和超 5 万亿元，是其他拥有双子星城市省份的标杆。此外佛山新加入万亿元城市行列，广东是全国除江苏以外全国第二个拥有 3 个 GDP 破万城市的省份。2. 珠三角核心区城市与广东东翼城市、西翼城市、北部生态发展区城市的经济发展差距轻微扩大。除了东翼地区的汕头进入全国城市经济竞争力前 100 名，广东东翼、西翼、北部生态发展区的其他城市均在 100 名以外。从三地城市经济总量占全省比重（19.3%）看，相比去年下降了 0.2 个百分点。

二　经济竞争力解释

（一）经济竞争力分项整体表现优异、头部城市表现突出

在经济竞争力 5 个分项中，广东均有两个城市进入全国前十，即广州和深圳。观察进入全国前 100 的城市数量发现，广东城市生活环境和营商环境表现优异。从当地要素看，进入全国前 100 的城市有 9 个；从生活环境看，进入全国前 100 的城市有 14 个；从营商软环境看，进入全国前 100 的城市有 11 个；从营商硬环境看，进入全国前 100 的城市有 12 个；从全球联系看，进入全国前 100 的城市有 10 个（见表 13－1）。

表 13－1 2020 年广东省各城市经济竞争力指数排名

	经济竞争力		当地要素		生活环境		营商软环境		营商硬环境		全球联系	
	指数	排名	指数	排名	指数	排名	指数	排名	指数	排名	指数	排名
深圳	1.000	1	1.000	1	0.775	10	0.833	8	0.903	4	0.808	5
广州	0.825	5	0.751	5	0.820	7	0.842	7	0.805	10	0.821	4
佛山	0.646	14	0.574	18	0.734	17	0.459	59	0.538	38	0.246	84
东莞	0.613	19	0.598	15	0.763	11	0.508	45	0.794	14	0.596	22
珠海	0.581	24	0.495	31	0.568	45	0.685	23	0.707	16	0.343	52
中山	0.531	36	0.525	27	0.698	22	0.543	37	0.643	20	0.482	38
惠州	0.428	51	0.434	45	0.641	31	0.415	68	0.373	118	0.234	92
汕头	0.366	78	0.380	72	0.487	70	0.427	63	0.540	35	0.248	82
江门	0.365	79	0.374	77	0.534	48	0.226	186	0.486	54	0.204	115
茂名	0.325	107	0.271	156	0.458	89	0.243	178	0.271	192	0.166	148
揭阳	0.315	113	0.257	174	0.408	128	0.261	160	0.415	99	0.194	125
肇庆	0.289	133	0.321	116	0.520	56	0.223	189	0.545	33	0.152	165
阳江	0.269	147	0.216	200	0.391	138	0.316	119	0.284	181	0.149	171
潮州	0.269	150	0.249	180	0.366	162	0.252	172	0.415	100	0.144	180
湛江	0.268	151	0.331	101	0.398	133	0.418	66	0.419	95	0.264	77
汕尾	0.235	181	0.132	251	0.329	199	0.177	230	0.388	113	0.189	127
韶关	0.230	188	0.259	170	0.466	82	0.401	76	0.270	195	0.180	136
清远	0.220	202	0.289	138	0.499	63	0.406	72	0.409	104	0.254	79
梅州	0.186	224	0.271	157	0.462	84	0.242	179	0.302	165	0.097	238
云浮	0.166	233	0.192	214	0.372	151	0.135	258	0.304	163	0.065	260
河源	0.145	244	0.141	248	0.340	189	0.177	231	0.184	245	0.221	103

资料来源：中国社会科学院城市与竞争力指数数据库。

（二）经济竞争力分项的省内格局存在三个分化

具体来看，广东城市经济竞争力存在三个分化：一是珠三角核心区和非珠三角核心区城市之间存在较大的分化；二是珠三角核心区城市内部存在分化，江门和肇庆在营商软环境和全球联系方面与珠三角地区其他城市相比存在差距；三是非珠三角核心区的城市内部存在分化，汕头、湛江在经济竞争力主要分项方面均优于其他非珠三角核心区的城市。

三　可持续竞争力表现及其变化

（一）可持续竞争力头部城市表现突出、整体表现较好

从总体上来看，广东城市可持续竞争力整体表现优异，有 9 个城市进入全国前 100。与全国其他先进省份比较，除了江苏有 2 个城市进入全国前 10 外，接下来进入全国可持续竞争力前 10 的城市最多的仅有广东，即深圳和广州，全国排名分别是第 2 和第 6，且排名均高于江苏的头部城市。尽管广东是中国经济第一强省份，从可持续竞争力进入全国前 100 的城市数量看，广东与浙江并列全国第三，落后于山东的 14 个城市和江苏的 12 个城市（见图 13－2）。

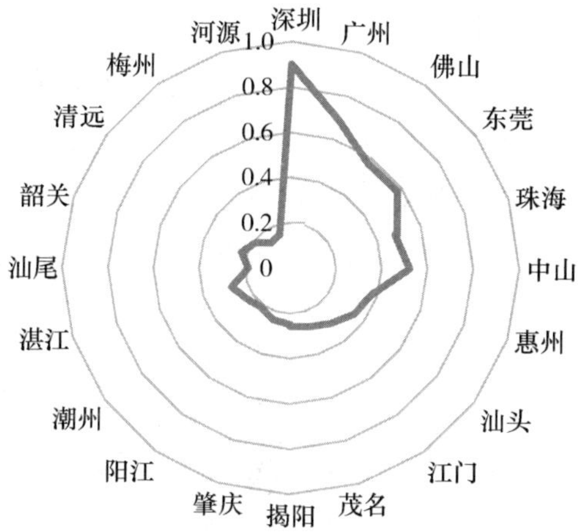

图 13－2　2020 年广东省各城市可持续竞争力雷达图

资料来源：中国社会科学院城市与竞争力指数数据库。

（二）可持续竞争力表现较好的城市集中分布在珠三角核心区

广东省各城市可持续竞争力差距较大，除了汕头，其他可持续竞争力进入全国前 100 的城市集中分布在珠三角核心区。其中，深圳和广州进入全国可持续竞争力前 10 名，东莞和佛山进入了全国城市可持续竞争力前 20 名，中山和珠海进入全国城市可持续竞争力前 50 名，惠州、汕头、江门进入全国城市可持续竞争力前 100 名，河源、梅州城市可持续竞争力均处在全国 200 名以外。

四 可持续竞争力解释

（一）可持续竞争力分项头部城市表现突出、整体表现较好

广东城市可持续竞争力分项表现存在差异，其中环境韧性和经济活力表现卓越，环境韧性排名中有5个城市进入全国前10，经济活力排名中有3个城市进入全国前10；科技创新和全球联系表现也较好，均有2个城市进入全国前10。观察进入全国前100的城市数量发现，广东城市环境韧性和社会包容表现优秀，分别有14个和13个城市进入全国前100。此外，从经济活力看，进入全国前100的城市有9个；从科技创新看，进入全国前100的城市有9个；从全球联系看，进入全国前100的城市有10个。

（二）可持续竞争力分项的省内格局存在三个特点

具体来看，广东城市可持续竞争力省内格局存在三个特点：一是在经济活力、科技创新、全球联系方面，珠三角核心区的城市更为领先；二是在环境韧性、社会包容方面，珠三角核心区城市和省内其他城市的表现较为均衡；三是在省内非珠三角核心区的城市中，汕头表现较为出色，在可持续竞争力的5个分项中均进入全国前100名（见表13－2）。

表13－2　2020年广东省各城市可持续竞争力指数排名

	可持续竞争力		经济活力		环境韧性		社会包容		科技创新		全球联系	
	指数	排名	指数	排名	指数	排名	指数	排名	指数	排名	指数	排名
深圳	0.901	2	1.000	1	0.914	2	0.734	30	0.755	6	0.808	5
广州	0.685	6	0.806	3	0.695	10	0.792	20	0.728	8	0.821	4
东莞	0.577	15	0.629	20	0.743	5	0.674	45	0.426	40	0.596	22
佛山	0.574	16	0.527	46	0.716	8	0.780	23	0.466	35	0.246	84
中山	0.523	23	0.595	28	0.732	6	0.784	22	0.387	48	0.482	38
珠海	0.481	28	0.763	5	0.687	11	0.678	42	0.422	42	0.343	52
惠州	0.374	52	0.529	45	0.570	28	0.613	55	0.318	64	0.234	92
汕头	0.346	61	0.432	90	0.681	12	0.512	90	0.288	74	0.248	82
江门	0.302	80	0.325	177	0.539	46	0.618	53	0.227	99	0.204	115
茂名	0.273	101	0.330	173	0.431	116	0.461	113	0.156	176	0.166	148
湛江	0.270	105	0.393	112	0.489	75	0.568	75	0.207	118	0.264	77
揭阳	0.250	122	0.311	185	0.569	31	0.444	130	0.109	228	0.194	125

续表

	可持续竞争力		经济活力		环境韧性		社会包容		科技创新		全球联系	
	指数	排名	指数	排名	指数	排名	指数	排名	指数	排名	指数	排名
肇庆	0. 240	131	0. 266	221	0. 437	110	0. 583	67	0. 217	108	0. 152	165
潮州	0. 233	135	0. 315	182	0. 566	32	0. 353	194	0. 158	171	0. 144	180
韶关	0. 226	143	0. 418	100	0. 314	208	0. 529	80	0. 173	157	0. 180	136
阳江	0. 213	159	0. 361	137	0. 471	85	0. 435	137	0. 098	240	0. 149	171
清远	0. 190	188	0. 398	111	0. 411	134	0. 559	76	0. 182	147	0. 254	79
汕尾	0. 185	194	0. 272	211	0. 517	62	0. 268	248	0. 091	247	0. 189	127
云浮	0. 156	227	0. 229	245	0. 419	127	0. 371	182	0. 093	244	0. 065	260
河源	0. 154	229	0. 300	198	0. 323	202	0. 265	250	0. 120	214	0. 221	103
梅州	0. 142	237	0. 272	210	0. 386	147	0. 454	123	0. 164	163	0. 097	238

资料来源：中国社会科学院城市与竞争力指数数据库。

五　中心城市

广东城市经济竞争力和可持续竞争力表现最优的是深圳。深圳经济竞争力在全国和35个大中城市中排名均为第1，可持续竞争力在全国和35个大中城市中排名分别为第2和第1，而广州的经济竞争力在全国和35个大中城市中排名分别为第5和第4，可持续竞争力在全国和35个大中城市中排名分别为第6和第4。

从经济竞争力分项看，广州在生活环境、营商软环境和全球联系方面表现优于深圳，深圳在当地要素、营商硬环境方面优于广州。深圳和广州在当地要素、生活环境、营商软环境、营商硬环境、全球联系的全国排名分别是第1和第5、第10和第7、第8和第7、第4和第10、第5和第4。深圳和广州在当地要素、生活环境、营商软环境、营商硬环境、全球联系的35个大中城市中排名分别是第1和第4、第3和第2、第6和第5、第3和第7、第4和第3（见图13－3）。

从可持续竞争力分项看，广州在社会包容和全球联系方面表现优于深圳，深圳在经济活力、环境韧性、科技创新方面优于广州。深圳和广州在经济活力、环境韧性、社会包容、科技创新、全球联系的全国排名分别是第1和第3、第2和第10、第30和第20、第6和第8、第5和第

4。深圳和广州在经济活力、环境韧性、社会包容、科技创新、全球联系的35个大中城市中排名分别是第1和第3、第1和第6、第25和第15、第4和第6、第4和第3（见图13－4）。

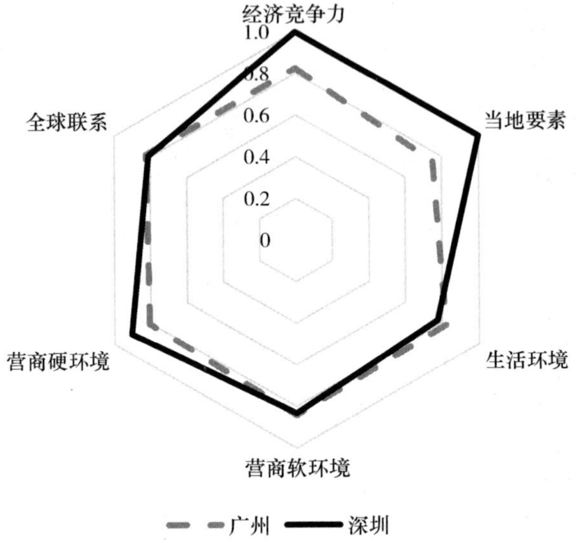

图13－3 2020年广东省头部城市深圳和广州经济竞争力雷达图

资料来源：中国社会科学院城市与竞争力指数数据库。

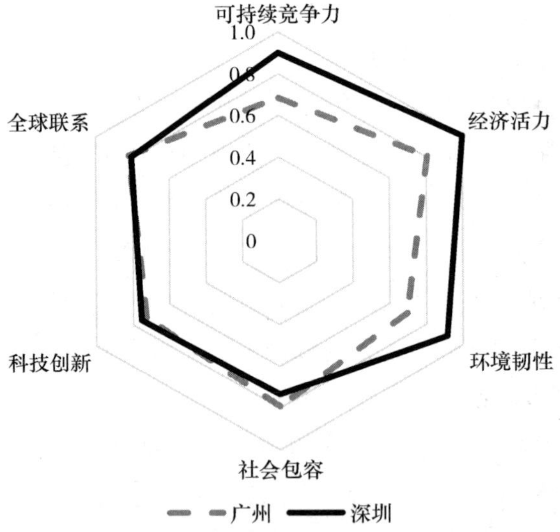

图13－4 2020年广东省头部城市深圳和广州可持续竞争力雷达图

资料来源：中国社会科学院城市与竞争力指数数据库。

第二节 中国城市竞争力(香港特别行政区)报告

一 香港竞争力的现状和条件

(一) 香港竞争力的基本盘仍然稳固

在全球贸易保护主义兴起和中美经贸摩擦升温的环境下，全球经济增长显著减慢，叠加2019年6月以来本地社会事件对经济活动与旅游业的重大影响，香港2019年经济增速为-1.19%，这是自2009年经济衰退以来首次出现年度负增长。访港旅客人次和零售业销售额下跌、出口出现下滑，营商、投资和消费气氛低落。虽然2020年受到全球新冠肺炎疫情影响，香港经济增长和经济活跃度较2019年下降，香港对外商务活动减少，但香港的经济基本面没有改变，香港作为国际金融中心的核心竞争力基础依然稳固，香港的发展潜力仍然充沛，香港独特的比较优势仍然不可替代。作为国际和亚太地区最具竞争力的城市之一，香港将持续发挥全球影响力（见表13-3）。

表13-3 香港特别行政区区情信息

土地面积	1106平方公里
2019年常住人口	750.07万人
2019年GDP总量及增长率	2.52万亿元，-1.19%

资料来源：中国社会科学院城市与竞争力指数数据库。

(二) 香港发展的“变与不变”

香港多年来建立的法治精神、尊重人权、多元包容、言论自由和有效施政等核心价值没有变；“一国两制”的独特优势和《中华人民共和国香港特别行政区基本法》的全面保障没有变，特别是党的十九届四中全会将“一国两制”作为国家治理必须长期坚持的十三条显著优势之一；香港的国际金融、航运、贸易中心地位和获海内外企业重视和认可的国际营商环境没有变；尊重市场开放和自由贸易的市场经济原则没有变；各司其职的公共机构和会聚的优秀人才没有变；香港人理性务实，同舟共济的拼搏精神没有变。

变的是随着中央人民政府驻香港特别行政区维护国家安全公署的成立，香港经济社会发展将更加安全稳定，香港居民合法权益将从根本上得到保障；变的是在国家“一带一路”倡议及粤港澳大湾区发展规划出台后，香港的市场机遇更加丰富，产业发展空间更加广阔；变的是过去两年，特区政府大力发展创新及科技事业，善用财政资金投资未来，占领创新科技制高点；变的是特区政府不断增加房屋供应，在土地开拓、规划以及改变用途方面做了大量的工作，房屋供应和居住环境有所改善。

二 经济竞争力总体表现和分项解释

（一）香港经济竞争力总体表现

从总体上来看，在经济竞争力方面香港表现优异，高居全国第2位，仅次于深圳，高于上海。经济竞争力分项表现稍有差异，从当地要素看，香港全国排名第4，落后于深圳、上海和北京；从生活环境看，香港全国排名第2，仅次于台北市；从营商软环境看，香港全国排名第2，仅次于北京；从营商硬环境看，香港全国排名第2，仅次于上海；从全球联系看，香港全国排名第2，仅次于上海（见图13－5）。

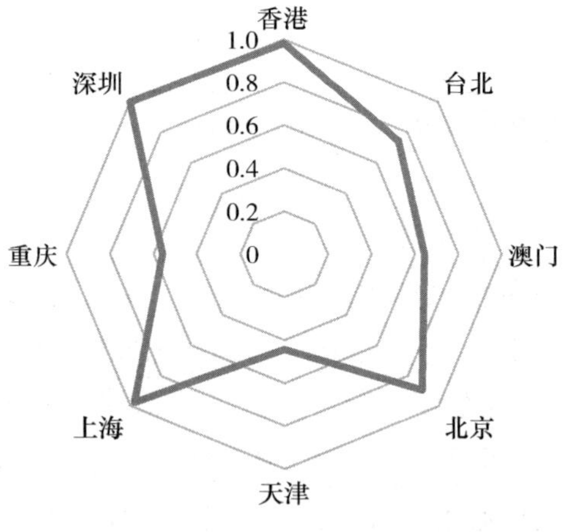

图13－5 香港特别行政区和代表性城市经济竞争力雷达图

资料来源：中国社会科学院城市与竞争力指数数据库。

(二) 经济竞争力分项解释

1. 充裕的当地要素

观察当地要素分项，香港资金要素充裕，直接融资市场和间接融资市场均占据全国城市龙头地位；香港技术要素基础雄厚，其中专利数量位居全国第4，论文发表数量全国排名第20；从人力资源要素看，劳动力数量资源相对落后于内地先进城市，全国排名第56，但是香港青年人才人口占比相对较好，全国排名第26。

2. 宜居的生活环境

观察生活环境分项，香港总体表现优异，拥有优质的人文环境、健康的医疗环境、绿色的生态环境。其中，环境污染度指数位居全国城市第1名；在文化设施供给、医疗健康机构数量、气候舒适程度、市民消费水平、健体休闲设施方面均处于全国城市前列，排名分别是第3名、第5名、第5名、第7名、第8名；在历史文化方面香港表现比较好，位居全国第16名；在住房支出方面，香港居住成本高昂，略高于国内一线城市北上广深。

3. 先进的营商软环境

观察营商软环境分项，得益于经济集聚程度高，商业和贸易规则简约便利和良好的专业服务等一系列营商软环境支撑体系，香港在市场化程度、对外开放程度、产权保护三个方面表现卓越，位居全国城市第1名；在高等教育方面，香港排名全国第2，仅次于北京；在社会安全和经商便利度方面香港表现比较好，位居全国第19名。

4. 较好的营商硬环境

观察营商硬环境分项，在网络信息传输速度方面，香港表现优异，位居全国第1名；在电力充沛度、航运便利度、机场设施指数方面，香港表现卓越，均处于全国排名前列。

5. 发达的全球联系

观察全球联系分项，在科技企业联系度方面，香港在全国排名第1；在金融企业联系度方面，香港在全国排名第2，仅次于北京；在航运联系度方面，香港在全国排名第3，仅次于上海和宁波；在网络热度方面，香港在全国排名第3，仅次于上海和成都；在科研人员联系度方面，香港在全国排名第4，仅次于北京、上海和武汉；在航空联系度方面，香港处于全国前列，在全国排名第14（见表13－4）。

表13－4 香港特别行政区和代表性城市经济竞争力指数排名

	经济竞争力		当地要素		生活环境		营商软环境		营商硬环境		全球联系	
	指数	排名	指数	排名	指数	排名	指数	排名	指数	排名	指数	排名
香港	0.982	2	0.777	4	0.989	2	0.958	2	0.943	2	0.912	2
深圳	1.000	1	1.000	1	0.775	10	0.833	8	0.903	4	0.808	5
上海	0.975	3	0.872	2	0.859	6	0.957	3	1.000	1	1.000	1
北京	0.894	4	0.810	3	0.754	12	1.000	1	0.891	6	0.877	3
台北	0.743	7	0.684	6	1.000	1	0.877	4	0.901	5	0.690	15
澳门	0.643	15	0.336	99	0.780	9	0.716	18	0.860	7	0.529	31
重庆	0.558	30	0.644	11	0.745	15	0.698	22	0.525	41	0.665	16
天津	0.443	46	0.646	10	0.518	58	0.776	11	0.934	3	0.747	7

资料来源：中国社会科学院城市与竞争力指数数据库。

三 可持续竞争力总体表现和分项解释

（一）香港可持续竞争力总体表现

香港在可持续竞争力方面整体领先，保持了良好的创新发展态势，排名全国首位。近年来，特区政府加大了对科技创新的支持力度，加快产业多元化及转型升级，致力于为香港未来发展创造一个良好的产业基础和政策环境，夯实香港全国可持续竞争力第一的地位。

可持续竞争力分项表现稍有差异，在环境韧性方面，香港表现优异，全国排名第1；在全球联系和科技创新方面，香港表现也相当卓越，分别位居全国第2名和第3名，全球联系方面略低于上海，科技创新方面稍逊于北京和上海；在经济活力方面，香港也位居先进城市前列，全国排名第6，表现低于深圳、北京和上海；在社会包容方面，香港表现比较好，全国排名第36（见图13－6）。

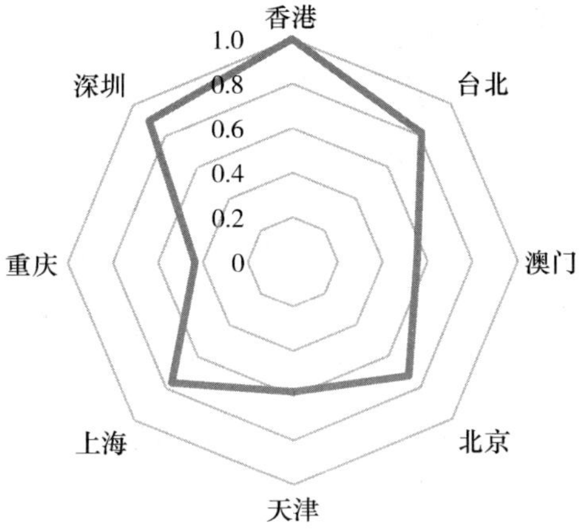

图 13－6　香港特别行政区和代表性城市可持续竞争力雷达图

资料来源：中国社会科学院城市与竞争力指数数据库。

（二）可持续竞争力分项解释

1. 经济活力不断激发

高效自由的管理体制使香港经济充满活力，成为全球各种要素集聚、交换的重要枢纽和东西方经济文化交汇的重要窗口。其中，香港在产权保护和劳动生产率方面全国排名第一，此外在经商便利度和青年人才比例方面也处于全国城市前列。特区政府坚持“适度有为”的施政方针，除了继续支持香港传统四大支柱行业，近几年对高新技术领域创新活动支持力度有所加大，通过设立科技创新基金支持创新与科技、文化与创意和环保产业。在维持自由市场经济的前提下，政府积极发挥“促成者”和“推广者”角色，增加土地供应、投资人才培训、推动对外事务、优化营商环境和落实税务宽减措施，不断提升香港的经济活力。

2. 环境韧性表现卓越

在环境韧性方面，香港领先内地所有城市，尤其在生态多样性和环境污染度指数方面优于全国其他城市，此外电力充沛度、气候舒适度指数的排名也位于全国城市前列。特区政府近几年竭力打造健康优质的生活环境，推行了一系列环境保护政策和措施及各种增强公众环保生活意识的计划，空气质量、水质均有较大幅度改变。

3. 社会包容持续改善

在社会包容方面，香港拥有以人为本的公屋制度、社工体系、医疗福利、教育及劳工制度等。具体来看，香港在历史文化指数、社会安全指数（主要以犯罪率计算）、开放度指数等方面均处于国内城市的前列，在居住成本指数方面与国内一线城市北上广深相近，但是在社会公平指数方面落后内地城市较多。随着特区政府一系列支援家庭、扶贫、教育、医疗服务和改善住房条件等方面的民生施政举措的不断深化和推进，香港在社会公平方面也得到切实改善。例如，香港特区行政长官在2019年的施政报告中提出拟运用《中华人民共和国香港特别行政区基本法》中《收回土地条例》收回3类私人土地发展公营房屋及“首置上车盘”；预留50亿港元在未来3年建设1万套过渡性房屋；加快出售4.2万套“租者置其屋计划”房屋；放宽由香港按证保险有限公司提供的按揭保险计划的楼价上限，首次购房人士可申请最高90%按揭贷款的楼价上限等。

4. 科技创新基础雄厚

在科技创新方面，香港整体领先，在专利申请数量、科技企业总部分布、大学高等教育质量、文化设施供给等方面表现卓越，4个分项指标均处于全国前列。香港拥有全球领先的高等教育资源和世界顶级科研机构，在科技企业联系度方面位居全国第一，具备条件成为国际创新科技中心。此外，香港企业创新氛围日益浓厚，2017—2019年初创企业增加42.8%，达3184家，遍布各行各业。在世界知识产权组织（WIPO）等发布的侧重评价综合创新能力的评价报告《全球创新指数2019》中，中国香港特区居第13位，较2018年上升一位。

5. 全球联系继续拓展

在全球联系方面，香港位居全国第2。作为亚太地区的重要航运枢纽，香港航运业发达，海上运输网络通达全球五大洲、三大洋。一方面，香港积极拓展内地市场，香港与内地的联系日益增强。港珠澳大桥的开通、广深港高速铁路的连接，对推动本港的物流、商务、贸易、旅游发挥重大作用。另一方面，香港不断扩大与国际市场的交往。过去两年，特区政府积极拓展海外市场，与其他经济体签订的自由贸易协定数量倍增，并在泰国曼谷成立了香港第13个海外经济贸易办事处。同时，香港继续加大吸引外来投资，根据官方数据，母公司在海外或内地的驻港公司突破9000家，其中1541家以香港为地区总部，比2017年上升9.1%（见表13-5）。

表13-5　　香港特别行政区和代表性城市可持续竞争力指数排名

	可持续竞争力		经济活力		环境韧性		社会包容		科技创新		全球联系	
	指数	排名	指数	排名	指数	排名	指数	排名	指数	排名	指数	排名
香港	1.000	1	0.753	6	1.000	1	0.703	36	0.841	3	0.912	2
深圳	0.901	2	1.000	1	0.914	2	0.734	30	0.755	6	0.808	5
台北	0.815	3	0.607	24	0.859	4	1.000	1	0.802	4	0.690	15
上海	0.765	4	0.791	4	0.663	15	0.874	13	0.887	2	1.000	1
北京	0.727	5	0.820	2	0.537	47	0.848	17	1.000	1	0.877	3
天津	0.583	13	0.514	51	0.557	37	0.793	19	0.614	14	0.747	7
澳门	0.553	19	0.638	18	0.898	3	0.707	34	0.390	46	0.529	31
重庆	0.435	36	0.545	39	0.529	49	0.834	18	0.611	17	0.665	16

资料来源：中国社会科学院城市与竞争力指数数据库。

四　在国内国际双循环相互促进的新发展格局中发挥新的超级联系人作用

尽管2019—2020年香港经历了前所未有的严峻挑战，我们相信只要能够“坚守一国之本、善用两制之利、抢抓粤港澳大湾区三地合作之机”，香港就一定能走出暂时的低谷。面对世界百年未有之大变局，凭借香港的深厚根基、制度优势和背靠祖国的地理优势，必将成为新时代国内国际双循环的关键节点、环流枢纽、战略链接，必能在国内国际双循环相互促进的新发展格局中发挥好新的超级联系人作用。展望未来，凭借香港人坚毅不屈、开拓进取的“狮子山精神”，香港未来的竞争力活力就一定能不断得到释放，香港未来发展就一定能迸发出更加璀璨的东方之珠光芒，就一定能写下“香港好、国家好；国家好、香港更好”的崭新篇章，就一定能排除万难，重新出发！

第三节　中国城市竞争力(澳门特别行政区)报告

2019年澳门的经济竞争力名列全国第15，可持续竞争力位居全国第

19。2019 年 2 月发布的《粤港澳大湾区发展规划纲要》明确了澳门在大湾区城市群中的中心城市地位，粤澳双方正在加快推动在横琴设立粤澳深度合作区，构建粤澳共商共建共管的体制机制，促进澳门对区域的集聚和扩散作用。

2019 年年末，澳门土地面积为 32.9 平方公里，人口 67.96 万人。该年度本地生产总值为 4346.7 亿澳门元，同期变动率为 -2.2%；人均本地生产总值为 64.54 万澳门元，同期变动率为 -4.2%。作为微型城市经济体，澳门呈现人均或地均 GDP 高但经济波动大的特征（见表 13-6）。

表 13-6 澳门特别行政区区情信息

	2018 年	2019 年
土地（平方公里）	32.9	32.9
人口（万人）	66.74	67.96
本地生产总值（亿澳门元）及同期变动率（%）	4446.66；9.2	4346.70；-2.2
人均本地生产总值（万澳门元）及同期变动率（%）	67.35；7.3	64.54；-4.2
入境旅客（万人次）及同期变动率（%）	3580.37；9.8	3940.62；10.1
博彩业毛收入（亿澳门元）及同期变动率（%）	3038.79；14	2933.12；-3.5

资料来源：澳门统计暨普查局。

一 经济竞争力微降，湾区核心引擎作用待增强

在全球市场环境复杂多变的背景下，2019 年澳门经济整体基本平稳，呈现下行压力，受投资及博彩服务出口下跌影响，全年本地生产总值实质收缩 4.7%。2019 年澳门经济竞争力指数为 0.643，在全国 291 个地级及以上城市中排名第 15，与上一年度相比下降了一个名次。

澳门在 2019 年 2 月发布的《粤港澳大湾区发展规划纲要》中被赋予湾区 4 个中心城市之一，与其他 3 个中心城市相比，澳门的经济竞争力名次最低，深圳和香港的经济竞争力位居全国 1、2 名，广州名列全国第 5；而作为 7 个节点城市之一的佛山，其经济竞争力（排名第 14）亦超过了澳门，紧随其后的东莞排名第 19。

澳门经济结构较为单一，虽然澳门多年来在推动经济多元发展方面作出了努力，但成效不彰、进展不顺，新兴产业占整体经济的比重依然

偏低，如会展业和文化创意产业占本地生产总值的比重均不足1%，而博彩业的比重仍高达50.5%。

粤港澳大湾区建设是澳门融入国家发展大局、突破自身发展空间局限、促进经济适度多元，以及提升澳门在国家经济发展和对外开放中的地位和功能的重大机遇，但融入湾区需要提升澳门自身的城市竞争力。澳门在湾区中经济竞争力的排名既落后于其他三大中心城市，又被其他城市超越或迫近，澳门需相应提升其作为湾区中心城市之一的核心引擎功能，避免在某种程度上被边缘化及部分功能被其他城市所替代（见图13－7）。

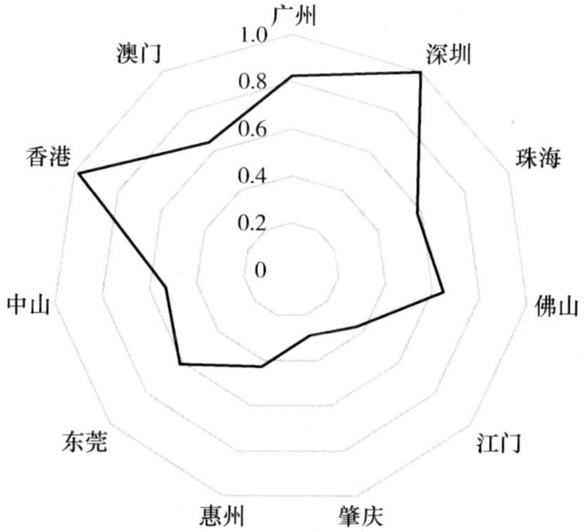

图13－7　澳门特别行政区和湾区城市经济竞争力雷达图

二　宜商宜居优势显明，当地要素短板突出

澳门以30余平方公里的城区面积，取得全国近300个城市经济竞争力排名第15的佳绩，主要得益于营商硬环境、营商软环境和生活环境这3个解释分项的排名居前。其中，营商硬环境和生活环境均进入全国前十，分列第7、第9，且营商硬环境排名高于同处粤港澳大湾区的广州，而生活环境排名则超过了深圳。

澳门经济竞争力的短板在于当地要素，排名第99位，此项在湾区城市中仅比肇庆稍高，而远远落后于湾区中心城市深圳、香港和广州，亦与湾区其他节点城市有较大差距。

在构成当地要素的分项中，澳门的劳动力总数、直接市场融资便利度、学术论文指数均偏低，分列全国第290、227、101位。2019年年末澳门劳动人口39.65万人（本地劳动居民28.83万人），澳门人口老化持续，老化指数连年上升，2019年，澳门本地人口中，65岁以上的老年人口比例达14.6%，老化指数为90.3%，加之澳门对输入外地雇员尤其是移民政策十分严格，澳门“缺人手”现象明显；澳门的金融机构组成较为单一，主要是银行和保险公司，2019年年底，澳门有30家银行、25家保险公司，目前澳门还没有外汇、黄金和证券市场等资本市场，信贷市场融资便利度较高（全国排名第20）而资本市场融资便利度则偏低；澳门回归以后高等教育虽有长足发展，但囿于学校规模，学术论文指数与香港（排名第20）相比，差距明显（见表13－7）。

表13－7　澳门特别行政区和湾区城市的经济竞争力指数排名

	经济竞争力		当地要素		生活环境		营商软环境		营商硬环境		全球联系	
	指数	排名	指数	排名	指数	排名	指数	排名	指数	排名	指数	排名
澳门	0.643	15	0.336	99	0.780	9	0.716	18	0.860	7	0.529	31
香港	0.982	2	0.777	4	0.989	2	0.958	2	0.943	2	0.912	2
深圳	1.000	1	1.000	1	0.775	10	0.833	8	0.903	4	0.808	5
广州	0.825	5	0.751	5	0.820	7	0.842	7	0.805	10	0.821	4
佛山	0.646	14	0.574	18	0.734	17	0.459	59	0.538	38	0.246	84
东莞	0.613	19	0.598	15	0.763	11	0.508	45	0.794	14	0.596	22
珠海	0.581	24	0.495	31	0.568	45	0.685	23	0.707	16	0.343	52
中山	0.531	36	0.525	27	0.698	22	0.543	37	0.643	20	0.482	38
惠州	0.428	51	0.434	45	0.641	31	0.415	68	0.373	118	0.234	92
江门	0.365	79	0.374	77	0.534	48	0.226	186	0.486	54	0.204	115
肇庆	0.289	133	0.321	116	0.520	56	0.223	189	0.545	33	0.152	165

资料来源：中国社会科学院城市与竞争力指数数据库。

三　可持续竞争力位次下滑明显，面临湾区虹吸效应风险

2019年澳门可持续竞争力指数为0.553，在全国291个地级及以上城市中排名第19，与2018年度（第8）相比名次下降明显。湾区中心城市

香港、深圳和广州排名依次为第1、第2和第6，节点城市东莞、佛山分列第15、第16，紧随其后的中山名列第23。

澳门发展的最大困难在于地域有限、空间狭窄，在现有城区进行多元产业发展几无回旋余地，为避免博彩业“一业独大”且有所加剧的产业结构给澳门经济带来脆弱性和巨大风险，澳门必须融入粤港澳大湾区建设。但以区域合作促进产业多元的发展模式也会给澳门带来直接竞争以及新的压力与挑战。湾区其他中心城市遥遥领先的可持续竞争力，以及随着湾区建设的不断推进，其余节点城市及广阔腹地将形成极具优势和吸引力的发展环境，资源的集聚效应加强，将对包括澳门在内的周边地区的资金、人才等要素产生吸纳效应，若澳门不相应提升自身功能和可持续竞争力，不积极开放并融入大湾区，将会面临区域虹吸效应风险（见图13－8）。

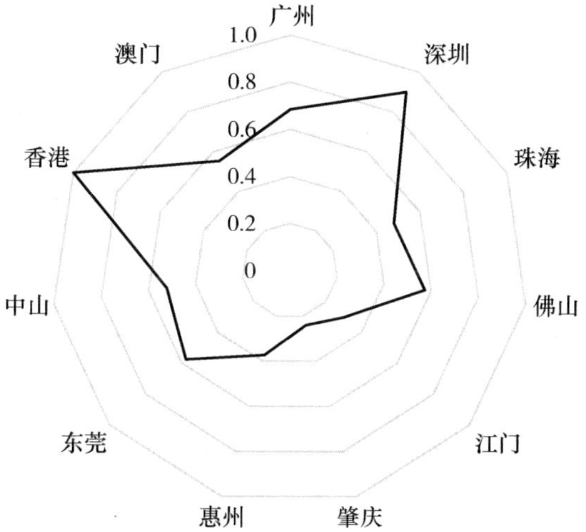

图13－8　澳门特别行政区和湾区城市可持续竞争力雷达图

四　环境韧性占优，科技创新仍有较大提升空间

在环境韧性方面，香港、深圳和澳门包揽全国前三名，显示了三地在经济增长的同时保持了良好的生态环境。澳门在可持续竞争力的其他分项中均低于其他中心城市，尤其在科技创新方面，排名第46，远低于香港、深圳和广州，并低于佛山和珠海。

当前澳门正处于重大历史发展机遇之中，博彩业独大激发出产业多元发展的内部需求，粤港澳大湾区建设造就了区域产业再分工的机会。2019 年恰逢澳门回归 20 周年，经过回归后持续多年的高速发展，澳门累积了一定的财政基础，在科技上也有长足进步。澳门作为目前粤港澳大湾区西部唯一一个拥有 4 个国家重点实验室的城市，在中医药、微电子等多个领域已形成一定优势，高水平科研成果频出。毗邻澳门的横琴为粤澳深度合作创造了良机和空间，成为澳门产学研最好的落地之处。这些优势条件必将助力澳门通过科技创新提升可持续竞争力（见表 13－8）。

表 13－8　澳门特别行政区和湾区城市的可持续竞争力指数排名

	可持续竞争力		经济活力		环境韧性		社会包容		科技创新		全球联系	
	指数	排名	指数	排名	指数	排名	指数	排名	指数	排名	指数	排名
澳门	0.553	19	0.638	18	0.898	3	0.707	34	0.390	46	0.529	31
香港	1.000	1	0.753	6	1.000	1	0.703	36	0.841	3	0.912	2
深圳	0.901	2	1.000	1	0.914	2	0.734	30	0.755	6	0.808	5
广州	0.685	6	0.806	3	0.695	10	0.792	20	0.728	8	0.821	4
佛山	0.574	16	0.527	46	0.716	8	0.780	23	0.466	35	0.246	84
东莞	0.577	15	0.629	20	0.743	5	0.674	45	0.426	40	0.596	22
珠海	0.481	28	0.763	5	0.687	11	0.678	42	0.422	42	0.343	52
中山	0.523	23	0.595	28	0.732	6	0.784	22	0.387	48	0.482	38
惠州	0.374	52	0.529	45	0.570	28	0.613	55	0.318	64	0.234	92
江门	0.302	80	0.325	177	0.539	46	0.618	53	0.227	99	0.204	115
肇庆	0.240	131	0.266	221	0.437	110	0.583	67	0.217	108	0.152	165

资料来源：中国社会科学院城市与竞争力指数数据库。

附　录

倪鹏飞　侯庆虎　郭金红　郭　靖　徐海东
黄　进　王　佩　解慧珍

第一节　指标体系

一　城市综合经济竞争力指标体系

指标含义	指标	指标衡量方法	数据来源
经济增长	综合增量	GDP 连续 5 年平均增量	国家统计局
经济效率	综合效率	地均 GDP	国家统计局

二　城市综合经济竞争力解释性指标体系

一级指标	二级指标	指标内容	数据来源
当地要素	信贷市场融资便利度	营商环境报告之信贷可得性指标经城市修正	世界银行
	资本市场融资便利度	交易所交易额数据及全球上市公司数据计算	网站查取
	学术论文指数	发表论文数量	Web of science 网站根据城市查取
	专利申请指数	专利数量	WIPO 网站根据城市查取
	青年人才比例指数	青年（16—45 岁）人口占比经人均 GDP 修正	经济学人 EIU 全球城市数据库
	劳动力总数	劳动人口（15—59 岁）总数	经济学人 EIU 全球城市数据库

续表

一级指标	二级指标	指标内容	数据来源
生活环境	历史文化指数	博物馆数量	地图爬虫数据
	医疗健康机构指数	人均医疗机构数量经医疗可及性和医疗质量指数（HAQ Index）调整	地图爬虫数据 网站查取
	气候舒适度指数	气温、降水、灾害天气、能见度四项指标打分合成计算（地均 GDP 修正）	全球环境信息统计数据库
	环境污染度指数	PM2.5、人均 CO_2 排放量、人均 SO_2 排放量三项指标打分合成计算	全球环境信息统计数据库
	市民消费水平指数	人均可支配收入经基尼系数修正	经济学人 EIU 全球城市数据库 网络爬虫数据
	居住成本指数	房价收入比	Numbeo 网站
	健体休闲设施指数	高尔夫球场数量	地图爬虫数据
	文化设施指数	图书馆数量/城市面积	地图爬虫数据
营商软环境	社会安全指数	犯罪率数据	Numbeo 网站
	市场化指数	经济自由度指数经航线数及人均 GDP 修正	经济自由度报告 网站查取计算 经济学人 EIU 全球城市数据库
	开放度指数	星巴克、麦当劳、沃尔玛数量计算	地图爬虫数据
	产权保护指数	国际产权保护报告经城市修正	国际产权保护报告
	大学指数	各城市排名最好大学分类打分并经城市大学数量调整	网站查取 地图爬虫数据
	经商便利度指数	世界银行营商环境指数经航线数调整	世界银行 网站查取计算

续表

一级指标	二级指标	指标内容	数据来源
营商硬环境	交通便捷度	Numbeo 交通数据经城市交通话题舆情爬虫数据调整	Numbeo 网络爬虫数据
	电力充沛度	夜间灯光数据计算	夜间灯光地图
	网络信息传输速度	网速	爬虫
	航运便利度	距离 100 大港距离	网站查取计算
	机场设施指数	机场基础设施综合评分	提取数据（tif）
	自然灾害指数	根据 6 种自然灾害的历史数据计算得出	哥伦比亚大学 世界银行
全球联系	航空联系度	机场航班数量	Google 网站根据城市查取计算
	网络热度	谷歌趋势 & 百度趋势	网络爬虫数据
	科研人员联系度	合作论文发表数量—联系度计算	根据 Web of Science 2018 年 10 万篇论文的作者所在城市计算
	金融企业联系度	75 家金融类跨国公司分布—联系度计算	网站查取计算
	科技企业联系	25 家科技类跨国公司分布—联系度计算	网站查取计算
	航运联系度	港口航运连通指数（Port liner shipping connectivity index）经港口吞吐量调整计算	联合国贸发会议（UNCATD） WIKIPEDIA

三　城市可持续竞争力指标体系

指标名称	具体指标	数据来源
人才增量	高收入人口年增长指数	全球人口栅格分布 Landscan 数据库
人才密度	地均高收入人口指数	全球人口栅格分布 Landscan 数据库

四 城市可持续竞争力解释性指标体系

一级指标	二级指标	指标内容	数据来源
经济活力	经商便利度指数	世界银行营商环境指数经航线数调整	世界银行 网站查取计算
	产权保护指数	国际产权保护度报告经城市修正	国际产权保护度报告
	青年人才比例指数	青年（16—45岁）人口占比经人均GDP修正	经济学人EIU全球城市数据库
	经济增长率	GDP 5年变化率	经济学人EIU全球城市数据库
	劳动生产率	GDP/劳动人口（15—59岁）	经济学人EIU全球城市数据库
环境韧性	交通便捷度	Numbeo交通数据经城市交通话题舆情爬虫数据调整	Numbeo 网络爬虫数据
	电力充沛度	夜间灯光数据计算	夜间灯光地图
	生态多样性	森林、湖泊、绿地、湿地等10种地貌综合面积	全球土地覆盖产品FROM－GLC10
	气候舒适度指数	气温、降水、灾害天气、能见度四项指标打分合成计算	全球环境信息统计数据库
	环境污染度指数	PM2.5、人均CO_2排放量、人均SO_2排放量三项指标打分合成计算（地均GDP修正）	全球环境信息统计数据库
	自然灾害指数	根据6种自然灾害的历史数据计算得出	哥伦比亚大学 世界银行
社会包容	历史文化指数	博物馆数量	地图爬虫数据
	社会安全指数	犯罪率数据	Numbeo网站
	社会公平指数	基尼系数	网络爬虫数据
	居住成本指数	房价收入比	Numbeo网站
	开放度指数	星巴克、麦当劳、沃尔玛数量计算	地图爬虫数据

续表

一级指标	二级指标	指标内容	数据来源
社会包容	医疗健康机构指数	人均医疗机构数量经医疗可及性和医疗质量指数（HAQ Index）调整	地图爬虫数据 网站查取计算
科技创新	专利申请指数	专利数量	WIPO 网站根据城市查询
	学术论文指数	发表论文数量	Web of science 网站根据城市查询
	科技企业指数	科技企业总部分布	网站查取计算
	大学指数	各城市排名最好大学分类打分并经城市大学数量调整	网站查取计算 地图爬虫数据
	文化设施指数	图书馆数量/城市面积	地图爬虫数据
全球联系	航空联系度	机场航班数量	Google 网站根据城市查取计算
	网络热度	谷歌趋势 & 百度趋势	网络爬虫数据
	科研人员联系度	合作论文发表数量—联系度计算	根据 Web of Science 2018 年 10 万篇论文的作者所在城市计算
	金融企业联系度	75 家金融类跨国公司分布—联系度计算	网站查取计算
	科技企业联系	25 家科技类跨国公司分布—联系度计算	网站查取计算
	航运联系度	港口航运连通指数（Port liner shipping connectivity index）经港口吞吐量调整计算	联合国贸发会议（UNCATD） WIKIPEDIA

第二节　样本选择

报告中的样本城市包括中国 34 个省、市、区和特别行政区的 291 个城市，具体为内地 284 个地级以上城市和香港、澳门、台北、新北、台中、台南、高雄。

第三节 计算方法和模型

一 指标数据标准化方法

城市竞争力各项指标数据的量纲不同，首先对所有指标数据都必须进行无量纲化处理。客观指标分为单一客观指标和综合客观指标。对于单一性客观指标原始数据无量纲处理，本书主要采取标准法、指数法、阈值法和百分比等级法四种方法。

标准法计算公式为：$X_i = \frac{(x_i - \bar{x})}{Q^2}$，$X_i$ 为 x_i 转换后的值，x_i 为原始数据，$\bar{x}$ 为平均值，Q^2 为方差，X_i 为标准化后数据。

指数法的计算公式为：$X_i = \frac{x_i}{x_{0i}}$，X_i 为 x_i 转换后的值，x_i 为原始值，x_{0i} 为最大值，X_i 为指数。

阈值法的计算公式为：$X_i = \frac{(x_i - x_{\min})}{(x_{\max} - x_{\min})}$，$X_i$ 为 x_i 转换后的值，x_i 为原始数据，$x_{\max}$ 为最大样本值，$x_{\min}$ 为最小样本值。

百分比等级法的计算公式为：$X_i = \frac{n_i}{(n_i + N_i)}$，$X_i$ 为 x_i 转换后的值，x_i 为原始数据，n_i 为小于 x_i 的样本值数量，N_i 为除 x_i 外大于等于 x_i 的样本值数量。

综合客观指标原始数据的无量纲化处理是：先对构成中的各个单个指标进行量化处理，再用等权法加权法求得综合的指标值。

二 城市竞争力计量的方法

（一）综合经济竞争力和可持续竞争力的计算方法

综合经济竞争力、宜居竞争力和可持续竞争力各项指标综合的方法是非线性加权综合法。所谓非线性加权综合法（或“乘法”合成法），是指应用非线性模型 $g = \prod x_j^{\omega_j}$ 来进行综合评价的。式中 ω_j 为权重系数，$x_j \geqslant 1$ 。对于非线性模型来说，在计算中只要有一个指标值非常小，那么最终的值降迅速接近于零。换言之，这种评价模型对取值较小的指数反应灵敏，对取值较大的指标反应迟钝。运用非线性加权综合法进行城市竞争力计量，能够更全面、科学地反映综合指标值。另外，在综合计算宜居竞争力各项指标的过程中还对关键指标赋予更大的权重，以凸显关键指标在宜居竞争力中的重要作用。

（二）城市竞争力、可持续竞争力分项竞争力的计算方法

尽管报告设计的解释性城市竞争力的指标为二级指标，实际上包括原始指标在内，解释性城市竞争力的指标为三级，在三级指标合成二级指标和二级指标合成一级指标时，采用先标准化再等权相加的办法，标准化方法如前所述。其公式为：

$$z_{il} = \sum_{j} z_{ilj}$$

其中，z_{il} 表示各二级指标，z_{ilj} 表示各三级指标。

$$Z_i = \sum_{l} z_{il}$$

其中，Z_i 表示各一级指标，z_{il} 表示各二级指标。

（三）城市竞争力分类指数

报告将城市分别按照区域、省份、城市规模和发展阶段进行了归类，各类别中某一类型的竞争指数是对该类别所有城市该项指标的竞争力指数求平均。比如区域分类中，东南地区的区域经济竞争力指数是对东南所有 57 个城市的经济竞争力指数求平均。

参考文献

单菁菁：《金融危机对中国城市经济的影响及其应对》，《城市发展研究》2009 年第 9 期。

何诚颖等：《新冠病毒肺炎疫情对中国经济影响的测度分析》，《数量经济技术经济研究》2020 年第 5 期。

贾康：《新冠疫情对中国经济的影响及对策分析》，《经济研究参考》2020 年第 6 期。

李成威、傅志华：《应对疫情对经济影响的关键是构建确定性》，《财政研究》2020 年第 3 期。

李正全：《SARS 影响国民经济的短期与长期分析》，《经济科学》2003 年第 3 期。

［美］理查德·韦格：《金融危机史和中国的未来》，崔秀梅译，《国际经济评论》2020 年第 2 期。

刘达禹、徐斌、刘金全：《不确定性冲击、产业波动与经济政策调控——基于三次疫情时期的对比研究》，《浙江社会科学》2020 年第 9 期。

刘树成、齐建国、张青松：《东亚金融危机原因分析与综述》，《数量经济技术经济研究》1999 年第 5 期。

倪鹏飞：《金融危机冲击下的中国房地产——2008—2009 年中国房地产市场分析与预测》，《现代城市研究》2009 年第 3 期。

盛松成、宋红卫、汪恒：《新冠疫情对房地产市场的冲击与对策建议》，《中国房地产》2020 年第 3 期。

宋宁等：《SARS 对我国经济的影响及其新变化》，《经济学动态》2003 年第 7 期。

佟家栋、张伯伟：《SARS 对中国经济的影响与对策》，《南开学报》（哲学社会科学版）2003 年第 4 期。
［美］托马斯·A. 加勒特：《大流行病经济学：1918 年大流感及其现代意义》，汤筠露编译，《金融市场研究》2020 年第 3 期。
王健、韩康：《宏观调控政策协调：正视“非典”对宏观经济的影响》，《中国行政管理》2003 年第 7 期。
武廷海：《化危为机：应对新冠疫情与中国未来城镇化》，《南京社会科学》2020 年第 8 期。
智艳、罗长远：《新冠肺炎疫情对中国经济的影响及其思考》，《学习与探索》2020 年第 4 期。
B. Gates，“Responding to Covid – 19—A Once – in – a – Century Pandemic?” *N Eng J Med*，Vol. 382，No. 18，April 2020.
M. Acuto，“COVID – 19：Lessons for an Urban（izing）World”，*One Earth*，Vol. 12，No. 4，April 2020.

后　记

《中国城市竞争力报告 No. 18》是由中国社会科学院财经战略研究院倪鹏飞博士牵头，数十家国内著名高校、地方院校、权威统计部门、企业研发机构的近百名专家参与，历经大半年时间而形成的成果。《中国城市竞争力报告 No. 18》的基础理论、指标体系、研究框架和重要结论主要由主编倪鹏飞博士做出。副主编天津大学应用数学中心侯庆虎博士负责计量、提供计算支持。特邀主编沈建法、林祖嘉、刘成昆分别负责香港、台湾、澳门的数据支持、审核和报告的讨论工作。副主编徐海东、郭金红，科研秘书黄进、王佩、解慧珍负责报告的数据采集、具体计算、资料汇总、底图绘制和协调调度等工作。

关于城市竞争力，本次报告将其分为综合经济竞争力、可持续竞争力两个部分，并分别设计了指标体系，从而对中国 291 个城市的综合经济竞争力和可持续竞争力进行了衡量。本报告根据当前宏观经济形势，撰写了《城市与楼市：四次外部冲击的比较》和《外部冲击：产业链调整与中国城市格局》主题报告。此外，从城市竞争力的每一分项和解释性指标对城市进行了分析和比较，形成了两份总分项报告，每部分包含“1 +5”的小报告。同时，还制作了中国七大区域的区域报告。报告的文稿是在锤炼理论、采集数据，进行计量并得出基本结论后，由执笔者撰写而成的。

各章的文字贡献者：第一章：中国城市竞争力 2020 年度排名，课题组集体；第二章：中国城市竞争力 2020 年度综述，倪鹏飞、徐海东、马琦伟；第三章：城市与楼市：四次外部冲击的比较，倪鹏飞、彭旭辉；第四章：外部冲击：产业链调整与中国城市格局，沈立、倪鹏飞；第五章：中国城市综合经济竞争力报告，倪鹏飞、徐海东、郭靖、龚维进、彭旭辉、王雨飞；第六章：中国城市可持续竞争力报告，倪鹏飞、郭金红、李博、曹清峰、马洪福、刘笑男、张洋子；第七章：中国（东南地区）城市竞争力报告，刘尚超、张洋子；第八章：中国（环渤海地区）城市竞争力报告，郭靖、杨杰；第九章：中国（东北地区）城市竞争力报告，程栋；第十章：中国（中部地区）城市竞争力报告，蔡书凯、郭晗、刘凯；第十一章：中国（西南地区）城市竞争力报告，张安全、刘笑男；第十二章：中国（西北地区）城市竞争力报告，魏婕、李冕；第十三章：中国（粤港澳地区）城市竞争力报告，沈建法、周晓波、刘成昆；附录：倪鹏飞、侯庆虎、郭金红、郭靖、徐海东、黄进、王佩、解慧珍。整个报告的计量数据，由倪鹏飞、侯庆虎领导的课题组完成。

《中国城市竞争力报告 No. 18》和中国城市竞争力的研究得到报告顾问及诸多机构和人士真诚无私的支持。我们对所有支持和关心这项研究的单位和人士表示钦佩、敬意和感谢。

倪鹏飞

2020 年 9 月 20 日